中国哲学社会科学学科年鉴
CHINESE ACADEMIC ALMANAC

袁东振 郭存海 林华 主编

中国拉丁美洲研究年鉴 2023

中国社会科学出版社

图书在版编目（CIP）数据

中国拉丁美洲研究年鉴. 2023 / 袁东振，郭存海，林华主编. -- 北京 : 中国社会科学出版社, 2024. 9.
ISBN 978-7-5227-4293-9

Ⅰ. D773-54

中国国家版本馆CIP数据核字第2024HG7592号

出 版 人	赵剑英
责任编辑	张靖晗
责任校对	韩海超
责任印制	张雪娇

出　　版	中国社会科学出版社
社　　址	北京鼓楼西大街甲158号
邮　　编	100720
网　　址	http://www.csspw.cn
发 行 部	010-84083685
门 市 部	010-84029450
经　　销	新华书店及其他书店

印刷装订	三河市东方印刷有限公司
版　　次	2024年9月第1版
印　　次	2024年9月第1次印刷

开　　本	787×1092 1/16
印　　张	16
插　　页	2
字　　数	407千字
定　　价	138.00元

凡购买中国社会科学出版社图书，如有质量问题请与本社营销中心联系调换
电话：010-84083683
版权所有　侵权必究

《中国拉丁美洲研究年鉴2023》编辑委员会名单

编委会主任：柴　瑜
编委会委员：（按姓氏音序排列）
　　　　　　董经胜　高　程　刘维广　王荣军　杨志敏　姚枝仲
　　　　　　袁东振　岳云霞

编辑说明

《中国拉丁美洲研究年鉴》由中国社会科学院拉丁美洲研究所主持编纂，主要汇集上年度拉丁美洲研究和学科建设的新成果、新进展、新动向，力争反映中国拉丁美洲研究和学科发展的年度概况，力争具有权威性、全面性和实效性。

《中国拉丁美洲研究年鉴》2023卷的主要内容如下。

"重要文献"收录对拉美研究学科具有重大战略意义、指导价值，或反映本学科重大理论问题的重要文献。

"学科述评"对国内拉美研究学界的重要学术成果进行学术回溯、适当评价及展望。

"学术成果"收录拉美研究学科重要学术成果，包括专著、研究报告（不含内部报告）、期刊学术论文、理论文章等主要科研成果。专著和研究报告按出版时间排序，期刊论文按发表时间排序。

"学术动态"介绍中国拉美研究学界的主要学术活动。

"中国拉美研究全国性社团及动态"介绍中国拉美研究全国性社团组织及其主要活动的情况。

"全国主要拉美研究机构及动态"介绍中国拉美研究的主要机构及其主要学术活动，各研究机构按成立时间顺序排序。

缩略语对照表

5G	第五代移动通信技术
A&HCI	艺术与人文科学引文索引
APEC	亚太经济合作组织
BCEDAT	巴西—中国学术经济科技促进中心
CCG	全球化智库
CCSP	中国人民大学当代中国研究全英文硕士项目
CEBRI	巴西国际关系研究中心
CGTN	中国国际电视台
CICIR	中国现代国际关系研究院
CLAEH	乌拉圭拉丁美洲人文经济研究所
CONICET	阿根廷国家科学技术研究委员会
CPTTP	全面与进步跨太平洋伙伴关系协定
CSSCI	中文社会科学引文索引
CTTI	中国智库索引
DEPA	数字经济伙伴关系协定
EANLAS	东亚拉美研究网络
ECLAC	联合国拉丁美洲和加勒比经济委员会
EUISS	欧洲联盟安全研究所
FDI	外国直接投资
FLTRP	外语教学与研究出版社
G20	二十国集团
GDP	国内生产总值
LASA	美国拉丁美洲研究学会
LIDE	巴西商业领袖组织
MBA	工商管理硕士
NDB	新开发银行
RCEP	区域全面经济伙伴关系协定
SSCI	人文社会科学引文索引
SSRC	美国社会科学研究理事会
TikTok	抖音
Unasur	南美国家联盟

UNESP	巴西圣保罗州立大学
WFF	世界金融论坛
WTA	世界旅游联盟

目　录

重要文献

习近平关于拉丁美洲的重要论述 …………………………………………………（3）
中华人民共和国和古巴共和国关于深化新时代中古关系的联合声明 ………（10）

学科述评

2022 年拉美经济研究学科述评 …………………………………………………（15）
2022 年拉美政治研究学科述评 …………………………………………………（20）
2022 年拉美国际关系研究学科述评 ……………………………………………（25）
2022 年拉美社会文化研究学科述评 ……………………………………………（30）
2022 年拉美发展与战略研究学科述评 …………………………………………（36）
2022 年拉美区域合作研究学科述评 ……………………………………………（39）

学术成果

主要著作 ……………………………………………………………………………（47）
　　看见拉美：经典影像案例中的拉丁美洲研究 …………………………………（47）
　　医疗社会史研究（第十二辑）拉丁美洲医疗社会史 …………………………（47）
　　拉丁美洲高等教育国际化政策研究（国际与比较教育研究丛书）…………（47）
　　拉美殖民地时期经济制度的形成、演化及其影响（1492—1804）…………（47）
　　拉美结构主义发展理论研究 ……………………………………………………（47）
　　中国企业投资拉美与"一带一路"倡议 ………………………………………（48）
　　近代巴西的劳动力问题与移民政策 ……………………………………………（48）
　　墨西哥艺术（全 3 册）……………………………………………………………（48）
　　发展与合作：中国与阿根廷的视角 ……………………………………………（48）
　　发明巴西：若热·亚马多与巴西民族身份构建 ………………………………（49）
　　青年与社会发展：中国和巴西的比较 …………………………………………（49）
　　美洲养蜂业 ………………………………………………………………………（49）
　　大变局视角下的中国—拉美经贸合作 …………………………………………（49）

1

博弈：震荡格局中的中美拉三边贸易 …………………………………………………（49）
研究报告 …………………………………………………………………………………（50）
　　拉美黄皮书：拉丁美洲和加勒比发展报告（2021—2022） ……………………………（50）
　　拉美经济蓝皮书：拉丁美洲和加勒比地区经济发展报告（2022） ……………………（51）
　　中国拉丁美洲研究年鉴 2020—2021 ……………………………………………………（51）
　　中国拉丁美洲研究年鉴 2022 ……………………………………………………………（51）
期刊学术论文 ……………………………………………………………………………（52）
　　拉美 17 国养老金覆盖面：影响因素与政策建议 ………………………………………（52）
　　巴西劳工党的理论体系及执政实践 ……………………………………………………（52）
　　拉美左翼回潮的特征、成因及影响 ……………………………………………………（52）
　　新冠肺炎疫情背景下拉美地区旅游业的机遇与挑战 …………………………………（52）
　　拉美地区自然认知的三次转变与当代启示 ……………………………………………（52）
　　拉美能矿资源基础、产业特征及中拉合作策略研究 …………………………………（53）
　　墨西哥劳务法律风险以及应对措施 ……………………………………………………（53）
　　浅析项目融资中合同结构的重要性及其主要搭建考量——以南美某交通项目为例 …（53）
　　智利电力市场投资研究 …………………………………………………………………（53）
　　拉美地区工程管理实践与思考——以尼加拉瓜运河项目为例 ………………………（53）
　　战略通道视角下中国与巴拿马的运河合作 ……………………………………………（54）
　　拉丁美洲新自由民粹主义的表现与兴起要素探析 ……………………………………（54）
　　重大突发公共卫生事件中政府新闻发布会效果研究——以墨西哥政府新冠肺炎疫情
　　　新闻发布会为例 ………………………………………………………………………（54）
　　迪亚斯-卡内尔执政以来的古巴"模式更新" …………………………………………（54）
　　智利中左翼政党联盟：变迁、改革与挑战 ……………………………………………（55）
　　空间转换：拉丁美洲华文传媒百年历史变迁 …………………………………………（55）
　　中国对拉美国家出口贸易影响因素实证分析——基于总量与技术结构视角 ………（55）
　　马里亚特吉马克思主义拉美化思想探析 ………………………………………………（55）
　　墨西哥开放政府数据政策研究 …………………………………………………………（56）
　　日本对墨西哥的直接投资实践及策略成效 ……………………………………………（56）
　　语言地位视角下安第斯共同体四国语言法律的历史结构性分析 ……………………（56）
　　结构视角下外部冲击与发展模式转型的逻辑——以疫情冲击下的拉美地区为例 …（56）
　　拉丁美洲地域对加西亚·马尔克斯魔幻现实主义作品的影响 ………………………（56）
　　以"社会传播"的名义：拉美传播研究的考古学分析 ………………………………（57）
　　现代化进程：拉美与中国的经验对比 …………………………………………………（57）
　　16 世纪欧洲人视野中巴西印第安人形象的转变 ………………………………………（57）
　　困于民粹主义与新自由主义之间：拉丁美洲的发展选择问题 ………………………（57）
　　墨西哥城大都市圈印第安人居住隔离研究 ……………………………………………（58）
　　《魔法满屋》：拉美文化叙事下的霸权逻辑与权力焦虑 ………………………………（58）
　　百年来智利共产党的国际主张与对外政策管窥 ………………………………………（58）

"梅斯蒂索"共同体的锻造——墨西哥"民族一体化"政策文化整合效果分析 ……… (58)
2021年西班牙语国家的中国研究评述 ……………………………………………… (59)
新自由主义的政策转向与当代墨西哥的印第安人问题 ………………………… (59)
拉美之困：当前巴西经济金融形势及溢出效应 …………………………………… (59)
思潮的涌动，历史的回顾——解读《阿尔特米奥·克罗斯之死》的意识流叙述
　　风格 ……………………………………………………………………………… (59)
近年来拉美社会主义的发展：现状与趋势 ………………………………………… (59)
土地制度安排与城镇化进程——基于中国与拉美国家的比较分析 …………… (60)
中拉蓝色经济合作：机遇、挑战与实践路径 ……………………………………… (60)
墨西哥国家复兴运动的崛起与执政实践 …………………………………………… (60)
Latin America's New "Pink Tide" …………………………………………………… (60)
拉丁美洲职业教育体系特点及启示——以阿根廷、巴西为例 ………………… (61)
论《锃亮的锄头》对"黑色大西洋"的加勒比阐释 ……………………………… (61)
拜登政府拉美政策的特点及走向 …………………………………………………… (61)
拉美地区中国企业人力资源管理研究 ……………………………………………… (61)
考古学与19世纪后期墨西哥的古史重建 ………………………………………… (62)
疫情下拉美银行业格局及中拉银行业合作 ………………………………………… (62)
墨西哥石油国有化中的美英墨冲突（1917—1938年） ………………………… (62)
拉美国家数字经济效率及其收敛性研究 …………………………………………… (62)
中国故事在巴西的本土化传播——以中巴合办栏目《中国故事》为例 …… (63)
拉美解放神学的发展历程及其当代启示探析 …………………………………… (63)
拉美政治发展的钟摆效应与新一轮左翼浪潮的特点 …………………………… (63)
拉丁美洲与亚洲：跨地域的文学—历史与被埋没的传统 ……………………… (63)
中国企业参与拉美经贸活动的经验与启示——基于双边政府关系视角 …… (64)
墨西哥独立后至1910年革命前引入移民研究 …………………………………… (64)
冷战时期古巴在不结盟运动中的作用 ……………………………………………… (64)
百年未有之大变局下的古巴共产党与中国共产党——访古巴共产党创始人之一
　　巴拉格尔·卡夫雷拉 …………………………………………………………… (65)
拉美地区矿产资源开发情况及对中国企业的建议 …………………………… (65)
哥伦比亚大选：填补左翼执政空白 ………………………………………………… (65)
中国与巴拿马自由贸易协定谈判历程回顾与展望 …………………………… (65)
拉丁美洲"横平运动"的新动向及新特征 ………………………………………… (66)
博尔赫斯的侦探小说观 ……………………………………………………………… (66)
身体政治与创伤隐喻——《离上帝如此之远》中的女性创伤身体 ………… (66)
论拉丁美洲现代文明的形成及其特点 ……………………………………………… (66)
拉美地区油气投资环境及合作潜力分析 …………………………………………… (67)
20世纪墨西哥民族国家的一体化建设 …………………………………………… (67)
"一带一路"倡议背景下中拉人文交流研究：现状、挑战与应对 ……………… (67)

拉美左转新趋势：动因、特点与前景 …………………………………………………………（67）
拉美民粹主义：一种国家发展模式 ………………………………………………………（68）
拉美是怎样掉进"陷阱"的？——从拉美与美国发展历程的比较看不平等的
　　长期影响 ……………………………………………………………………………（68）
"庶民研究"在拉美：对一种印度史学理念的跨文化考察 ……………………………（68）
迪亚斯时代墨西哥铁路建设"热潮"肇因论析 …………………………………………（69）
拉美新"粉红浪潮"的成因、特点及前景 ………………………………………………（69）
历史记忆与当代互动：拉丁美洲的中国形象探源 ………………………………………（69）
中国与阿根廷共建"一带一路"研究：进展、驱动因素与挑战 ………………………（69）
秘鲁华文报刊的历史演变及其中国国家形象构建——以《公言报》为例 ……………（70）
多边开发银行在拉美：起源、发展与变化 ………………………………………………（70）
古巴应对美国污名的历史分析 ……………………………………………………………（70）
拉美国家政党政治生态：以巴西、阿根廷和智利为例 …………………………………（70）
拉美左翼游击队转型政党的建设：以中美洲国家为例 …………………………………（70）
拉美国家马克思主义本土化的进程与趋势 ………………………………………………（71）
拉美数字原生媒体的发展现状研究 ………………………………………………………（71）
巴西对外援助的特点（2003—2021） ……………………………………………………（71）
拉美中产阶级的悖论：经济进步和社会不满 ……………………………………………（72）
拉丁美洲大都市区轨道交通建设成效研究——以墨西哥城、圣保罗、圣地亚哥大都市区
　　为例 …………………………………………………………………………………（72）
《百年孤独》与《江南三部曲》的孤独书写比较论 ……………………………………（72）
拉美新一轮左翼回归与第一轮左翼浪潮的异同 …………………………………………（72）
中拉爱情电影中的"情动功能"与心理空间比较研究 …………………………………（72）
论《黄金国的失落》中的生态帝国主义 …………………………………………………（73）
民粹主义是如何侵蚀拉美政党的 …………………………………………………………（73）
马克思主义拉美化的发展理路、内在困境及其出路 ……………………………………（73）
大国崛起中"以经稳政"的限度、空间和效力——对"经济压舱石"理论的反思与
　　重构 …………………………………………………………………………………（73）
中国企业投资拉美锂矿的风险研究 ………………………………………………………（74）
卢拉当选与充满期待的美洲 ………………………………………………………………（74）
不均衡的跨国人口流动：对美墨移民历程与政策的思考 ………………………………（74）
清政府在古巴独立后的外交应对 …………………………………………………………（75）
以节日共情：拉丁美洲孔子学院跨文化传播考察 ………………………………………（75）
中阿猪肉协议：进展，动力与障碍 ………………………………………………………（75）
美国政府的"援助"与玻利维亚政府的矿区反暴动（1961—1963） …………………（75）
从宗教反叛到政治参与：福音派在墨西哥土著社群传播的社会意义 …………………（76）
"他者"视角下的中国乡村振兴——以纪录片《我们的田野：拉美青年蹲点记》
　　为例 …………………………………………………………………………………（76）

标题	页码
拉丁美洲新一轮"粉红色浪潮"	(76)
滞胀风险下的巴西经济金融困境	(76)
权力结构、土地平等与国家发展	(77)
百年变局中的拉美社会主义运动	(77)
阿根廷新左派对"第三世界"概念的阐释	(77)
新冠疫情下拉美地区"缺失中间层"的脆弱性——基于社会保障结构性矛盾的分析	(77)
新冠疫情冲击下的拉美劳动力市场与劳动政策	(78)
"政治共处"协议与秘鲁的社会转型	(78)
墨西哥国际发展合作及其管理体制和特点	(78)
影响气候援助有效性的因素：基于巴西雨林保护试点项目与亚马孙基金的比较	(79)
冷战时期美国对智利公共外交的历史演变及特点	(79)
加勒比地区蓝色经济发展的必然性、进展与挑战——以格林纳达为例	(79)
拉美土地改革的延误与经济增长困境：演化发展经济学的视角	(80)
拉丁美洲研究的全球化——东亚学者的参与路径与可能贡献	(80)
资本账户开放对全要素生产率的影响——基于拉美国家中等收入陷阱背景的研究	(80)
中美科技博弈背景下的拉美5G建设：挑战与前景	(81)
从三维视角看拉美国家低度民主化问题及其发展	(81)
权力结构视角下的拉美"天鹅绒政变"研究	(81)
拉丁美洲人权保护机制的建构与制约因素	(82)
霸权与主权的对峙：美古恩怨二百年——评《美国和古巴关系史纲》	(82)
马克思主义拉美化的理论溯源——秘鲁社会主义大论战及其影响	(82)
反帝国主义与大陆主义：关于拉美反帝运动的争论	(83)
尼加拉瓜革命与美国里根政府对西欧的公共外交——跨大西洋史的视角	(83)
美国冷战战略与英属圭亚那政权更迭（1961—1964年）	(83)
国际比较视野下的拉美民粹主义	(84)
波菲里奥时代墨西哥的天主教会与国家：隐秘的冲突	(84)
委内瑞拉难民危机与联合国难民署的合法性再造	(84)
拉美养老金改革40年的得与失——评《拉美养老金私有化改革40年（1980—2020年）评价：承诺与现实》	(85)
拉美本土国际关系理论：自主理论及其评价	(85)
西方自由国际主义思想传统的源流、逻辑及困境	(85)
拉美区域主义的特点及影响因素	(86)
中美竞争背景下中拉命运共同体的构建——国际政治经济学的视角	(86)
正确义利观视角下的中拉绿色合作：进展、挑战及前景	(86)
能源转型背景下中拉清洁能源合作探析	(87)
巴西黑人奴隶家庭的组织模式及其特点	(87)
国家身份、集体身份与激励机制——巴西参与金砖国家的核心动机分析	(87)

中国和拉美国家减贫合作的空间与路径 (88)
拉丁美洲难民保护机制及其制约因素——基于委内瑞拉难民保护问题的分析 (88)
从移民输出到侨裔回流：日本的巴西日裔政策历史演变和现状评估 (88)
习近平外交思想在拉美的实践与拓展 (89)
新形势下构建中拉命运共同体话语体系研究 (89)
构建新时代中拉发展伙伴关系的核心理念与路径规划 (89)
全球发展倡议下的中拉气候合作：基础、机遇与挑战 (90)
从左右轮替现象透视拉美政治发展规律——兼论21世纪拉美两次左翼浪潮的发生及影响 (90)
多边开发银行基础设施投资的因素考量：基于拉美地区的实证研究 (90)

理论文章 (91)
考迪罗主义阻碍拉美发展进程 (91)
尼加拉瓜、阿根廷先后加入"一带一路"倡议——中拉合作韧性强活力足 (91)
阿根廷经济复苏面临艰巨挑战 (91)
巴西经济复苏步履维艰 (92)
墨西哥经济难以摆脱对美依赖 (92)
拉美经济发展不妨多"借东风" (92)
金砖合作助巴西应对挑战——构建高质量伙伴关系 (93)
巴西重视创新创业活动 (93)
联盟总统制与巴西政治的未来 (93)
拉美智库的发展现状与挑战 (94)

学术动态

纪念中墨建交50周年座谈会 (97)
庆祝中圭建交50周年纪念会暨周雅欣大使报告会 (98)
"拉美左翼与社会主义论坛"暨"拉美政治社会思潮的最新动向与演变趋势"研讨会 (99)
"中拉发展合作与互鉴"国际研讨会暨第二届中拉关系研究学者论坛 (100)
2022年金砖国家学术会议——面向高质量的共享发展 (100)
"构建新型国际关系背景下中美拉三边关系发展趋势"国际研讨会 (101)
第二届拉美研究中青年学者工作坊 (101)
2022年第四次左翼与社会主义论坛暨"拉美左翼和右翼的新变化"研讨会 (103)
"大变局下中拉经贸合作机遇与挑战"研讨会暨《大变局视角下的中国—拉美经贸合作》新书发布会 (104)
第十二届中国拉美研究青年论坛暨第六届拉美研究与中拉合作协同创新论坛 (105)
中国拉丁美洲史研究会第十届会员代表大会暨"拉丁美洲历史上的不平等和社会变革"学术研讨会 (106)

"左派执政浪潮与拉美政治发展新趋势"研讨会 …………………………………（109）
"新形势下中巴合作的前景"讨论会 ……………………………………………（110）

中国拉美研究全国性社团及动态

中国拉丁美洲学会 ………………………………………………………………（113）
中国拉丁美洲史研究会 …………………………………………………………（118）

全国主要拉美研究机构及动态

中国社会科学院拉丁美洲研究所 ………………………………………………（125）
复旦大学国际问题研究院拉美研究室 …………………………………………（134）
中国现代国际关系研究院拉美研究所 …………………………………………（136）
南开大学拉丁美洲研究中心 ……………………………………………………（141）
商务部研究院美洲与大洋洲研究所 ……………………………………………（147）
对外经济贸易大学拉美研究中心、太平洋联盟国家研究中心 ………………（149）
北京大学拉丁美洲研究中心 ……………………………………………………（153）
外交学院拉丁美洲研究中心 ……………………………………………………（156）
西南科技大学拉美研究中心 ……………………………………………………（158）
浙江外国语学院拉丁美洲研究所 ………………………………………………（161）
重庆科技学院拉丁美洲研究中心 ………………………………………………（165）
湖北大学巴西研究中心 …………………………………………………………（167）
中央民族大学拉丁美洲社会文化研究中心 ……………………………………（172）
河北师范大学秘鲁研究中心 ……………………………………………………（174）
安徽大学拉丁美洲研究所 ………………………………………………………（178）
上海外国语大学巴西研究中心 …………………………………………………（183）
北京第二外国语学院秘鲁研究中心 ……………………………………………（187）
中国人民大学拉丁美洲研究中心 ………………………………………………（189）
上海大学拉丁美洲研究中心 ……………………………………………………（192）
河北大学拉丁美洲研究中心 ……………………………………………………（202）
北京外国语大学拉丁美洲研究中心 ……………………………………………（205）
大连外国语大学拉美安第斯国家研究中心 ……………………………………（208）
广东外语外贸大学拉丁美洲研究中心 …………………………………………（211）
中山大学拉丁美洲研究中心 ……………………………………………………（214）
暨南大学拉丁美洲研究中心 ……………………………………………………（216）
常州大学拉丁美洲研究中心 ……………………………………………………（220）
清华大学拉美中心 ………………………………………………………………（222）
中国社会科学院世界历史研究所拉丁美洲史研究室 …………………………（226）

外交学院西语国家研究中心 ……………………………………………………………（228）
中国国际问题研究院拉美和加勒比研究所 …………………………………………（233）
江苏师范大学中拉人文交流研究基地 ………………………………………………（236）
中共中央党校（国家行政学院）国际战略研究院非洲与拉美研究所 ……………（239）

重要文献

习近平关于拉丁美洲的重要论述[*]

习近平会见厄瓜多尔总统拉索（2022-02-05）

2022年2月5日下午，国家主席习近平在人民大会堂会见来华出席北京2022年冬奥会开幕式的厄瓜多尔总统拉索。

习近平指出，中厄建交40多年来，两国关系始终健康稳定发展。两国坚定支持彼此核心利益，是相互信赖的好朋友。去年两国携手抗击新冠肺炎疫情，双边贸易逆势增长，基础设施建设、能源矿产、通信等领域合作富有成效，人文、教育、旅游等领域交流合作日益密切。今天双方发表深化中厄全面战略伙伴关系的联合声明，将推动中厄关系进入新的发展阶段。

习近平强调，双方要加强战略沟通和协调，在涉及各自核心利益问题上继续相互支持。要以开启自由贸易协定谈判为契机，深化务实合作。继续推进高质量共建"一带一路"合作，打造健康、数字、绿色丝绸之路等新增长点。中方愿继续为厄方抗疫提供帮助，加强疫苗合作。希望厄方继续为中方企业在厄投资经营提供公正便利的营商环境。中方愿同厄方密切在国际事务中合作，维护真正的多边主义。欢迎厄方共享中国发展机遇，积极支持全球发展倡议。

拉索表示，我要感谢习近平主席邀请我访华并出席北京冬奥会开幕式，再次祝贺中国共产党成立一百周年。此行令人终生难忘。中国是厄瓜多尔最重要的合作伙伴。同中国的合作对于厄经济社会发展至关重要。厄方永远不会忘记，中国政府和人民在厄方抗击新冠肺炎疫情最困难时刻向厄瓜多尔人民伸出宝贵援助之手，使厄成为拉美地区新冠疫苗接种率最高的国家之一，厄一半接种疫苗都来自中国。中国对厄瓜多尔等其他国家的帮助从来不附加任何政治条件。厄方高度重视厄中全面战略伙伴关系，坚定恪守一个中国原则，希望同中方加强贸易、投资、能源、基础设施、通信等各领域合作，愿积极参与共建"一带一路"，支持习近平主席提出的全球发展倡议。

会谈后，双方发表《中华人民共和国同厄瓜多尔共和国关于深化中厄全面战略伙伴关系的联合声明》。

习近平会见阿根廷总统费尔南德斯（2022-02-06）

2022年2月6日中午，国家主席习近平在人民大会堂会见来华出席北京2022年冬奥会开幕式的阿根廷总统费尔南德斯。

习近平指出，今年是中阿建交50周年。半个世纪以来，中阿两国始终相互理解、相互支持。面对新冠肺炎疫情，两国同舟共济、守望相助，树立了新兴市场国家团结合作的典范。中阿两国都坚持以人民为中心的发展思想，深化中阿合作是两国民心所向。中方愿同阿方发扬两

---

[*] 本部分文献均引自中华人民共和国外交部官方网站（括号内时间为外交部网站刊载时间），https://www.fmprc.gov.cn/zyxw，上网查询时间：2023年6月10日。

国关系50年成功经验，推进各领域交流合作，开辟中阿全面战略伙伴关系下一个辉煌50年。

习近平强调，中方愿同阿方加强高层交往和治国理政经验交流，相互支持对方在维护主权、安全、发展利益上的正当主张。中方愿同阿方共享发展机遇，助力阿根廷扩大出口和产业升级。双方要高质量共建"一带一路"，充分发挥互补优势，落实好水电、铁路等现有重大项目，深化贸易、农业、能矿、基础设施、投融资、抗疫等领域合作。中阿航天、海洋等合作为人类探索星辰大海作出积极贡献。双方要努力打造数字经济、绿色发展等合作新亮点。我愿同你共同宣布启动2022中阿友好合作年，积极开展文化、教育、体育、媒体、青年、地方等领域交流，便利人员往来，促进民心相通。

习近平强调，中阿同为发展中国家，有着广泛战略共识和共同利益。中方愿同阿方在联合国、二十国集团等框架内密切配合，践行真正的多边主义，完善全球治理，共同推进全球发展倡议。祝贺阿方接任拉共体轮值主席国，愿同阿方一道，推进中拉论坛建设，携手构建中拉命运共同体。

费尔南德斯表示，我很高兴能够和中国人民一起欢庆新春佳节并共同见证北京冬奥会开幕式的精彩。阿方对中国人民拥有深厚友好感情，对两国建交50年来双边合作取得的伟大成就感到骄傲。昨天我参观了中国共产党历史展览馆，我向中国共产党为中国人民所做的一切和取得的伟大成就表示崇高敬意。阿根廷是中国的朋友，始终坚定奉行一个中国政策，始终坚定致力于深化阿中友好关系，愿同中方加强治国理政经验交流。感谢中方在阿方抗击新冠肺炎疫情关键时刻提供大量医疗物资和疫苗，希望继续同中方加强疫苗、医药生产等合作。阿方将继续积极参与共建"一带一路"合作，深化贸易、农业、基础设施建设等领域合作，欢迎更多中国企业赴阿投资合作。阿方愿在国际多边框架内同中方密切配合，践行多边主义，为促进拉共体同中国合作发挥更大作用。

双方发表《中华人民共和国同阿根廷共和国关于深化中阿全面战略伙伴关系的联合声明》，并签署《中华人民共和国政府与阿根廷共和国政府关于共同推进丝绸之路经济带和21世纪海上丝绸之路建设的谅解备忘录》等一系列合作文件。

习近平同墨西哥总统洛佩斯就中墨建交50周年互致贺电（2022-02-14）

2022年2月14日，国家主席习近平同墨西哥合众国总统洛佩斯互致贺电，庆祝两国建交50周年。

习近平指出，中墨都是具有悠久文明历史的国家，两国人民友好交往源远流长。建交半个世纪以来，特别是2013年两国建立全面战略伙伴关系以来，双边关系发展进入快车道。两国政治互信日益深化，各领域友好交流合作得到加强。面对世纪疫情，中墨同舟共济、守望相助，树立国际团结抗疫典范。中墨友谊之树已枝繁叶茂、硕果累累，为两国人民带来实实在在利益。

习近平强调，我高度重视中墨关系发展，愿同洛佩斯总统一道努力，以两国建交50周年为契机，携手并肩、继往开来，增进传统友好，深化互利合作，促进共同发展，不断充实中墨全面战略伙伴关系内涵，让两国人民永远做相互信赖的好朋友、共享繁荣的好伙伴。

洛佩斯表示，50年来，墨中两国共同铸就牢不可破的友谊，广泛开展政治、经济、教育等各领域交流与合作，这在两国团结抗击新冠肺炎疫情的过程中也得以彰显。墨方衷心感谢并将永远铭记在抗疫过程中中方与我们守望相助。当前，墨中全面战略伙伴关系与时俱进，日益巩固，不断造福两国人民。双方在地区和多边层面携手应对挑战。我坚信，墨中关系必将行稳致远，焕发新活力。

习近平同阿根廷总统费尔南德斯就中阿建交 50 周年互致贺电（2022-02-19）

2022 年 2 月 19 日，国家主席习近平同阿根廷共和国总统费尔南德斯互致贺电，庆祝两国建交 50 周年。

习近平指出，中阿友好交往源远流长。建交半个世纪以来，中阿关系取得长足发展，各领域合作日益深化。面对新冠肺炎疫情，两国人民同舟共济、守望相助，谱写了中阿友谊新篇章。

习近平强调，前不久，我同费尔南德斯总统在北京冬奥会期间举行会见，共同谋划两国关系发展蓝图，宣布启动 2022 中阿友好合作年。我高度重视中阿关系发展，愿同费尔南德斯总统一道努力，推动中阿合作不断迈上新台阶，造福两国和两国人民。

费尔南德斯表示，值此两国建交 50 周年之际，我谨向习近平主席和兄弟的中国人民表达阿根廷人民的欢欣之情。建交以来，阿中文化、科技和经济交流日益密切。阿根廷政府和人民诚挚感谢中国在抗击新冠肺炎疫情的艰难时刻守望相助。我愿同习近平主席共同推动阿中合作，进一步巩固两国政府和人民友谊。

习近平就巴西东北部严重洪涝灾害向巴西总统博索纳罗致慰问电（2022-06-01）

2022 年 6 月 1 日，国家主席习近平就巴西严重洪涝灾害造成重大人员伤亡向巴西总统博索纳罗致慰问电。

习近平表示，惊悉巴西东北部发生严重洪涝灾害，造成重大人员伤亡和财产损失，我谨向遇难者表示深切的哀悼，向遇难者家属和灾区人民表示诚挚的慰问，祝愿伤者早日康复。

习近平同圭亚那总统阿里就中圭建交 50 周年互致贺电（2022-06-27）

2022 年 6 月 27 日，国家主席习近平同圭亚那合作共和国总统阿里互致贺电，庆祝两国建交 50 周年。

习近平指出，建交 50 年来，中圭关系取得长足发展，双方政治互信日益深化，务实合作成效显著。新冠肺炎疫情发生以来，两国人民同舟共济、守望相助，谱写了中圭友谊新篇章。我高度重视中圭关系发展，愿同阿里总统一道努力，以建交 50 周年为契机，推动中圭关系不断迈上新台阶，造福两国和两国人民。

阿里表示，圭亚那在英语加勒比地区率先同中国建交，坚定恪守一个中国政策。50 年来，两国始终相互尊重、平等互利，传统友好关系经受住了时间的考验。圭亚那愿以圭中建交 50 周年为契机，不断深化两国友谊。

习近平就古巴发生储油罐燃爆事故向古共中央第一书记、古巴国家主席迪亚斯-卡内尔致慰问电（2022-08-08）

2022 年 8 月 8 日，中共中央总书记、国家主席习近平就古巴发生储油罐燃爆事故向古共中央第一书记、古巴国家主席迪亚斯-卡内尔致慰问电。

习近平表示，惊悉古巴马坦萨斯省发生储油罐燃爆事故，造成重大人员伤亡和财产损失，我谨代表中国政府和中国人民，并以我个人的名义，向遇难者表示深切的哀悼，向遇难者家属和伤者致以诚挚的慰问。中方愿为古方提供帮助。

习近平就巴西独立200周年向巴西总统博索纳罗致贺电（2022-09-07）

2022年9月7日，国家主席习近平向巴西总统博索纳罗致贺电，祝贺巴西独立200周年。

习近平指出，巴西是西半球最大的发展中国家，坚持走独立自主的和平发展道路，在地区和国际事务中发挥重要影响。不久前，我同博索纳罗总统共同出席了金砖国家领导人第十四次会晤，推动金砖合作取得丰硕成果，为世界和平发展贡献力量。

习近平强调，近年来，在双方共同努力下，中巴关系平稳发展，务实合作成果丰硕。我高度重视中巴关系发展，愿同博索纳罗总统一道努力，推动中巴全面战略伙伴关系不断深入发展，造福两国和两国人民。

习近平同阿根廷总统费尔南德斯分别向中国阿根廷人文交流高端论坛致贺信（2022-09-28）

2022年9月28日，国家主席习近平同阿根廷总统费尔南德斯分别向中国阿根廷人文交流高端论坛致贺信。

习近平指出，中国和阿根廷是好朋友、好伙伴。今年是中阿建交50周年，也是中阿友好合作年。半个世纪以来，两国关系历经国际风云变幻考验，成为新兴市场国家和发展中国家团结合作、共同发展的典范。中阿关系全面快速发展正是中拉关系蓬勃生机的缩影。希望与会嘉宾集思广益、凝聚共识，助力中阿全面战略伙伴关系谱写新篇章，为推动构建新时代中拉命运共同体、人类命运共同体作出贡献。

费尔南德斯在贺信中表示，阿中两国已携手走过半个世纪，坚信双方将迎来一个更高发展水平的命运共同体。两国媒体卓有成效的合作促进了两国人民相互了解。期待双方深化合作，为阿中全面战略伙伴关系添砖加瓦，为两国人民福祉与世界和平发展作出更大贡献。

中国阿根廷人文交流高端论坛当日在北京举办，主题为"深化媒体交流，共谋人民福祉"，由中国中央广播电视总台与阿根廷公共媒体国务秘书办公室联合主办。

习近平向巴西当选总统卢拉致贺电（2022-10-31）

2022年10月31日，国家主席习近平致电路易斯·伊纳西奥·卢拉·达席尔瓦，祝贺他当选巴西联邦共和国总统。

习近平指出，中国和巴西同为发展中大国和重要新兴市场国家，拥有广泛的共同利益和责任。建交48年来，在两国历届政府和社会各界共同努力下，中巴关系取得长足发展，各领域合作成果丰硕。中巴长期友好，深化互利合作符合两国和两国人民根本利益，有利于维护地区和世界和平稳定，促进共同发展繁荣。我高度重视中巴关系发展，愿同卢拉当选总统一道努力，从战略高度和长远角度，共同谋划、推动中巴全面战略伙伴关系迈上新台阶，造福两国和两国人民。

习近平会见阿根廷总统费尔南德斯（2022-11-15）

当地时间2022年11月15日下午，国家主席习近平在巴厘岛会见阿根廷总统费尔南德斯。

习近平指出，今年是中阿关系史上承前启后的关键年份。我同你一道宣布举办2022中阿友好合作年，隆重庆祝两国建交50周年，推动各领域交流合作迈上了新台阶。中阿同为发展中大国和新兴市场国家，双方要从战略高度擘画两国关系发展蓝图，推动中阿全面战略伙伴关系不断取得新成果。

习近平强调，中方愿同阿方加强治国理政经验交流，支持彼此走符合本国国情、顺应人民期待和时代要求的发展道路，支持彼此维护主权、安全、发展利益。双方应该开展文化、媒体、教育、体育、青年、地方等领域交流合作，加快推进高质量共建"一带一路"合作，深化拓展农业、能源、基础设施、航天等领域合作。中方愿进口更多阿根廷优质产品。

习近平指出，中方愿同阿方一道推动中拉论坛建设，深化新时代平等、互利、创新、开放、惠民的中拉关系，在二十国集团等多边平台密切配合，践行真正的多边主义，落实全球发展倡议、全球安全倡议，携手构建人类命运共同体。

费尔南德斯表示，我想当面再次祝贺习近平主席连任中共中央总书记。今年2月我赴北京出席冬奥会开幕式期间同你成功会晤，取得丰硕成果，阿方对进一步深化阿中全面战略伙伴关系满怀期待。阿根廷永远是中国的朋友和兄弟，永远支持中方维护自身主权和领土完整。阿方愿同中方推进经贸、金融等领域合作，推进"一带一路"建设，构建阿中命运共同体。阿方希望同中方加强金砖国家等多边框架下协调合作，将积极促进拉中关系发展。

习近平会见智利总统博里奇（2022-11-18）

当地时间2022年11月18日下午，国家主席习近平在曼谷会见智利总统博里奇。

习近平指出，智利是首个同中国建交的南美国家。半个多世纪以来，中智关系作为中国同拉美和加勒比国家关系先行者，成为发展中国家合作共赢的典范，值得倍加珍惜。双方要继续坚定相互支持，尊重彼此人民选择的发展道路。中方愿同智方一道，推动中智全面战略伙伴关系继续发展。

习近平强调，中方愿同智方密切各层级友好交往，加强治国理政经验交流，加强发展战略对接，高质量共建"一带一路"，深化经贸、投资、农业等领域务实合作，挖掘公共卫生、清洁能源、数字经济等领域合作新动能。双方应该在联合国、亚太经合组织等多边机制内加强协作，弘扬全人类共同价值，践行真正的多边主义，推动构建亚太命运共同体和人类命运共同体。

博里奇表示，习近平主席带领中国取得了伟大发展成就，使近亿人摆脱贫困，为发展中国家树立了典范。智方坚定奉行一个中国政策，愿学习借鉴中方治国理政经验，深化基础设施、减贫、数字经济等领域合作，欢迎更多中国企业赴智利投资合作，支持中国加入《全面与进步跨太平洋伙伴关系协定》和《数字经济伙伴关系协定》。智方秉持独立自主外交政策，愿同中方加强交往，更好地了解中国。

习近平同牙买加总督艾伦就中牙建交50周年互致贺电（2022-11-21）

2022年11月21日，国家主席习近平同牙买加总督艾伦互致贺电，庆祝两国建交50周年。

习近平指出，牙买加是英语加勒比地区最早同中国建交的国家之一。建交50年来，中牙关系始终保持良好发展势头，双方政治互信深化，务实合作成果丰硕，人民友谊日益加深。面对新冠肺炎疫情，中牙守望相助、携手抗疫，为两国友好合作注入新动力。我高度重视中牙关系发展，愿同艾伦总督一道努力，以建交50周年为新起点，深化各领域合作，高质量共建"一带一路"，共同引领中牙战略伙伴关系迈上新台阶，携手构建新时代中牙命运共同体。

艾伦表示，建交以来，牙中友好关系持续发展，各领域合作取得显著成就，令人欢欣鼓舞。牙方愿继续同中方加强合作，进一步深化两国战略伙伴关系。

同日，国务院总理李克强同牙买加总理霍尔尼斯互致贺电。李克强表示，牙买加是中国在加勒比地区的重要合作伙伴。中方愿同牙方共同努力，推动中牙战略伙伴关系进一步走深走实，更好造福两国人民。

霍尔尼斯表示，牙方高度赞赏中方为牙经济增长和社会发展提供的宝贵支持，愿继续致力于加强双方合作，确保牙中战略伙伴关系造福两国人民。

习近平同古巴共产党中央委员会第一书记、古巴国家主席迪亚斯-卡内尔举行会谈（2022-11-25）

2022年11月25日上午，中共中央总书记、国家主席习近平在人民大会堂同来华进行国事访问的古巴共产党中央委员会第一书记、古巴国家主席迪亚斯-卡内尔举行会谈。

习近平指出，你是中共二十大后首位访华的拉美和加勒比国家元首，充分体现了中古两党两国的特殊友好关系。古巴是西半球第一个同新中国建立外交关系的国家，中古关系成为社会主义国家团结合作、发展中国家真诚互助的典范。中方愿同古方不断深化政治互信，拓展务实合作，在涉及彼此核心利益问题上坚定相互支持，在国际和地区事务中加强协调配合，在建设本国特色社会主义道路上携手并进，不断深化新时代中古关系。

习近平介绍了中共二十大重要成果，强调中国共产党团结带领全国各族人民以中国式现代化全面推进中华民族伟大复兴，我们将坚持和加强党的全面领导，坚持中国特色社会主义道路，坚持以人民为中心的发展思想，坚持深化改革开放，坚持发扬斗争精神，把国家和民族发展放在自己力量的基点上，把中国发展进步的命运牢牢掌握在自己手中。中古两党要保持密切沟通，用好两党理论研讨会等机制，加强交流互鉴，携手推动社会主义理论创新和实践进步，共同开辟马克思主义本土化时代化新境界，建设好符合各自国情的社会主义。

习近平强调，中国和古巴是彼此信赖的好朋友、志同道合的好同志、患难与共的好兄弟。中古传统友谊是老一辈领导人亲手缔结并精心培育的。建交62年来，面对风云变幻的国际形势，中古双方坚定不移深化肝胆相照的友谊，坚定不移开展互利共赢的合作，坚定不移做改革发展的伙伴。中方始终从战略高度看待和发展中古两党两国关系，始终将中古关系摆在外交全局的特殊位置。不论国际形势怎么变，中方坚持中古长期友好的方针不会变，支持古巴走社会主义道路的决心不会变，同古方一道捍卫国际公平正义、反对霸权强权的意志不会变。新形势下，双方要增进战略协作，在推动构建人类命运共同体的过程中携手共建中古命运共同体。中方将继续坚定支持古巴捍卫国家主权、反对外来干涉和封锁，愿同古方携手推动落实全球发展倡议、全球安全倡议，共同促进世界和平与发展。当前古巴同志遇到很大挑战。社会主义事业从来都是在奋勇开拓中前进的，我们坚信古巴同志一定能够战胜一切困难，也会尽力提供支持和帮助。中方愿同古巴深化各领域务实合作，落实好共建"一带一路"合作规划，携手推进社会主义现代化建设。

习近平指出，中拉合作本质上是南南合作，以相互尊重为前提，以互利共赢为原则，以开放包容为特质，以共同发展为目标，顺应世界大势和历史潮流，符合地区国家共同利益。当前拉美和加勒比政治格局正在经历新一轮深刻调整。中方高度重视中拉关系发展，愿同包括古巴在内的拉美和加勒比国家一道，深入推进高质量共建"一带一路"，推动平等互利、共同发展的中拉全面合作伙伴关系在新时代得到更好发展，更好造福中拉人民。

迪亚斯-卡内尔由衷感谢习近平主席在中共成功召开二十大后邀请他作为拉美首位国家元首

访华，代表古巴党和国家再次热烈祝贺中共二十大胜利召开，热烈祝贺习近平主席连任中共中央总书记，热烈祝贺中国在习主席领导下推进中国特色社会主义事业取得历史性成就，世界进步力量都对此深受鼓舞。迪亚斯-卡内尔表示，我本人和古巴党高层都认真学习了您在中共二十大上所作的报告。面对异常复杂严峻的政治经济形势，古巴将以中国为样板，创造性直面挑战，实现建设社会主义的目标。

迪亚斯-卡内尔强调，发展对华关系是古巴外交政策的重中之重。古方重申坚定恪守一个中国原则，支持高质量共建"一带一路"、全球发展倡议和全球安全倡议，并愿在拉中论坛、"77国集团+中国"等地区和国际多边机制中同中方进一步加强协调配合，继续为推进拉中关系、维护发展中国家共同利益作出贡献。

会谈后，两国元首共同见证签署两国关于党际交流、外交部间磋商机制、共建"一带一路"、务实合作等双边文件。

双方发表《中华人民共和国和古巴共和国关于深化新时代中古关系的联合声明》。

会谈前，习近平在人民大会堂北大厅为迪亚斯-卡内尔举行欢迎仪式，天安门广场鸣放21响礼炮，两国元首登上检阅台，检阅中国人民解放军仪仗队。

会谈结束后，习近平和夫人彭丽媛为迪亚斯-卡内尔和夫人奎斯塔举行了欢迎宴会。

习近平向第十五届中国—拉美企业家高峰会发表书面致辞（2022-12-15）

2022年12月14日，国家主席习近平在第十五届中国—拉美企业家高峰会开幕式上发表书面致辞。

习近平指出，中国将坚持对外开放的基本国策，坚定奉行互利共赢的开放战略，坚持经济全球化正确方向，不断以中国新发展为世界提供新机遇，推动建设开放型世界经济，更好惠及包括拉美和加勒比国家在内的各国人民。中国—拉美企业家高峰会创立15年来，坚持以服务企业为本，为促进中拉经贸合作、深化中拉人文交流发挥了重要作用。中拉关系已经进入平等、互利、创新、开放、惠民的新时代。工商界是促进中拉务实合作的生力军，也是中拉关系发展的建设者和受益者。希望广大工商界朋友继续秉持坚韧不拔、勇于开拓的企业家精神，做开放发展的推动者、创新发展的领军者、共享发展的践行者，为推动构建中拉命运共同体作出新的更大贡献。

同日，厄瓜多尔总统拉索出席第十五届中国—拉美企业家高峰会开幕式并致辞。

中华人民共和国和古巴共和国
关于深化新时代中古关系的联合声明[*]

应中共中央总书记、国家主席习近平邀请，古共中央第一书记、古巴国家主席米格尔·迪亚斯-卡内尔·贝穆德斯于 2022 年 11 月 24 日至 26 日对中华人民共和国进行国事访问。

访问期间，习近平总书记、国家主席同迪亚斯-卡内尔第一书记、国家主席举行亲切会谈，体现了两党、两国政府和两国人民亲密无间的友谊。李克强总理、栗战书委员长分别会见迪亚斯-卡内尔。

迪亚斯-卡内尔同志向习近平同志转达了劳尔·卡斯特罗大将的问候与祝贺。习近平同志表示感谢并请其转达对劳尔·卡斯特罗大将的问候。两国元首高度评价中华人民共和国和古巴共和国（以下简称"双方"）传统友谊。中古友谊是由毛泽东和菲德尔·卡斯特罗为代表的两国老一辈领导人缔造的。古巴于 1960 年同中华人民共和国建交，成为西半球首个同新中国建交的国家。两国元首对建交 62 年来中古关系发展以及双方各领域合作取得的丰硕成果表示满意。中古关系已成为社会主义国家团结合作、发展中国家真诚互助的典范。

两国元首强调中古都是社会主义国家，都坚定维护主权独立、国家团结和民族尊严，始终坚持走具有本国特色的社会主义道路，取得了重大成就。

两国元首就中古两党两国关系及共同关心的国际和地区问题深入交换意见，表示将继续推动落实达成的重要共识，一致同意将继续加强对两党两国关系的政治引领，加强高层互访和政治对话，推动各层级交往和各领域合作，用好各类合作机制，持续深化新时代中古特殊友好关系，在推动构建人类命运共同体的过程中携手共建中古命运共同体。

一、古方热烈祝贺中国共产党第二十次全国代表大会取得圆满成功。迪亚斯-卡内尔第一书记、国家主席热烈祝贺习近平同志当选中国共产党第二十届中央委员会总书记。古方认为中共二十大对中国共产党和中国发展具有极其重大的历史意义，大会成果将成为激励世界所有进步力量继续前进的新动力。古方认为习近平新时代中国特色社会主义思想是马克思主义中国化时代化的里程碑，坚信在习近平总书记的领导下，中国共产党和中国人民必将在新时代中国特色社会主义事业中不断取得新的伟大成就。

二、古方热烈祝贺和高度赞赏中国新时代十年的伟大变革，再次祝贺中国共产党成立一百周年，中国特色社会主义进入新时代，中国共产党团结带领全国各族人民完成脱贫攻坚、全面建成小康社会的历史任务，实现第一个百年奋斗目标，坚信中国共产党将团结带领全国各族人民全面建成社会主义现代化强国、实现第二个百年奋斗目标，以中国式现代化全面推进中华民族伟大复兴。

---

[*] 中华人民共和国外交部官方网站，https://www.fmprc.gov.cn/zyxw/202211/t20221125_10980884.shtml，上网查询时间：2023 年 6 月 10 日。

三、中方再次热烈祝贺古巴共产党第八次全国代表大会胜利召开，高度评价古共八大以来历次全会取得的新成果，高度钦佩古共团结带领古巴人民攻坚克难、踔厉奋发，坚信古巴一定能战胜前进道路上的一切艰难险阻，实现社会主义事业新发展，实现主权、独立、民主、繁荣、可持续的社会主义国家建设目标。

四、中国和古巴是好朋友、好同志、好兄弟。面对世纪疫情和百年变局，两国要致力于当好社会主义的同路人、共同发展的好伙伴、战略协作的好战友。中方高度重视中古关系发展，将坚定不移深化肝胆相照的友谊，坚定不移开展互利共赢的合作，坚定不移做改革发展的伙伴。无论国际形势如何变幻，中方坚持中古长期友好的方针不会变，支持古巴走社会主义道路的决心不会变，推动中古务实合作的方向不会变。

五、中国和古巴是携手抗疫的好榜样。面对疫情，两国领导人等各层级保持政治对话，守望相助，同舟共济，将维护人民健康和生命安全作为中心工作，并向国际社会抗击疫情提供支持和帮助。

六、中国共产党和古巴共产党是各自社会主义事业的领导核心。两党愿继续加强机制化交往，就开展符合各自国情的社会主义建设加强交流，互学互鉴，不断丰富交往内涵，为中古关系全面深入发展提供有力政治支撑。

七、古方重申无条件恪守一个中国原则的坚定立场，承认中华人民共和国政府是代表全中国的唯一合法政府，台湾是中国领土不可分割的一部分；强调台湾问题是中国内政，任何一方无权干涉。古方坚决反对任何利用台湾问题干涉中国内政的图谋，坚定支持中国政府为实现国家统一所作的一切努力。

八、封锁严重损害了古巴人民的生存权、发展权。中方坚定支持古巴人民捍卫国家主权、反对外来干涉和封锁的正义斗争。少数国家滥施单边制裁、切断发展援助、冻结他国合法资产的错误做法必须纠正。中方支持终止对古巴的经济、商业和金融封锁。

九、双方一致认为，涉疆问题根本不是人权问题，而是反暴恐、去极端化和反分裂问题。古方坚决反对借涉疆问题干涉中国内政。

十、双方一致认为，必须从本国实际出发，探索符合人民需求的人权发展道路，坚决反对将人权问题政治化、工具化和双重标准，坚决反对将自身意志和标准强加于别国。

十一、双方同意深化高质量共建"一带一路"合作，落实合作规划，加强在生物技术、可再生能源、卫生、经济、贸易、金融和网络安全等共同关心领域的合作，助力古方有效融入倡议，造福两国和两国人民。中方将继续向古巴提供力所能及支持和帮助，古方对此表示感谢。

十二、双方一致认为，当前，世界之变、时代之变、历史之变正以前所未有的方式展开。古方认同中方提出的和平、发展、公平、正义、民主、自由的全人类共同价值，愿同中方一道维护以联合国为核心的国际体系、以国际法为基础的国际秩序、以联合国宪章宗旨和原则为基础的国际关系基本准则，反对一切霸权主义和强权政治，反对一切形式的单边主义，反对搞针对特定国家的阵营化和排他性小圈子，致力于构建新型国际关系，深化拓展平等、开放、合作的全球伙伴关系，共同促进世界和平与发展，携手推动构建人类命运共同体。

十三、古方支持中方提出的全球发展倡议，愿同中方在倡议"之友小组"、77国集团等机制下加强相关合作，推动倡议走深走实，共同落实好联合国2030年可持续发展目标。古方支持中方提出的全球安全倡议，愿同中方进一步加强战略对接，携手推进倡议落地。

十四、双方倡导践行真正的多边主义，推进国际关系民主化，推动全球治理朝着更加公正合理的方向发展。中方祝贺古方当选 77 国集团 2023 年主席国，支持古方发挥领导作用，团结带领 77 国集团深化同中方的战略协作，维护成员国共同利益。

十五、双方一致认为，数据安全攸关各国安全和经济社会发展，古方支持中方提出的《全球数据安全倡议》，双方愿以此为基础推动制定全球数字治理规则。

十六、中方愿同古方密切沟通协作，助力中拉论坛不断取得新发展，共同推动平等、互利、创新、开放、惠民的新时代中拉关系行稳致远。

十七、两国元首对双方在此访期间签署的一系列成果文件表示满意。

十八、迪亚斯-卡内尔第一书记、国家主席对习近平总书记、国家主席及中国政府和人民在访问期间给予的热情友好接待表示衷心感谢，欢迎习近平总书记、国家主席再次对古巴进行国事访问。

学科述评

2022年拉美经济研究学科述评

一、国内外拉美经济研究综述

在新冠疫情和俄乌冲突双重冲击下，全球通货膨胀水平高企。对于易受外部冲击的拉美地区而言，通货膨胀更为严重，主要经济体通胀率已达到15年以来的最高水平。因此，抑通胀、稳增长成为2022年度拉美宏观经济研究的关注点，同时国内外研究在经济增长和社会发展、对外贸易与投资和金融发展等主题上也有新进展。

（一）经济增长和社会发展

此部分文献主要讨论拉美地区长期经济增长的影响因素等，从而为促进拉美地区经济增长提供政策建议。主要的代表性文献如下。

阿罗米、贝穆德斯和达布斯以拉美地区为例，讨论了不确定性与经济增长之间的关系。该文章探讨了拉美地区1960—2016年经济增长不确定的影响因素。研究发现，拉美经济增长不确定性与通货膨胀率、国内生产总值和实际汇率的波动性呈正相关。实证研究表明，较高水平的经济不确定不利于经济增长。该结论与现有文献一致，说明宏观经济不稳定是导致拉美地区经济表现不佳的主要因素。文章建议，拉美地区应实行更严格的逆周期政策，以平抑价格和产出波动。[1]

马奎斯基于投入产出表分析了1980—2016年墨西哥经济增长的来源，结果显示，墨西哥的经济增长更多是依赖动态的供给方，这不利于经济体系的良好表现。[2]

基尔斯泰恩基于联合国国民账户统计及佩恩表的美元和购买力平价数据，比较了5个工业化国家与5个拉美国家的资本形成总额水平及利润率、生产率和工资之间的关系。[3]

另外，还有部分文献从微观层面探究了企业盈利能力、企业创新等决定因素，进而从企业层面提出了促进经济增长的相关建议。例如，鲍斯和罗宾逊以阿根廷、哥伦比亚、厄瓜多尔、秘鲁和乌拉圭五国为例，分析了企业层面的创新驱动因素。[4]

国内学者王效云基于演化经济学视角对拉美国家工业化为什么最终失败进行了解释。[5] 梁

---

[1] Aromí, D., Bermúdez, C., Dabús, C., "Uncertainty and Economic Growth: Evidence from Latin America", *CEPAL Review*, No. 137, 2022.

[2] Marquez, M., "Supply, Demand and Economic Growth in Mexico in the Period 1980-2016", *CEPAL Review*, No. 137, 2022.

[3] Kilsztajn, S. "Produto, Capital e Taxa de Lucro-países Industrializados e América Latina", *Brazilian Journal of Political Economy*, 2022, Vol.18, pp. 424-439.

[4] Paus, E., Robinson, M., "Firm-level Innovation, Government Policies and the Middle-income Trap: Insights from Five Latin American Economies", *CEPAL Review*, No. 137, 2022.

[5] 王效云：《拉美土地改革的延误与经济增长困境：演化发展经济学的视角》，《拉丁美洲研究》2022年第1期。

泳梅从拉美与美国发展历程的比较对不平等的长期影响进行了研究，同时探讨了"中等收入陷阱"的形成机理。①

（二）对外贸易与投资

该部分文献主要从国别研究角度，探讨了特定产业对外贸易、对外直接投资的影响因素。其中，库纳、莱利斯和布雷多以巴西为例，讨论了较高的大宗商品价格对制造业出口的影响。该研究证实了巴西的贸易伙伴在2000年间大宗商品繁荣时期，收入增加刺激了巴西对其的制成品出口。②

佩雷斯·阿尔曼斯分析了阿根廷汽车产业的主要特点和阿根廷汽车产业链各环节的基本情况。文章认为，现阶段的全球资本主义对周边国家及其经济发展项目施加了重大限制，就汽车产业而言，产业链的控制权仍掌握在一小部分发达国家企业手中，因此，需要找到恰当的合作方式。③

维拉米扎尔、姆桑扎和冈萨雷斯研究了哥伦比亚与欧盟之间贸易协定对双边贸易的影响。基于2005—2019年数据，研究发现，双边贸易协定加大了哥伦比亚的贸易逆差。此外，研究还表明，哥伦比亚应重新调整其贸易政策和与其具有产业互补性的欧盟国家建立贸易联系。④

维拉斯奎兹从实证研究角度，研究了墨西哥制造业中外国直接投资的决定因素。研究发现，外国直接投资的不同动机是由东道国产业特点决定的，同时，东道国产业特点又部分地决定了其本地整合潜力。文章认为，寻求市场、资源、效率和战略资产的动机因东道国产业的特点而不同。⑤

李平和杨翠红基于1970—2015年拉美国家的数据，以全要素生产率为切入点，使用固定效应模型研究拉美国家资本账户开放与"中等收入陷阱"的关系。⑥

（三）金融发展

2022年度在金融发展领域的文献除涉及金融自由化等传统议题外，还涉及了目前广受关注的数字货币议题。在金融自由化问题的研究中，较有代表性的是菲洛和泰拉的研究，该文章从理论和实证两方面介绍了20世纪90年代以来金融自由化在巴西的发展。并从巴西的经验佐证了反对金融自由化的观点，认为金融自由化导致收入从实体部门转移到金融部门，并造成了经

---

① 梁泳梅：《拉美是怎样掉进"陷阱"的？——从拉美与美国发展历程的比较看不平等的长期影响》，《政治经济学评论》2022年第4期。

② Cunha, A. M., Lélis, M. T. C., Bredow, S. M. S., "Effects of Higher Commodity Prices on Exports of Manufactures: The Case of Brazil", *CEPAL Review*, No.137, 2022.

③ Perez Almansi, B., "The Argentine Automotive Chain since the Convertibility Crisis: An Analysis of Its Evolution and Principal Problems (2002-2019)", *CEPAL Review*, No.137, 2022.

④ Villamizar, C. A. A., Mesanza, R. B., González, C. R., "Trade Agreement and Trade Specialization between Colombia and the EU", *Investigación Económica*, 2022, 81(321), pp. 89-119.

⑤ Ortiz Velásquez, S., "La Inversión Extranjera Directa en México: Análisis de sus Determinantes Según Características de las Industrias", *Investigación Económica*, 81(321), pp. 120-155.

⑥ 李平、杨翠红：《资本账户开放对全要素生产率的影响——基于拉美国家中等收入陷阱背景的研究》，《拉丁美洲研究》2022年第2期。

济体系的不稳定。①

而对于数字货币等新兴议题，阿弗朗索、卡明和赞波利研究了拉美地区发行数字货币的成本、收益等，并讨论了发行数字货币在拉美地区的适用性问题及潜在风险。尽管有较多文献对发行数字货币的优缺点进行了讨论，但该文章从特定经济体的角度讨论了发行数字货币的适用性问题，是首篇讨论在拉美地区发行数字货币的文献，填补了相关研究的空白。②

随着新开发银行（NDB）在地区基础设施投资中发挥越来越重要的作用，布拉加、康蒂和马加乔基于新开发银行（NDB）的5个对金砖国家可持续基础设施投资项目的研究，讨论了相关项目与当地可持续发展议程的关系。研究建议，新开发银行应通过与金砖国家的当地参与者合作，将银行业务与各国生态转型挑战联系起来，并对可持续性和公共价值作出承诺。③

（四）中拉经贸合作

管宁等以文化距离为切入点，基于中国与拉美18个国家2013—2020年的贸易数据，在引入Hofstede国家文化维度数据的基础上，研究文化距离对中拉贸易的影响。④ 赵国华和赵子薇通过计算中国对拉美七国四类制成品出口密集度等分析了中国对拉美地区制成品出口结构，探究中国对拉美制成品出口结构背后深层次原因，然后构建扩展引力模型分别从总量视角和技术结构视角探析中国对拉美货物出口主要影响因素。⑤

林杉杉和秦煜洺指出，《数字经济伙伴关系协定》（DEPA）是全球首个关于数字经济的多边制度安排。中拉双方应基于政策、现实和市场等多元基础，有效对接DEPA与"数字丝绸之路"建设，强化数字经济国际合作，建立多边数字经济伙伴关系，共同实现全球数字经济的包容性增长。⑥

二、中国社会科学院拉美经济学科发展述评

2022年度中国社会科学院拉美经济学科研究人员主要围绕拉美经济发展模式转型以及中拉经济多领域合作等主题展开研究。代表性成果如下。

（一）拉美经济发展模式转型

张勇通过建立一个外部冲击分析框架，从生产结构的异质性、参与世界经济的非对称性、社会结构的脆弱性、政府治理的薄弱性四个维度阐述拉美地区原有经济发展模式的结构脆弱性，从而为后疫情时代发展中国家发展模式转型提供一个结构性视角。他认为，拉美地区结构脆弱

---

① Ferrari Filho, F., Bittes Terra, F., "Financial Liberalization in Developing Countries: The Brazilian Case after the Real Plan", *Investigación Económica*, 2022, 81(320), pp. 108-119.
② Viviana Alfonso, C., Kamin, S., Zampolli, F., "Central Bank Digital Currencies (CBDCs) in Latin America and the Caribbean", *Bank for International Settlements*, 2022.
③ Braga, J. P., De Conti, B., Magacho, G., "The New Development Bank (NDB) as A Mission-oriented Institution for Just Ecological Transitions: A Case Study Approach to BRICS Sustainable Infrastructure Investment", *Revista Tempo do Mundo*, 2022 (29) pp. 139-164.
④ 管宁、宋一淼、王凯旋、于志洲：《文化距离对中拉贸易的影响》，《管理学刊》2022年第3期。
⑤ 赵国华、赵子薇：《中国对拉美国家出口贸易影响因素实证分析——基于总量与技术结构视角》，《技术经济》2022年第2期。
⑥ 林杉杉、秦煜洺：《DEPA数字规则下中拉数字经济合作的多元基础与路径选择》，《国际贸易》2022年第8期。

性既是制约经济高质量发展的根源，也是经济在遭遇外源性冲击时比其他地区受损更大的原因。[1]

(二) 中拉经贸合作

关于中拉粮食合作。郑猛和岳云霞认为，新冠疫情的持续加剧了全球粮食危机爆发的可能，粮食安全形势愈发严峻。我国粮食安全仍将面临结构性短缺、不确定性增加、供应链断裂以及成本上升等一系列内部挑战和外部风险。鉴于此，我国未来应建立"稳产增效、提升积极性、精准替代"三支柱和"国内供给+国外补充"双保障的粮配模式，切实保障我国粮食安全。[2]

关于中拉金融合作。王飞和郭一帆指出，2014—2020 年拉美地区陷入 40 年来的经济低谷。2020 年，新冠疫情暴发，拉美经济"雪上加霜"。为支持经济，拉美各国利用货币政策降息或降准，保持金融体系的流动性。近年来，拉美各国进一步开放，积极推进银行业合作，表现出较大的发展潜力。因此，了解拉美银行业整体发展格局，把握其当前特点，对促进中资银行拓展拉美业务、强化中拉金融合作具有重要意义，同时也能更好地响应"一带一路"倡议，为中国企业进入拉美提供金融支持，全面加强中拉经济合作。[3]

郭一帆和谢文泽指出，当前以拉美为代表的发展中国家面临新冠疫情、美联储货币政策转向等一系列冲击，对外部资金的获得存在趋紧风险。从总体看，多边开发银行在拉美国家的发展融资中扮演着重要角色。结合拉美地区多边开发银行加大对可持续、社会保障、气候变化等社会包容性需求相关项目关注度的特征，中国的政策性银行与开发性金融机构可与多边开发银行以联合融资等方式加强在相关领域的务实合作，共同促进拉美地区发展。[4]

关于中拉能矿投资合作。郑猛和郭凌威指出，拉美是保障我国能源安全，应对当前风险与挑战不容忽视的地区。中拉能矿合作面临着现实性机遇。拉美能矿资源丰富，分布集中，但基础设施和技术水平相对落后，与我国优势高度互补。拉美能矿产业发展特征及新能源产业发展政策为中拉能矿提供了广阔的合作空间。[5] 此外，郭凌威和郑猛认为，随着全球能源转型加速，能源安全的内涵不断拓展，矿产安全已被列入新型能源安全的范畴，能源矿产安全成为国家安全战略的重要内容。拉美地区能矿资源优势突出，加强中拉能矿投资合作为统筹高质量发展与高水平能矿安全提供了重要支撑。中拉能矿投资已建立坚实的合作基础，投资合作潜力巨大，但风险仍存。[6]

关于中拉产能合作。王飞和曾思敏基于新经济地理学传统核心——边缘结构理论，利用制成品空间动态竞争力分析框架，运用制成品出口技术整体水平、制成品出口技术结构高度二维指标，从微观产品结构视角分析中国和拉美国家产能合作的国别潜力。研究发现，中国制成品出口动态竞争力越来越强，拉美则越来越弱，这为双方产能合作匹配了供需空间。进一步分组发

---

[1] 张勇:《结构视角下外部冲击与发展模式转型的逻辑——以疫情冲击下的拉美地区为例》,《国际经济评论》2022 年第 4 期。

[2] 郑猛、岳云霞:《后疫情时代的我国粮食安全:典型事实、风险挑战及应对方略》,《河北师范大学学报(哲学社会科学版)》2022 年第 3 期。

[3] 王飞、郭一帆:《疫情下拉美银行业格局及中拉银行业合作》,《银行家》2022 年第 6 期。

[4] 郭一帆、谢文泽:《多边开发银行在拉美:起源、发展与变化》,《海外投资与出口信贷》2022 年第 4 期。

[5] 郑猛、郭凌威:《拉美能矿资源基础、产业特征及中拉合作策略研究》,《中国能源》2022 年第 1 期。

[6] 郭凌威、郑猛:《安全视角下的中拉能矿投资合作研究》,《中国能源》2022 年第 8 期。

现，智利和秘鲁制成品空间竞争力弱，同中国开展产能合作的空间大，而墨西哥和阿根廷自身制造业技术水平相对较高、基础较好，同中国的竞争性大于互补性。[①]

中国社会科学院拉美经济学科于1981年设立，2002年被确定为中国社会科学院首批重点学科建设工程之一，2017年被确立为中国社会科学院"登峰战略"首批优势学科之一。经过多年的发展，拉美经济学科实现了在国内领先、在国际较有影响的目标。但是，该学科尚存在一些亟待解决的问题，如高质量学术论文刊发不足，科研效率和时间统筹能力还需加强，学科成果的国际影响力有待提升，等等。

（撰稿人：岳云霞、张勇、郑猛、洪朝伟）

[①] 王飞、曾思敏：《中国与拉美国家产能合作国别潜力——基于制成品空间动态竞争力的比较分析》，《重庆理工大学学报（社会科学）》2022年第2期。

2022年拉美政治研究学科述评

一、国内外学科发展综述

2022年国内外拉美政治学界关注的重点问题包括拉美地区的政治生态、拉美国家的政治体制、民众主义（民粹主义）、左翼发展趋势、左翼发展历史以及左翼思潮等。

（一）拉美政治生态

《经济学人》杂志刊文指出，拉美正掉进一个恶性循环，经济停滞、民众的沮丧情绪和政治两极分化正相互强化。① 钟点以巴西、阿根廷和智利为例，分析了拉美国家的政党政治生态。② 范和生、王燕从三维视角研究了拉美地区民主化。③ 俄罗斯学者鲁斯兰·克斯丘克批驳了当初拉美左翼浪潮退潮后的一些欧洲和拉美学者对于右翼将持续和长久执政的断言。右翼政党失去政权，左翼卷土重来是必然的。④ 俄罗斯学者埃斯皮诺萨·瓦莱斯·安杰洛·萨尔瓦托研究了拉美政党的"左""右"意识形态分野。⑤

（二）拉美左翼发展态势

俄罗斯学者鲁斯兰·瓦西里耶维奇分析了拉美新左翼浪潮形成的原因。⑥ 王友明分析了新一轮拉美左翼浪潮的主要特征和影响。⑦ 著名左翼印度裔记者维杰·普拉萨德指出，当前的拉美左翼正处于古巴革命以来的第四次左翼浪潮之中。在性质上，这一轮左翼浪潮是社会民主主义的。⑧《洛杉矶时报》专栏作家凯特·林西克姆、特雷西·威尔金森指出，让卢拉和其他人慷

---

① The Economist, "Latin America's Vicious Circle is a Warning to the West", 2022, https://headtopics.com/uk/latin-america-s-vicious-circle-is-a-warning-to-the-west-27349211. [2022-12-12]

② 钟点：《拉美国家政党政治生态：以巴西、阿根廷和智利为例》，《当代世界与社会主义》2022年第4期。

③ 范和生、王燕：《从三维视角看拉美国家低度民主化问题及其发展》，《拉丁美洲研究》2022年第2期。

④ Костюк Руслан Васильевич, "Новые Победы Левых в Латинской Америке?", Альтернативы, 2022, No 2.

⑤ Эспиноза Валлес Ангело Сальватор, "Сравнительный Анализ Левых и Правых Режимов в Странах Латинской Америки: Идеологическое Самоопределение Политической Партии", Тезисы Доклады, Самарская Областная Студенческая Научная Конференция, 2022, Т. 2.

⑥ Костюк Руслан Васильевич, "Новые Левые в Современной Латинской Америке", Латинская Америка, 2022, No 8.

⑦ 王友明：《拉美左翼回潮的特征、成因及影响》，《当代世界》2022年第1期。

⑧ Vijay Prashad, "Latin America's Fourth Left Wave Since the Cuban Revolution is Social Democratic", 2022, https://www.peoplesdemocracy.in/2022/0731_pd/latin-america%E2%80%99s-fourth-left-wave-cuban-revolution-social-democratic. [2022-12-12]

慨消费的大宗商品繁荣早已一去不复返了。如今，卢拉等拉美左翼很难兑现其在竞选中的承诺。① 《外交政策》发表西米安·特赫尔的评论文章，拉美人民并没有向左转，而是依旧属于务实的中间派。许多所谓的新"粉红色浪潮"的胜利都是以微弱的优势取得的。②

哥伦比亚学者胡利安·戈麦斯·德尔加多认为，进步的左翼联盟在哥伦比亚首次执政具有重要意义，有望在哥伦比亚实现国家与社会互动关系的重构。③ 洪都拉斯学者尼诺斯卡·阿隆索分析了洪都拉斯总统希奥玛拉·卡斯特罗的民主社会主义面临的挑战。④ 《聚焦外交政策》杂志主编约翰·费弗认为，哥伦比亚总统佩特罗和智利总统博里奇不同于之前的新左翼，他将之称为"新新左翼"。他们在进步主义的框架内，关注气候变化，注重环保，甚至不惜停止矿物开采，这些都是粉红色左翼所找不到的。⑤

巴西学者罗伯托·安德列斯认为，劳工党因组建了广泛的反博索纳罗阵线而获胜，标志着进步主义在拉美迎来了新发展机遇。⑥ 巴西华金·纳布科基金会研究员约安尼多·布里蒂认为，劳工党的获胜依靠的是左翼福音派的逆潮流而动。⑦ 阿根廷杂志《新社会》主编巴勃罗·斯特凡诺尼认为，左翼劳工党的胜利得益于民众对卢拉既往政绩的认可和拉美地区进步主义的复兴。⑧

（三）拉美政治体制

哥伦比亚学者克劳迪娅·冈萨雷斯·马雷罗和墨西哥学者阿曼多·查瓜塞达探讨了俄罗斯对拉美国家威权体制的影响。⑨ 秘鲁学者爱德华多·达尔亨特等认为，秘鲁政体在过去5年由总统制变成了一个国会拥有很大权力的政治制度。⑩ 哥伦比亚学者胡安·卡米洛·丰塞卡等提出

---

① Kate Linthicum and Tracy Wilkinson, "The Left Now Rules Most of Latin America. Will It Be Able to Live Up to Its Promises?", https://www.latimes.com/world-nation/story/2022-11-03/the-left-has-swept-into-power-across-latin-america. [2022-12-12]

② Simeon Tegel, "Latin America's New 'Pink Tide' Is a Mirage", 2022, https://djar.dcmusic.ca/view-https-foreignpolicy.com/2022/11/22/brazil-election-lula-pink-tide-latin-america-left-socialism/. [2022-12-12]

③ Julián Gómez Delgado, "La Izquierda se Prepara para Gobernar Colombia", junio 2022, https://nuso.org/articulo/izquierda-colombia-petro-marquez-gobierno/. [2022-12-12]

④ Ninoska Alonzo, "Los Desafíos del 'Socialismo Democrático' de Xiomara Castro", febrero 2022, https://nuso.org/articulo/honduras-xiomara-castro-libre-posdictadura-refundacion/. [2022-12-12]

⑤ John Feffer, "Latin America's New New Left", 2022, https://www.counterpunch.org/2022/06/27/latin-americas-new-new-left/. [2022-12-12]

⑥ Roberto Andrés, "La 'Resurrección' de Lula y los Nuevos Desafíos del Lulismo", octubre 2022, https://nuso.org/articulo/Lula-Brasil/. [2022-12-12]

⑦ Mariano Schuster, "En Brasil, los Evangélicos de Izquierda Nadan Contra la Corriente: Entrevista a Joanildo Burity", octubre 2022, https://nuso.org/articulo/evangelicos-izquierda-brasil-lula-bolsonaro/. [2022-12-12]

⑧ Pablo Stefanoni, "¿Lula lá? Victoria Progresista y Derecha Subterránea", octubre 2022, https://nuso.org/articulo/elecciones-brasil/. [2022-12-12]

⑨ Claudia González Marrero, Armando Chaguaceda, O Poder da Rússia na América Latina, GAPAC, 2022, n. 7, https://dialogopolitico.org/wp-content/uploads/2022/03/DP-Enfoque-no7-PORT.pdf. [2022-12-12]

⑩ Eduardo Dargent y Stéphanie Rousseau, "Choque de Poderes y Degradación Institucional: Cambio de Sistema sin Cambio de Reglas en el Perú (2016-2022)", Política y Gobierno, Vol. 29, Núm. 2, 2022, pp. 1-28.

了地方政治的一种新型混合制度——"选举主场"。① 西班牙学者弗朗西斯科·桑切斯研究了厄瓜多尔的总统制、政党和立法精英的关系,解释了前总统科雷亚如何实现的稳定执政。②

古巴学者胡里奥·安东尼奥·费尔南德斯·埃斯特拉达深入评述古巴法律体系。2019年宪法框架下的古巴法律体系中存在严重的自相矛盾,必须加以修正。③ 张青仁探讨了20世纪墨西哥民族国家的一体化建设。墨西哥民族国家的一体化建设存在将原住民边缘化、同化以及忽视其政治权益的问题。④ 张青仁、包媛媛研究了新自由主义改革时期墨西哥政府将印第安人定义为市场经济中自由、独立的新自由主义公民的政策转向。⑤

(四)拉美民众主义(民粹主义)

墨西哥学者埃洛迪·布伦等研究了民众主义对国家外交政策的影响。⑥ 周楠认为,民粹主义在拉美兴盛,是该地区政治包容性低、社会分化程度高、经济发展不稳定、民主制度脆弱等多种因素叠加的结果。⑦ 林红认为,从20世纪90年代开始,拉美开始了新民粹主义与新自由主义两种发展道路的竞争,但都无法帮助拉美解决经济增长与分配公平相冲突的发展问题。⑧ 林红强调将民粹主义作为一种国家发展模式来研究。⑨

(五)拉美左翼思潮

郑祥福、凌哲宏总结了马克思主义拉美化的发展历史和主要成就,反思了马克思主义拉美化在理论与实践上的问题。⑩ 郑祥福、凌哲宏运用比较分析的方法探讨了马克思主义拉美化的理论根源。秘鲁的马里亚特吉和阿亚·德拉托雷就如何实现马克思主义拉美化而开展的激烈论战是马克思主义拉美化的开端,前者从马克思主义立场出发,提出了马克思主义民族化思想,后者则对马克思主义进行改造,最终转向了民众主义阵营。⑪

二、中国社会科学院拉美政治学科发展述评

2022年中国社会科学院拉美政治学科主要关注拉美地区的社会主义和左翼政党的新发展、

---

① Juan Camilo Fonseca y Juan Federico Pino Uribe, "Competencia sin Alternancia en las Gobernaciones Colombianas: Los Dominios Electorales en la Democracia Subnacional Colombiana. Un Análisis Más Allá de los Partidos Políticos", *Revista Análisis Político*, Vol. 35, Núm. 104, 2022, pp. 7-32.

② Francisco Sánchez, "La Patria Ya Es de Él: Presidencialismo Plebiscitario, Partido Instrumental y Élite Legislativa en Ecuador", *Revista Perfiles Latinoamericanos*, Vol. 30, Núm. 60, 2022, pp. 1-33.

③ Julio Antonio Fernández Estrada, "El Derecho y la Ley Frente a las Protestas en Cuba", julio 2022, https://nuso.org/articulo/derecho-cuba-protestas-ley-partido/.[2022-12-12]

④ 张青仁:《20世纪墨西哥民族国家的一体化建设》,《民族研究》2022年第4期。

⑤ 张青仁、包媛媛:《新自由主义的政策转向与当代墨西哥的印第安人问题》,《广西民族研究》2022年第2期。

⑥ Elodie Brun, Carlos Heras Rodríguez, Juan José Montiel Rico, "Y América Latina? Una Propuesta Analítica sobre Populismo y Política Exterior", *Revista de Ciencia Política*, Vol. 42, Núm. 1, 2022, pp. 81-103.

⑦ 周楠:《国际比较视野下的拉美民粹主义》,《拉丁美洲研究》2022年第3期。

⑧ 林红:《困于民粹主义与新自由主义之间:拉丁美洲的发展选择问题》,《江苏行政学院学报》2022年第2期。

⑨ 林红:《拉美民粹主义:一种国家发展模式》,《马克思主义与现实》2022年第4期。

⑩ 郑祥福、凌哲宏:《马克思主义拉美化的发展理路、内在困境及其出路》,《国外理论动态》2022年第5期。

⑪ 郑祥福、凌哲宏:《马克思主义拉美化的理论溯源——秘鲁社会主义大论战及其影响》,《拉丁美洲研究》2022年第3期。

新一轮左翼浪潮以及拉美国家的政治发展等。

（一）拉美社会主义的新发展

袁东振厘清了拉美国家马克思主义本土化的进程，在此基础上提出，21世纪拉美国家马克思主义本土化的新成就主要是突破了对马克思主义的传统教条化理解，强调从本国具体国情出发自主探索社会主义发展道路。① 李菡、袁东振对21世纪以来拉美地区社会主义实践及其发展趋势进行了分析，指出拉美左翼政党与社会主义者依然坚守社会主义的基本原则和方向，探索替代资本主义和新自由主义的新方案。② 杨建民阐述了迪亚斯-卡内尔执政后的古巴社会主义"模式更新"。2021年4月召开的古共八大实现了党、政两方面的全面接班，卡内尔的执政理念和基础决定着古巴"模式更新"的前景和方向。③

（二）拉美左翼政党研究

周志伟分析了巴西劳工党的劳工社会主义理论体系提出的历史背景、基本内涵、实践应用及成效评估与展望。劳工党的劳工社会主义为国家治理作出了贡献，但也存在诸多问题，为此必须针对巴西国情的新变化制定全新、有效的治理方案。④ 李菡以尼加拉瓜、萨尔瓦多和危地马拉等国左翼游击队的转型为例，运用比较方法，分析了拉美左翼游击队转型政党的成败得失，指出党的组织结构、政党凝聚力以及与其他政治力量组建联盟的能力等三个要素是影响转型政党成败的重要因素。⑤

（三）拉美新一轮左翼浪潮

王鹏对拉美地区2018年以来形成的第二波左翼浪潮的动因、特点与前景进行了分析。他认为左翼政党是拉美国家推进改革的主要政治力量，但诸多限制因素导致它们在执政期间对国家的改造只能是渐进的和长期的。⑥ 徐世澄比较了拉美新一轮左翼浪潮与21世纪初的第一轮左翼浪潮的异同。相同之处是对内主张加强国家对经济的干预，发展民族经济，改善民生；对外主张外交独立、推进地区一体化和对华友好关系。不同之处主要体现在国际环境、对激进左翼政府和政党的态度等方面。⑦ 李菡和袁东振以拉美地区政治钟摆效应作为分析框架，比较了21世纪以来的两次左翼浪潮。新一轮左翼浪潮面临着体制性制约和巨大的现实执政压力，执政前景存在着诸多不确定性，拉美政治钟摆效应难以消除。⑧

（四）拉美政治发展

郭存海研究了拉美中产阶级未能发挥"社会稳定器"效应的原因。他认为新兴中产阶级日益增长的公共服务需求同落后的政府服务能力之间的矛盾是其参与社会动员的根本原因。⑨ 李

---

① 袁东振：《拉美国家马克思主义本土化的进程与趋势》，《当代世界与社会主义》2022年第4期。
② 李菡、袁东振：《近年来拉美社会主义的发展：现状与趋势》，《世界社会主义研究》2022年第5期。
③ 杨建民：《迪亚斯-卡内尔执政以来的古巴"模式更新"》，《当代世界与社会主义》2022年第1期。
④ 周志伟：《巴西劳工党的理论体系及执政实践》，《当代世界》2022年第1期。
⑤ 李菡：《拉美左翼游击队转型政党的建设：以中美洲国家为例》，《当代世界与社会主义》2022年第4期。
⑥ 王鹏：《拉美左转新趋势：动因、特点与前景》，《马克思主义与现实》2022年第4期。
⑦ 徐世澄：《拉美新一轮左翼回归与第一轮左翼浪潮的异同》，《当代世界社会主义问题》2022年第3期。
⑧ 李菡、袁东振：《拉美政治发展的钟摆效应与新一轮左翼浪潮的特点》，《国外理论动态》2022年第3期。
⑨ 郭存海：《拉美中产阶级的悖论：经济进步和社会不满》，《云梦学刊》2022年第5期。

昊旻运用权力结构发展理论研究了拉美"天鹅绒政变"。文章认为左翼地位上升引发权力结构平等化所导致的国家发展模式转变是拉美"天鹅绒政变"的根源。在未来十年里，围绕发展模式之争和利益之争，拉美很可能会出现更多的"天鹅绒政变"。①

中国社会科学院拉美政治学科 2017 年被确立为中国社会科学院"登峰战略"重点学科之一。该学科全面推进学科体系建设、学术研究体系建设和人才队伍建设，学科基础更加扎实，国内外优势地位继续巩固，国内外影响力和话语权持续扩大。该学科团队是国内仅有的将拉美政治作为专门学科的团队，许多研究成果都属于国内该学科的领先之作。近年来该学科研究深度和广度都有明显提高，发表了一批有一定学术水平和影响的论文和专著。该学科在发展过程中需要解决的主要问题包括协调创新工程、学科建设、研究室建设和个人研究兴趣之间的关系，在明确个人学科领域的基础上完善拉美政治研究的学科体系，通过增强与外国学术机构的交流合作提升自身研究水平，以及加强人才队伍建设等。

（撰稿人：杨建民、方旭飞、范蕾、谭道明、李菡、刘天来、肖宇）

---

① 李昊旻：《权力结构视角下的拉美"天鹅绒政变"研究》，《拉丁美洲研究》2022 年第 2 期。

2022年拉美国际关系研究学科述评

一、国内外学科发展前沿与动态

2022年，中拉关系、美拉关系、拉美外交、地区主义、能源问题等议题是拉美国际关系研究主要关注的热点问题。

（一）中拉关系

欧洲联盟安全研究所（EUISS）2022年9月发表的一份题为《中国在拉美的足迹：近期发展和未来挑战》[①]的简报显示，历史上拉美的对外关系主要由其与美国和欧洲的关系所决定。虽然自冷战以来中国就一直对该地区感兴趣，但直到20世纪90年代末，亚洲与拉美之间的关系相对有限。进入21世纪后，亚洲国家尤其是中国开始在拉美的对外关系中发挥更重要的作用。当前，中国已成为许多拉美国家的主要贸易伙伴、贷款国和外国直接投资来源国。中国在拉美的多方面存在受到其对原材料需求的驱动，以推动其经济发展，并扩大其制成品出口。这种存在伴随着中国与该地区国家在双边和多边层面上不断增加的政治接触而加强。中国有效利用了一种"第三世界叙事"作为其扩张战略的一部分，并与拉美国家和精英们的迫切需求及期望产生了共鸣。中国日益增长的存在和影响对美国和欧盟的战略构成了挑战。

《作为全球规划中的动态和过程现象的金砖国家：基于2009—2020年度峰会宣言的分析》[②]一文中强调金砖国家是一个动态的、过程中的现象，它建立在对全球情景的预期之上且成员国并未设定目标和机制化程度。文章认为，峰会宣言基本涵盖了最重要的国际议题，并有针对性地给出了"金砖解决方案"，但并未显示这些议题的具体进展，也未给出金砖国家在具体议题上的承诺。金砖峰会宣言所反映出的动态性和议题处理方式，体现了金砖国家内部的灵活互动，可以被视为一种具体的多边主义实践，虽然缺乏制度框架和规则，却被成员国认为是有利的。尽管巴西和南非的国际影响力有所减弱，且与美国的关系较以往更密切，但并未妨碍金砖国家在峰会宣言中的共同声音表达。文章认为，对金砖成员国而言，峰会宣言传递出的"金砖声音"实际上就是一种潜在收益。

（二）美拉关系

关于美拉关系，美国前驻秘鲁、哥伦比亚、阿富汗和巴西大使彼得·迈克尔·麦金利提出，美国对拉美地区存在一些中长期战略担忧，包括美国影响力的下降；中拉关系日益密切；古巴、尼加拉瓜和委内瑞拉三国未来走向；拉美国家选举中"对民主的矛盾心理"和"粉红浪潮"回归趋势。正是基于这种担忧，他认为美国需要改变对拉美地区的看法和处理方式。其一，华盛

[①] Sophie Wintgens, "China's Footprint in Latin America Recent Developments and Challenges Ahead", European Union Institute for Security Studies, Brief 9, September 2022.

[②] William Deldegan, Carlos Eduardo Carvalho, "Brics as a Dynamic and in Process Phenomenon of Global Planning: An Analysis Based on the 2009-2020 Annual Summit Declarations", *Estudos Internacionais*, V.10, N.1, abr. 2022, pp.117-147.

顿应该承认和尊重拉美地区的差异性。其二，华盛顿应该认识到，拉美和加勒比地区国家正在寻求对话，而不是指示。其三，华盛顿应该认识到，是时候超越意识形态分歧，进入新的接触时代了。① 美国陆军战争学院战略研究所教授埃文·埃利斯发文《为拉丁美洲和加勒比战略环境恶化做好准备》②。他认为拉美从未像今天这样由反美及左翼民粹领导人主导，美国在拉美的战略环境急剧恶化，拜登政府应采取策略以应对拉美左翼浪潮。

很多美国学者认为，西半球外国家在拉美日益扩大的存在是美国和该地区日益公认的战略挑战。美国学者埃文·埃利斯认为中国、俄罗斯和伊朗为美国在拉丁美洲的三个主要竞争对手。③ 作为对美国和西方构成最重大战略挑战的西半球外行动者，中国的参与主要以经济活动为中心。在拉丁美洲，中国的资金在支持民粹主义政权的经济活力方面发挥了关键作用，中国为不自由的民粹主义政权的生存作出了贡献，因为它们通过为经济提供资源来巩固权力，并为腐败资金提供机会，通过这些交易来偿还政权支持者。④

（三）拉美外交

关于巴西外交。《作为一种国际参与形式的卢拉外交政策的社会视角：拉丁美洲的人道主义援助》一文以拉丁美洲为例，分析了卢拉前两个任期（2003—2010 年）将国家社会政策纳入国际战略的具体实践。卢拉时期的社会政策之所以能够服务国际战略，根本原因在于这些政策在国内的成功，促使发展中国家对"巴西模式"产生了学习需求。从拉美的具体执行来看，主要有实物援助和合作支付两种方式。总体来看，巴西一方面强调"消除饥饿是与南方国家的发展直接相关"，从而提升巴西在南方国家反贫困议程中的示范意义；另一方面则通过一揽子人道主义援助强化与南方国家之间的互动，促进巴西软实力的提升。⑤

关于墨西哥外交。恩里克·杜塞尔教授在其主编的《墨西哥和中国外交关系的 50 年：过去、现在和未来》专著中指出，建交 50 年来，墨西哥和中国一直在寻求通过不断发展的制度结构来规范和加强双边关系，从双边关系的成熟度、广度和深度来讲，这几十年间存在的挑战和差异也很重要。⑥ 墨西哥自治技术学院教授丹妮丝·德莱瑟在美国《外交》杂志发文，认为墨西哥总统 AMLO 的领导正在影响美墨关系，可能会使三十年的经济一体化倒退，回复到两国以

---

① P. Michael McKinley, "Beyond the Summit of the Americas: Resetting U.S. Policy in Latin America", https://www.usip.org/publications/2022/05/beyond-summit-americas-resetting-us-policy-latin-america. [2022-6-12]

② R. Evan Ellis, "Preparing for Deterioration of the Latin America and Caribbean Strategic Environment", *Center for Strategic and International Studies* (*CSIS*), January 2022.

③ Robert Evan Ellis, "US Department of Defense Role in Addressing Extra-hemispheric State Rivals in Latin America and the Caribbean", February 23, 2022.

④ Evan Ellis, "The Transitional World Order: Implications for Latin America and the Caribbean", March 29, 2022, https://theglobalamericans.org/2022/03/the-transitional-world-order-implications-for-latin-america-and-the-caribbean/.

⑤ Deborah Moraes Souza Lopez, O Viés Social da Política Externa do Governo Lula como Forma de Inserção Internacional: A Assistência Humanitária na América Latina, *Revista Hoplos*, 6(10), 2022, pp.43-59.

⑥ Enrique Dussel Peters 主编：《墨西哥和中国外交关系的 50 年：过去、现在和未来》，https://dusselpeters.com/371.pdf, 第 13 页。

前的不信任状态，并导致两国在安全、移民和气候变化等问题上的合作停滞。①

关于阿根廷外交。拉普拉塔大学国际关系学院、"国际政策反思中心"的《阿根廷的外交政策二十年（2002—2022）：自主性与全球主义》一书以结构主义视角分析阿根廷外交政策面临的体系性困境。2003—2007年，基什内尔政府时期，阿根廷外交政策更加强调自主性理念，强化同巴西的关系，对美政策倾向务实但摩擦增多，积极推动同国际债权人的债务重组。2007—2015年，克里斯蒂娜政府时期，阿根廷同美欧关系趋向紧张，积极推动南共市、南美洲国家联盟和拉共体在拉美一体化中的作用，重视发展同中国、印度等新兴经济体的关系。2015—2019年，马克里政府推行"重返世界"的外交政策，重点恢复同美欧关系，旨在获得国际融资和扩大海外出口，重点推动南共市同欧美自贸谈判，继续保持同中国、俄罗斯的战略伙伴关系。2019—2022年，阿根廷奉行了更为实用主义的外交政策，主要围绕主权债务谈判，平衡发展同欧美的关系，更倾向深化同中国、俄罗斯、印度的战略伙伴关系，同时更加重视同非洲、中东及大洋洲等地区国家关系。②

（四）地区主义

巴西圣卡塔琳娜联邦大学的茹里奥·罗德里格斯和瓦伦蒂娜·塔玛拉在《留给地区一体化的空间：拉丁美洲制度碎片化的结构性原因（1991—2019年）》一文中通过比较南方共同市场、南美洲国家联盟、拉丁美洲和加勒比国家共同体三个地区一体化组织的纵向发展情况，探寻近年来拉美地区一体化呈现制度碎片化的结构性原因。文章的研究结论是，中国在拉美存在的推进和巴西作为地区主导国的缺席是造成拉美地区一体化倒退的结构性原因，前者是域外大国在体系结构层面强化离心力，后者则是区域大国在地区结构层面弱化向心力。③

（五）能源问题

《和平、正义和强力机构在哥伦比亚的能源多样化有限国家领域实现能源民主治理的潜在作用》一文认为，薄弱的机构是哥伦比亚能源转型的主要障碍，社会动荡、暴力、腐败和不平等阻碍其实施。哥伦比亚的能源政策视绿色投资为一个市场机会，而非一种体制建设或逐步淘汰化石燃料的路径；并且缺乏与民间社会，特别是世居民族进行有意义的沟通，以制定小规模的绿色投资倡议。文章认为应通过强调治理和强力机构在能源民主中的作用来加强能源政策。如果政府和企业致力于减缓气候变化，它们应当更重视机构建设，并且考虑当地人的社会文化特征。强大的机构可以促进和平与能源多样化。④

---

① Denise Dresser, "Mexico's Dying Democracy: AMLO and the Toll of Authoritarian Populism", *Foreign Affairs*, Nov/Dec., 2022, Vol. 101, Issue 6, p.74.

② Abril Camila Bidondo, María Florencia Shqueitzer, 20 años No Es Nada: Autonomía y Globalismo en la Política Exterior argentina (2002-2022): Una Contribución desde los Informes del CeRPI, Facultad de Ciencias Jurídicas y Sociales, Universidad Nacional de La Plata, October 2022.

③ Julio Cesar Cossio Rodriguez and Valentina Tamara Haag, "The space left for regional integration (or lack thereof): Structural causes of institutional fragmentation in Latin America (1991-2019)", *Revista Brasileira de Política Internacional*, 65(1): e011, 2022.

④ Jacobo Ramirez, Diego Angelino Velazquez, Claudia Velez-Zapata, "The Potential Role of Peace, Justice, and Strong Institutions in Colombia's Areas of Limited Statehood for Energy Diversification Towards Governance in Energy Democracy", *Energy Policy*, Vol. 168, September 2022.

二、中国社会科学院拉美国际关系学科发展述评

中国社会科学院拉美国际关系学科以创新项目"构建中拉命运共同体：理论与实践创新"为依托，在中拉关系、拉美政治、拉美外交、地区热点等领域的研究中，完成了一系列有影响的科研成果，形成了一定的学科优势，产生了较大的学术影响力。

（一）中拉关系

贺双荣的《中国企业投资拉美锂矿的风险研究》分析了中国在拉美的锂矿投资及其面临的风险和挑战。作者认为，随着大国推动能源转型和锂电池在新能源汽车中的广泛应用，锂成为能源转型最重要的关键矿产。中国是全球最大的锂电池生产者和消费市场，在需求不断增加和锂价持续上涨的压力下，中国企业扩大了在拉美锂矿投资。但拉美的资源民族主义带来的政策风险、现有的锂开采模式带来的环境和社会风险，以及中美战略竞争下的地缘政治风险给中国企业在拉美的锂矿投资带来了不小的挑战。[1]

赵重阳的《拉美地区网络安全现状及与中国的合作》指出，拉美是全球互联网发展最快的地区之一，也面临严重的网络威胁，包括缺乏地区性网络安全战略、各国战略法规差异大以及应对能力和合作能力仍然不足等。中国与拉美在网络安全及治理问题上都面临严峻挑战，具有相似诉求并已具备一定合作基础。未来双方可在中拉论坛和"一带一路"倡议框架内就网络安全进行多层级、多领域的务实合作。[2]

（二）拉美政治

周志伟的《拉美新"粉红浪潮"的成因、特点及前景》指出，新一轮"粉红浪潮"的出现更多折射出地区国家政府治理低效问题，尤其是在应对新冠疫情上的集体失效。主要特征表现为左翼执政规模空前，拉美左翼政府呈现出更大的差异性，左、右力量对比趋于均衡。重新获得执政地位的拉美左翼尤其需要对民生改善、共识凝聚、集体身份塑造等现实问题给出有效的解决方案。[3]

（三）拉美外交

谌园庭的《2021—2022年拉美对外关系：大国博弈持续升温，地区外交深度调整》（社会科学文献出版社2022年版）指出，2021年大国在拉美地区争夺日益显性化，"美国回来了"意在全方位制华。新冠疫情重塑拉美国家外交议程，以合作与援助为主要形式的疫苗外交成为拉美国家对外交往的重心。区域合作艰难前行，拉共体引领地区一体化合作，南共市难掩内部分歧，太平洋联盟致力于扩大朋友圈。中拉在政治、经贸、整体合作，以及"一带一路"合作等方面取得新突破。[4]

周志伟的《国家身份、集体身份与激励机制——巴西参与金砖国家的核心动机分析》对巴

---

[1] 贺双荣：《中国企业投资拉美锂矿的风险研究》，《中国能源》2022年第10期。
[2] 赵重阳：《拉美地区网络安全现状及与中国的合作》，《拉美黄皮书：拉丁美洲和加勒比地区发展报告（2021—2022）》，社会科学文献出版社2022年版。
[3] 周志伟：《拉美新"粉红浪潮"的成因、特点及前景》，《当代世界》2022年第8期。
[4] 谌园庭：《2021—2022年拉美对外关系：大国博弈持续升温，地区外交深度调整》，《拉美黄皮书：拉丁美洲和加勒比发展报告（2021—2022）》，社会科学文献出版社2022年版。

西的国家身份和金砖国家的集体身份分别从自我认知及国际社会反馈两个视角进行了解析。作者指出国际社会对金砖国家集体身份的认同度要高于对巴西国家身份的认同度，这使得金砖国家合作机制成为有助于巴西国家身份构建的激励机制。金砖国家不仅强化了巴西的多重代表性身份，而且对巴西拓宽国际议程、提升国际影响力认可度都具有显著的激励效果。[①]

（四）地区热点

孙洪波的《拉美能源安全：能源转型成效及挑战》分析研判了拉美地区能源转型的成效和挑战，指出拉美虽不存在绝对能源安全问题，但次区域、国别将面临局部性、阶段性的能源安全风险，尤其电力供应安全比较突出。拉美国际能源合作伙伴国日趋多元化，同美国、欧洲及亚洲国家的能源合作格局日益巩固。拉美能源一体化合作将有利于强化拉美能源安全保障。中拉能源合作有力保障了拉美的能源安全，促进了拉美能源转型和绿色发展。[②]

何露杨的《2022年巴西大选：一次最分裂的选举》从政治生态、热点事件、竞选策略等角度观察分析了巴西2022年大选进程，指出在巴西国内意识形态对立严峻的政治生态下，2022年巴西大选左右之争的格局早已形成；巴西大选中的戏剧性、争议性场面，引发地区及国际社会的高度关注；尽管卢拉和博索纳罗采取了不同的竞选策略，前者胜出主要归因于右翼的治理失败。[③]

中国社会科学院拉美国际关系学科于2005年设立。2009年拉美国际关系学科成为中国社会科学院重点学科，2017年再次成为中国社会科学院"登峰战略"重点学科。当前国际关系学科的研究实力在国内学术界处于引领地位，在中拉关系及对拉战略、全球治理与拉美、巴西外交等领域的学科优势明显。学科代表性人物引领作用显著，学科向新的研究领域拓展，学科研究格局多元化，学科研究方式多样化。该学科发展存在的制约因素主要是科研力量不足，表现为已有的科研力量不足以支撑强劲的外部需求，需要引进相关人才，并加强对现有科研人员的专业提升。

（撰稿人：何露杨、贺双荣、周志伟、谌园庭、孙洪波、赵重阳）

[①] 周志伟：《国家身份、集体身份与激励机制——巴西参与金砖国家的核心动机分析》，《拉丁美洲研究》2022年第5期。

[②] 孙洪波：《拉美能源安全：能源转型成效及挑战》，《拉美黄皮书：拉丁美洲和加勒比发展报告（2021—2022）》，社会科学文献出版社2022年版。

[③] 何露杨：《2022年巴西大选：一次最分裂的选举》，《世界知识》2022年第22期。

2022 年拉美社会文化研究学科述评

一、国内外学科发展前沿与动态

2022 年，国内外学术界有关拉美社会和文化的研究议题广泛、成果丰富。在社会研究方面，有关新冠疫情与社会政策、不平等、贫困、就业以及青少年等问题占据相当重要的地位。在文化研究方面，国内外学术界的研究热点不断增多，研究热情日趋高涨。学界关注的重点包括，跨文化交流与传播、文化外交、文化殖民与非殖民化运动等。

（一）新冠疫情与拉美社会政策

随着新冠疫情的继续肆虐，拉美各国社会政策的调整和反思成为国内外学者关注的热点之一。例如，迪亚科娃的著作《新冠疫情时期的社会政策：拉美的做法》对新冠疫情暴发后拉美各国的社会政策进行了比较研究，认为政府"紧急措施"政策旨在通过支持最弱势群体和有需要的群体来防止社会灾难。[1] 罗克珊娜·马佐拉等人的著作《大争论：COVID-19、不平等和分配性公共政策》在新冠疫情大流行框架内，从基础设施政策、劳工生存状态、政府议程设置以及基金会组织等角度对不平等和公共政策问题进行了分析和阐释。[2] 政策反思也是国外学术界的关注重点之一。胡贝尔等人在其文章《拉美的社会投资及新自由主义遗产：打破模式》中强调，近年来拉美各国政府虽然扩大了社会投资，但并不能由此认为这些国家已经摆脱了被动福利而成为社会投资型的国家。[3] 庞茜和郑秉文在《拉美养老金改革 40 年的得与失——评〈拉美养老金私有化改革 40 年（1980—2020 年）评价：承诺与现实〉》一文中通过展示和分析卡梅洛·梅萨-拉戈（Carmelo Mesa-Lago）教授的著作，指出社会政策以及改革要符合国情，并且需要在充分的社会讨论之上进行制度设计，而非一味地借鉴和使用国际制度。[4]

社会政策也是影响和调和国家与社会关系的重要工具。阿尔兹等人的著作《分割扩张的政治经济学：2000 年代的拉美社会政策》，从社会政策变化的角度分析，认为民主为民间社会组织和左翼政党的社会动员提供了空间；而亲福利力量的壮大，则促使政府不断将现有的社会政策覆盖至更广泛的人群。尽管如此，社会政策仍然相对割裂，新政策再次扩大了本就存在的不

---

[1] Diakova, L., "Social Policy in the Period of COVID-19: Latin American Approaches", *Latin America*, 2022 (5), pp. 28-44.

[2] Mazzola, R., Vommaro, P., *Debates: COVID-19, Desigualdad y Políticas Públicas Distributivas*, CLACSO, 2022.

[3] Huber, E., Dunn, C., Stephens, J. D., "Social Investment and Neoliberal Legacies in Latin America", *The World Politics of Social Investment: Volume I: Welfare States in the Knowledge Economy*, June 2022, pp. 377-403.

[4] 庞茜、郑秉文：《拉美养老金改革 40 年的得与失——评〈拉美养老金私有化改革 40 年（1980—2020 年）评价：承诺与现实〉》，《拉丁美洲研究》2022 年第 3 期。

平等。① 罗德里戈·纳瓦雷特·萨维德拉的论文《智利新自由主义—多元文化主义的社会政策分析：识别、保护和激活》，基于承认差异、保护脆弱性和激活机会三个话语层次为治理原住民群体的多样性提供了一种新颖视野，批驳了文化同质化的治理形式，尝试解读在新自由主义后独裁统治和官方采用的多元文化主义框架下智利社会政策的变迁。②

（二）不平等

新冠疫情加重了拉美国家本就存在的不平等问题，具体体现在经济社会地位、医疗资源、网络资源获取等诸方面。施密特的著作《拉美的城市与经济不平等：阿根廷的城市内部不平等》以阿根廷为例，认为由于拉美高度的城市化，社会紧张和经济不平等主要体现在城市。③ 巴勃罗·拜索蒂等在《拉美不平等现象的持续和紧急情况》中指出，拉美的不平等比以往任何时候都更加严重，存在的问题也比世界其他地方都更加尖锐。其中，穷人、女性和少数种族等在全球化背景下面临更加严重的结构性不平等。④ 爱德华多·兰格等人在《城市空间的社会教育不平等：以布宜诺斯艾利斯圣马丁区中学入学率地理参考为研究样本》一文中通过分析影响圣马丁区中学教育不平等的因素，指出入学率高的学校并不都在需求水平较低的市中心地区；在贫困程度较高的边缘地区，入学率也并非特别低。⑤ 巴勃罗·莫利纳·德泰亚诺等人的新著《不平等中的多样性：最新的理论争议与实证探索》在考虑性别、家庭、工作等传统不平等的基础上，纳入了诸如年龄等新影响因素，对拉美不平等的异质性和多样性进行了数据归类分析。⑥ 此外，梁泳梅在《拉美是怎样掉进"陷阱"的？——从拉美与美国发展历程的比较看不平等的长期影响》一文中比较拉美与美国的发展历程，发现严重不平等的土地所有制是导致拉美未能成功跨越"陷阱"的重要原因。⑦

（三）贫困

返贫成为拉美国家亟待解决的问题。希恩在其著作《拉丁美洲的发展模式：贫穷、压抑和经济战略》中指出，虽然国民收入不断增加，但拉美国家的贫困依然存在。⑧ 法比安在《人力

---

① Arza, C., Castiglioni, R., Franzoni, J. M., et al., *The Political Economy of Segmented Expansion: Latin American Social Policy in the 2000s*, Cambridge University Press, 2022.

② Saavedra, R. N., "Análisis de las Políticas Sociales en el Multiculturalismo Neoliberal Chileno, Reconocer, Proteger y Activar. Athenea Digital", *Revista de pensamiento e investigación social*, 2022, 22(1): e3164-e3164.

③ Simet, L, *Cities and Economic Inequality in Latin America: Intra-Urban Inequality in Argentina*. Routledge, 2022.

④ Vommaro, P., Baisotti, P., *Persistence and Emergencies of Inequalities in Latin America: A Multidimensional Approach*. Springer Nature, 2022.

⑤ Langer, E., Minchala, C., "Las Desigualdades Socioeducativas en el Espacio Urbano. Un Estudio a Través de la Georreferencia de Tasas de Escolarización del Nivel Secundario (partido de San Martín, Buenos Aires)", *Perfiles Educativos*, 2022, 44(175), pp. 23-41.

⑥ Derteano, P. M., Molina, E. C., *Diversidad en la Desigualdad: Debates Teóricas y Exploraciones Empíricas Recientes*. CLACSO. 2022.

⑦ 梁泳梅：《拉美是怎样掉进"陷阱"的？——从拉美与美国发展历程的比较看不平等的长期影响》，《政治经济学评论》2022年第4期。

⑧ Sheahan, J. *Patterns of Development in Latin America: Poverty, Repression, and Economic Strategy*, Princeton University Press, 2022.

资本与基本收入：拉丁美洲反贫困项目的意识形态和模式》中，从意识形态入手，认为拉美左翼浪潮推动了有条件现金转移计划的普及。① 穆赫辛在其论文《拉丁美洲的金融发展与能源贫困之间的差距》中，从金融发展的视角分析，认为该地区能源贫困源于金融发展水平较低。② 内托等人的《护理教育中用于评估贫困态度的工具：文献综述》一文认为贫困的识别是解决贫困的关键策略，贫困评估工作有可能将贫困视为一种多维现象。③ 贝蒂斯·法里亚斯等人在《委内瑞拉的贫困、社会不平等和灾害脆弱性》一文中将贫穷、社会不平等和匮乏视为灾害脆弱性的影响因素，表明风险的社会建构与获得住房、就业和领土规划的国家公共政策直接相关。④ 安赫莉卡·德·赛娜等人在《拉丁美洲的情感、主观与贫困》一书中采用了情感认知与心理叙事的研究方法，从国家干预的救济措施、城市封控与社会隔离、护理政策的不平等等角度分析了拉美国家对贫困的政府管理与民间的贫困生存状态。⑤

（四）就业

受疫情影响，拉美的失业和非正规就业等问题十分突出，国内外学界对此均有关注。高庆波在《新冠疫情冲击下的拉美劳动力市场与劳动政策》一文中发现，拉美国家为应对新冠疫情的冲击，尽管采取了各种形式的工作保留政策和雇佣补贴政策，但是积极就业政策仍难以单独应对疫情的冲击。⑥ 莫妮卡在《残疾人劳动力市场机会的不平等：六个拉丁美洲国家的证据》一文中指出，农村地区的残疾妇女及残疾人就业的概率远低于非残疾人。⑦ 布兰卡在其论文《恢复原住民的尊严：旅游业就业展望》中，研究了旅游业如何侵犯原住民的尊严，并分析了经济、社会文化和心理层面的就业变化如何有助于恢复从事旅游业的原住民的尊严。⑧ 胡安·格拉尼亚等人在《近期阿根廷的就业质量：比较视角下生产单位规模和等级的关系分析》一文中研究发现，与其他发达国家相比，阿根廷的就业高度集中在小型企业，高技能工作的存在相对较少，而且所有研究就业质量指标都较差。较低的绝对平均工资水平是影响阿根廷的收入差

---

① Borges, F., *Human Capital versus Basic Income: Ideology and Models for Anti-Poverty Programs in Latin America*, University of Michigan Press, 2022.

② Mohsin, M., Taghizadeh-Hesary, F., Shahbaz, M., "Nexus between Financial Development and Energy Poverty in Latin America", *Energy Policy*, 2022, 165.

③ Neto, I. T. M., Silva, K. L., Guimarães, R. A., "Tools Used in Nursing Education to Assess Attitudes about Poverty: An Integrative Review", *Public Health Nursing*, 2022, 39, pp. 1089-1097.

④ Farias, B., Marquez, A., Guevara, E., Pobreza, "Desigualdad Social y Vulnerabilidad a los Desastres en Venezuela", *REDER*, 2022, 6(1), pp. 51-65.

⑤ Sena, D. A., Nájera, J. M., *Sensibilidads, Subjetividads y Pobreza en América Latina*, CLACSO, 2022.

⑥ 高庆波：《新冠疫情冲击下的拉美劳动力市场与劳动政策》，《拉丁美洲研究》2022年第1期。

⑦ Pinilla-Roncancio, M., Gallardo, M., "Inequality in Labour Market Opportunities for People with Disabilities: Evidence for Six Latin American Countries", *Global Social Policy*, 2022.

⑧ Camargo, B. A., Winchenbach, A., Vázquez-Maguirre, M., "Restoring the Dignity of Indigenous People: Perspectives on Tourism Employment", *Tourism Management Perspectives*, 2022, 41.

距主要原因之一，且机构规模决定了社会分层。[1] 爱德华多·查韦斯·莫利纳的著作《就业与社会保障：阿根廷和世界的问题》探讨了就业形势对维持和改革社会保障体系的影响，并从地域差别、性别差距、退休年龄、缴费年限和预期寿命等角度深入探讨了阿根廷的养老金保障体系的可持续性和现存问题。[2] 此外，毛里奇奥在《劳动正规化与不平等：2000年以来拉丁美洲劳动正规化的分配影响》一文中发现，尽管不平等和非正规性是拉美劳动力市场的显著特征，但自2000年以来一些拉美国家出现的正规化趋势抵消了自90年代以来出现的不平等加剧的趋势。[3]

（五）青少年

国内外学术界针对拉美青少年问题的相关研究逐渐增多。布兰卡等人在《危险的不利环境中的儿童和青少年发展：拉美的观点》一文中发现，在贫困和脆弱的社会环境中的成长经历是影响儿童和青少年健康发展的一个重要因素，甚至可能使他们成年后产生精神障碍。卡塞雷斯则在论文《拉丁美洲的闲散青年与宏观经济》中分析了无所事事的年轻人与经济增长、国内储蓄率及经济脆弱性之间的关系。[4] 胡安·卢比奥·冈萨雷斯在《拉丁美洲预防青年和青少年自杀的经验：理论综述》一文中，通过分析44项青少年自杀案例和对比青年和青少年人群的自杀诊断，提出了基于以预防青少年自杀为重点的项目、策略和技术的干预措施。他指出与自杀相关的主要诊断与情绪障碍有关，其中女性是主要受影响者。家庭和环境根据其功能和凝聚力成为主要的保护或危险因素。[5] 帕特里夏·阿塞维多等人在《青年、实践与知识定位：大流行病期间的记录》一书中记录了新冠疫情期间的拉美青年实践活动范围和认知拓展领域，探讨了拉美青年所面临的社会安全与风险问题。[6]

（六）文化研究

近年来，拉美媒体受到学界广泛关注。莱德兹马·洛佩斯等人在《替代传媒是保护拉丁美洲文化特征的决定性因素》一文中，基于对墨西哥吉瓦瓦州门诺派社区的田野调查，从"社会文化认同"角度分析了目前拉美的"替代性媒体"。文章认为，拉美本土媒体有利于促进社会正义和社区赋权，并且保护了少数群体的文化身份。[7] 维拉马约尔·克劳蒂娅在《沟通和解放：

---

[1] Graña, J. M., Lastra, F., Weksler, G., "La Calidad del Empleo en la Argentina Reciente: Un Análisis sobre su Relación con la Calificación y el Tamaño de las Unidades Productivas en Perspectiva Comparada", *Trabajo y Sociedad*, 2022, 23(38), pp. 423-447.

[2] Molina, E. C., Carpenter, S., *Empleo y Previsión Social: Problemáticas en Argentina y en el Mundo*, CLACSO, 2022.

[3] Maurizio, R., Beccaria, L., Monsalvo, A., "Labour Formalization and Inequality: The Distributive Impact of Labour Formalization in Latin America since 2000", *Development and Change*, 2022, 53(1), pp. 117-165.

[4] Caceres, L. R., Salvador, E., "Idle Youth and Macroeconomics in Latin America", *International Journal of Economics and Finance*, 2022, 14(1), pp. 1-98.

[5] Rubio González, J., Vega álvarez, A., Weishaupt Barraza, V., et al., "Experiencias Latinoamericanas en la Prevención de la Suicidalidad en Jóvenes y Adolescentes: Una Revisión Teórica", *Psicogente*, 2022, 25(47), pp. 198-225.

[6] Acevedo, P., Porta, E. D., *Juventudes, Práticas y Conocimiento Situados*, CLACSO, 2022.

[7] Ledezma-López, V., Mancinas-Chávez, R., Díaz-Rodríguez, E., "La Comunicación Alternativa como Elemento Determinante en la Conservación de la Identidad Cultural en América Latina", *Chasqui: Revista Latinoamericana de Comunicación*, 2022(149), pp. 69-84.

许多世界，不同的观点》一文中，从国家媒体和公共政策两个方面分析了拉美目前的传播路径，认为广大媒体可以从地区一体化斗争中汲取集体生产经验，但并不能被"替代性传播"简单解释。[1] 萨姆·哈洛在《新的人民新闻？拉丁美洲本地数字新闻网站作为替代媒体的认知》一文中探讨了本地数字新闻领域如何重新定义"替代"媒体。他批判性地分析了现有的"替代"媒体术语，揭露了数字新闻如何重新塑造拉美的传播模式。[2] 桑塞韦里诺·加布里埃拉在《在拉丁美洲新冠疫情期间采取以用户为中心的叙事方式》一文中从"用户生成内容"入手，分析了2020年4月至8月的80个新闻网站及其社交网络渠道，探究拉美媒体如何在新闻报道中以用户为中心进行叙事。[3] 巴斯克斯·埃勒欧在《跳动新闻吧！新闻媒体如何适应抖音的逻辑》一文中，采用量化的研究方法探讨了中国社交软件"抖音"（TikTok）在拉美的发展，以及如何影响了拉美的新闻媒体。研究结果表明，拉美媒体正在逐步适应抖音的逻辑，旨在为拉美年青一代提供一种新的新闻报道方式。[4]

拉美的文化殖民和非殖民化一直是拉美文化研究的热点问题。豪尔赫·阿韦拉多·拉莫斯编纂的《拉丁美洲民族史》一书，分析了拉美地区经历的殖民、解放和民族革命的伟大冒险，阐述了该地区人民的历史与命运。[5] 塞萨尔·佩雷斯·希门尼斯的《拉丁美洲领土非殖民化的地缘政治痕迹》一文，揭示了霸权统治的形成过程以及所面临的地缘政治挑战。[6] 里莱安娜·卡瓦略的《拉丁美洲殖民经验的各个方面：利马·巴雷托和罗伯托·阿尔特笔下的文明城市》一文，通过比较两位作家对于文明城市的看法，反思20世纪初里约热内卢和布宜诺斯艾利斯的现代化进程，认为拉美的殖民化历史是分析拉美国家现代化进程中异质性因素的重要组成部分。[7] 玛丽亚·艾丽·赫滋·热罗等人合著的文章《非殖民化大学：拉丁美洲一体化的经验》，以巴西四所新兴大学为实验对象，提出了构建非殖民化大学的可能性，并分析了如何在教育领域通过联合新兴大学来促进高等学府的非殖民化运动和推进拉美一体化进程。[8]

此外，部分学者关注拉美文化和文明的形成，以及与国际的文化交流等方面。张旭鹏在

---

[1] Villamayor, C. "Comunicación y Emancipación: Muchos Mundos, Diversidad de Perspectivas", *Chasqui: Revista Latinoamericana de Comunicación*, 2022(149), pp. 85-98.

[2] Harlow, S. A, "New People's Press? Understanding Digital-Native News Sites in Latin America as Alternative Media", *Digital Journalism*, 2022, 10(8), pp. 1322-1341.

[3] Sanseverino, G. G., De Lima Santos, M. F., "Experimenting with User Generated Content in Journalistic Practices: Adopting a User-centric Storytelling Approach, during the COVID-19 Pandemic Coverage in Latin America", *Brazilian Journalism Research*, 2022(17), pp. 244-279.

[4] Vázquez-Herrero, J, Negreira-Rey, M. C, López-García, X. "Let's Dance the News! How the News Media are Adapting to the Logic of TikTok", *Journalism*, 2022, 23(8), pp. 1717-1735.

[5] Ramos, J. A., *História da Nação Latino-americana*, Editora Insular, 2022.

[6] Jiménez, C. P., "Trazos Geopolíticos Para la Decolonización de las Territorialidades Latinoamericanas", *Estudios*, 2022(44).

[7] Carvalho, L. "Aspectos da Experiência Colonial Latino-Americana: Lima Barreto e Roberto Arlt na Cidade Letrada", *Línguas & Letras*, 2022, 22(52), pp. 44-56.

[8] Genro, M.E.H, Gusmão, R.C., Marcarini, C.T., et al., "Descolonizar a Universidade: Uma Experiência no Horizonte da Integração Latino-americana", *Revista Educación Superior y Sociedad*, 2022, 34(1), pp. 54-78.

《"庶民研究"在拉美：对一种印度史学理念的跨文化考察》一文中，分析了国立澳大利亚大学的印度历史学家拉纳吉特·古哈主编的《庶民研究》在拉美知识界的认同和接受，并发现"庶民"概念和研究视角在拉美和印度不同。[①] 韩琦在《论拉丁美洲现代文明的形成及其特点》一文中，指出和谐性与不平等并存、开放性与依附性并存、多元文明与不平衡性并存的"悖论"是拉美文明的重要特征。[②] 陈倩文和薛力在《"一带一路"倡议背景下中拉人文交流研究：现状、挑战与应对》一文中，以中拉交往中教育、文化、卫生等不同领域的人文交流案例说明双方加强顶层设计、拓展沟通渠道、致力民心相通，共同塑造中拉命运共同体的方式。[③]

二、中国社会科学院拉美社会、文化学科发展情况

2022年中国社会科学院拉美社会、文化学科在科研成果和人才建设方面取得新的进展。一方面，尽管研究人员数量相对有限，但不同形式的科研成果无论是在数量上还是质量上都取得重要进展；另一方面，人才队伍建设取得重大突破，引进的1名海外归国博士逐步适应研究工作，大大充实了拉美社会政策研究。由此有望推进拉美社会和拉美文化两个学科的均衡发展。

2022年拉美社会、文化学科建设继续依托"中拉发展合作和发展互鉴研究"创新项目和院"登峰战略"的"拉美文化特殊学科"，进一步巩固了研究室、拉美社会学科和拉美文化学科三位一体的发展格局。未来的目标是要形成社会研究和文化研究并重和均衡发展的格局，因此创新项目的设计将两个学科的核心内容有机地融合起来。随着新的研究人员的加盟，拉美社会学科和文化学科的均衡发展有望实现。

中国社会科学院拉美社会、文化学科于1995年设立。该学科是国内拉美学界唯一以拉美社会、文化问题为研究对象的学科，学科成员的外语优势较明显，对外学术交往能力较强，与阿根廷及其他拉美国家的学术机构建立了广泛的联系。2016年拉美文化被列入中国社会科学院"登峰战略"特殊学科，重点研究领域是拉美思想和文化，以及中国在拉美的软实力、中拉人文交流等。该学科在人才建设，平衡发展社会学科和文化学科，以及提高成果质量等方面还存在短板。

（撰稿人：林华、郭存海）

[①] 张旭鹏：《"庶民研究"在拉美：对一种印度史学理念的跨文化考察》，《史学理论研究》2022年第4期。
[②] 韩琦：《论拉丁美洲现代文明的形成及其特点》，《南开学报（哲学社会科学版）》2022年第4期。
[③] 陈倩文、薛力：《"一带一路"倡议背景下中拉人文交流研究：现状、挑战与应对》，《克拉玛依学刊》2022年第4期。

2022 年拉美发展与战略研究学科述评

一、国内外拉美发展与战略研究综述

2022 年，拉美和加勒比地区既面对国际环境的巨大挑战，又面对结构性因素制约。在这一背景下，国内外学界普遍关注该地区的发展模式转型问题，相关研究集中于以下四个方面：一是如何推动地区各国迈向新发展模式的转型；二是如何增强政府在发展模式转型之中的作用；三是分析拉美和加勒比地区的社会结构脆弱性；四是如何提升该地区国家的国家能力。

国外学者较为广泛地采用案例研究和计量研究。巴西学者里卡多·别尔绍斯基（Ricardo Bielschowsky）等人考察了 6 个中美洲国家的经济增长和结构转型的历史经验。① 英国学者马科·卡雷拉斯（Marco Carreras）根据巴西产业与革新调查数据分析了国家经济社会开发银行（BNDES）的作用。②

相较而言，中国学者侧重分析拉美发展理论的内涵与外延，通过比较分析探究该地区发展模式的得失。林红把民粹主义视为拉美国家寻找替代性发展道路进行的尝试。③ 梁泳梅通过比较拉美与美国的发展历程，阐明拉美未能跨越"发展陷阱"的深层次原因。④

2022 年，拉美发展研究领域的热点问题、代表性学者及代表作涉及以下内容。

（一）探讨如何推动拉美和加勒比地区国家迈向新发展模式的转型

以拉美经委会为首的多个国际机构认为，迈向新发展模式的转型必须是一种绿色公正转型。这一转型的优先领域包括转变能源消费构成、形成可持续的财政政策和扩大国际伙伴关系。⑤

国际合作是拉美和加勒比地区实现发展模式转型的重要依靠。联合国贸易和发展会议（UNCTAD）指出：对拉美和南欧而言，区域内部一体化战略将为推动包容性的经济增长发挥重

---

① Ricardo Bielschowsky, María C. Castro and Hugo E. Beteta (eds.), "Economic Development Patterns in the Six Nations of Central America（1950 – 2018）", October 2022. https://repositorio.cepal.org/bitstream/handle/11362/47953/4/S2200441_en.pdf.［2022-12-13］

② Marco Carreras, "Fostering Innovation Activities with the Support of a Development Bank: Evidence from Brazil 2003-2011", *European Journal of Development Research*, 04 March 2022. https://doi.org/10.1057/s41287-022-00517-1.［2022-12-13］

③ 林红：《拉美民粹主义：一种国家发展模式》，《马克思主义与现实》2022 年第 4 期。

④ 梁泳梅：《拉美是怎样掉进"陷阱"的？——从拉美与美国发展历程的比较看不平等的长期影响》，《政治经济学评论》2022 年第 4 期。

⑤ ECLAC, OECD, CAF and UE, "Latin American Economic Outlook 2022: Towards a Green and Just Transition", November 2022. https://repositorio.cepal.org/bitstream/handle/11362/48415/1/S2201062_en.pdf.［2022-12-10］

要作用。①

（二）探讨如何提升政府在推动发展模式转型过程中的作用

联合国亚太经济委员会（ESCAP）针对包括拉美国家在内的亚太国家指出：在实现绿色转型、构建绿色经济方面，政府应当与企业携手合作，成为市场催化者、市场管理者和市场参与者。②

英国学者玛丽安娜·马祖卡托（Mariana Mazzucato）指出，拉美和加勒比地区国家需要形成一种完全由政府推动的工业发展路径，把生产部门面对的共同挑战作为产业政策的目标。③

（三）分析拉美和加勒比地区的社会结构脆弱性

新冠疫情的剧烈冲击加速了拉美和加勒比地区社会阶层的向下流动趋势。自2020年以来，中低收入阶层在该地区人口中所占比例增加，中高收入阶层和高收入阶层的比例则相应下降。④

不平等的代际传递阻碍向上的阶层流动。土耳其学者厄梅尔·图萨尔（Ömer Tuğsal Doruk）等人指出，新冠疫情加剧了该地区贫富人口受教育机会的不均等，使得低收入家庭学生的接受教育变得更困难，降低他们实现阶级跃迁的机会。⑤

（四）分析拉美和加勒比地区国家的国家能力

美国学者马克·丁塞科（Mark Dincecco）等人通过长时段历史视野分析国家能力，解释了为何高能力国家能够维护国内和平和推动物质繁荣。他们的研究同样表明，更高的国家能力能够改善国家发展状况。⑥

美国学者赫拉尔多·蒙克（Gerardo L. Munck）等人指出，拉美国家属于典型的"弱国家"，其成因是殖民统治时期留下的文化基因和制度遗产，以及国家形成过程中遗留的不利因素。⑦

二、中国社会科学院拉美发展战略学科发展述评

中国社会科学院拉美发展战略学科在2022年主要关注以下议题。

---

① UNCTAD, "Trade and Development Report 2022: Development Prospects in a Fractured World", 2022. https://unctad.org/system/files/official-document/tdr2022_en.pdf? utm_source = miragenews&utm_medium = miragenews&utm_campaign = news. [2022-12-11]

② UNESCAP, "Enabling the Green Transition of Business: Policy Approaches from Asia and the Pacific and Latin America", 14 December 2022. https://repository.unescap.org/rest/bitstreams/94de3837-b9ca-4e5b-bd61-abbd7dbebbf8/retrieve. [2022-12-10]

③ Mariana Mazzucato, "Transformational Change in Latin America and the Caribbean: A Mission-oriented Approach", October 2022. https://repositorio.cepal.org/bitstream/handle/11362/48299/5/S2200735_en.pdf. [2022-12-8]

④ ECLAC, OECD, CAF and UE, "Latin American Economic Outlook 2022: Towards a Green and Just Transition", November 2022. https://repositorio.cepal.org/bitstream/handle/11362/48415/1/S2201062_en.pdf. [2022-12-10]

⑤ Ömer Tuğsal Doruk, Francesco Pastoreb and Hasan Bilgehan Yavuz, "Intergenerational Mobility: An Assessment for Latin American Countries", *Structural Change and Economic Dynamics*, Vol. 60, No.2, 2022, pp.141-157.

⑥ Mark Dincecco and Yuhua Wang, "State Capacity in Historical Political Economy", in Jeffery A. Jenkins and Jared Rubin (eds.), *The Oxford Handbook of Historical Political Economy*, Oxford: Oxford University Press, 2022, pp.131-138.

⑦ Gerardo L. Munck and Juan Pablo Luna, *Latin American Politics and Society: A Comparative and Historical Analysis*, Cambridge: University Printing House, 2022, pp.120-121.

(一) 拉美和加勒比地区发展转型和发展合作研究

张勇从生产结构的异质性、参与世界经济的非对称性、社会结构的脆弱性、政府治理的薄弱性四个维度阐述拉美地区原有经济发展模式的结构脆弱性。[①]

高波提出构建新时代中拉发展伙伴关系的路径规划：统筹中国三大全球倡议，将中拉发展伙伴关系的构建置于百年未有之大变局、国内与国际两个大局互动的背景下加以考量；提高拉美地区在中国全球战略中的定位。[②]

(二) 拉美左翼浪潮再度崛起及其发展趋势的研究

王鹏分析了拉美左转新趋势动因、特点和前景，指出左翼政党的再度崛起是对第一波左翼政党执政浪潮的继承和发展，也是拉美当前所处政治发展周期的内生结果。[③]

袁东振系统梳理了拉美国家马克思主义本土化进程，指出拉美国家共产党把本土化马克思主义理论成果作为党的重要指导思想，强调从本国具体国情出发，自主探索社会主义发展道路。[④]

(三) 拉美和加勒比地区的政治稳定问题

李昊旻分析了拉美和加勒比地区在21世纪出现的军事政变。由于权力结构平等化引起国家发展模式由排斥型向包容型转变，严重威胁右翼寡头集团的既得利益，导致它决意进行暴力颠覆。[⑤]

中国社会科学院拉美发展研究学科于2019年正式设立，属于新兴交叉学科，该学科以拉美地区发展问题为主要研究内容，以发展政治学和发展经济学作为主要的学科支撑。该学科已建成一支以中青年骨干为主体的高素质研究队伍，形成一种以拉美和加勒比地区发展问题为核心关切、各有侧重领域的基本格局。该学科研究人员业已形成较为深厚的材料积累和知识储备，现已推出一批质量较高的研究成果，产生一定的社会影响力。该学科当前存在的主要问题有：需要进一步增强与国内外学术机构的交流合作，学科研究人员需要进一步提升科研能力，科研工作需要加强研究工作的发展议题导向，科研人员队伍需要进一步完善充实。

（撰稿人：王鹏、张冰倩、高波、李昊旻）

[①] 张勇：《结构视角下外部冲击与发展模式转型的逻辑——以疫情冲击下的拉美地区为例》，《国际经济评论》2022年第4期。

[②] 高波：《构建新时代中拉发展伙伴关系的核心理念与路径规划》，《拉丁美洲研究》2022年第6期。

[③] 王鹏：《拉美左转新趋势：动因、特点与前景》，《马克思主义与现实》2022年第4期。

[④] 袁东振：《拉美国家马克思主义本土化的进程与趋势》，《当代世界与社会主义》2022年第4期。

[⑤] 李昊旻：《权力结构视角下的拉美"天鹅绒政变"研究》，《拉丁美洲研究》2022年第2期。

2022年拉美区域合作研究学科述评

一、国内外拉美区域合作研究综述

（一）国外前沿

1. 对区域一体化与区域合作的全面分析。2022年，塞尔纳·卡斯塔尼奥、克里斯蒂安·费尔南多在《十字路口中的拉丁美洲：总统制、主权与不稳定的区域一体化进程之间的要素关系分析》一文中，通过历史文献梳理，认为在拉丁美洲可以验证的区域一体化进程，是基于该地区国家的政治秩序是通过主权来表达利益诉求的关系。作者认为这是限制拉美一体化进程建设的关键阻碍，而对于这一问题产生的根源，该学者归因于拉美国家政治中典型的总统制。[1]

安德里亚·比安库利在《国际关系与发展杂志》发表的《区域主义和区域组织：探讨拉丁美洲体制形成和变革的动态》运用比较区域主义和制度主义理论对拉丁美洲的区域合作，尤其是南方共同市场和南美洲国家联盟进行了实证研究和比较评估，强调历时性和多元性是定义拉美区域一体化的两个要素，提出特定理念和制度结构下拉美的区域主义可能出现创造、转换和分层三种变革模式。[2]

2. 对区域合作发展前景的评述。2022年，罗戈里奥·秋罗塔·陶拉在《拉丁美洲的地缘政治趋势和分裂：区域一体化的前景》一文中，探讨了21世纪的两个超级大国——美国和中国的战略竞争，由于意识形态、自由主义者和民族主义等不同立场，拉美的社会结构和政治分裂也受其影响。这些偶然的因素从某种程度上讲，或许有利于推动地区谋求合作共识，但与此同时也可能降低单个国家外交政策的能动性。[3]

罗文·卢博克编辑的《全球化》特刊中收录了何塞·布里塞尼奥·鲁伊斯、玛丽亚·安东尼娅·科雷亚、恩里克·卡塔兰·萨尔加多的《拉丁美洲地区主义建构中的外交官和技术官僚》，埃内斯托·维瓦雷斯的《21世纪拉美地区主义的重构：行动者、进程、矛盾和前景》，梅赛德斯-博托的《拉丁美洲经济一体化的挑战：在全球化背景下寻求共识——南方共同市场的案例（1991—2019年）》等文章，对拉美区域主义的多样性、复杂性以及当代拉美政治和国际关系学术理论的多元化进行了探讨，提出了一种用于阐释区域项目多样性的"多元主义一体

---

[1] Serna Castaño, Cristian Fernando, "América Latina entre Encrucijadas: Un Análisis de las Críticas Relaciones entre el Presidencialismo, el Soberanismo y los Precarios Procesos de Integración Regional", Universidad Externado de Colombia, 2022. https://bdigital.uexternado.edu.co/handle/001/6145.

[2] Andrea C. Bianculli, "Regionalism and Regional Organisations: Exploring the Dynamics of Institutional Formation and Change in Latin America", *Journal of International Relations and Development*, Vol. 25, 2022, pp. 556–581.

[3] Rogelio Churata Tola, "Tendencias Geopolíticas y Fragmentación en América Latina: Perspectivas para la Integración Regional", *Umbrales*, Número 39, 2022, http://www.cides.edu.bo/images/2022/umbrales39/Churata_R-Umbrales_N_39.pdf.

化"分析方法，探讨了区域建设的多维度性质。[1]

3.地区主义和多边主义的剖析。2022年，亚历杭德罗·卡多佐·乌斯卡特吉在《国家腐败的区域整合：拉丁美洲错误模式的悖论》一文中提出拉丁美洲一体化合作的"脱轨"，与地区腐败互为因果。他强调这造成了该地区陷入贫困，延缓了贸易一体化带来的正向发展，从而不利于形成对一体化进程有利的制度环境。[2]

哈罗多·拉马齐尼、马塞洛·帕西尼、马里亚诺和朱莉亚·德·索萨·博尔巴·贡萨尔维斯的《寻求和谐：南美洲的民主与地区主义》分析了如何将民主保护问题纳入南美地区主义，探讨了在区域主义中建立民主条款的动机以及实施民主条款的挑战，指出民主可扩大区域自治以应对政治危机，也可成为国家间分歧的一个因素。[3]

塔蒂亚娜·贝林格的《劳工党政府领导下的新发展主义阵线和南方共同市场：多维地区主义的兴衰》，分析了拉美地区从20世纪90年代的开放地区主义到21世纪初的多维地区主义的过渡转型。后者自2012年后陷入危机，主要致因与南美洲国家联盟和南方共同市场的区域一体化机制，以及巴西劳工党执政时期推行的新发展主义思潮的社会基础密切相关。[4]

法布里斯里奥·罗德里格斯和于尔根·吕兰的《合作反霸权、地区间主义和"削弱的多边主义"："一带一路"倡议与中国和拉丁美洲加勒比的关系》探讨了中国"一带一路"倡议夯实中拉关系和全球多边主义的制度基础。文章指出，地区间主义是一种软平衡手段，中拉关系需要形成一种合作战略，用以作为多边主义的务实变体，对抗美国在其"后院"的霸权。[5]

4.对专业领域区域合作的分析。2022年，米兰姆·桑塔纳、玛丽亚·巴亚威森西欧、罗曼·贝阿埃兹在《从古巴看拉丁美洲和加勒比一体化中的高等教育》一文中提出，任何领域的一体化都是国际一体化发展的关键因素。拉美地区虽然具备融合各领域发展进程的优势条件，但该地区真正的一体化程度却仍处于低位。在此背景下，作者强调了高等教育作为一个普遍而活跃的影响因素，在拉美地区一体化进程中应发挥的作用，为此，作者以古巴为成功案例，指

---

[1] José Briceño Ruiz, María Antonia Correa, Enrique Catalán Salgado, "Diplomats and Technocrats in the Construction of Latin American Regionalism"; Ernesto Vivares, "The Reconfiguration of Twenty-First Century Latin American Regionalism: Actors, Processes, Contradictions, and Prospects"; Mercedes Botto, "The Challenges of Economic Integration in Latin America: Searching for Consensus in Contexts of Globalization. The Case of MERCOSUR (1991-2019)"; in Rowan Lubbock, ed., *Globalizations*, Volume 19, Issue 4, 2022.

[2] Alejandro Cardozo Uzc ategui, "Integración Regional de la Corrupción de Estado: La Paradoja de un Modelo Descarriado en America Latina", *Revista Foro Cwbano Divulgación*, 2022, Vol. 5 Núm. 40, https://revistas.usergioarboleda.edu.co/index.php/fc_divul/article/view/2212/1655.

[3] Haroldo Ramanzini Junior, Marcelo Passini Mariano, Julia de Souza Borba Gonçalves, "The Quest for Syntony: Democracy and Regionalism in South America", *Bulletin of Latin American Research*, Vol. 41, Issue 2, April 2022, pp.305-319.https://doi.org/10.1111/blar.13263.

[4] Tatiana Berringer, "The Neodevelopmentalist Front and Mercosur under the PT Governments: The Rise and Fall of Multi-dimensional Regionalism, Latin American Perspectives", Volume 49, Issue 2, 2022. https://doi.org/10.1177/0094582X211029308.

[5] Fabricio Rodríguez, Jürgen Rüland, "Cooperative Counter-hegemony, Interregionalism and 'Diminished Multilateralism': the Belt and Road Initiative and China's Relations with Latin America and the Caribbean (LAC)", *Journal of International Relations and Development*, Vol. 25, 2022, pp.476-496.

出该国高等教育取得的重要成果与其所面对的地区一体化进程是密不可分的。①

5. 对区域合作问题的回顾与反思。2022 年，埃尔内斯特·皮萨诺在《一位前总统在拉美的发言："摆脱危机需要更激进的改革"》一文中，回顾了自己 1994 年至 1998 年担任哥伦比亚总统、2014 年至 2016 年担任南美国家联盟（Unasur）秘书长的经历。并就近几十年来拉丁美洲实施的政策的惨淡景象进行了反思。他认为，在证明新自由主义破产对地区合作造成危机之后，进步之路在于区域一体化。②

6. 对后疫情时代区域经济可持续发展的解读。安东尼·菲利普·斯宾塞的《多地区主义：新冠疫情后为促进可持续发展和可持续安全的协调一致的加勒比地缘政治》被收录在沙米和阿纳托尔等编辑的《管理加勒比地区的新安全威胁》一书中。该文认为大国之间的零和战略安全倾向没有优先考虑和实现加勒比地区的利益。加勒比国家需要一个将其地缘政治利益放在优先地位的多边合作框架，摆脱大国控制的基于排斥性和不公平的地缘政治和利益分配机制。作为一种替代性地缘政治框架，多区域主义可协调一致地追求加勒比可持续发展和新冠疫情后的多维安全利益。③

（二）国内前沿

1. 拉美地区组织及一体化。曾子洛通过自由政府间主义的视角以及欧盟—南共市 20 余年来的合作历史，探析了欧盟—南共市自贸协定达成的动因、面临的困难以及对跨地区合作产生的影响。④ 李德鹏、思特格奇以南美洲国家联盟和南美进步论坛为例，分析了拉美区域主义"弱而不竭""起伏不定"的影响因素，认为地理、人文、经济等中长时段因素塑造了拉美区域主义稳定的一面，而政府政策因素造成了拉美区域主义的不稳定性。⑤

2. 中拉合作。关于中拉整体合作，王慧芝梳理了中国—拉共体论坛建设的成就及动力，分析了中国—拉共体论坛建设面临的困难及挑战，并提出优化改进路径。⑥ 关于中拉合作中的美国因素，王慧芝、付丽媛在系统阐述拉美 5G 发展概况的基础上，分析了美国对拉美 5G 建设的干扰及拉美国家的反应，并就推进中拉 5G 合作提出对策。⑦

---

① Miriam Alpizar Santana, María Victoria Villavicencio Plasencia, Román García Báez, "La Educación Superior en la Integración de América Latina y el Caribe.Una Mirada desde Cuba", *Estudios del Desarrollo Social：Cuba y América Latina*, Vol. 10, 2022, http://www.revflacso.uh.cu/index.php/EDS/article/view/683/805.

② Ernesto Samper Pizano, "Un Expresidente Toma la Palabra en América Latina, "la Salida de la Crisis Requiere de Reformas Más Radicales"", *Le Monde diplomatique en español*, No. 317, 2022, https://dialnet.unirioja.es/servlet/articulo?codigo=8337422.

③ Anthony W.J.Phillips-Spencer, "Multi-Regionalism：Coherent and Realigned Caribbean Geopolitics for Sustainable Development and Sustainable Security Post-COVID-19", in Chami, G., Teelucksingh, J., Anatol, M. (eds), *Managing New Security Threats in the Caribbean*, Palgrave Macmillan, Cham. 2022, pp. 31-52. https://doi.org/10.1007/978-3-030-98733-6_2.

④ 曾子洛：《自由政府间主义视角下的欧盟—南共市自由贸易协定谈判》，《西南科技大学学报（哲学社会科学版）》2022 年第 2 期。

⑤ 李德鹏、思特格奇：《拉美区域主义的特点及影响因素》，《拉丁美洲研究》2022 年第 4 期。

⑥ 王慧芝：《中国—拉共体论坛：进展、挑战及优化路径》，《太平洋学报》2022 年第 6 期。

⑦ 王慧芝、付丽媛：《中美科技博弈背景下的拉美 5G 建设：挑战与前景》，《拉丁美洲研究》2022 年第 2 期。

围绕中拉双边合作主题，赵国华、赵子薇探析了中国对拉美国家货物出口的主要影响因素。① 宋博文、田员昊通过典型企业在拉美开展经贸活动的经历，分析双边政府关系对中国企业在海外开展 FDI 的影响。② 曹廷分析了中拉蓝色经济合作的可行性、发展现状、主要挑战及对策，认为推进中拉蓝色经济合作有利于我国维护中拉关系行稳致远，并且可以助推中拉 "21 世纪海上丝绸之路"高质量发展。③ 焦玉平、蔡宇通过梳理中拉清洁能源合作的发展历程和现状，分析了中拉清洁能源合作的前景与挑战。④ 邢伟分析了正确义利观对中拉绿色合作的指导意义，在此基础上对中拉绿色合作的进展和挑战进行了梳理，就中拉绿色合作的发展提出建议。⑤

此外，林杉杉、秦煜洺考察了拉美地区数字经济发展的困境，探讨中拉有效对接 DEPA 与 "数字丝绸之路"建设的多元合作基础与路径选择。⑥ 杨靖从供需关系的视角，讨论中国和阿根廷 "一带一路"合作新进展，分析了两国战略考量、面临的风险和挑战。⑦ 钟文新等分析了拉美地区油气投资环境、资源国油气勘探开发前景以及各国存在的风险与挑战，就中国石油企业在拉投资提出了政策建议。⑧

二、中国社会科学院拉美区域合作学科发展综述

2022 年度，中国社会科学院拉美区域合作学科以创新项目为依托，致力于对拉美区域合作、绿色发展、数字丝路、疫情对拉美经济冲击等议题展开研究，完成了一系列具有影响力的学术成果。

（一）拉美区域合作

韩晗从美洲峰会看拉美区域合作的理念演进与现实挑战，认为第九届美洲国家首脑会议的主场外交东道国——美国，进一步明晰了对拉美政策。但更为引人注目的是峰会召开前数月，美国表态因 "民主问题"将不邀请古巴、委内瑞拉和尼加拉瓜三个拉美国家参会。国际社会普遍唱衰美国重拾对拉美门罗主义的外交战略，拉美国家一方则以不同形式表达了对美国区别邀请行为的不满。⑨

（二）绿色发展与碳关联

王淞等对拉美、中国和欧美之间的产业碳关联进行了分析，阐述了拉美、中国和欧美所组

---

① 赵国华、赵子薇：《中国对拉美国家出口贸易影响因素实证分析——基于总量与技术结构视角》，《技术经济》2022 年第 2 期。
② 宋博文、田员昊：《中国企业参与拉美经贸活动的经验与启示——基于双边政府关系视角》，《当代金融研究》2022 年第 6 期。
③ 曹廷：《中拉蓝色经济合作：机遇、挑战与实践路径》，《边界与海洋研究》2022 年第 3 期。
④ 焦玉平、蔡宇：《能源转型背景下中拉清洁能源合作探析》，《拉丁美洲研究》2022 年第 4 期。
⑤ 邢伟：《正确义利观视角下的中拉绿色合作：进展、挑战及前景》，《拉丁美洲研究》2022 年第 4 期。
⑥ 林杉杉、秦煜洺：《DEPA 数字规则下中拉数字经济合作的多元基础与路径选择》，《国际贸易》2022 年第 8 期。
⑦ 杨靖：《中国与阿根廷共建 "一带一路"研究：进展、驱动因素与挑战》，《西南科技大学学报（哲学社会科学版）》2022 年第 4 期。
⑧ 钟文新等：《拉美地区油气投资环境及合作潜力分析》，《国际石油经济》2022 年第 7 期。
⑨ 韩晗：《从美洲峰会看拉美区域合作的理念演进与现实挑战》，《环球财经》2022 年第 6 期。

成的生产系统构成了"边缘—半边缘—中心"的国际分工体系。在产业关联视角下,全球价值链分工对三方碳排放的影响有待厘清。基于多区域投入产出模型,作者采用区域假设抽取法测算了拉美、中国和欧美之间的后向碳关联规模及强度,分析了本地企业和外资企业在产业碳关联中的角色差异。[1]

(三)疫情冲击与拉美区域经济

韩晗以复苏性发展与挑战为视角分析疫情下的拉美地区形势,提出在可以预见的未来,面对社会领域的诸多困境,中短期的政策性调整或不能让拉美国家摆脱域外对地区的影响。如何实现内生性的发展,制度构建领域的根本性变革与中长期的发展战略规划或许是地区国家寻求可持续发展的未来路径。[2]

(四)民运和政府治理

宋霞对拉丁美洲"横平运动"的新动向及新特征进行分析,指出"横平运动"将是未来对经济发展和既定社会秩序造成困扰的主要和持久的运动形式。作为政府治理的对立面,"横平运动"使传统应对型政策失灵。政府必须进行"事先"研判和准备,加强预防和善后举措,将运动对社会秩序的破坏降到最低。[3]

(五)数字丝路

芦思姮以跨境电商对中拉共建"数字丝路"赋能为着眼点,认为随着数字化与全球化进程加速同频共振,"数字丝路"为中国与新兴经济体构建"一带一路"高质量合作伙伴关系开辟了道路。随着拉美数字消费市场的迅速崛起及中拉商品贸易的"一拍即合",跨境电商合作不仅助力中拉在共建"数字丝路"上跑出"加速度",更为双方在当前多重因素叠加下抢占全球数字经济"新蓝海"指明了方向。[4]

(六)地缘政治与政党

杨志敏分析了2018年成立仅4年的墨西哥国家复兴运动(以下简称"国家复兴运动")领导的"让我们共同创造历史"竞选联盟在墨西哥总统、议会和州选举中全面获胜对墨西哥和拉美地缘政治的影响,认为国家复兴运动一举战胜了历史分别长达89年和79年的墨西哥革命制度党(左翼)和墨西哥国家行动党(右翼),是拉美地缘政治和政党方面的重大变局。[5]

中国社会科学院拉美区域合作学科于2019年9月正式设立,是新兴学科和交叉学科。该学科优势主要体现在:利用经济、贸易、法律、政治、科技等多学科交叉研究视角,对区域合作开展深入研究。学科成员拥有丰富的科研工作经历,专业背景多样,外语技能突出,学术技能互补,对学科和研究室发展定位有清醒的认识和共识。拉美区域合作学科设立3年来,在成员梯队建设、学科基础积累、科研成果产出和学术影响力等方面取得显著成绩。2022年,引进1

---

[1] 王淞、张中华、赵玉焕:《拉美、中国和欧美之间的产业碳关联分析——区分本地企业和外资企业》,《城市与环境研究》2021年第4期。
[2] 韩晗:《疫情下的拉美地区形势:复苏性发展与挑战》,《环球财经》2022年第2期。
[3] 宋霞:《拉丁美洲"横平运动"的新动向及新特征》,《开发研究》2022年第3期。
[4] 芦思姮:《跨境电商合作为中拉共建"数字丝路"赋能》,《中国社会科学报》2022年10月28日《社科院专刊》第Y02版。
[5] 杨志敏:《墨西哥国家复兴运动的崛起与执政实践》,《当代世界》2022年第5期。

名全职人员，现有 6 位成员，均具有博士学位和长期海外访学经历。2022 年，学科持续举办了研究方法、研究报告写作等集体学习活动。完善学术值班制度等工作，取得良好效果。通过承担交办任务、攻关集体课题、承办重要论坛、发布重要成果等，学科的凝聚力、影响力进一步得到提升。该学科发展的不足包括：学科建设的新方向有待探索；科研成果的前沿性、创新性有待提升；科研项目的延续性需要确立；科研团队的影响力尚显不足；国际学术传播能力尚需增强；学术性数字平台的搭建须继续推进。

（撰稿人：杨志敏、芦思姮、林博、王淞、宋霞、韩晗）

学术成果*

---

* 本栏目的撰稿人为胡少宁、周琳、曾顺意、戴扬。

主要著作

【看见拉美：经典影像案例中的拉丁美洲研究】

谌华侨主编，上海远东出版社2022年版

该书为"看见世界丛书"之一本，主要从影像角度探究拉美诸国的历史、社会、文化和政治等。选取经典影像，诸如《阿根廷，别为我哭泣》《追捕聂努达》《上帝之城》《摩托日记》等，进行细致的案例研究，富有文艺欣赏趣味。由此引申出对拉美政局变幻、毒品泛滥、腐败横行、经济停滞等社会问题的探讨，深刻而富有启发性。

【医疗社会史研究（第十二辑）拉丁美洲医疗社会史】

张勇安主编，社会科学文献出版社2022年版

该书主题为拉丁美洲医疗社会史，分"专题论文""学术书评"两个栏目，共收入20篇文章。各栏文章分布合理，文章主题集中。专题论文共有18篇，各位作者围绕拉丁美洲医疗社会史这一主题，探讨了近代早期加勒比地区的黑人医师、19世纪巴西霍乱、秘鲁的中医、"西班牙流感"袭击阿根廷的历史、查加斯病的历史、巴西艾滋病的历史、中美洲的洛克菲勒基金会和钩虫病、拉丁美洲优生学等内容。学术书评有2篇，分别评价了《陌生之旅：科学、文化和药物管理》《绘制艾滋病地图：一种长期流行病的视觉史》两部著作。

【拉丁美洲高等教育国际化政策研究（国际与比较教育研究丛书）】

胡昳昀、范丽珺，人民出版社2022年版

该书对拉丁美洲区域高等教育国际化的政策开展研究。该书选取了在拉丁美洲区域高等教育领域具有影响力和代表性的国家巴西、古巴、墨西哥和智利进行案例研究，分析与比较这四个国家高等教育国际化的政策制定背景、内容、具体措施以及成效。在此基础上，分析中国与上述四个国家开展高等教育国际交流与合作的可能领域、途径和方式等，为中国与拉丁美洲区域以及拉丁美洲区域内主要国家开展高等教育交流与合作、建设教育共同体提供政策建议，助力推动中国与拉丁美洲区域以及区域内主要国家的教育尽快实现战略对接、制度联通、政策沟通等。

【拉美殖民地时期经济制度的形成、演化及其影响（1492—1804）】

毕晶，社会科学文献出版社2022年版

该书受阿西莫格鲁和罗宾逊所著《国家为什么会失败》（李增刚译，湖南科学技术出版社2015年版）一书主要观点的启发，以"榨取型制度"为关键词，对殖民地时期拉美主要经济制度（土地、劳工以及贸易制度）的形成及其演化作基本梳理，并遵循道格拉斯·C.诺斯有关制度构成以及演化的基本思路，从制度框架视角横向比较不同经济制度的形成根源、发展变化以及对当今拉美的影响，以期探寻拉美经济落后的本质原因并试图提出建议。

【拉美结构主义发展理论研究】

董国辉，南开大学出版社2022年版

拉美结构主义发展理论，是指第二次世界大战后初期，由联合国拉丁美洲经济委员会中以阿根廷经济学家劳尔·普雷维什为代表的经济学家们提出和发展的一种经济发展理论。该书以介绍和详解普雷维什经济思想的演化为主线，兼及评述拉美结构主义学派其他经济学家的理论。主要章目包括：拉美结构主义的历史根源及理论渊源、拉美结构主义的形成及其代表性理论（中心—外围理论、贸易条件恶化论、进口替代工业化理论

等）、依附论的形成及其影响、拉美结构主义的激进化、新自由主义冲击与新结构主义。该书将拉美结构主义发展理论置于战后该地区现代化进程的大背景下加以考察，力求突破意识形态偏好的束缚，客观、系统地研究这一理论的主要内容及其演化进程。

【中国企业投资拉美与"一带一路"倡议】

陈涛涛等，外语教学与研究出版社2022年版

中国的发展经历了从吸引外资到对外投资，再到双向开放发展的过程。然而，中国企业的投资能力一直受到外界的质疑，尤其受到发达国家的质疑。中国企业在东道国的投资不仅要面对各种差异的影响，还要与其他跨国企业以及东道国本土精英企业展开激烈的竞争。该书结合经典国际投资理论，建立了企业进行国际投资的一体化分析框架，并且基于这个框架，结合作者对拉美地区的实地考察，分析了中国企业投资拉美的三大典型案例，即同方威视投资阿根廷、联想佳沃投资智利以及国家电网投资巴西。案例充分展示了中国企业的对外投资能力，详细说明了这三大企业如何在东道国获得发展，如何与东道国本土企业实现互利共赢。最后，该书结合案例，对"一带一路"倡议在经济及国际投资领域遇到的舆论挑战进行了分析和回应，对"一带一路"项目的落地机制进行了探索。

【近代巴西的劳动力问题与移民政策】

杜娟，中国社会科学出版社2022年版

作为拉美地区最大的国家，巴西是典型的"种族大熔炉"，外来移民对巴西的经济发展、现代文明、社会结构、多元文化等方面作出了不可磨灭的贡献。19世纪中后期巴西禁止奴隶贸易后，劳动力短缺的问题凸显。围绕劳动力来源问题，巴西国内不同利益群体进行了激烈的争论，其移民政策也随之发生变化。该书以马克思主义唯物史观为指导，借鉴人口学、经济学、社会学等跨学科研究方法，在全球史视域下探讨近代巴西劳动力与经济发展、废奴运动和外来移民、种族主义与移民政策之间的关系问题，剖析有关外来劳动力问题争论背后折射出来的经济、社会和文化理念，并揭示推动巴西东亚移民政策发生"弃中取日"转变的深层次原因。

【墨西哥艺术（全3册）】

邢啸声编著，浙江人民美术出版社2022年版

该套书分为上、中、下三卷，每卷的阐述部分以图文并茂的形式呈现。图版部分则展示了大量高清图片，其中绝大多数都由作者亲临现场拍摄。上卷（古代）讲述哥伦布到达美洲前，印第安古代各族各地的或前后或大致并列的艺术发展并相互影响的情形。中卷（殖民地时代）讲述墨西哥沦为西班牙殖民地的300年间，在外来文化统治的高压下，本土艺术中的民族因素如何与之在冲撞中融合的艰难过程，以及如何造就一些特殊而有趣的艺术产物。下卷（现当代）对独立后的墨西哥艺术在民族意识大觉醒下进入辉煌创新时期进行解析，说明现当代墨西哥艺术家取得举世震惊艺术成果的诸多因素与具体成就。

【发展与合作：中国与阿根廷的视角】

王镭主编，中国社会科学出版社2022年版

中国和阿根廷同为发展中大国和新兴市场国家，双方期待通过加强社会科学领域交流，增进互学互鉴，促进相互合作，助力共同发展。2018年11月，中国社会科学院和阿根廷科技创新部签署《关于设立中国—阿根廷社会科学虚拟中心的协议》，为两国专家学者合作搭建高端平台。在该书中，两国学者围绕社会科学在经济社会发展中的作用、人

口转型与城镇化、迈向高质量发展的工业化进程、新冠疫情后经济社会发展、环境保护与中阿合作机遇、经济全球化、共建"一带一路"等共同关注的问题展开深入交流探讨，为中阿实现更高水平合作共赢提出建议。中阿社会科学深度交流，将持续为两国全面战略伙伴关系行稳致远贡献智慧和力量。

【发明巴西：若热·亚马多与巴西民族身份构建】

樊星，商务印书馆2022年版

该书的重点在于探究亚马多文学创作与巴西民族建构之间的关系。这当然不仅仅是借亚马多作品来揭示巴西的民族特质，也意味着要从文化视角来阐释亚马多的文学创作。之所以强调这一点，是因为即使看到了亚马多对于巴西的书写，也可能仅仅将它视为对现实的记录，而无视其在构建民族寓言与共同体想象过程中所展现的艺术价值。而亚马多并不只是历史的记录者，更是历史的创造者，因为许多特质正是经他挑选、变幻乃至再创造之后，才获得了巴西民众的普遍认同，从而构成了世界所认识的巴西形象。只不过，由于亚马多采用的是传统现实主义叙事手法，惯于对巴西社会进行全景式描写，因此在突出作品拟真性的同时，也往往会掩盖其象征性与寓言性的内涵。

【青年与社会发展：中国和巴西的比较】

李春玲、[巴] T. 德怀尔等，社会科学文献出版社2022年版

该书是中国和巴西学者经过多年合作取得的一项比较研究成果。两国学者基于大量的调查数据和文献研究资料，分别从社会变迁与青年研究，青年人口的基本特征，文化与认同，消费与休闲，教育与就业，性、婚恋与家庭，社会态度与政治价值观，互联网与公共生活等主题系统展现两国当代青年风貌，重点考察了近几十年中国和巴西的社会变迁对青年人的态度和行为的影响，以及经济社会发展给青年人带来的生活境遇变化。同时，该书也分析了青年人行为选择和态度倾向对两国社会发展的影响，并预测了未来两国青年人境况的变化趋势和社会发展走向。

【美洲养蜂业】

刁青云，中国农业出版社2022年版

该书采用大量权威数据，力求全面深入介绍阿根廷、美国、墨西哥、巴西、加拿大、乌拉圭、智利、古巴、哥伦比亚、危地马拉、委内瑞拉和玻利维亚12个美洲主要蜂业国家的蜂业发展历史、生产现状、进出口情况、蜂业管理、法律、标准、科研单位和蜂业协会情况等，特别是乌拉圭、智利、古巴、哥伦比亚、危地马拉、委内瑞拉和玻利维亚等国家养蜂情况均属国内首次发布，数据尽可能采用官方数据，为读者深入了解美洲各主要养蜂国家的情况提供了有力依据。

【大变局视角下的中国—拉美经贸合作】

谢文泽，中国社会科学出版社2022年版

该书采用定性分析与定量分析相结合的研究方法，力求兼顾宏观、中观与微观，提出了拉美发展约束框架、美国"两圈战略"、中国新时代经济发展战略坐标、宏观均衡模型、三对辩证关系、拉美国家"三组""五类"划分、"一带一路"与拉美互联互通对接、中拉两洋铁路合作、中拉项目合作五因素、中拉金融合作四要素、拉美特许经营"五权分置"等分析框架或观点。这些分析框架或观点虽有一定程度的创新，但仍属于探索和尝试范畴，希望对推进构建中拉命运共同体有所裨益。

【博弈：震荡格局中的中美拉三边贸易】

史沛然，中国财政经济出版社2022年版

该书旨在研究拉丁美洲及区域内各国在当前贸易震荡格局中对中国和美国的意义，

以及在两国贸易结构中的地位。该书从国际贸易的角度切入，使用全球贸易数据，采用"全球—区域—重点国家"的分析路径，对拉美在中美贸易结构中的重要性和因贸易不确定性而可能受到的影响进行了全面的测算和衡量，并重点关注拉美对中国的出口潜力和出口优势。此外，该书还选择了巴西和墨西哥与中国和美国的双边增加值贸易数据并展开核算，分析了拉美最大的两个经济体与中国和美国的经济联系，以及贸易摩擦对双边经贸关系的影响程度。

研究报告

【拉美黄皮书：拉丁美洲和加勒比发展报告（2021—2022）】

柴瑜主编，社会科学文献出版社 2022 年版

该书由中国社会科学院拉丁美洲研究所组织编写，其中"总报告"和"分报告"分别从综合视角和分领域考察了 2021—2022 年拉美地区的经济、政治、社会、国际关系形势；"专题报告"以安全为主题，讨论了拉美地区在能源、国际金融、网络领域的安全现状及面临的主要问题、发展规划与前景等；"国别和地区报告"从政治、经济、社会、国际关系方面，介绍了巴西、墨西哥等 20 个国家和加勒比地区的基本形势和新趋势。

该书系统梳理了 2021 年以来拉美和加勒比地区政治、经济、社会和国际关系形势的变化，总结分析拉美国家发展中的新现象、新特点及其成因，系统研判其变化趋势。拉美形势的变化突出表现为四个特点：意识形态极化和政治碎片化现象加剧、经济复苏呈现脆弱性和不确定性、返贫问题成为拉美国家的现实挑战、拉美国家战略自主意识上升但区域合作艰难前行。其中，新冠疫情依然是影响拉美政治、经济、社会和国际关系的重要因素。

拉美国家普遍面临政府执政难度攀升、政局波动加剧等挑战，政治生态周期出现"左转"态势。2021 年，厄瓜多尔、秘鲁、尼加拉瓜、智利、洪都拉斯等拉美国家的选举表明各种政治力量进一步分化组合，意识形态极化和政治碎片化现象加剧。2022 年，拉美左翼继续拓展空间，哥伦比亚出现历史上第一位左翼总统，巴西左翼领导人在大选中胜出，拉美新一轮左翼浪潮初现。主张限制采矿业和绿色经济的极左翼与主张实行自由主义经济制度的极右翼出现，一些国家的发展模式酝酿着转向。

2021 年拉美地区经济实现了"补偿性"增长，但是高通胀、双赤字、高债务等问题存在，宏观经济政策空间缩小且政策权衡的复杂性和难度加大，均反映了拉美此轮经济复苏的脆弱性和不确定性。展望2022 年，拉美经济仍面临严峻考验，不确定性较高。疫情、乌克兰危机、国际金融市场流动性、大宗商品价格走势等构成了影响拉美地区经济发展的外部因素，而拉美一些国家政局的变化、旨在提高生产率的结构性改革等将影响其中长期增长前景。

拉美社会领域因疫情而丧失的发展成果难以在短期内恢复。2021 年，疫苗成为各国抗击疫情的重要依靠。由于经济复苏和劳动力市场的缓慢恢复，贫富分化问题在 2021 年虽然没有明显改善，但是恶化趋势得到一定程度遏制，社会结构向下流动的态势也有所放缓。极端贫困人口增加及由此带来的饥饿问题是减贫成果倒退的重要表现，疫情造成的教育中断或延迟有可能对人力资本产生中长期影响。墨美边境的移民危机卷土重来，美国移民政策的调整对于解决危机没有帮助。

地区外交深度调整，拉美国家战略自主意识上升，以合作与援助为主要形式的疫苗

外交成为拉美国家对外交往的重心。区域合作艰难前行，地区一体化活力虽有回暖，但凝聚力缺失问题尚未得到根本改善。

中拉合作依然延续高效节奏，经贸合作仍是中拉关系的压舱石，双方在"一带一路"合作等方面取得新突破。"全球发展倡议"成为中国谋划下阶段中拉关系的核心思路。

2021—2022年度专题报告的主题是安全，刊载了关于拉美能源安全、金融安全和网络安全的三篇报告。拉美能源转型步伐加快，拉美国际能源合作伙伴国日趋多元化，同美国、欧洲及亚洲国家的能源合作格局日益巩固。随着全球通货膨胀压力加大、美联储货币政策进一步紧缩、全球供应链不稳、新技术革命带来的"数字鸿沟"等矛盾的激化，拉美国家在债务、资本流动、股市等领域面临较大的风险。拉美国家通过加强战略规划、提高应对能力和加强合作提高了网络安全水平，也取得了很大成效，但整体上仍面临缺乏地区性网络安全战略、各国战略法规差异大、应对能力不足等问题。

【拉美经济蓝皮书：拉丁美洲和加勒比地区经济发展报告（2022）】

陈朝先、刘学东主编，社会科学文献出版社2022年版

该书由教育部国别和区域研究基地——西南科技大学拉美研究中心主持撰写。受全球新冠疫情影响，2020年拉丁美洲和加勒比地区经济增长率为-6.8%，经历了自1900年以来最严重的经济衰退，是全球衰退幅度最大的发展中地区。2021年该地区经济增长率达到6.3%，表现出强劲的反弹势头，但仍未恢复到疫情前水平。在经历多年衰退或低增长后，主要拉美国家应对疫情的政策乏力，经济复苏之路道阻且长。展望未来，全球特别是发达国家通货膨胀严重并将在较长时间内维持在高位，美联储继续上调利率将是大概率事件，这会进一步影响拉美地区的经济增长。

【中国拉丁美洲研究年鉴2020—2021】

袁东振等主编，中国社会科学出版社2022年版

该书内容共分四个部分。第一篇主要展现2020—2021年度全国30家最主要拉美研究机构的概况、主要活动、主要研究成果、对内对外学术交流动态，机构按照成立时间排序。第二篇介绍中国拉丁美洲学会、中国拉丁美洲史研究会、中国外国文学学会西葡拉美文学研究分会3个全国性拉美研究社团及其重要学术动态。第三篇介绍2020—2021年度重要的学术动态和重要研讨会情况。第四篇介绍2020—2021年度主要著作、研究报告（不含内部报告）、期刊学术论文等主要科研成果；主要著作和研究报告按出版时间排序，期刊论文按作者姓氏拼音排序。

【中国拉丁美洲研究年鉴2022】

袁东振等主编，中国社会科学出版社2023年版

该书主要内容包括以下几部分："重要文献"主要收录对拉美研究学科具有重大战略意义、指导价值，或反映本学科重大理论问题的重要文献；"学科述评"主要对国内拉美研究学界的重要学术成果进行学术回溯、适当评价及展望；"学术成果"收录拉美研究学科重要学术成果，包括专著、研究报告（不含内部报告）、期刊学术论文、理论文章等主要科研成果（专著和研究报告按出版时间排序，期刊论文按发表时间排序）；"学术动态"主要介绍中国拉美研究学界的主要学术活动；"中国拉美研究全国性社团及动态"主要介绍中国拉美研究全国性社团组织及其主要活动的情况；"全国主要拉美研究机构及动态"主要介绍中国拉美研究的主要机构及其主要学术活动。

期刊学术论文

【拉美17国养老金覆盖面：影响因素与政策建议】

郭磊、胡雨薇，《中国社会保障》2022年第1期

该文主要探讨养老金覆盖率的影响因素，研究使用非平衡面板数据固定效应模型的一致性估计，假设时间的影响是独立的，且可能与控制变量相关。控制变量包括性别、地理位置、企业规模、收入和受教育程度，用这些变量来代表失衡的程度。

为了分析经济活动人口养老金和65岁以上老年人口养老金的覆盖率，该文提出了4个独立但又相互关联的问题。（1）经济活动人口养老金的覆盖率是否由发展水平决定？（2）当劳动力的非正规性较高时，经济活动人口养老金的覆盖率是否较低？（3）非正规劳动力的养老金覆盖率是否与非正规劳动力在总劳动力中所占比例呈负相关？（4）社会养老金对老年人的养老金覆盖率有什么影响？

【巴西劳工党的理论体系及执政实践】

周志伟，《当代世界》2022年第1期

巴西劳工党（以下简称"劳工党"）成立于1980年2月10日，1982年2月11日获巴西最高选举法院批准登记，是巴西规模最大的左翼政党，也是拉美地区最具影响力的左翼政党之一。过去40年，劳工党的发展轨迹折射出巴西政局的起伏波动：1980年，劳工党兴起于工人运动，是推动巴西再民主化的重要力量；1989—1998年，劳工党先后三次在总统大选中失利；2002—2016年，劳工党连续四次赢得总统大选；2016年，罗塞芙总统在其第二任期内被议会弹劾，劳工党执政黯然收场，巴西陷入政治动荡、经济衰退的系统性危机；2019年以来，劳工党再度成为巴西选民的"选择偏好"，有较大可能"重新执政"。深入分析劳工党的理论体系与执政实践，有助于较为客观地把握巴西政治变局及其发展趋势。

【拉美左翼回潮的特征、成因及影响】

王友明，《当代世界》2022年第1期

随着世纪疫情与世界百年未有之大变局叠加震荡，拉美政治生态深度演变。在2021年拉美"大选年"中，左翼右翼势力展开新一轮对决，诸多国家的左翼政党接连在总统大选、议会选举和地方选举中获胜。拉美政坛劲刮"左转"风，左翼政党强势回归，地区政治力量对比进入调整与重构的新周期，地缘政治开启新格局。

【新冠肺炎疫情背景下拉美地区旅游业的机遇与挑战】

何亮辰，《绵阳师范学院学报》2022年第1期

2020年年初暴发的新冠肺炎疫情肆虐全球，给世界政治、经济和地区局势带来了巨大的冲击和挑战。作为拉丁美洲和加勒比海地区国家发展长期依赖的旅游产业，也在此次全球疫情中蒙受巨大损失。拉丁美洲和加勒比经济委员会（ECLAC）的数据显示，拉丁美洲和加勒比海地区的主要经济体游客访问量断崖式下跌近100%，失业人口大幅增加，旅游经济几近崩溃。对此，该文以"数字经济"、中国与拉丁美洲和加勒比海地区国家共同构建的"海上丝绸之路"为切入点，提出以互联网线上贸易的应用为主的数字贸易合作新模式，以及以医疗援助与虚拟旅游资源的开发利用为体现形式的中国与拉美地区在后疫情时代的合作发展新模式。

【拉美地区自然认知的三次转变与当代启示】

吴茜，《自然辩证法研究》2022年第1期

自然认知是人类历史发展进程中不可或

缺的一部分。随着科学技术与经济社会的飞速发展，面对日益恶化的自然环境，自然认知的反思与重塑是人类亟待解决的一个关键问题。从殖民时代到独立运动再到全球化时代，拉美地区的自然认知经历了三次转变，分别对应与身份认同的疏离、重逢与融合三个阶段，每个阶段既体现了当地居民如何透过自然认知去认识和构建自我，也体现了随认知变化的人与自然关系。了解拉美地区自然认知的转变，为重塑自然认知、处理人与自然的关系以及在全球化浪潮中探索自身的发展模式等问题提供了重要启示。

【拉美能矿资源基础、产业特征及中拉合作策略研究】

郑猛、郭凌威，《中国能源》2022年第1期

拉美是保障我国能源安全，应对当前风险与挑战不容忽视的地区。中拉能矿合作面临着现实性机遇。拉美能矿资源丰富、分布集中，但基础设施和技术水平相对落后，与我国优势高度互补。拉美能矿产业发展特征及新能源产业发展政策为中拉能矿提供了广阔的合作空间。未来中拉应进一步推进能矿合作，为新时期中拉整体合作的提质升级提供支撑。

【墨西哥劳务法律风险以及应对措施】

岳淇，《国际工程与劳务》2022年第2期

该文通过梳理墨西哥相关劳动法律法规，以墨西哥公共电力工程项目为例，从法律角度分析了中国企业在墨西哥的劳务法律风险并提出应对措施。其中，劳务法律风险主要有合同签订风险、劳工配额政策风险、社保制度风险、加班与薪酬管理风险、合同终止不规范风险。针对相关风险，该文提出的应对措施包括：建立劳动风险识别库、严格遵守当地劳动法、设置专门管理部门、重视当地重大节假日、遵守当地关于节假日放假的规定、聘请当地律师团队等。

【浅析项目融资中合同结构的重要性及其主要搭建考量——以南美某交通项目为例】

姜爱民，《国际工程与劳务》2022年第2期

项目融资常用于大型基础设施项目，该融资模式最大的特点为融资方所依赖的主要还款来源是项目自身所产生的净现金流，按照还款来源对未来现金流的依赖度区分为纯项目融资（Pure Project Financing）和有限追索的项目融资（Limited Recourse Project Financing）。因此，融资方判断项目可融资性时，最为关注的因素就是项目未来现金流的充足性和稳定性。现金流的充足性体现出项目具备经济性，即可在未来足额覆盖项目自身的建造和运营成本并覆盖所需支付给融资方的本金和利息，并为投资人带来合理投资收益。充足性的判断通常是基于项目的财务测算。然而，稳定性是充足性的根本基础，只有在保证现金流稳定性的基础上，才能最终实现充足性。

【智利电力市场投资研究】

王爽，《国际工程与劳务》2022年第2期

智利是第一个同中国建交的拉美国家，也是"一带一路"重要合作伙伴。智利投资环境良好、电力市场健全完善，风、光资源丰富，可再生能源发展潜力巨大，开展智利国家电力市场研究对中资企业投资智利电力领域具有重要的借鉴意义。该文对智利国家总体概况、电力市场现状、中资在智利的投资情况及投资智利市场的优势及风险进行分析，以期为中国企业投资智利电力市场提供有效借鉴。

【拉美地区工程管理实践与思考——以尼加拉瓜运河项目为例】

张茜茹、代婉黎，《水利水电快报》2022年第2期

为克服中国与拉美地区之间的文化差异

对工程项目管理造成的阻碍，该文从尼加拉瓜运河可行性研究、大运河工程建设征地区人口及实务调查的执行过程出发，归类整理了项目执行前期由文化差异引发的项目执行难题，综合分析了文化差异产生的根源，总结了在拉美地区开展工程项目管理、克服文化差异的有效措施。该文可为拉美地区工程项目工作者提供参考。

【战略通道视角下中国与巴拿马的运河合作】

崔野，《辽东学院学报（社会科学版）》2022年第1期

巴拿马运河作为全球最为重要的海上战略通道之一，在经济、军事、政治等方面占据重大战略地位。中国与巴拿马之间的运河合作具有良好的历史基础，而双方的正式建交、经济结构的互补、企业的强烈合作意愿、"一带一路"倡议的提出则为当前的中巴运河合作提供了良好机遇。与此同时，全球疫情的大流行、全球经济的普遍低迷、"逆全球化"等思潮的抬头、美国等大国的干扰和阻挠也给中巴的运河合作带来一些挑战。展望未来，中巴应以扩大政治交往和增进政治互信为前提，以深化运河合作为抓手，不断拓宽合作领域，推进"一带一路"建设和中拉命运共同体向纵深发展。

【拉丁美洲新自由民粹主义的表现与兴起要素探析】

王大威、邝玉玲，《大连海事大学学报（社会科学版）》2022年第1期

拉丁美洲一直都拥有民粹主义政治的肥沃土壤，长期存在反对不平等和反美的左翼民粹主义政治和具有军方背景受美国支持的右翼民粹主义。长久以来，拉丁美洲民粹主义政治总是在左右两极之间摆动。虽然左翼民粹主义政治的支持者众多，但是在很多内部和外界因素的影响下，右翼民粹主义总是可以在左翼政治长期执政后又重新夺取政权。20世纪90年代，拉丁美洲国家出现了新自由主义与右翼民粹主义相结合的独特现象，这种政治现象也被称为新自由民粹主义。该文对拉丁美洲右翼民粹主义产生的历史背景进行探析，从经济、政治、文化等视角来解读拉丁美洲的右翼民粹主义政治的特征与趋势，从而有助于人们了解新自由民粹主义的兴起要素。

【重大突发公共卫生事件中政府新闻发布会效果研究——以墨西哥政府新冠肺炎疫情新闻发布会为例】

郭煜坤，《阴山学刊》2022年第1期

在应对重大突发公共卫生事件过程中，政府应当做好信息公开。新闻发布会是政府向媒体和民众公开信息的重要渠道，是政府应对重大突发公共卫生事件的重要工具，运用得当可满足民众的知情权，指导民众与政府在重大突发公共卫生事件应对中形成合力，甚至变危为机。该文通过对墨西哥联邦政府在第一波新冠疫情期间召开的每日疫情情况报告新闻发布会进行研究和评估，分析认为，重大突发公共卫生事件发生后，政府新闻发布会应当做到及时主动、真实详尽，并适当体现人文关怀。

【迪亚斯-卡内尔执政以来的古巴"模式更新"】

杨建民，《当代世界与社会主义》2022年第1期

2021年4月召开的古共八大，标志着古巴最高权力从"历史一代"向"新一代"有序交接的最终完成。米格尔·迪亚斯-卡内尔当选国家主席和古共中央第一书记后实现了党、政两方面的全面接班，成为古巴政坛的核心人物。卡内尔的执政理念和基础决定着古巴"模式更新"的前景和方向。在治国理政方面，卡内尔主张建立基于科学和创新的政府管理体制，借鉴中国经验推动"模式更

新"进程。新冠疫情暴发后，古巴提出经济进入"新常态"。古共八大在确立卡内尔党内最高领导地位的同时，也明确禁止私有化、禁止改变外贸经营权的国有垄断等改革方向，为卡内尔的执政划定了底线，同时提醒不要过度迷恋新技术，要防止美国利用互联网进行的意识形态颠覆等。卡内尔对古巴经济模式的表述仍然是"考虑市场的计划经济"，认为市场是新自由主义的主要调控手段，希望直接用科学和创新的政府管理体制发展经济。

【智利中左翼政党联盟：变迁、改革与挑战】

崔守军、张政，《当代世界与社会主义》2022年第1期

智利中左翼联盟是迄今为止智利存续及执政时间最长的政党联盟，也是拉美左翼运动最引人瞩目的政治力量之一。智利中左翼联盟历经源流期、发展期、稳固期和改革期四个阶段，实现了从"争取民主政党联盟"到"新多数联盟"再到"新社会契约联盟"的成长蜕变。智利中左翼联盟以社会民主主义为意识形态指引，秉持社会民主、发展进步、公平平等和多元一体等基准价值理念，对宪法、税收、医疗和对外关系等领域进行了卓有成效的务实改革，但未能彻底解决军政权遗留的历史问题及新自由主义的痼疾弊端。中左翼联盟在改革与探索进程中展现出了强大的生命力与适应力，但其发展前景面临联盟内部治理薄弱、基民党摇摆不定、民众基础不足和新左翼联盟崛起四重挑战。

【空间转换：拉丁美洲华文传媒百年历史变迁】

许燕，《华文文学》2022年第1期

该文通过对拉丁美洲各国华文传媒的史料梳理，借助拉美华文媒介的空间变化，展示出拉美华文媒体的历史变迁。由之可以看出，拉丁美洲华文传媒空间分布随时代而逐渐拓展，从加勒比海周边向南美洲腹地进行地理中心转移；华文传媒的创办主体从社团到经济协作实体，从政缘族缘连接到经济共赢目的转换；华人移民受众从种植农业社会的聚集定居形态向现代商贸社会的流动散居形态转换；媒介内容板块也明显呈现出母国延伸到世界共同体的日益精准化的组合结构。

【中国对拉美国家出口贸易影响因素实证分析——基于总量与技术结构视角】

赵国华、赵子薇，《技术经济》2022年第2期

该文首先通过计算中国对拉美七国四类制成品出口密集度等，分析中国对拉美地区制成品出口结构；通过考察中国和拉美七国生产要素结构变化情况，对中拉要素禀赋差异做深入分析，以期探究中国对拉美制成品出口结构背后深层次原因。然后构建扩展引力模型，分别从总量视角和技术结构视角探析中国对拉美货物出口主要影响因素，结果显示，拉美国家国内生产总值、中拉要素禀赋差异、中国货币自由度、中国对拉美直接投资水平对中国向拉美出口总量均产生显著促进作用，各影响因素对不同技术类别制成品出口的作用效果存在差异性。为实现中国对拉美出口贸易结构优化升级，推动中国产业结构调整升级，促进拉美地区经济更快发展，研究有针对性地提出了对策建议。

【马里亚特吉马克思主义拉美化思想探析】

凌哲宏，《马克思主义研究》2022年第2期

何塞·卡洛斯·马里亚特吉凭借对拉丁美洲社会的深入洞察和对马克思主义的辩证理解，远见卓识地提出了马克思主义拉美化主张。其思想包括坚持用马克思主义基本原理分析本土实际问题、走社会主义本土化道路、利用本土实际情况凝聚共产主义共识等，涵盖指导思想、斗争路线、意识形态动员等主张，对拉丁美洲马克思主义及社会主义事业起到重要的引领作用。他的思想使马克思

主义在拉丁美洲焕发出新的生命力，激发了广大"第三世界"民族投身社会主义革命事业的热情，推动了马克思主义的多元化发展。

【墨西哥开放政府数据政策研究】

梁乙凯、陈美，《现代情报》2022 年第 3 期

该文从政策角度，调查墨西哥政府开放数据的政策支持，为我国政府开放数据政策的制定提供参考。该文利用文献调研和案例分析的研究方法，以墨西哥为例，通过对文献资料，和网站内容的调查，获取一手资料，阐述墨西哥政府开放数据政策的主体，对开放原则、开放流程、开放标准、开放许可、开放范围、开放格式等政策内容进行梳理，并在此基础上对墨西哥政府开放数据政策进行 SWOT 分析。该文提出注重培育社会组织、加强领导重视、推进公民参与、推进开放数据制度化的建议。

【日本对墨西哥的直接投资实践及策略成效】

宋利芳、方荷琴，《现代日本经济》2022 年第 2 期

日本是全球主要对外直接投资国，也是墨西哥吸收外资的重要来源国，而且日本是对墨西哥直接投资最多的亚洲国家。为了寻求效率以及完善生产网络，日本开启了对墨西哥的直接投资进程。自 2005 年《日墨经济伙伴关系协定》生效以来，日本对墨西哥的直接投资在波动中保持高增长，并形成了以制造业特别是运输机械制造业为主体的直接投资行业结构。日本通过以对外移民带动直接投资，以区域和行业的投资集聚提高规模效应，以独资、合资企业为主要企业类型并且注重利润增值，实现投资收益持续增长，保持了较高的投资回报率。日本对墨西哥直接投资实践给中国的启示包括：加强中墨官方战略沟通和依托墨西哥华裔的民间文化交流，促进中国对墨西哥直接投资；扩大中国对墨西哥制造业的直接投资，完善制造业投资结构；实施多元化投资方式和跨国投资合作，提高中国对墨西哥直接投资效益。

【语言地位视角下安第斯共同体四国语言法律的历史结构性分析】

王珑兴、郑咏滟，《西安外国语大学学报》2022 年第 1 期

安第斯共同体是拉丁美洲沿安第斯山脉四国秘鲁、厄瓜多尔、哥伦比亚和玻利维亚所组成的地区性国际组织。这些国家以西班牙语为官方语言，但由于地理和人种的相似性，以及拥有较高比例的原住民人口与原住民语言，它们的语言政策既具有区域一致性，又体现出国别化特点，具有独特的研究价值。该文以四国语言法律条文为索引，深入剖析这些国家语言政策中的历史性和结构性因素，进而分析因素间的相关性，对于全球治理背景下的语言政策研究有新时代的拓展意义。

【结构视角下外部冲击与发展模式转型的逻辑——以疫情冲击下的拉美地区为例】

张勇，《国际经济评论》2022 年第 4 期

2020 年全球新冠疫情冲击，导致本已处于经济下行周期的拉美国家遭遇史上最严重的经济衰退。相较于 2008 年全球金融危机，此次疫情冲击对拉美地区影响的维度、范围和程度均超出预期，这凸显出拉美国家探索经济发展新模式的紧迫性和必要性。该文通过建立一个外部冲击分析框架，从生产结构的异质性、参与世界经济的非对称性、社会结构的脆弱性、政府治理的薄弱性四个维度阐述拉美地区原有经济发展模式的结构脆弱性，从而为后疫情时代发展中国家发展模式转型提供一个结构性视角。

【拉丁美洲地域对加西亚·马尔克斯魔幻现实主义作品的影响】

王佳菲，《武汉冶金管理干部学院学报》2022 年第 1 期

一方水土养一方人。作家们的文学创作往往也会受到地域带来的影响。兴盛于20世纪40年代的魔幻现实主义创作方法发端于拉丁美洲，它是指在作品内核直指现实的同时，将它套在魔幻性氛围的外壳中，有着独特的魅力。该文通过对拉丁美洲著名魔幻现实主义作家加西亚·马尔克斯故乡的自然风光、政治背景和风土人情三方面进行研究，从而分析出拉丁美洲的环境和氛围给作品形成反映现实的深刻主题和魔幻性特征带来的具体影响，能帮助我们更好地解读马尔克斯等拉美作家的作品，同时也期望能对我国的本土作家创作出更多富于民族特性的优秀作品起到一定的借鉴作用。

【以"社会传播"的名义：拉美传播研究的考古学分析】

朱振明，《国际新闻界》2022年第3期

该文从米歇尔·福柯考古学的视角和方法出发，对拉美20世纪的"社会传播"研究进行了分析，不仅指出拉美"社会传播"研究具有以"发展与解放"为主旨的话语"知识型"特征，并从其与地方现实相结合的"功能主义""批判思潮""国家传播政策""后（现代）范式""跨学科实践"等5个方面进行研究陈述，而且阐述了拉美传播研究在"学术立场""学术组织""研究对象""认识论视角变迁""方法论视角"等方面的研究话语特征。文章最后指出，拉美的传播研究更多作为一种技术来服务拉美社会的发展与解放，它借助传播知识产生与共同实践产生了不同于欧美传播的话语思维方法，同时也指出知识的"地方化"不是去照搬"他者"理论和方法，而是要结合本土意识，进行批判挪用。

【现代化进程：拉美与中国的经验对比】

卡琳娜·巴特雅尼、温大琳，《国际社会科学杂志（中文版）》2022年第1期

拉丁美洲和加勒比地区存在严重的经济和社会结构问题，成为世界上最不平等的地区之一。我们必须研究拉美地区现代化面临的挑战。而"现代化"一词在拉美的含义，可能与在今天中国的含义有着云泥之别。中国和拉美之间在这方面形成的不同是显而易见的。拉美实施了由"华盛顿共识"强推的新自由主义模式下的"现代化计划"，却经历了一个外围化的过程；与此同时，中国走上了独具中国特色的现代化道路，成为世界经济发展的动力之一。

【16世纪欧洲人视野中巴西印第安人形象的转变】

潘芳，《南开学报（哲学社会科学版）》2022年第2期

1500年葡萄牙人首航巴西，将当地印第安人带入了欧洲人的视野，也开启了欧洲人认识当地印第安人的过程。16世纪，欧洲人对当地印第安人的认识主要是通过葡萄牙人和法国人的书信、记录及回忆录等。通过这些媒介，欧洲人对巴西印第安人的认识始终徘徊于想象与现实之间，从原始人到野蛮人再到散漫人。本质上，欧洲人视野中印第安人形象的转变是巴西由印第安人社会向殖民地社会转变的结果。

【困于民粹主义与新自由主义之间：拉丁美洲的发展选择问题】

林红，《江苏行政学院学报》2022年第2期

在拉美，民粹主义与新自由主义的较量早在30年前就已经开始。20世纪90年代，拉美为了摆脱长达10年的经济衰退，最先接受了西方提出的"华盛顿共识"。自此，本土的民粹主义与外来的新自由主义或融合或对抗，发展出新民粹主义与激进左翼民粹主义两种形态。前者是对新自由主义的策略性利用，制造了经济市场化与政治威权化并存的

怪象；后者是对新自由主义的根本改造，试图重回干预型国家和经济民族主义。在发展路径上，民粹主义和新自由主义针锋相对，分别受到国家与市场两股力量的支配，但是都无法帮助拉美解决经济增长和分配公平相冲突的发展问题。2019 年的拉美动乱再次将发展选择问题摆在世人面前。

【墨西哥城大都市圈印第安人居住隔离研究】

陶媛，《区域与全球发展》2022 年第 2 期

该文以墨西哥城大都市圈为研究案例，采用居住隔离评价指标体系，综合运用 ArcGIS 空间分析和数理统计方法，对大都市圈的印第安人居住隔离程度进行测度和评价。结果表明：第一，整体上，墨西哥城大都市圈的印第安人存在中低程度的居住隔离，并且从 2000 年到 2010 年有逐渐增加的趋势；第二，按收入多少进行分类的印第安人群均存在居住隔离情况，并且高收入群体的非空间居住隔离程度最高，低收入群体的空间聚集程度最高；第三，语言定义的印第安人群的居住隔离程度、空间集聚度和数据稳定性均高于归属感定义的几个指标。该文所揭示的印第安人居住隔离问题将为墨西哥推进民族多样化、制定实施缩小印第安人弱势群体贫富差距的政策项目等提供参考。

【《魔法满屋》：拉美文化叙事下的霸权逻辑与权力焦虑】

陈亦水，《当代动画》2022 年第 2 期

迪士尼新作《魔法满屋》传承了自 20 世纪 40 年代 "睦邻电影" 创作以来的拉美文化叙事的政治策略，其所虚构的哥伦比亚马利加家族的魔法危机故事，正如马尔克斯在《百年孤独》里塑造的布恩迪亚家族，有着极具现实感的隐喻。该文分析了以迪士尼为代表的美国之于当前世界政治格局的主导能力，以及如何长久以来极具"魔法天赋"，又如何陷入"魔法失能"的危机焦虑，而最终又如何以语焉不详的情感和解方式解决危机。

【百年来智利共产党的国际主张与对外政策管窥】

丁波文，《当代世界与社会主义》2022 年第 2 期

长期以来，智利共产党是国际共产主义运动的积极参与者，主张并履行国际主义，对国际共产主义运动中的许多重大事件都曾表明态度，并主要通过拉美地区的各种多边平台参与本地区共产党事务，特别是在传播"智利革命"道路中作用明显。智共在国际共产主义运动中，以和平过渡路线为指引，长期在与苏共、中共关系上选边站队，东欧剧变后才做出重大调整。智共高度赞赏和评价中国特色社会主义。

【"梅斯蒂索"共同体的锻造——墨西哥"民族一体化"政策文化整合效果分析】

卢玲玲，《世界民族》2022 年第 2 期

1910 年墨西哥革命之后，政治精英不再将印第安人视为"退化"的民族，而认为他们可以被"改造"和实现进步。墨西哥通过"民族一体化"政策，着力在文化上整合印第安人，塑造以"混血"为特征且具有同质性的"梅斯蒂索文化"。在历史记忆上，墨西哥政府"挪用"阿兹特克文明，将之与现代墨西哥历史嫁接，凸显其历史的连续性、独特性和印第安属性；文化上，大力在印第安社区推进混血文化，普及西班牙语，使印第安人放弃传统文化与认同，融入现代文明。这些举措缔造了作为主体的梅斯蒂索文化，但也存在明显的民族同化倾向。20 世纪 70 年代后，随着多元文化主义的兴起，墨西哥逐渐承认了印第安人的族群地位和文化权利，其族群关系趋向缓和。

【2021年西班牙语国家的中国研究评述】

陈岚、靳呈伟，《国外理论动态》2022年第2期

2021年，西班牙语国家关于中国问题的研究持续升温。在这一年度，西语学者聚焦习近平新时代中国特色社会主义思想、中国共产党百年奋斗的重大成就和历史经验、中国的全球战略、中国的抗疫经验等主题，发表了大量文章、专著和智库报告。整体而言，这些研究积极评价中国共产党治国理政取得的显著成效，探讨中国疫情防控的成功经验，认为中国是推动国际体系转型的重要建构性力量。西语学者对这些问题的研究呈现出一定特点，需要对其中的原因进行深入剖析。

【新自由主义的政策转向与当代墨西哥的印第安人问题】

张青仁、包媛媛，《广西民族研究》2022年第2期

在经济危机的背景下，墨西哥政府20世纪80年代开始推进新自由主义的改革，民族事务治理模式也呈现出从革命民族主义到新自由主义的转变。革命制度党政府承认了多元文化主义的理念，将印第安人定义为市场经济中自由、独立的新自由主义公民。取消了国家社团主义制度下的农业保护政策，自由化、市场化与私有化成为民族政策的重要面向。持续30余年的新自由主义改革加剧了墨西哥社会的两极分化，造成了印第安人贫困问题的普遍发生。私有化、市场化的改革也严重侵犯了印第安人的基本权益。新自由主义的民族政策违背了公平、正义等多民族共生发展的基本前提，构成了当代墨西哥印第安族群运动新的政治经济基础。

【拉美之困：当前巴西经济金融形势及溢出效应】

张宏伟、江丽，《金融市场研究》2022年第4期

新冠疫情在巴西持续蔓延，巴西经济重启举步维艰，通胀压力攀升，失业问题突出，消费、投资、企业信心指数低迷，工业生产下滑，汇率、股指等市场指标大幅波动，资本流出较为严重，政府和私人部门债务居高不下。展望未来，巴西疫情防控形势依然严峻，经济复苏难度较大，"去工业化"、资本流出、货币美元化和滞胀风险上升也加剧巴西经济结构性改革困难。随着巴西大选年的来临，疫情反复与经济社会问题相互叠加，容易形成恶性循环导致金融和债务危机，须密切关注其经济金融形势变化对我国的影响。

【思潮的涌动，历史的回顾——解读《阿尔特米奥·克罗斯之死》的意识流叙述风格】

代欣，《牡丹江大学学报》2022年第4期

《阿尔特米奥·克罗斯之死》是拉美文学爆炸四将之一卡洛斯·富恩特斯的代表作，被认为是"最为全面、最为完美、成就最为显著的小说"。这部作品从微观人物的人生历程来展现宏观的墨西哥大革命，围绕死亡这一主题，多条回忆线索同时发散，从而达到历史与现实融合的震撼效果。该文从立体叙事视角、时间蒙太奇与高频的自由联想等意识流写作技巧入手，通过对主人公克罗斯爱恨人性的多维解读，揭示出墨西哥近百年的社会政治现状和人民生存状态。

【近年来拉美社会主义的发展：现状与趋势】

李茵、袁东振，《世界社会主义研究》2022年第5期

进入21世纪以来，拉美地区出现新一轮的社会主义实践探索。随着近年政治生态的变化，拉美社会主义实践探索遭遇新挫折和新困难。然而，拉美左翼政党和社会主义者依然坚守社会主义的基本原则和方向；在批判资本主义和新自由主义发展模式的基础上，继续探索替代资本主义和新自由主义的新方案；在对左翼执政经验及社会主义实践经验

进行反思的同时，发掘社会主义实践探索的新方式和新路径。拉美社会主义的发展有不少有利条件，有进一步成长的空间，但也面临诸多制约。在有利条件和不利因素的交互作用下，拉美社会主义发展将继续呈现曲折性、温和化和多样性的趋势。

【土地制度安排与城镇化进程——基于中国与拉美国家的比较分析】

宋洪远、江帆，《华中农业大学学报（社会科学版）》2022年第3期

城镇化是现代化的必由之路，合理的土地制度安排能够推动城镇化的发展。该文从拉美国家的城镇化陷阱分析入手，认为与其经济发展水平不相匹配的高城镇化率、高度集中的土地问题、严重滞后的社保制度、追求短期经济增长的发展观念等衍生出了一系列具有关联性、连续性，且难以逆转的经济、社会、环境问题，深刻影响了拉美国家的城镇化进程和持续发展，高度集中的土地制度是拉美国家陷入城镇化陷阱的重要原因。继而阐述不同时期的土地制度安排对中国城镇化进程的影响，通过对土地制度安排与城镇化关系的研究可以发现，中国的土地制度安排对跨越城镇化陷阱具有重要意义。通过对比分析发现，中国走出了一条以人为核心的新型城镇化道路，其内涵是坚持以人民为中心、坚持城乡统筹发展、深化土地制度改革、加强社会保障体系建设。

【中拉蓝色经济合作：机遇、挑战与实践路径】

曹廷，《边界与海洋研究》2022年第3期

21世纪是海洋的世纪。随着科技日新月异，海洋在人类生产生活中的重要性愈发凸显。绝大多数拉美国家为海洋国家，日益重视以可持续发展为前提条件的蓝色经济开发，并积极参与全球海洋治理。近年来，随着拉美国家纷纷加入"一带一路"合作倡议，中拉蓝色经济合作已成为"一带一路"倡议的重要组成部分。从长远看，推进中拉蓝色经济合作有利于维护中拉关系行稳致远，并且可以助推中拉"21世纪海上丝绸之路"高质量发展。然而中拉蓝色经济合作亦面临美西方打压、拉美政局不稳等挑战。中方应加强顶层设计，合理推进中拉海洋合作布局，筑牢政治共识推动蓝色经济合作，引领中拉迈向"海洋命运共同体"。

【墨西哥国家复兴运动的崛起与执政实践】

杨志敏，《当代世界》2022年第5期

2018年，成立仅4年的墨西哥国家复兴运动（以下简称"国家复兴运动"）领导的"让我们共同创造历史"竞选联盟在墨西哥总统、议会和州选举中全面获胜，国家复兴运动领导人洛佩斯·奥夫拉多尔当选总统。通过此选，国家复兴运动一举战胜了历史分别长达89年和79年的墨西哥革命制度党（左翼）和墨西哥国家行动党（右翼）。国家复兴运动上台执政不仅在墨西哥"创造了历史"，其重要影响也外溢至拉美地区，大大加强了地区左翼阵营的力量，一改2015年以来拉美地区政治生态转变后左翼式微的局面。

【Latin America's New "Pink Tide"】

Zhou Zhiwei, *Contemporary World*, Issue 5, 2022

21世纪初至2016年前后，拉美左翼占据了拉美政治生态中的主要地位。在经历了短暂的"左退右进"态势后，自2018年开始，特别是2020年以后，拉美地区重新回归左翼执政占多数的局面。文章认为，此次"新粉红色浪潮"的出现归因于左翼政府基础力量的扎实，同时一些国家右翼政府的治理低效特别是应对疫情不力也起到了助推作用。本轮"粉红色浪潮"中呈现出来的特征有：左翼政府规模空前、拉美各国左翼政府差异性更大，同时左右力量对比趋于均衡。总体来

看，拉美新"粉红色浪潮"仍面临诸如民生改善、共识凝聚及集体身份塑造等多重挑战。

【拉丁美洲职业教育体系特点及启示——以阿根廷、巴西为例】

郑艺，《辽宁农业职业技术学院学报》2022 年第 3 期

拉丁美洲国家职业教育已进入整体发展新阶段。该文立足于职业教育国际比较的视角，研究拉丁美洲国家职业教育体系的特点，探讨其职业教育体系中的特色做法。非正规职业教育培训、高度国际化与市场化、课程专业设置多样化、"S"系统培训模式，这些经验与中国职业教育发展和"一带一路"倡议有着契合点，在丰富现代职业教育体系理论的同时，也为我国职业教育发展提供了借鉴。

【论《锃亮的锄头》对"黑色大西洋"的加勒比阐释】

綦亮，《解放军外国语学院学报》2022 年第 3 期

吉尔罗伊的《黑色大西洋》虽然主张从跨民族视角考察黑人文学文化研究，但仍然表现出对美国和欧洲的偏向，忽略了加勒比等黑人文化跨大西洋交流的重要区域。加拿大加勒比移民作家奥斯汀·克拉克的《锃亮的锄头》是从加勒比视角审视"黑色大西洋"概念的重要作品。该作通过突出加勒比奴隶制历史的当下延续、加勒比在跨大西洋奴隶贸易中的关键位置，以及借助新奴隶叙事构建的加勒比中心视角，从奴隶制历史记忆和黑人他者身份反思等方面凸显"黑色大西洋"的加勒比维度。同时，作为一部加拿大文学作品，《锃亮的锄头》的种族题材也间接批判了加拿大的种族主义，表现出丰富的理论内涵和现实意义。

【拜登政府拉美政策的特点及走向】

严谨，《现代国际关系》2022 年第 5 期

拜登执政以来，全面纠偏特朗普内外政策，对外重置美国外交战略，在拉美高举"美国归来"大旗，加大战略关注和资源投入，着重推行"民主善治"、治理移民、助力抗疫、帮扶复苏等议程，力求修复美拉关系。与此同时，拜登政府延续特朗普政府的排华思路，并将这一理念贯穿在对拉美政策调整全过程，变换手法破坏中拉关系、阻扰中拉合作。俄乌冲突爆发后，拜登政府变本加厉地排挤以中国和俄罗斯为代表的域外力量，谋求重掌后院。虽然拜登政府来势汹汹，且在缓和美拉对立情绪、修复西半球盟友体系方面有所进展，但受内外因素的制约，其重塑美拉关系的努力遭遇挑战，距离实现重振领导力和影响力、完全管控拉美的目标仍有较大差距。

【拉美地区中国企业人力资源管理研究】

赵冶、王若卿，《中国管理信息化》2022 年第 11 期

拉丁美洲地区简称拉美地区，该地区人口总数约 6 亿人，约占全球总人口 8%，GDP 总量达 5 万亿美元，约占世界总 GDP 6%。对于中国企业，尤其是那些进行全球化经营的中国企业来说，拉美地区是不可忽视的地区市场。新经济形势下，中国经济持续发展，必然孕育出更多具备全球化经营能力的中国企业，如何在拉美地区打造市场竞争力、获得业绩、适应拉美文化、使用和发展人才都将是这类企业必须面对的重要课题。该文从拉美地区中国企业人力资源管理迫切需要出发，结合当前中国企业派出人才特性和拉美地区本地人才特性实际情况，对拉美地区中国企业人力资源管理面临的问题和挑战进行了深入分析与研究，全面梳理了拉美地区人力资源管理应有的理念与方向，重点提出了拉美地区人力资源管理的具体举措，从而为

拉美地区中国企业人力资源管理优化提供了思路与借鉴，进而推动拉美地区中国企业的发展，为培育具有全球竞争力的世界一流企业提供参考。文中提出的人力资源管理理念、方向与具体举措已应用于本企业拉美地区人力资源管理，取得了良好的效果，具有一定的推广意义。

【考古学与19世纪后期墨西哥的古史重建】

卢玲玲，《首都师范大学学报（社会科学版）》2022年第3期

18世纪末，墨西哥通过克里奥尔史学重新"发现"本土的古代文明，孕育了民族独立运动。1821年独立后，墨西哥存在本土和西班牙的两种历史记忆。在19世纪后期的内外交困中，墨西哥重拾克里奥尔史学，发展考古学，发掘本土的古代遗迹，重建古代历史，构建了"托尔特克—阿兹特克—墨西哥"连续的古史演进线索。墨西哥学者比较本土与旧大陆的古文明，阐释两者的联系及本土文明的辉煌，解构了美洲文明退化的观念，使本土历史认同与西方文明观念融合，成为"梅斯蒂索化"的肇始和民族建构的基础。墨西哥对历史记忆的重建对于其相对和缓的民族关系的形成具有重要意义。

【疫情下拉美银行业格局及中拉银行业合作】

王飞、郭一帆，《银行家》2022年第6期

2014—2020年，拉丁美洲和加勒比（以下简称"拉美"）地区陷入40年来的经济低谷。2020年，新冠疫情暴发，拉美经济"雪上加霜"。为支持经济，拉美各国利用货币政策降息或降准，保持金融体系的流动性。上一波以拉美银行业为风险引爆点的拉美金融危机至今已过去30多年，拉美各国吸取经验教训，通过加强金融监管、强化中央银行的独立性、落实巴塞尔新资本协议等手段，提升了银行业抵御风险的能力，经受住了2008年全球金融危机的冲击。近年来，拉美各国进一步开放，积极推进银行业合作，表现出较大的发展潜力。2021年12月，中国—拉美和加勒比国家共同体论坛第三届部长会议通过的《中国—拉共体成员国重点领域合作共同行动计划（2022—2024）》强调了未来中拉将进一步加强金融合作，尤其是银行业合作。因此，了解拉美银行业（本文指商业银行，不包括开发性金融机构和政策性银行）整体发展格局，把握其当前特点，对促进中资银行拓展拉美业务，强化中拉金融合作具有重要意义，同时也能更好地响应"一带一路"倡议，为中国企业进入拉美提供金融支持，全面加强中拉经济合作。

【墨西哥石油国有化中的美英墨冲突（1917—1938年）】

林洁，《新经济》2022年第6期

石油是重要的战略能源及工业发展原料，在经济利益的驱动下，英美荷等国争相掠夺墨西哥的石油资源。一战前，英国、荷兰控制墨西哥大部分的石油生产，美国垄断资本通过购买英荷石油公司的股份和接管石油租让地承租权等办法，与英国激烈争夺。墨西哥的民族资本也在外国资本的打压和排挤之下举步维艰，加之迪亚斯政府的各种产业政策向外国投资者倾斜，墨西哥民族资本的发展几乎停滞。外国石油公司对墨西哥石油进行了破坏性开采和掠夺，造成了破坏性的灾难。1910年墨西哥革命后，墨西哥政府通过颁布宪法，将石油属于国家所有合法化，并不再出售土地给个人或公司，政府的举措触及了外国石油公司的利益，由此引发争端。而1938年卡德纳斯的石油国有化更是将英美石油公司与墨西哥的矛盾升级为美英墨之间的国家冲突。

【拉美国家数字经济效率及其收敛性研究】

张宇、苏乐、李莉莎，《西南科技大学学报（哲学社会科学版）》2022年第3期

该文基于拉美主要国家2009—2016年的数

据，采用包含非期望产出的 Super-SBM 模型测算了其全要素效率，运用 Malmquist-Luenberger 指数测度效率变化趋势。Super-SBM 结果显示：拉美国家平均数字经济为全要素效率 0.854，总体呈下降趋势。数字经济高效率国家与低效率国家相差 2.45 倍，存在发展不平衡和数字鸿沟现象；Malmquist-Luenberger 指数表明数字经济全要素效率平均增长率为-13%，技术水平进步指数低下是主要原因。收敛分析发现拉美国家数字经济全要素效率不存在 σ 收敛和绝对 β 收敛，但存在显著的条件 β 收敛和俱乐部收敛。

【中国故事在巴西的本土化传播——以中巴合办栏目《中国故事》为例】

杨兢兢，《国际传播》2022 年第 3 期

一直以来，拉丁美洲被美国看作自己的"后花园"，其经济与文化受美国影响深刻。拉美的发展中国家，如巴西，则在国情上与中国更接近。随着中国与拉美国家的经贸合作日渐增加，中国在拉美的国际传播能力也有了较大发展，前景愈加广阔。中央广播电视总台拉美总站与当地主流媒体全面合作，开办《中国故事》栏目，从好感传播出发，主动发声，努力讲好中国故事。

【拉美解放神学的发展历程及其当代启示探析】

沈宇，《国际公关》2022 年第 11 期

20 世纪 60 年代，拉美出现了解放神学的思潮，拉美解放神学将马克思主义与神学结合在一起。时至今日，解放神学仍有其借鉴意义，对我国社会主义的发展无疑有重要的启示，也为我国建设社会主义提供启示。该文分析了拉美解放神学的基本情况，进而梳理了拉美解放神学的发展历程。随后，以古巴为例，揭示了拉美解放神学在思想与实践上的反抗路径。最后，总结了拉美解放神学对拉丁美洲的重要意义并阐明了其对当代的启示。

【拉美政治发展的钟摆效应与新一轮左翼浪潮的特点】

李菡、袁东振，《国外理论动态》2022 年第 3 期

左右翼政党相互竞争、交替发展、轮流执政，是拉美政治发展的重要现象，被学术界称为拉美地区政治发展进程中的钟摆效应。21 世纪以来，拉美地区又发生了新的左右翼轮替，相继出现了两次左翼浪潮。这两次左翼浪潮既有某种相似性，又有各自的特殊背景和独特原因；既是拉美政治发展钟摆效应的必然结果，也与右翼执政党因业绩不佳而失去民心等因素密切相关。新一轮左翼浪潮极大地改变了地区政治生态和政治力量对比，但并不意味着左翼政党能长久执政。从目前来看，拉美左翼执政党既面临着体制性制约，也面临着巨大的现实执政压力，执政前景存在着诸多不确定性。从中长期来看，拉美具备有利于左翼发展的环境，但左右翼之间的竞争和争夺将更加激烈，政治钟摆效应难以消除。

【拉丁美洲与亚洲：跨地域的文学—历史与被埋没的传统】

奥特马尔·埃特、范妮，《外国语言与文化》2022 年第 2 期

中国、亚洲和拉丁美洲之间的关系已有数百年历史，传统深厚且一直非常密切。这种被埋没的传统应该被重新揭示并让更多的人意识到。该文试图以拉丁美洲次大陆不同时代和不同地区的四个历史时刻为例加以证明。19 世纪著名的库斯科画派不仅借鉴了本土和欧洲的传统，还参考了亚洲的传统，这种传统可以借助屏风这一艺术品经日本追溯到中国。早在 16 世纪早期的新西班牙文学中，就有大量证据表明了到访南美的亚洲人的出现，如奇马尔帕因的作品，这也证明了存在于整个殖民时期的艺术传统。在殖民时代末期，由何塞·华金·费尔南德斯·

德·利萨尔迪在西班牙美洲殖民地创作的第一部小说《癞皮鹦鹉》，为形成中的墨西哥创造了一个乌托邦，它不像在托马斯·莫尔那里一样通往加勒比，而是通向太平洋，其主角是中国人。19世纪末，菲律宾的民族英雄、中国福建移民后代何塞·黎刹凭借小说《不要碰我》成为菲律宾西班牙语文学的伟大代表，也是最后一位代表，中国文化元素在小说中得到了突出体现。20世纪末，出生于新奥尔良的安娜·和美·施塔尔——一位德裔美国人和一位日本女性的女儿，在布宜诺斯艾利斯用西班牙语写了一本以亚洲和美洲的关系以及"自然灾害"为中心的故事集。但她的"自然灾难"实际上是共同生活的灾难、共存的灾难。

【中国企业参与拉美经贸活动的经验与启示——基于双边政府关系视角】

宋博文、田员昊，《当代金融研究》2022年第6期

该文以国际关系理论与国际政治经济学为切入点，对中国企业在拉美国家的投资案例进行分析与总结。首先，该文梳理并讨论了双边政府关系对中国企业在海外开展FDI的影响。其次，归纳出中拉双边政府关系的现状与走向。随后，重点聚焦不同类型的中国企业如何依靠其独有优势并借助良好的双边政府关系，拓展其在东道国的发展成果。通过华为技术有限公司、重庆力帆集团和中国中车集团有限责任公司三个典型企业在拉开展经贸活动的经历，说明不同类型、规模和所有权的中国企业在"双边政府关系—企业在东道国投资"中扮演的角色。研究发现，无论是技术密集型，还是适应东道国需求的中国企业，都可以从两国政府交好关系中获得东道国的市场利好，有时这种利好会对两国关系起到积极推动作用，从而使得跨国企业进一步享受两国关系升温带来的实际利益。

【墨西哥独立后至1910年革命前引入移民研究】

李连广，《外国问题研究》2022年第2期

独立后至1910年革命前的近百年间，墨西哥多届政府实行了引入移民的政策。在不同阶段，墨西哥引入移民的原因、目的和移民来源倾向性存在很大差异。独立后至美墨战争结束，在艰难、复杂的国内外形势下，面对难以控制的美国移民进入墨西哥北方边境的潮流，墨西哥政府继承了西班牙殖民统治时期的移民措施，颁布《拓殖法》安置移民，但最终引发得克萨斯叛乱和国土丧失。美墨战争后至1877年迪亚斯上台之前，受美国引入欧洲移民巨大成功的影响，同时为了改良和优化种族状况，加之国内人口减少、增长缓慢等因素影响，墨西哥政府鼓励引入欧洲移民，但收效甚微。第三次引入移民发生在迪亚斯掌权后至1910年革命前，为促进国家的经济发展，加之实证主义下"科学种族主义"思潮的兴起和泛滥，迪亚斯政府采取了多元的移民引入政策，吸引外国技术人员和劳动力，也并未收到预期效果。从总体上考察，与同期其他拉美国家相比，墨西哥引入移民规模较小，很大程度上也没有达到预期目的，不能被称为成功的移民举措。但华人移民为墨西哥社会的发展作出了不可磨灭的贡献。

【冷战时期古巴在不结盟运动中的作用】

高志平、杨鑫钰，《湖北师范大学学报（哲学社会科学版）》2022年第4期

1961年9月初不结盟运动成立时，古巴出于对美国封锁制裁政策及自身利益的综合考量，选择加入不结盟运动，成为拉美国家中唯一的不结盟运动创始成员国，为日后其他拉美国家加入不结盟运动起到了示范作用。冷战时期，古巴长期高规格参与不结盟运动的各项会议，为不结盟运动的健康发展建言献策，主动作为，特别是在1979年到1983年

担任不结盟运动主席期间，古巴领导不结盟运动为建立国际经济新秩序等方面做出了积极探索。长期以来，古巴在不结盟运动协调局的诸多合作领域做了大量工作，推动了不结盟运动各项事业的向前发展。当然，古巴在为不结盟运动发展积极作为的同时，也通过多种途径和形式表达自身的利益诉求。

【百年未有之大变局下的古巴共产党与中国共产党——访古巴共产党创始人之一巴拉格尔·卡夫雷拉】

楼宇，《世界社会主义研究》2022 年第 7 期

自 1960 年建交以来，中国与古巴双边关系稳固发展，跨越半个多世纪的同志友谊不断加深。习近平主席指出："中古是好朋友、好同志、好兄弟，有相同的理想和信念。"中国共产党和古巴共产党领导各自的人民进行社会主义建设，共同推动了世界社会主义的发展。《世界社会主义研究》记者楼宇通过古巴驻华大使馆对何塞·拉蒙·巴拉格尔·卡夫雷拉进行了专访。专访先后谈及古巴共产党与中国共产党关系的发展历程、两党深厚情谊的主要体现、大使先生对中国的印象、大使先生对于中国共产党成就与经验的看法以及中国共产党为发展马克思主义和世界社会主义作出的重大贡献等。

【拉美地区矿产资源开发情况及对中国企业的建议】

宋世微、李卫，《国际工程与劳务》2022 年第 7 期

全球新冠疫情反复，国际地缘政治分裂和多极化加剧，国际贸易保护主义抬头和矿山生产受阻、海运不畅、运费飙升等多种因素导致，全球矿产品供应缺口加大，矿产品价格屡创新高。在有利的矿产品市场条件下，近两年遭到停滞的矿业项目复工建设，预计矿山建设投资将继续增长。拉美矿产资源丰富、分布集中，但基础设施和技术水平相对落后，中国对矿产资源需求加大，且拥有较高的基础设施建设和技术水平，中拉矿产合作面临着现实性机遇。

【哥伦比亚大选：填补左翼执政空白】

杨建民，《当代世界》2022 年第 7 期

2022 年 6 月 19 日，哥伦比亚总统选举第二轮投票结束。左翼"历史公约联盟"候选人古斯塔沃·佩特罗战胜右翼"反腐执政者联盟"候选人鲁道夫·埃尔南德斯，成为哥伦比亚首位左翼总统。佩特罗的胜选是拉美左翼政治空间的新拓展和新亮点。该文认为，经历此次总统选举，哥伦比亚左翼政治力量创造了历史，打破了传统的政治格局，结束了右翼长期执政的局面。在内政方面，新政府可能将以"民主社会主义"代替新自由主义发展模式。在外交方面，新政府将从"坚定亲美"转向"独立自主的多边思维"。总之，佩特罗的当选对拉美整体政治格局影响重大，或将进一步助推拉美"向左转"的潮流。

【中国与巴拿马自由贸易协定谈判历程回顾与展望】

张珊，《中阿科技论坛（中英文）》2022 年第 7 期

该文以经济分析理论为基础，利用文献研究法和对比研究法探究了中国与巴拿马自由贸易协定的谈判进程与预期展望。通过依次梳理中巴两国决定开启自贸协定谈判的背景条件、两国已取得的谈判进展以及影响两国继续谈判轮次的现实因素，重点对中国与巴拿马的交往历史和合作成果进行了整理和回顾，综合分析认为中巴自贸协定的预期较为乐观。

【拉丁美洲"横平运动"的新动向及新特征】

宋霞，《开发研究》2022 年第 4 期

20 世纪 90 年代以来，尤其是进入 21 世纪之后，世界社会运动有了新动向，呈现出新特征，值得关注。这一新的社会运动尤以拉丁美洲最具代表性，甚至有了一个被广泛接受的新名称——"横平运动"，又因这些运动一般集中在生活世界和消费领域，因而又被称为"日常革命"。"横平运动"肇始于阿根廷，而后蔓延至全球。与之前的左派运动和新左派运动相比，这种社会运动新模式以颠覆性、分散性（无组织性）、突发性、快速化、绝对平等化、情绪化、网络化为特征，比革命内容多是反对科学技术滥用以及科技与大资本结合带来的问题等，斗争场所主要从生产世界转移到生活世界。"横平运动"将是未来对经济发展和既定社会秩序造成困扰的主要和持久的运动形式。作为政府治理的对立面，"横平运动"使传统应对型政策失灵。政府必须进行"事先"研判和准备，加强预防和善后举措，将运动对社会秩序的破坏降到最低。

【博尔赫斯的侦探小说观】

陈拉丁，《盐城师范学院学报（人文社会科学版）》2022 年第 4 期

阿根廷诗人、小说家、评论家博尔赫斯对侦探小说这一类别有着特别的偏好，推动了侦探小说在拉丁美洲的扎根、生长与传播。作为评论家，博尔赫斯撰写过大量与侦探小说相关的评论；作为小说家，他进行了带有实验性质的创作，对拉美侦探小说的风格产生了重要影响。梳理、研究博尔赫斯撰写的相关评论、序言以及部分对他的访谈内容，可以得出结论：博尔赫斯的侦探小说观是以读者接受为中心的。解读博尔赫斯侦探小说观，有助于揭示侦探小说的阅读、创作、评论之于博尔赫斯文学生涯的意义。

【身体政治与创伤隐喻——《离上帝如此之远》中的女性创伤身体】

陈海晖，《广东外语外贸大学学报》2022 年第 5 期

奇卡纳女作家安娜·卡斯蒂略的代表作《离上帝如此之远》以女性创伤身体作为贯穿作品的线索。作者通过剖析男权制度、生态殖民及工具理性等权力话语对女性身体的控制与禁锢，赋予女性残破、中毒及异化的疾病身体以丰富的隐喻意义，再现了美籍墨西哥裔女性身处种族、性别、阶级等多重桎梏下被规约与压迫的身份，并通过对民间女药师疗愈方式的思考，探讨墨西哥裔女性走出身份困境的途径。

【论拉丁美洲现代文明的形成及其特点】

韩琦，《南开学报（哲学社会科学版）》2022 年第 4 期

1492 年哥伦布到达美洲之后，殖民征服打断了印第安古代文明的正常发展，随之出现了欧洲文明、非洲文明与印第安文明碰撞、交流和融合的过程，到 18 世纪形成了一种新的混合文明结构。但这种文明在制度和文化层面均具有浓厚的中世纪色彩。只是到了 20 世纪中叶之后，伴随着发展模式的转换、发展型政府的建立、文化民族主义运动的开展、进口替代工业化和城市化发展、中产阶级社会的扩大、各种创新性文化成果的涌现，拉美才逐渐形成了现代文明，这是一种建立在现代工业生产方式基础之上的文明。现代拉美文明是多源混合的文明、亚西方文明、具有长期边缘性和不平等历史的文明、兼收并蓄和开放创新的文明、年轻而又充满活力的文明。拉美文明的和谐性、开放性和创新性值得我们学习借鉴，但拉美文明的不平等性、依附性、不平衡性又值得我们引以为戒。拉美文明具有和谐性与不平等性并存、开放性与依附性并存、多元文明与不平衡性并存的"悖论"，这正是我们认知拉美文明的关键。

【拉美地区油气投资环境及合作潜力分析】

钟文新、孙依敏、金焕东、余功铭，《国际石油经济》2022年第7期

拉美地区石油和天然气资源丰富。2021年，拉美地区油气行业投资较为活跃，国际油价反弹给拉美油气行业带来了恢复性增长，石油产量止跌回升。在能源转型背景下，资源国政府坚持将能源安全放在优先地位；部分资源国继续调整和改善油气对外合作政策，增强投资吸引力。拉美地区依然是国际大石油公司投资的重点，地区行业竞争异常激烈。但需要警惕的是，拉美地区政治格局左进右退，导致资源民粹主义抬头，经济整体呈低增长趋势；社会贫富差距大，疫情防控不力，社会安全问题普遍存在。中国石油企业在拉美地区投资，应积极创新合作模式，探寻新的合作领域，及时跟进形势变化，分国施策，规避风险，保障投资安全，将中拉油气合作推向新的高度。

【20世纪墨西哥民族国家的一体化建设】

张青仁，《民族研究》2022年第4期

19世纪初墨西哥实现国家独立后，开始探索民族国家建设的道路。在对白人至上的进化论的批判中，墨西哥社会出现了对本土国民性的思考。20世纪初墨西哥大革命后，一种主张融合的民族主义思想得到了确立。革命制度党政府将民族融合的主张贯穿于民族国家的一体化建设中，一方面，肯定了本土的印第安人及其文化在墨西哥民族国家建构中的基础性作用，将墨西哥民族国家之根溯源到印第安人及其文化；另一方面，通过统一教育的推广，以及以土地为核心的国家社团主义制度实现对印第安人的整合与控制，将印第安人整合进民族国家建设的过程，以此完成民族国家的一体化建设。革命制度党政府所推动的民族国家的一体化建设，虽然存在将原住民边缘化、同化的倾向，以及对原住民权益与政治参与度的重视不够等问题，但其彻底改变了殖民时代以来印第安人不被认可的状态，在相当程度上解决了殖民时代以来困扰墨西哥社会发展的原住民问题，有助于较长时间内保持国家的安定。

【"一带一路"倡议背景下中拉人文交流研究：现状、挑战与应对】

陈倩文、薛力，《克拉玛依学刊》2022年第4期

早在16世纪，中国与拉美便已通过"海上丝绸之路"开展交流。21世纪以来，随着中国与拉美之间的政治、经贸往来呈爆发式增长态势，中拉关系进入全面升级的新阶段。特别是2013年"一带一路"倡议提出以来，拉美事实上已成为该倡议的重要组成部分。以人文交流为主要内容的民心相通是"一带一路"建设推进"五通"的基础。中拉人文交流存在内外多重挑战，成为双方关系提升的瓶颈。在此背景下研究中拉人文交流合作的现状和对策，具有重要意义。该文试图以中拉交往中教育、文化、卫生等不同领域的人文交流案例说明，双方应如何加强顶层设计，拓展沟通渠道，致力民心相通，共同塑造中拉命运共同体。

【拉美左转新趋势：动因、特点与前景】

王鹏，《马克思主义与现实》2022年第4期

2018年以来，拉美形成第二波左翼政党执政浪潮。左翼政党的再度崛起根源于拉美当前的复杂经济社会形势，它是对第一波左翼政党执政浪潮的继承和发展，也是拉美当前所处政治发展周期的内生结果。在这一波浪潮中，拉美左翼政府强调以发展模式转型作为探索新自由主义替代方案的前进方向；以国家权力结构改革为主要政治目标，大力推动制定新宪法；注重依靠直接民主动员大众、推进政治议程；强调发挥国家在经济社会领域的积极作用；努力提升政府责任和政

策回应能力。实践表明，左翼政党是拉美国家推进改革的主要政治力量，但诸多限制因素导致它们在执政期间对国家的改造只能是渐进的和长期的。

【拉美民粹主义：一种国家发展模式】

林红，《马克思主义与现实》2022年第4期

民粹主义的反建制政治已为世人熟知，但是作为一种国家发展模式的民粹主义却常常被忽略。20世纪以来，拉美民粹主义完成了数次代际更迭，表现出惊人的历史韧性，并始终与拉美的现代化发展紧密相联，反映了拉美国家在寻求自主性发展方面的长期努力。一百多年间，拉美盛行的不是一种简单的"街头的民粹主义"，而是一种普遍的"执政的民粹主义"，它既是以经济增长和收入再分配为目标的宏观经济政策，也是以魅力领袖、宪政公投和多阶级联盟为特征的威权主义政治，其历史必然性由等级秩序观的文化传承和国家主义的制度惯性所形塑。为了摆脱依附性地位、争取国家的自主发展，拉美左翼政府试图对西方发展模式进行重大修正，影响最为深远者当数20世纪经典民粹主义对现代化理论及其出口导向政策的批判，以及21世纪激进左翼民粹主义对新自由主义及其全球化的反抗。拉美民粹主义的未来取决于它提供的发展模式能否真正摆脱西方发展主义的束缚，能否平衡经济增长与分配公平的关系，否则，拉美左翼政府将难以找到具有替代性和自主性的可持续发展道路。

【拉美是怎样掉进"陷阱"的？——从拉美与美国发展历程的比较看不平等的长期影响】

梁咏梅，《政治经济学评论》2022年第4期

考察拉美与美国发展差异的历史根源，有助于理解"中等收入陷阱"的形成机理。拉美与美国发展差异的原因可以追溯到殖民地时期的土地所有制。拉美严重不平等的大地产制难以为工业品提供足够的市场，不利于吸引欧洲移民及培育民主精神，难以加强各地的经济贸易联系。美国北部较平等的小土地所有制有利于吸引欧洲移民并有助于民主精神的培育，为工业发展提供了广阔的市场，加强了各地的经济贸易联系，培育了制衡南方种植园主的新阶级力量——资产阶级民主派和大资产阶级。上述影响差异在独立战争之后进一步体现为两者在发展路径上的差异：在拉美是分裂、战争、考迪罗、土地日益集中与自由贸易政策，在美国则是联邦制、发展、三权分立和《权利法案》、西进运动与贸易保护政策。从拉美与美国发展历程的比较可以发现，拉美之所以未能成功跨越"陷阱"，深层次的原因是一直持续至今的严重不平等的土地所有制。从长期来看，不平等可能会导致国民财富外流、国内消费能力萎缩、贫富差距扩大与地方分离倾向加重等严重后果。

【"庶民研究"在拉美：对一种印度史学理念的跨文化考察】

张旭鹏，《史学理论研究》2022年第4期

1982年，任教于国立澳大利亚大学的印度历史学家拉纳吉特·古哈主编的《庶民研究》第一卷出版，标志着后来蜚声世界的"庶民研究学派"（Subaltern Studies School）正式登上国际史坛。此后，《庶民研究》连续出版12卷，直至2005年宣告结束。实际上，《庶民研究》尚在陆续出版之际，其影响就已经超出了印度，在世界范围得到传播。其中，拉丁美洲知识界对它的认同和接受尤为热切。拉美学者认为，"庶民"作为一个分析范畴，因其所蕴含的底层属性、殖民性、种族性、女性主义、边缘性等丰富内涵，为理解和考察拉美特有的历史、文化、阶级、种族等问题提供了一个非常有益的视角。有学者甚至认为，印度"庶民研究"的引入，为拉美研

究带来了"庶民转向"(subalternist turn)。不过,"庶民研究"在印度得以产生的语境与拉美毕竟不同,这使得"庶民"这一概念和研究视角在进入拉美后,衍生出与印度不尽相同的意义与变化。"庶民研究"在拉美的兴起与发展,以及它所带来的争议和影响,体现了一种史学理念在"南南对话"中所发挥的作用与价值。

【迪亚斯时代墨西哥铁路建设"热潮"肇因论析】

陆曲地、刘明,《渤海大学学报(哲学社会科学版)》2022年第4期

波菲里奥·迪亚斯担任墨西哥总统时期,其所采取的稳定国内统治秩序、大量吸引外国资本的政策,推动了墨西哥的工业化和社会进步。铁路作为工业化的先行者,在该时期得到极大的发展。迪亚斯利用执政时期长期稳定的政治环境,积极出台多项政策法规,吸引大量外国资本投入铁路建设行业,形成了墨西哥历史上著名的铁路建设"热潮"。该时期,高速发展的铁路建设,加速了墨西哥的工业化和现代化进程,使其成为近代拉丁美洲经济发展的典型。

【拉美新"粉红浪潮"的成因、特点及前景】

周志伟,《当代世界》2022年第8期

进入21世纪以来,左翼一直在拉美政治生态中占据主导地位。1998年年底,查韦斯当选委内瑞拉总统,拉美左翼由此开启"粉红浪潮"周期并持续到2016年前后。此后,拉美地区出现了"左退右进"的态势,但仅维持了3年左右时间。2018年,墨西哥左翼政党国家复兴运动在大选中获胜,次年阿根廷左翼联盟"全民阵线"候选人费尔南德斯当选总统,拉美政治生态呈现明显的"向左回摆"态势。2020—2022年,左翼政党相继在玻利维亚、秘鲁、尼加拉瓜、洪都拉斯、智利、哥伦比亚等国大选中获胜,拉美地区重新回归到左翼执政占多数的局面,这也被外界解读为新"粉红浪潮"。

【历史记忆与当代互动:拉丁美洲的中国形象探源】

王翠文、李倩、姚紫兰,《中央社会主义学院学报》2022年第4期

国家形象的塑造既是一国外交的主要目标之一,也是国家和民众长期互动的结果。该文从宏观和微观两个层次对当代拉美视野中的中国形象进行类型学分析。宏观层次以跨太平洋的大帆船贸易以及19世纪华工在拉美这两大历史时期为分析重点,从文明交流史的视角诠释当代拉美人中国观的历史起源。微观层次选取秘鲁、智利和墨西哥三个代表性案例,通过对三国主流媒体涉华议题的文本分析,将拉美对华认知概括为对华友好且认同度高的"秘鲁模式"、对华友好且务实的"智利模式"、对华疏离且认同度低的"墨西哥模式"。国别比较和类型化归纳旨在说明拉美国家对中国的认知存在多样性和差异性这一事实。拉美的中国形象既来源于中拉文明交流互鉴的历史进程,也在当下快速变化的现实中不断演化和重构。在新的历史起点上,中国与拉美国家面临更好的机遇、更好的基础和更好的条件,中拉命运共同体是拉丁美洲视野下中国形象塑造最好的方向引领。

【中国与阿根廷共建"一带一路"研究:进展、驱动因素与挑战】

杨靖,《西南科技大学学报(哲学社会科学版)》2022年第4期

作为"21世纪海上丝绸之路"的自然延伸,拉美是"一带一路"建设中不可或缺的重要参与方。2022年2月6日,阿根廷与中国签署共建"一带一路"的谅解备忘录,对深化中阿全面战略伙伴关系具有重要意义。阿根廷的加入为拉美其他主要经济体提供了积极样板,但也面临全球、地区和国内层面

的风险和挑战。该文以供需关系为视角，对中阿"一带一路"合作新进展，两国战略考量、面临的风险和挑战进行分析，提出政策建议，以提早进行风险防范。

【秘鲁华文报刊的历史演变及其中国国家形象构建——以《公言报》为例】

龚韵洁，《出版发行研究》2022 年第 8 期

秘鲁是拉美华侨华人最多的国家之一，该文以秘鲁华文媒体史上最具影响力，也是世界华文报纸元老之一的《公言报》为研究对象，梳理了其百余年的发展历程与阶段特点，探讨了《公言报》在塑造中国经济发展、对外开放、和平统一、对秘友好的国家形象方面所起到的积极作用。研究发现，《公言报》既是增进在秘华侨华人对祖国认同与热爱的情感连接器，也是传播中华文化和中国信息、消除涉华偏见、密切中秘关系的公共外交利器。新形势下，以《公言报》为代表的广大海外华文媒体应始终秉持中外文明交流互鉴的理念，与时俱进，在合作传播、双向互动、新媒体融合上多下功夫，搭建起民心相通的桥梁，使可信、可爱、可敬的中国国家形象走得出去，更走得进去。

【多边开发银行在拉美：起源、发展与变化】

郭一帆、谢文泽，《海外投资与出口信贷》2022 年第 4 期

当前以拉美为代表的发展中国家面临新冠疫情、美联储货币政策转向等一系列冲击，对外部资金的获得存在趋紧风险。从总体看，多边开发银行在拉美国家的发展融资中扮演着重要角色。了解为拉美地区提供服务的主要多边开发银行的基本信息，包括其历史沿革、决策机制以及当前的业务发展现状和各自特点，对我国如何在新发展格局下推进海外投资、加强国际金融合作、促进全球经济发展具有借鉴意义。

【古巴应对美国污名的历史分析】

袁野，《历史教学问题》2022 年第 4 期

古巴自革命以来，一直在应对美国的污名压力，社会主义的国家身份和国际主义的对外策略界定了古巴应对美国污名的出发点和主要特征。冷战中，美国的污名化加强了古巴对社会主义身份的认同，基于国际主义策略，古巴拉拢左翼势力，树立在第三世界的榜样形象以及输出革命，对美国反向污名。冷战后，古巴保持着社会主义的国家身份，同时认可多边主义背景中的主流价值规范，在此基础上延续国际主义策略。国际社会逐渐接纳古巴，导致美国的单边污名失败，而古巴也实现了国家身份的延续和重生。

【拉美国家政党政治生态：以巴西、阿根廷和智利为例】

钟点，《当代世界与社会主义》2022 年第 4 期

政党政治生态是理解当代发展中国家面临的政治困境的重要视角，可以从政党的价值理想系统、组织制度系统与社会支持系统三方面进行考察。以巴西、阿根廷和智利为代表的拉美国家的政党政治生态近年来面临恶化趋势，具体体现在三个方面：拉美政党普遍具有物质主义、实用主义倾向，呈现严重的意识形态空心化问题；忽视党内廉政与基层组织建设，常年被腐败等问题困扰；与社会关系疏离，面临政党认同和政党信任水平下降等挑战。

【拉美左翼游击队转型政党的建设：以中美洲国家为例】

李菡，《当代世界与社会主义》2022 年第 4 期

左翼游击队转型政党是拉美左翼政党的重要组成部分。相较于拉美其他政党，它们有一定基础的组织结构、地域影响力和内部凝聚力。在拉美十几个左翼游击队

转型政党中，中美洲地区尼加拉瓜的桑地诺民族解放阵线、萨尔瓦多的马蒂民族解放阵线取得了政党建设的成功，而危地马拉全国革命联盟则日益失去政治影响力，在国家政治生活中被边缘化。中美洲地区三个政党在相同的时代背景下从左翼游击队转型为左翼政党，其转型过程类似，在转型过程中都出现指导思想和意识形态温和化的趋势。但由于转型过程中三个政党在组织结构、政党凝聚力以及与其他政治力量组建联盟的能力方面存在巨大差异，因而在政党建设方面呈现出截然不同的结局。桑地诺民族解放阵线和马蒂民族解放阵线成长为成熟的现代左翼政党，先后取得执政地位，在国家政治生活中发挥重要甚至是核心作用；而危地马拉全国革命联盟在选举中逐渐被边缘化，政治影响力下降。

【拉美国家马克思主义本土化的进程与趋势】

袁东振，《当代世界与社会主义》2022年第4期

长期以来，拉美国家一批社会主义者一直试图克服各种阻力，推动马克思主义的本土化。20世纪90年代特别是进入21世纪以来，拉美各国共产党和马克思主义者们积极推进马克思主义本土化的理论和实践创新，拉美国家马克思主义本土化进入新阶段，取得了新成就。拉美国家共产党对马克思主义形成了新的理解，特别是突破了对马克思主义的传统教条化理解；不少共产党依据新的建党原则推进马克思主义现代政党建设，把本土化马克思主义理论成果作为党的重要指导思想。拉美各国共产党强调从本国具体国情出发，自主探索社会主义发展道路，不照搬他国经验，纷纷提出具有本国特色的社会主义方案。拉美各国共产党还注重创新党的宣传动员工作方式和手段，以扩大党的政治和社会影响力。

【拉美数字原生媒体的发展现状研究】

杨敏，《新闻研究导刊》2022年第16期

数字媒体和数字新闻业的现有研究存在地域上的差异，学界对拉美地区的数字媒体关注比较少见，研究的地域图谱有所缺失。20世纪90年代后，拉美地区媒体也开始了数字化转型和发展。为了进一步明确拉美数字媒体发展的现状，丰富现有数字传媒研究的地域图谱，文章采用文献研究法，对相关文献进行分析，发现在媒体发展起源的视角下，拉美的数字媒体大致分为两大类。一类是依托传统媒体而转型或发展的数字媒体。这类媒体与传统的新闻生产方式之间联系较为紧密。而另一类是在数字化环境下新出现与发展的媒体，也称为数字原生媒体。与此同时，拉美数字原生媒体在发展过程中表现出以数字赋能为己任、强调与主流化媒体新闻实践间的差异、重内容轻技术与经营等特征。此外，数字原生媒体的发展主要面临技术与资源方面的挑战。

【巴西对外援助的特点（2003—2021）】

韩永红、孙萌，《战略决策研究》2022年第5期

近20年来，巴西的对外援助发展迅速，在对外援助模式创新上取得进展，并在南南合作的探索中积累了宝贵经验。该文通过对巴西对外援助总体目标、一般手段、发展援助特点和人道主义援助特点以及对外援助相关法律规制的研究，总结出巴西2003—2021年对外援助的特点：尊重主权，以双方合作取代单方帮助；立足地缘政治和地缘经济选择受援国；遵守外交政策，将对外援助视为发展国家软实力的工具；以受援国需求为导向，注重人才培养和机构建设；援助方式具有灵活性，创新多边及去中心化合作模式。

【拉美中产阶级的悖论：经济进步和社会不满】

郭存海，《云梦学刊》2022 年第 5 期

进入 21 世纪以来，受经济增长和社会政策的双重驱动，拉美的中产阶级迅速扩大。然而，中产阶级的壮大并没有带来预期的"社会稳定器"效应，反而招致社会不满情绪不断积聚，以中产阶级为主体的社会动员频仍，2019 年更是爆发了地区性的大规模抗议。这种悖论，根源于新兴中产阶级日益增长的公共服务需求同落后的政府服务能力之间的矛盾不断加剧。后疫情时代，拉美的进步和繁荣特别有赖于中产阶级的稳固成长，而推动实施包容性发展的模式和政策是破解中产阶级发展悖论的重要路径。

【拉丁美洲大都市区轨道交通建设成效研究——以墨西哥城、圣保罗、圣地亚哥大都市区为例】

段又升、任利剑、运迎霞，《现代城市研究》2022 年第 9 期

拉丁美洲大都市区轨道交通的建设，是为缓解随着城市规模增大而产生的交通及环境问题的重要策略。通过综合分析 3 个代表性的拉丁美洲大都市区轨道交通建设成效，不仅可以较全面地了解轨道交通对城市发展所产生的影响，还可以总结出相应的影响规律，为其他同类型城市所借鉴。论文基于 PTSMAP 框架构建合适的轨道交通建设成效评价体系，分析认为轨道交通对大都市区的发展不仅具有经济、环境、社会等方面的促进作用，也会产生逆城市化等问题，对城市的可持续发展产生抑制作用。因此，通过总结 4 条轨道交通对大都市区发展的影响的规律，可以从城市规模、轨道交通类型、线网布局等方面优化轨道交通对城市发展的综合影响。

【《百年孤独》与《江南三部曲》的孤独书写比较论】

陈莎，《潍坊工程职业学院学报》2022 年第 5 期

加西亚·马尔克斯的《百年孤独》与格非的《江南三部曲》皆是书写孤独之作，《江南三部曲》被称为"中国的百年孤独"。两位作家的书写均流露出浓厚的孤独意识，在创作意旨上存在着共鸣，皆从个体之孤独、家族之孤独衍生至拉丁美洲与中国百年的孤独。同时，由于叙事手法与文化背景的差异，两部小说又显示出各自的独特性与价值意义。

【拉美新一轮左翼回归与第一轮左翼浪潮的异同】

徐世澄，《当代世界社会主义问题》2022 年第 3 期

20 世纪末至 2015 年，拉美兴起了第一轮左翼浪潮。2015—2018 年，拉美政局发生"左退右进"的变化。自 2018 年下半年起至今，拉美又兴起第二轮左翼浪潮。拉美新一轮左翼的回归与第一轮左翼浪潮相同之处是，都属于左翼或中左翼，对内主张加强国家对经济的干预，发展民族经济，改善民生；在外交方面都有一定的独立性，主张拉美国家团结和推动地区一体化，愿意与中国发展友好合作关系。不同之处是，新一轮左翼政府所处的国际环境与上一轮不同；新一轮左翼政府中的多数属于温和左翼，主张非意识形态化和实用主义化，对激进左翼政府和政党有所批评，其代表性组织是普埃布拉集团；一些温和左翼政府的执政地位不巩固。

【中拉爱情电影中的"情动功能"与心理空间比较研究】

曹宇萱，《中国民族博览》2022 年第 18 期

中国的纯爱电影和拉丁美洲的爱情电影，二者是如何体现"情动功能"的？在展现民族性格心理特质的同时，"情动功能"的"存

在之力"和"行动之力"让电影中原本看不见的人物心理变成可视化空间，调动观众强烈真实的情感体验。悲痛让"行动之力"变弱，愉悦让"行动之力"增强，电影通过梦境与意识、环境与内心的对照等方式进行情感调动和心理呈现。该文通过爱的空间、回忆与想象空间和镜头空间三个方面，借助人类学和心理学来探究中国和拉丁美洲爱情电影在呈现心理空间和"情动功能"上的异同。拉丁美洲电影立足原住民传统信仰，运用超自然因素打破实感和幻觉、记忆和未来、现实和神话的界限，来表达"灵魂延续生命"信仰的心理空间呈现；中国电影借助物体双重含义和意象，诗意留白和想象描绘来呈现心理空间。

【论《黄金国的失落》中的生态帝国主义】

张弛，《当代外国文学》2022年第4期

英国作家V.S.奈保尔在《黄金国的失落》中以帝国历史文献为基础描述了惊险刺激的黄金国探险，不仅满足西方读者对殖民地的刻板印象，激发他们对殖民历史的关注和向往，还将整个加勒比群岛塑造为亟待文明世界拯救的蛮夷之地，沦为帝国叙事和霸权话语操控下的地域他者。但作家也尝试消解殖民行动的历史真实感，将西方人试图成就英雄史诗的拓殖壮举表现为荒诞可笑的闹剧，进而批判了生态殖民活动和殖民扩张的共谋关系。受西方利益至上的农业种植理念和工具理性思想影响，资源掠夺和物种入侵不仅对殖民地的生态环境造成难以估量的恶劣影响，还迫使原住民成为工具化的符号和殖民活动的消耗品。

【民粹主义是如何侵蚀拉美政党的】

库尔特·韦兰、靳呈伟，《国外理论动态》2022年第5期

文章认为，侵蚀政党制度是民粹主义的天性，也是民粹主义破坏民主的一种主要方式。当前拉美许多国家都受到民粹主义的消极影响。民粹主义围绕个性化领导这一轴心展开。不同于20世纪中期的民粹主义，当代拉美的民粹主义魅力型领导并未选择稳固的组织要素，而是依靠与异质的、无组织且数量众多的追随者建立直接、非制度化的联系来给自己提供支持。这削弱了拉美既有党派的结构，对建立强有力的政党造成巨大障碍，并侵蚀了业已虚弱的政党制度。同时，拉美的现代化和发展进程也加重了民粹主义对政党的消解效应。

【马克思主义拉美化的发展理路、内在困境及其出路】

郑祥福、凌哲宏，《国外理论动态》2022年第5期

拉美马克思主义是世界马克思主义发展谱系的重要组成部分。在长期的探索中，马克思主义拉美化的发展经历了与本土思潮的机械杂糅、与"拉美例外论"和教条主义的斗争、与实际相结合的多元探索和灵活运用三个时期。马克思主义拉美化虽然取得了丰硕成果，但在理论和实践上仍面临诸多问题。反思马克思主义拉美化的进程及其实践上的得失，文章认为，没有马克思主义的社会主义不是真正的社会主义，拉美传统文化是马克思主义拉美化的基础，政党建设是马克思主义拉美化实践成功与否的关键，拉美共产党人应当深刻理解马克思主义的总体性，深入研究和探索具有拉美特色的社会主义。

【大国崛起中"以经稳政"的限度、空间和效力——对"经济压舱石"理论的反思与重构】

高程、部彦君，《世界经济与政治》2022年第10期

在当前的大国博弈中，国家间密切的经济相互依赖关系在特定情形下不仅难以为两国政治关系保驾护航，甚至可能成为国家间

矛盾的"导火索"。作者旨在探究当崛起国与霸权国进入以大国战略竞争为主导的阶段时，崛起国"以经稳政"政策所能发挥作用的限度、空间与效力，就此提出分析框架对"经济压舱石"理论进行重构，并通过对典型国家案例的研究剖析国家行为背后的逻辑，总结崛起大国面对与三类国家关系时"经济压舱石"失灵甚至适得其反的情形：一是战略竞争阶段的崛起国与霸权国的关系，二是地区主导权出现转移或松动时崛起国与区域大国的关系，三是崛起国同与霸权国价值观高度一致的亲密盟友的关系。相对而言，在崛起国同与其仅存在领土争议的国家之间，"经济压舱石"的有效性要高于三种情形，具有一定"以经稳政"甚至"以经促政"的余地。而对于世界大多数国家，中国继续策略性地开展经济外交仍具有较大作为空间，"以经促政"的效用明显。通过比较双边经贸关系在第一次世界大战爆发前后的英德关系以及当前中国在与美国、印度、澳大利亚及周边大部分国家关系中扮演的不同角色，可以检验在大国崛起过程中"以经稳政"政策发挥作用的限度与效度，为中国经济外交的施展空间提出政策参考。

【中国企业投资拉美锂矿的风险研究】

贺双荣，《中国能源》2022年第10期

新能源汽车产业成为近年世界主要经济体应对气候变化、实现《巴黎气候协定》承诺的重要手段。随着锂电池技术的进步及其在新能源汽车中的广泛应用，锂成为推动能源转型的关键矿产。在需求不断增加和锂价持续上涨的压力下，锂的供给弹性和安全备受关注，并将可能成为大国地缘政治竞争的问题。拉美特别是南美锂三角地区因丰富的锂资源及其开采优势成为外国投资的热土。我国连续5年成为全球最大锂电池消费市场，也扩大了对拉美锂矿的投资。中国拓展在拉美锂矿投资机会的同时，也应关注拉美资源民族主义带来的政策、环境和社会风险，以及中美战略竞争下的地缘政治风险。

【卢拉当选与充满期待的美洲】

亨利·巴尔德洛马尔·查韦斯，《当代世界》2022年第10期

2022年10月30日，巴西劳工党候选人卢拉在总统大选第二轮投票中险胜极右翼现任总统博索纳罗，第三次出任总统。该文指出，卢拉仅以微弱优势获胜，这将使其执政面临诸多掣肘，包括应对新冠疫情对经济社会民生产生的重大冲击、巴西政治和社会极化等问题。在具体政策上，该文指出卢拉领导下的巴西可能将采取更为务实的外交政策，例如将南美作为巴西外交优先空间、加强同金砖国家关系等。随着卢拉赢得巴西大选，拉美左翼新周期得到进一步巩固，因而卢拉在巴西的执政也将在一定程度上决定拉美在后疫情时代的经济复苏前景，甚至重启地区一体化进程等。

【不均衡的跨国人口流动：对美墨移民历程与政策的思考】

黄依慧、陈宏胜、李志刚，《世界地理研究》2022年第6期

美国是全球最大的移民接收国，墨西哥是美国最大的移民来源国，特殊的地缘关系和巨大的发展差距使众多墨西哥人移民美国。墨裔移民为美国提供了充足的劳动力，在美墨边境地区，移民集聚带动了两国边境地区的发展。但族裔矛盾始终是美国主要社会问题之一，特别是"9·11"事件后，少数族裔和非法移民问题加剧美国社会分裂和对立，成为美国国内政治博弈的焦点。基于区域地缘关系的视角来看，美国与墨西哥之间长期不对等的国际关系决定了跨国移民的流入状态和生存境遇，也是美国族群矛盾的主要原因之一。移民问题政治化将持续强化墨裔移民政策的不确定性，使移民个人与家庭面临

更大的融入困难。

【清政府在古巴独立后的外交应对】

王士皓，《历史档案》2022年第4期

自晚清外交开始近代转型以来，在条约体制下，中国与所有建交国都是通过正式立约的方式实现建交的。但是古巴的情况比较特殊，因为古巴是在美国的深度介入下从西班牙获得独立，清政府在古巴还设有领事机构。面对这一情况，清政府最初也有正式立约的设想，但最终以务实的态度通过灵活方式与古巴建交。探讨这一事件，有助于理解清政府对当时国际时局的看法和外交操作层面的时代特点。

【以节日共情：拉丁美洲孔子学院跨文化传播考察】

钟新、王雅墨，《新闻战线》2022年第21期

节日文化所具备的世俗性、多元性和共存性能够推动跨文化人群认知共情、情感共情和行为共情。中国在节日文化传播领域已经有诸多实践，加强国际传播能力建设，可以充分考虑节日文化的共情价值与共情路径，鼓励多元主体以节日与世界互动、与世界共情，从而增强中华文化感召力和中国形象亲和力。

【中阿猪肉协议：进展，动力与障碍】

程弋洋，《云梦学刊》2022年第6期

2018年中国出现的非洲猪瘟使得中国对进口猪肉的需求大增，但中国传统的猪肉进口国已经难以满足需求。阿根廷作为中国最主要的农产品进口来源国之一，长期以来与中国保持着良好的经贸合作关系，致力于扩大本国农产品在中国的市场份额、吸引中国投资，以进一步拉动长期衰退的经济。在这一背景下，阿根廷与中国签署猪肉出口协议，向中国出口猪肉并允许中国在当地投资建设猪肉生产加工厂，对中阿两国具有潜在的互惠性。对中国而言，这一协议将有利于获得优质进口猪肉、扩大进口来源、保障粮食安全；对阿根廷而言，这一协议有利于促进就业、丰富农产品出口结构、推动养猪技术革新、提高本国的贸易竞争力。然而，尽管两国早在2018年就开始商讨该协议，但直到2020年年底，该协议仍未被签署。致使协议签署一再延期的原因主要有四点：一是阿根廷民众对猪肉生产规模扩大导致的环境污染问题深感忧虑；二是阿根廷政府在协议相关事务上的低透明度引起了当地民众的不满；三是有相关组织机构担心该协议会影响阿根廷的经济安全；四是他国行为体通过民间社会组织可能造成的不利影响。在与拉美国家进行经济合作时，中方应尊重对方对社会和环境的高要求，在实际投资前广泛征求各方意见，同时也应主动对中拉合作前景进行积极宣传和引导。

【美国政府的"援助"与玻利维亚政府的矿区反暴动（1961—1963）】

杨晨桢，《史学月刊》2022年第11期

20世纪60年代，冷战进入新阶段。广大的欠发达国家越来越受到美苏两国的重视。经济援助成为美苏争夺第三世界国家的重要手段。肯尼迪政府推动建立"争取进步联盟"就是其利用经济援助在拉美地区争取民心的一项重要举措，而玻利维亚则是肯尼迪时期"联盟"的主要帮扶对象。"联盟"在玻利维亚投入最多的是一项旨在修复该国最大国企——玻利维亚矿业公司——的"三角计划"。然而，这项表面的经济援助项目，是以牺牲广大矿工的利益以实现美国政治目的为主旨的。这自然引发了矿工的不满。面对矿区矿工的暴动，项目之外的经济援助款项被赠与了亲美的帕斯政权，用以镇压暴动。在玻利维亚矿业公司修复计划的案例中，美国的援助同时充当了"大棒和胡萝卜"的双重角色。这是掩藏在肯尼迪时期显著增加的经

济援助数额和明显减少的军事援助数额这两个统计数据背后的重大秘密。

【从宗教反叛到政治参与：福音派在墨西哥土著社群传播的社会意义】

张青仁，《世界宗教文化》2022年第6期

在民族主义思潮下，独立后的墨西哥政府多次发起了批判天主教会的反教权运动，试图以引入福音派遏制天主教会的势力。20世纪60年代后，革命制度党统治的式微与新自由主义改革对土著社会的冲击促成了福音派长老会在恰帕斯边境土著村社的传播。天主教会对于福音派信众的驱逐，强化着福音派信众对信仰的坚守和对信仰自由的捍卫，促成福音派信众组织主体性的生成。民主化转型后，土著福音派信众组织成长为恰帕斯地方社会重要的政治主体。包括福音派在内的多元宗教组织与宗教多样性格局在恰帕斯的出现，是土著民众以自下而上、自发的宗教结社的方式对土著社会经济危机与政治衰败的回应。

【"他者"视角下的中国乡村振兴——以纪录片《我们的田野：拉美青年蹲点记》为例】

潘津晶，《国际传播》2022年第6期

当下，中国在持续巩固和拓展脱贫攻坚成果的同时，正全面推进乡村振兴。中央广播电视总台CGTN推出的纪录片《我们的田野：拉美青年蹲点记》，通过3位来自拉丁美洲的青年见证中国的乡村振兴实践，向拉美受众讲述中国乡村振兴故事，塑造可信、可爱、可敬的中国形象。片中"他者"视角的引入，让中国故事的讲述增添了说服力，引发了强大的共鸣与共情。事实证明，人文题材纪录片能够以真实和真情打破文化壁垒，成为有效的国际传播载体，从而增进拉美民众对中国的认知与了解。

【拉丁美洲新一轮"粉红色浪潮"】

王冠、吴洪英，《现代国际关系》2022年第12期

所谓新一轮"粉红色浪潮"，指自2018年以来左翼政党相继在几乎所有拉美主要国家上台执政的独特政治现象，这是21世纪初第一轮拉美左翼政党执政浪潮的延续和回归，也被称作21世纪拉美第二轮"粉红色浪潮"。新一轮"粉红色浪潮"始于2018年墨西哥和2019年阿根廷两国左翼政党上台执政，发展于2021年秘鲁、洪都拉斯和智利等多国纷纷"由右向左转"，而2022年10月工人出身的卢拉再次当选巴西总统，则将此轮"粉红色浪潮"推向高点。此轮浪潮既是拉美国家多重经济社会危机叠加演进的结果，也是全球左翼思潮回归的一种表现。在这轮浪潮中，拉美左翼政府普遍高举改革大旗，以推动社会公正为优先，以促进经济增长和政治改革为重点，强调国家在社会经济发展中的作用，着力提升政府治理能力，致力于探索不同于新自由主义发展模式的新道路、新模式。新一轮"粉红色浪潮"发展前景如何，值得观察。

【滞胀风险下的巴西经济金融困境】

李珍，《当代金融研究》2022年第12期

目前，巴西政府实施放开疫情封锁措施，服务业恢复增长，失业率高位回落。但经济复苏乏力，通胀压力持续，政府和私人部门债务负担较重，滞胀风险较大。在美联储加息背景下，巴西央行为控制通胀和防止资本外流，持续提高利率。展望未来，巴西疫情防控形势依然严峻，产业结构失衡、滞胀风险上升、利率水平较高等因素都将阻碍巴西经济复苏。疫情反复与经济社会问题相互叠加，经济脆弱性较高，须密切关注大选后左翼政党执政对巴西经济金融形势带来的变化及其对中国的影响。

【权力结构、土地平等与国家发展】

高波、李昊旻，《世界经济与政治》2022年第12期

权力结构是权力资源在利益集团间的分配格局，不同类型的权力结构决定了国家间发展绩效的差异。从政治经济学视角出发，作者构建了权力平等发展理论这一新的国家发展动力理论框架：权力结构是决定国家发展的首要因素，平等型权力结构能为发展提供持久动力，集中型权力结构阻碍发展；在权力平等基础上的土地平等是国家实现发展的主要路径；权力结构的变迁和国家发展都具有周期性。具体而言，国家的发展遵循如下机制：高度不平等引发的危机开启了权力平等化进程，农民集团权力地位的提升可促进土地平等，土地平等能够推动家庭农场经济繁荣和收入分配平等，由此开启了劳动密集型工业化、经济结构升级和社会全面平等的良性循环；经济社会的平等化进程又能助推公民共同体、强大政党和高效政府的形成，从而实现包容型的政治发展。如果一国的集中型权力结构长期持续，由其支持的土地集中会带来经济社会不平等，抑制供给与需求，进而形成寻租腐败型社会、经济依附和政治庇护主义，最终该国将落入发展陷阱。该文基于61个国家1980—2020年数据的量化研究，确认了权力平等、土地平等与发展绩效呈高度正相关，对韩国、墨西哥和美国案例的研究则验证了两种发展机制。

【百年变局中的拉美社会主义运动】

肖宇，《马克思主义研究》2022年第12期

拉美社会主义运动在21世纪初"粉红色浪潮"的推动下取得了令人瞩目的发展。在理论上，拉美各国的社会主义政党在坚持马克思主义的同时，推进了马克思主义本土化，丰富了社会主义内涵；在实践上，执政的拉美社会主义政党推动了拉美国家政治民主、经济自主、社会平等和外交独立的进程。世界百年未有之大变局为拉美社会主义运动提供了良好的发展机遇。拉美社会主义政党对发展道路的自主探索，为拉美社会主义运动提供了强劲动力；社会主义政党日趋成为主流政治力量，为拉美社会主义运动提供了有利的国内政治环境；中国崛起和中国特色社会主义的伟大成就，为拉美社会主义运动创造了良好的外部环境、提供了可选择的现代化路径。

【阿根廷新左派对"第三世界"概念的阐释】

夏婷婷，《外国问题研究》2022年第4期

"第三世界"的概念起源于冷战时期，随后在世界范围内得到广泛的传播和实践。拉丁美洲国家理解和传播这一概念的路径具有自己的特色，阿根廷新左派是其中一个较为典型的案例。20世纪中叶，阿根廷逐渐形成神学左派、庇隆左派、马列左派等新左派，它们基于自身的知识结构和政治立场，分别从贫困、文化殖民和依附理论等角度阐释和理解"第三世界"的概念，这体现了"第三世界"概念在阿根廷左翼思想中的变形，这一"变形"的背后折射出阿根廷独特的政治发展进程。

【新冠疫情下拉美地区"缺失中间层"的脆弱性——基于社会保障结构性矛盾的分析】

张盈华，《拉丁美洲研究》2022年第1期

拉美地区有大规模的社会保障"缺失中间层"，他们既无社会保险，也不符合社会救助条件，超过一半的就业者没有加入社会保险，超过1/3的老年人没有养老收入保障，近1/3有子女家庭面临社会保障缺失。新冠疫情期间，拉美地区采取了260余项应急福利措施，但未能有效覆盖"缺失中间层"且保障充足度低。疫情发生后，拉美地区的"非贫困低收入"人口规模扩大，占到地区总人口的1/4以上，他们是"缺失中间层"的主要群体，部分社会保险参保者因"断保"

还有落入"缺失中间层"的风险。"缺失中间层"是拉美地区社会保障"双轨并行""架构偏斜"的结果，又在经济增长、劳工运动、左翼政党推动等多个因素影响及劳动力市场"局内人—局外人"结构下得到强化。面对当前非正规部门就业规模不断扩大、就业去劳动关系化的新形势，拉美地区社会保障"缺失中间层"的问题值得反思，政策决策者应注重缩小"缺失中间层"的规模，扩大制度有效覆盖，提高保障度。

【新冠疫情冲击下的拉美劳动力市场与劳动政策】

高庆波，《拉丁美洲研究》2022年第1期

为了探究拉美劳动力市场受新冠疫情的影响情况，该文考察了新冠疫情冲击下拉美劳动力市场变化特征以及各国的应对政策，并分析了疫情对拉美劳动力市场与劳动政策带来的影响。在新冠疫情冲击下，拉美劳动力市场原已缓慢恶化的就业、失业、工作时间与工资水平等关键指标全面快速劣化，过往曾发挥反经济周期作用的非正规就业在疫情冲击下也处于萎缩状态，导致众多劳动者退出了劳动力市场。为了应对新冠疫情的冲击，拉美国家主要采取了各种形式的工作保留政策和雇佣补贴政策，而拉美各国劳动政策中曾占主导地位的积极就业政策却难以单独应对疫情的冲击。但是，鉴于拉美人口结构的根本性变化、各国面临的财政收支压力以及劳动力市场存在的固有问题，各国应急性的工作保留政策与雇佣补贴政策难以持久，未来拉美劳动力市场政策更可能回到以积极就业政策为主的路径上。

【"政治共处"协议与秘鲁的社会转型】

谢文侃，《拉丁美洲研究》2022年第1期

1956年大选前，代表寡头集团的总统候选人普拉多在谈判中承诺当选后恢复阿普拉党合法地位，阿普拉党则承诺在大选中支持普拉多，双方从对抗走向结盟的历史事件被称为"政治共处"协议。该协议达成的背景是伴随秘鲁社会转型向纵深发展而出现的民众主义运动高潮，阿亚的投机和阿普拉党背离民众主义初衷是阿普拉党接受与寡头集团结盟的重要原因，而零和博弈的政治文化则导致了阿普拉党未能与贝朗德阵营合作。协议的达成使秘鲁的政治格局重新"洗牌"，军方立场的转变为1962年的政变埋下了伏笔。更为重要的是，协议的达成加剧了秘鲁社会的分裂，两大社会利益集团之间的零和博弈不断升级，导致军方在1968年再次发动政变并全面接管政府。协议达成的原因和影响凸显了秘鲁社会转型陷入只有排他性增长而没有包容性发展的困境。秘鲁民众主义的本质是寻求包容性发展，当文官政府破解困境的努力以失败告终，军方便承担起这项历史任务。秘鲁寻求包容性发展的曲折经历值得广大发展中国家反思与借鉴。

【墨西哥国际发展合作及其管理体制和特点】

郭语，《拉丁美洲研究》2022年第1期

墨西哥是拉丁美洲地区大国，国际发展合作是其开展对外交往合作的重要路径，虽然规模不大，但在拉美地区取得了较好效果，对墨西哥维持地区影响力和全球能见度发挥了积极作用。墨西哥国际发展合作经历了不同发展阶段，目前基本保持每年2亿至3亿美元的规模，主要与周边国家尤其是中美洲国家通过国际机构捐款、奖学金、技术合作等方式，在非法移民、安全执法、能源等领域开展合作。墨西哥制定了《国际发展合作法》，国际发展合作署是国际发展事务主管部门，同时外交部亦具有较大发言权。墨西哥国际发展合作有三个特点：一是重视三方合作，二是在重点领域和关注议题上受到美国影响，三是兼具援助国和受援国双重属性，仍接受较多国际援助。墨西哥和中国均为新兴援助国，均坚持国际发展合作的南南属性，

在理念、方式上具有相似性和可比性。当前中国对外援助正处于向国际发展合作转型升级的关键阶段，墨西哥国际发展合作能够为中国提供一定的参考借鉴。

【影响气候援助有效性的因素：基于巴西雨林保护试点项目与亚马孙基金的比较】

陈岚，《拉丁美洲研究》2022年第1期

发达国家有责任向发展中国家提供资金支持已经是全球气候治理的共识。然而，国际气候援助的资金进展和落实裹足不前，是气候谈判中最为迟缓、最为棘手的问题之一。争论的焦点在于何种资金机制能弥合发达国家和发展中国家之间的分歧，提高气候援助的有效性。巴西亚马孙毁林问题就是发达国家和发展中国家在气候问题上立场分歧的缩影。西方国家将亚马孙雨林视为"全球公共产品"，而巴西政治决策者则创造了一种"国际威胁和贪婪的想象"，抵制外国对巴西亚马孙主权的任何干涉行为。但自20世纪90年代巴西民主化以来，巴西政府逐渐对国际合作和援助敞开大门，接受了七国集团主导的巴西雨林保护试点项目（PPG7）。卢拉总统上台之后，提出成立巴西主导的、基于绩效支付的亚马孙基金。该文以气候援助是否实现减少毁林面积的目标、是否在制度建设方面产生积极影响为维度，对这两种气候援助机制的有效性进行了对比研究，考察影响气候援助有效性的因素。研究发现，亚马孙基金比巴西雨林保护试点项目更具有效性，影响气候援助有效性的因素在于援助国是否尊重受援国的自主权。

【冷战时期美国对智利公共外交的历史演变及特点】

宋晓丽，《拉丁美洲研究》2022年第1期

冷战时期，美国对智利公共外交重在防止智利国内反美主义和共产主义抬头，保护美国在智利的经济利益，并防止智利倒向以苏联为首的社会主义阵营，从而维护美国在南美乃至整个拉美地区的主导地位。美国对智利公共外交发轫于冷战初期，通过信息交流项目和教育交流，企图抑制智利国内的民族主义和反美主义。亚历山德里时期，美国利用公关活动和人员交流，支持中右翼政党，防范左翼政党上台。弗雷时期，美国对智利开展了漫画宣传和推广"争取进步联盟"活动，帮助基督教民主党赢得总统选举。阿连德时期，美国通过公关活动支持中右翼力量，反对并试图挫败阿连德的"社会主义道路"改革。进入军政府时期，美智关系降温，美国对智利公共外交也随之式微。然而，曾经在冷战初期受到美国"智利项目"资助赴美学习的"芝加哥弟子"此时进入政界，引领了智利的新自由主义经济改革，成功推广了美国的价值理念和制度模式。美国对智利公共外交随着智利国内情况的变动而不断调整，是对政治、经济和军事等传统外交手段的有益补充。

【加勒比地区蓝色经济发展的必然性、进展与挑战——以格林纳达为例】

步少华，《拉丁美洲研究》2022年第1期

蓝色经济是注入了可持续发展理念的海洋经济，旨在通过对海洋资源的可持续开发与利用，达到促进经济增长、改善人民生活并同时保护海洋生态环境的目的。蓝色经济已成为引领全球海洋经济发展的主流范式。加勒比国家具有丰富的海洋资源。在当前全球变局下，面对气候变化加剧、海洋生态环境退化和经济社会脆弱性凸显等问题，加勒比各国发展蓝色经济、实现"绿色复苏"已刻不容缓。近年来，在域内各国、地区组织以及国际社会的密切配合和深度参与下，蓝色经济议程在加勒比地区生根发芽，呈现出多主体、多议程齐头并进、交织发展的态势，并取得了一系列倡议性或机制性成果。与此同时，加勒比国家又面临着多重挑战，如气候变化加剧破坏海洋生态，小岛国特殊属性

限制发展潜力，国家海洋治理能力不足等。在加勒比地区，格林纳达是唯一将发展蓝色经济上升为国家战略的国家，经过多年发展，已成为本地区蓝色经济发展的标杆。在后疫情时代，蓝色经济必将成为加勒比各国实现"绿色复苏"的必由之路，并在地区治理体系中占据日益重要的位置。

【拉美土地改革的延误与经济增长困境：演化发展经济学的视角】

王效云，《拉丁美洲研究》2022 年第 1 期

演化发展经济学认为，报酬递增的高质量生产活动是经济发展的核心。工业相对农业来说是具有报酬递增特质的高质量生产活动，对于农业社会来说，发展的过程也就是从农业社会步入工业社会的过程，工业化无疑是拉美国家发展战略上的正确选择。然而，为什么拉美国家的工业化最终失败了呢？该文从工业发展的逻辑出发，给出一种基于市场视角的制度解释。文章指出，工业化的关键要素之一在于为报酬递增的工业生产活动提供大规模市场的支撑。改良主义的土地改革实践，使两极分化的收入分配结构在拉美地区得以长期维持，严重限制了拉美国家国内市场的扩大，难以为工业化的开展提供有效规模的市场支撑，进而使得拉美地区的工业化难以建立自我激励的正反馈机制。吸取拉美国家工业化失败的教训，我们应当切实采取有力措施兼顾效率和公平，借助"一带一路"倡议促进中西部内陆地区发展，提高农民收入，缩小区域差距和城乡差距，破除限制国内市场统一的体制障碍和制度障碍，将国内市场一体化提高到国家战略的高度予以推动实施，推动中国工业化由国际市场驱动向国内国际两大市场双轮驱动转变，以切实维护中国经济安全，推动"两个一百年"战略目标的实现。

【拉丁美洲研究的全球化——东亚学者的参与路径与可能贡献】

郭洁，《拉丁美洲研究》2022 年第 2 期

东亚与拉丁美洲相隔遥远，然而，移民、经济和文化纽带以及漫长的历史已将彼此紧密相连。21 世纪以来双方关系的不断深化，为相关研究议程提供了强大的智识与现实动力。尽管美国和欧洲是拉丁美洲的传统利益相关者，但并非拉丁美洲研究的唯一引擎。在拉丁美洲研究日渐全球化的今天，东亚的拉丁美洲研究学者面临着某些共同的挑战和责任，特别是如何看待与对待拉丁美洲研究的北大西洋传统，在全球框架的认知体系中增强作为"非西方"主体的身份或人文自觉，增强学术自主性，在长期结构化失衡中加入东亚视角或因素，并在此基础上提升对拉丁美洲多向度的理解，以推动现有研究范式的创造性发展。拒绝任何形式的主导叙事，是全球化时代从事地区研究的题中应有之义。拉丁美洲研究的"去中心化"改造突出了边缘地带在创建全球网络联结中的自主作用，而其相互间的联系与联通及其与传统攸关方之间的交流与互动，亦属并行不悖，都应被视为拉丁美洲研究迈向全球化过程中的必要组成部分。

【资本账户开放对全要素生产率的影响——基于拉美国家中等收入陷阱背景的研究】

李平、杨翠红，《拉丁美洲研究》2022 年第 2 期

该文基于 1970—2015 年拉美国家的数据，以全要素生产率为切入点，使用固定效应模型研究拉美国家资本账户开放与中等收入陷阱的关系。研究表明，拉美国家法定资本账户开放对全要素生产率的提升具有显著促进作用，而事实资本账户开放则抑制了全要素生产率的提升，全要素生产率的下降是导致拉美国家陷入中等收入陷阱的原因之一；事实资本账户开放通过阻碍产业结构升级抑制

了全要素生产率的提升。将事实资本账户开放进行分类发现，直接投资开放、股权投资开放和债务投资开放对拉美国家的全要素生产率均具有负向影响。门槛检验发现，拉美国家的贸易开放度、金融发展水平、制度质量和汇率制度均未在相应的门槛区间内，导致事实资本账户开放并未发挥对全要素生产率的提升作用，使拉美国家长期落入中等收入陷阱。该文验证了拉美国家资本账户开放的经济效益，并为中国借鉴拉美国家资本账户开放的经验教训提供了证据。

【中美科技博弈背景下的拉美 5G 建设：挑战与前景】

王慧芝、付丽媛，《拉丁美洲研究》2022年第 2 期

拉美 5G 建设尚处于起步期，其 5G 技术发展具有一定优势。不过，由于拉美缺乏独立发展 5G 技术的能力，借助外资及外国技术成为拉美充分发挥 5G 技术发展潜力的关键路径。然而，随着中美 5G 之争长期化、激烈化态势日趋明显，拉美 5G 问题也随之政治化。面对美国从政治、经济、规则及安全维度对中拉 5G 合作的干扰，拉美国家陷入两难境地，地区 5G 技术发展分化迹象越发明显。多数拉美国家对美国诱压采取以时间换空间的拖延策略；部分拉美国家顶住美国压力，坚持从本国利益出发，继续推进与华为的市场化务实合作；少数国家在部分相关事务上屈服于美国。总的来说，拖延策略虽是两难困境下的无奈之举，但其负面影响明显，他国立场将成为未来拉美 5G 关键问题抉择的重要参考。不过，拉美国家不具备在 5G 议题上完全倒向美国的现实可能性，中拉 5G 合作虽然短期受挫，但仍有充足的合作空间，合作前景可期。

【从三维视角看拉美国家低度民主化问题及其发展】

范和生、王燕，《拉丁美洲研究》2022年第 2 期

在 20 世纪后期第三波民主化浪潮带动下，拉美国家基本建立了民主政治体制，完成了从威权政治到民主政治的转型。但是，拉美国家民主发展不完善，政治发展水平至今仍停留在低度民主化阶段——从三维视角看具有低质民主化、低能民主化、低效民主化特征。未来一段时间内，在新兴政党崛起、社会局面动荡、地区分裂加剧、经济复苏困难、疫情防控艰巨等影响因素的作用下，拉美国家民主化的进一步发展仍将受到严峻挑战，民主发展的利益格局将会更加复杂化，内部环境将会更加不稳定，地区形势将会更加紧张，物质保障将会更加薄弱，社会局势将会更加多变。中国与拉美国家同属发展中国家，研究拉美国家的低度民主化问题对中国特色社会主义民主政治的发展具有重要的启示作用：一是警惕低质民主弊端，坚持以人民为中心的发展思想；二是警惕低能民主弊端，不断推进国家治理体系和治理能力现代化；三是警惕低效民主弊端，坚持走中国特色社会主义政治发展道路。

【权力结构视角下的拉美"天鹅绒政变"研究】

李昊旻，《拉丁美洲研究》2022 年第 2 期

21 世纪以来出现的新型军事政变已经成为拉美发展道路上的重大挑战。这些政变具有暴力色彩较淡、军人参与政变但不执政、左翼政府被右翼势力颠覆、容易反复等特征，该文将其命名为"天鹅绒政变"。该文结合委内瑞拉、洪都拉斯和玻利维亚的案例，用权力结构发展理论分析"天鹅绒政变"的根源：随着左翼力量权力地位的上升，权力结构平等化引起国家发展模式由排斥型向包容型转变，严重威胁右翼寡头集团的既得利益，导致该集团对左翼政府进行暴力颠覆；由于军人集团权力地位的下降，军事政变的性质与形式发生重大变化，由传统的政治驱动型转

换为经济驱动型，"天鹅绒政变"作为军事政变的新类型出现于历史舞台，产生了重大影响。左翼政府对激进发展模式的探索受到制约；美国对这些政变的政策出现战略性失误，导致自身国家利益与国际形象受损。在未来10年里，围绕发展模式之争和利益之争，拉美很可能会出现更多的"天鹅绒政变"，中国需制定相应战略以妥善应对此类政变对中拉"一带一路"建设的冲击。

【拉丁美洲人权保护机制的建构与制约因素】

江凯，《拉丁美洲研究》2022年第2期

作为一种"矛盾的先驱者"，拉丁美洲一方面深受西方文化价值影响，在人权理念层面具备一定的"先进性"，在推进人权理念与国际人权规范的形成过程中发挥了关键作用；另一方面，受历史遗留因素的影响，拉丁美洲在20世纪70—80年代也曾发生过系统性、大规模的人权侵犯事件。理念与现实的结合催生了具有鲜明地区性特色的拉丁美洲区域性人权保护机制，形成了"宣言+公约+委员会+法院"的多重人权保护体系，在国内层面也形成了以真相委员会和人权审判法庭为代表的人权侵犯应对机制。与此同时，在联合国人权保障机制和以非政府组织为代表的第三方力量的协助下，一种多层次的人权保护机制在拉丁美洲逐步形成。然而，在促进和保护区域内人权实现的过程中，普遍的贫困现状、免责制度遗留以及国家安全意识形态构成了地区内部的制约因素，而美国与拉丁美洲在人权议题上的互动则构成了来自外部的正反面影响。总体来看，拉丁美洲人权保护机制的发展历程，为发展中国家构建区域性人权机制提供了丰富的可借鉴经验。

【霸权与主权的对峙：美古恩怨二百年——评《美国和古巴关系史纲》】

魏红霞，《拉丁美洲研究》2022年第2期

2015年8月14日，在美国驻古巴哈瓦那大使馆重新开启的升旗仪式上，曾经为美国前总统奥巴马的第二次就职典礼朗读自己诗歌的古巴裔美国诗人理查德·布兰科（Richard Blanco）朗诵了他的诗歌《海的问题》（英文标题"Matters of the Sea"，西班牙文标题"Cosas del Mar"）。作为流亡美国的古巴裔后代，布兰科在美古关系出现破冰之际，作为代表赴古巴——他母亲的祖国——见证并参与历史的时刻。赴古巴之前，他在接受采访时说："我们共属于我们之间的这片大海。""两个国家之间的距离是90英里，也可能是9000英里。"布兰科的诗和他的感慨，与中国社会科学院荣誉学部委员徐世澄研究员的新著《美国和古巴关系史纲》所论述的美古关系的历史脉络不谋而合，向世界表述了美国与古巴之间200年来的恩恩怨怨。《美国和古巴关系史纲》以厚深且全面的角度梳理了古巴主权与美国霸权对峙的曲折历程。

【马克思主义拉美化的理论溯源——秘鲁社会主义大论战及其影响】

郑祥福、凌哲宏，《拉丁美洲研究》2022年第3期

秘鲁社会主义大论战的最大贡献是在"正统马克思主义"之外，提出一套符合拉美现实的灵活、开放、包容的拉美化马克思主义方案，并促使秘鲁社会加速向现代转型。俄国十月革命后，拉美马克思主义运动步入教条化，"欧洲中心主义"与"拉美例外论"一致认为马克思主义不适合拉丁美洲。彼时，来自秘鲁的何塞·卡洛斯·马里亚特吉和阿亚·德拉托雷根据对马克思主义的深入理解及对秘鲁社会的深刻洞察，提出必须对马克思主义结合拉美现实进行本土化改造，由此展开如何拉美化马克思主义的激烈论战。马里亚特吉从马克思主义立场出发，提出了涵盖阶级性质、革命性质与对象、斗争方式等方面的马克思主义民族化思想；而早期信奉

马克思主义的阿亚则与之针锋相对，依据"历史时空观"和"印第安美洲观"对马克思主义进行大刀阔斧的改造，最终转向民众主义阵营。他们二人引发的秘鲁社会主义大论战深刻影响了拉美马克思主义的兴衰及拉美20世纪的政治变革。

【反帝国主义与大陆主义：关于拉美反帝运动的争论】

隗敏，《拉丁美洲研究》2022年第3期

在20世纪前半叶的拉丁美洲反帝国主义运动浪潮中，阿亚与梅里亚同样经由大学改革运动登上政治舞台，开展反帝运动。但是基于各自对拉美现实和反帝理论的理解，二者分别领导拉美两大反帝组织，在具体的反帝实践中产生冲突，由此引发论战。在这场论战中，双方力争在政治话语权的争夺中占据上风。二者争论的焦点是美洲人民革命联盟的性质以及拉美反帝运动是否具有特殊性，以此论辩前者的合法性。这场论战的直接结果是使美洲人民革命联盟在组织和思想上疏远了共产国际及反帝国主义联盟。除了在拉丁美洲争夺反帝国主义运动的代表权，这场辩论还有三个层面的意义：第一，二者对阿普拉主义与共产主义的辨析涉及拉美左翼分子内部出现的意识形态分裂；第二，鉴于全球政治运动，共产国际与拉丁美洲民族主义小资产阶级之间的争论导致"民粹主义"一词在拉丁美洲的政治讨论中首次被使用；第三，二者关于拉丁美洲反帝革命的性质及其在全球反帝运动中所处位置的辩论，勾勒出阿普拉主义中的大陆主义内涵。

【尼加拉瓜革命与美国里根政府对西欧的公共外交——跨大西洋史的视角】

江振鹏，《拉丁美洲研究》2022年第3期

里根时期美国对尼加拉瓜革命采取公开敌视与秘密武装干预的政策，引发大西洋两岸社会舆论的积极抵制。为此，美国国务院创设了拉美与加勒比公共外交处，旨在为里根强硬的中美洲政策做舆论宣传。美国利用驻西欧各地使馆的新闻处，将欧洲各国新闻媒体、知识界和社会利益集团等纳为公共外交的重要对象，制定和实施一系列的公共外交行动，企图说服欧洲盟友关注中美洲威胁的国际影响，从而为美国武力干预与渗透政策寻求国际舆论支持。美国操纵下的西半球对尼加拉瓜奥尔特加新政权采取敌视、封锁政策，桑地诺民族解放阵线不得不通过海外移民、天主教组织等非政府组织网络到欧洲积极争取海外支持力量。在跨大西洋的互动中，美国与尼加拉瓜在西欧舆论公共空间展开了一场宣传较量。美国公共外交处炒作共产主义、反民主、破坏人权等话语议题诋毁尼加拉瓜新政权，而在欧洲的尼加拉瓜非政府团体则积极揭露美国支持下索摩查的独裁、反对派的人权劣迹、主权独立等议题争取欧洲的支持。最终美国里根政府因内部"伊朗门事件"爆发而被迫撤销公共外交处，但尼加拉瓜面临的国际环境也明显恶化。

【美国冷战战略与英属圭亚那政权更迭（1961—1964年）】

舒建中，《拉丁美洲研究》2022年第3期

基于实施全球冷战战略并在西半球遏制所谓共产主义渗透和扩张的考量，美国从20世纪60年代初期就力图影响英属圭亚那的政治进程。为此，美国做出了周密的政策筹划和布局，同时持续向英国施加压力，迫使英国同意替换贾根政府。在具体政策行动层面，一方面美国通过隐蔽方式煽动英属圭亚那大罢工，目的是制造政治和社会危机，以便为颠覆贾根政府营造有利的环境；另一方面，为助力反对派政党赢得选举，美国还运用政治和外交手段打压贾根及其领导的人民进步党，同时运用秘密和公开手段支持以伯纳姆为首的反对派政党。借助隐蔽和公开的政策行动相结合的方式，美国实现了颠覆民选合法的贾根政府、扶植亲美

政权的政策目标。1964年英属圭亚那事件是美国将冷战战略和反共产主义政策植入加勒比政治进程的重大事件，同时也是美国中情局运用隐蔽政治行动方式寻求在他国策动政权更迭的典型案例。英属圭亚那政权更迭表明，在冷战背景下，美国决不允许西半球出现所谓共产主义的渗透和威胁，即便是对奉行社会改革的政权，美国也会刻意贴上共产主义的标签并予以清除。

【国际比较视野下的拉美民粹主义】

周楠，《拉丁美洲研究》2022年第3期

民粹主义是值得重视的政治现象。近几十年来民粹主义在西方社会泛滥，应该从整个西方社会的视角去思考它们面对的这一共性问题，再进一步关注拉美民粹主义的某些特质，仅把民粹主义当作拉美专有"政治特色"来研究则有失全面。民粹主义内生于代议民主制，起源于政治建制的代表性危机。民粹主义在拉美兴盛，是这一地区政治建制包容性低、社会分化程度高、经济发展不稳定、民主制度脆弱等多种因素叠加的结果。此外，拉美民众乐于追随"克里斯玛"式的政治领袖，对公共体制缺乏信任，这种政治文化也给民粹主义的"一元"政治实践提供了社会基础。由于上述因素无法在短时间内消除，民粹主义仍将是拉美民主政治的"阴影"；就所有采用代议民主制的西方国家而言，只要政治建制的容量没有满足公众的参与需求，民粹主义就存在爆发的可能性。民粹主义不是解决现代民主政治困境的可行方案，在自由主义原则下构建的代议民主制必须直面自身问题，努力构建能够包容整合不同利益诉求的政治机制，才能有效消除民粹主义的不利影响。

【波菲里奥时代墨西哥的天主教会与国家：隐秘的冲突】

李超，《拉丁美洲研究》2022年第3期

墨西哥迪亚斯政府和解政策的实施缓和了政府与天主教会之间的紧张关系，初期双方都从中取得了良好的收益。但是，这种和解政策具有内在的矛盾性及缺陷，它本身就意味着自独立以来墨西哥自由派反教权斗争的停滞。在后续的实践中，相关问题随着波菲里奥时期现代性的增长和现代化危机的出现而不断暴露并加深，造成墨西哥的教会问题在这一时期以一种隐秘的方式继续存在并扩大。一方面，和解政策的实施与20世纪初期墨西哥社会问题的出现，极大地刺激了墨西哥天主教会的复兴和天主教社会运动的兴起，后者体现了波菲里奥现代化危机形成过程中墨西哥天主教会试图领导社会变革的决心和愿望；另一方面，这一时期现代性的增长壮大了世俗的力量，强化了墨西哥社会既有的反教权主义意识形态。上述两个方面的不协调对迪亚斯政府时期的宗教政策及相对和谐的政教关系逐渐构成了潜在威胁，并最终导致墨西哥天主教会与政府之间关系的复杂化和重构的实现。

【委内瑞拉难民危机与联合国难民署的合法性再造】

杨靖旼、陈旻昊，《拉丁美洲研究》2022年第3期

到2021年年末，已有600多万委内瑞拉人远走他乡，其中仅哥伦比亚就接收了超过184万人，委内瑞拉难民问题让国际难民危机再掀高潮，急需全球性解决方案。然而，全球难民复合治理网络中的关键行为体——联合国难民署面临国家授权不足、专业权威受到削弱、宗旨执行效果不理想等问题，遭遇合法性危机。难民署执行的传统国际难民制度是否在此次难民危机中彻底失灵，难民署能否再造合法性，这是当下全球难民治理尤其需要关注的问题。从规范与遵约的角度出发，该文考察了难民署参与应对委内瑞拉难民危机的路径。在考察了委内瑞拉难民最大

收容国哥伦比亚的国际难民制度本土化过程后发现：尽管主导角色不再，难民署仍通过积极借力于区域协调机制，深度参与了委内瑞拉难民的治理；难民署同哥伦比亚长期互动，建立了规范基础，促进了国际难民制度在哥伦比亚的本土化；虽受到重叠制度的竞争影响，难民署—国际移民组织形成的双头协调制度更适用于治理愈发复杂与混合的全球人口迁徙问题，其有效性促成了难民署在复合多元多层的治理网络中的合法性再造。

【拉美养老金改革40年的得与失——评《拉美养老金私有化改革40年（1980—2020年）评价：承诺与现实》】

庞茜、郑秉文，《拉丁美洲研究》2022年第3期

评估拉美九国养老金改革的绩效与差距是《拉美养老金私有化改革40年（1980—2020年）评价：承诺与现实》的核心内容，也是书名中"承诺与现实"的落脚点。基于世界银行、国际劳工组织等国际组织对养老金改革的期望，以及各国养老金改革的承诺，梅萨-拉戈教授在书中设置了五个评估指标：一是覆盖率，即养老金制度对经济活动人口及65岁以上老年人的覆盖率；二是社会团结和性别平等；三是福利充足性；四是管理效率及成本；五是财务可持续性与精算平衡。评估主要采用拉美官方统计数据和国际组织统计数据，重点分析1999—2019年这一时期。梅萨-拉戈教授对拉美40年改革历程的总结评估给人们传递出一个重要观点，即任何改革都必须满足一系列要求，脱离基本国情、盲目照搬照抄并不可取，无论是建立多支柱养老金制度还是转向私人养老金，都须经过精密设计和充分的社会讨论。

【拉美本土国际关系理论：自主理论及其评价】

赵晖，《拉丁美洲研究》2022年第4期

拉美自主理论诞生于20世纪70年代，早期代表人物是巴西学者雅瓜里贝和阿根廷学者普伊格，两人曾分别担任巴西科技部部长和阿根廷外交部部长。自主理论以拉美发展主义和依附论为思想源泉，突破了西方主流国际关系理论的既定框架，将外围国家视为国际关系研究中的"主体"而非"客体"，围绕拉美国家的核心关切——自主来构建理论。自主理论认为，主权平等掩盖了国际权力的不平等，国际体系的无政府秩序掩盖了由自主程度不一的国家构成的等级秩序，并强调外围国家国内精英集团对维护或改变依附状态至关重要。针对外围国家的出路问题，自主理论提出，在依附和革命的选项之外，外围国家还有第三条道路——自主，可以通过创造性地利用国际体系提供的回旋空间，制定和实施符合自身利益的战略目标，最终摆脱对中心国家的依附，实现自主发展。作为一条可行路径，自主理论将自主与一体化联系起来，提倡志同道合的外围国家一起实施共同的一体化战略，形成一个贯通的、有凝聚力的系统，扩大资源和市场基础，提高生产规模，促进内生性发展，提高在国际层面的集体议价能力。

【西方自由国际主义思想传统的源流、逻辑及困境】

付文广，《拉丁美洲研究》2022年第4期

作为主流的西方思想传统，自由国际主义历来是影响和塑造现代国际秩序的重要意识形态因素。纵览历史，自由国际主义思想传统大致经历了三个发展阶段：在启蒙时代，以格劳秀斯、克略西和康德等为代表的思想家系统地提出了"国际法治和平"、"商业贸易和平"及"共和主义和平"命题，自由国际主义思想的理论框架初步形成；19世纪，自由主义思想与英国霸权的结合催生了国际政治领域的古典自由国际主义；19世纪末至20世纪上半叶，以两次海牙国际和平会议召

开特别是对"一战"爆发的反思为契机，古典（道德）自由国际主义加快向现代（制度）自由国际主义转变，西方自由国际主义思想的基本格局趋于定型。自由国际主义思想传统蕴含理性、合作、集体安全与多边主义等合理要素，其在推动国际关系民主化、制度化和维持国际体系的开放性方面具有进步意义。同时，在关于主权与人权价值的权衡，美西方中心主义与普适性多边主义缠结，国际关系中"普世主义"、理性主义、和平诉求及精英取向与民族主义、帝国主义、战争冲突及大众政治因素的调和方面，也存在难以化解的悖论性困境。

【拉美区域主义的特点及影响因素】

李德鹏、思特格奇，《拉丁美洲研究》2022年第4期

拉丁美洲和加勒比地区长期存在着多样的区域主义主张和行动，其实际成果如何则见仁见智。该文认为，拉美区域主义的特点在于"弱而不竭""起伏不定"：拉美区域主义的发展是一个在相对固定、上限较低的区间内不断振荡的过程，同时具有稳定性和振荡性。为解释这一情况，该文借助布罗代尔关于时间的历史理论作为分析框架，认为中长时段因素塑造了拉美区域主义稳定的一面，而短时段因素则造成了拉美区域主义发展的振荡。中长时段因素包括地理因素、人文因素和经济因素。这些因素对拉美区域主义的影响都有两面性，大体而言，地理因素和人文因素推动了区域主义发展，而经济因素则是阻碍区域主义取得进一步成果的主要因素，使其活动长期处在较低的水平。短时段因素指政府政策因素，取决于政府权力和意识形态的变化。这些因素在短期内变化很快，造成了拉美区域主义的不稳定性。该文以南美区域主义为例，结合近年来南美洲国家联盟和南美进步论坛的发展情况，说明不同因素在拉美区域主义实践中的作用。

【中美竞争背景下中拉命运共同体的构建——国际政治经济学的视角】

黄乐平，《拉丁美洲研究》2022年第4期

在中美竞争加剧的背景下，中国应加强与世界各国尤其是与发展中国家的合作，扩大伙伴关系网络。近年来中国与拉美国家的经贸关系突飞猛进，中拉命运共同体已具备一定的物质基础。然而，当前中拉关系的本质仍是理性主义主导的复合相互依存关系，双方仍处于利益驱动的洛克文化中，合作的绝对收益带来的共赢并不能掩盖相对收益分配不平衡造成的冲突。此外，美国历来视拉美为其"后院"，对中国在拉美的一举一动十分敏感。中拉关系要克服其内在矛盾和外在不利条件，实现提质升级，就要超越纯粹理性主义的功利关系，由洛克文化向康德文化跨越。建构主义理论认为，无政府文化是国家造就的，是行为体互动和社会建构的结果。中国作为有影响力的大国，必须积极作为，利用国际机制与拉美国家开展更广泛、更深层次的互动，在现有共识基础上形成更多共有观念和群体认同，通过全球治理合作、产能合作和人文交流，互塑和建构新的集体身份和集体利益，构建真正共赢的命运共同体。

【正确义利观视角下的中拉绿色合作：进展、挑战及前景】

邢伟，《拉丁美洲研究》2022年第4期

正确义利观视角下的中拉绿色合作包含国家间合作谋求经济利益的意涵，更重要的是在追求经济利益的过程中充分考虑环保理念、人文价值等方面的因素。正确义利观有助于开展高质量绿色合作，体现了可持续发展，促进多行为体参与到普惠包容的绿色合作中，并且对于构建国际政治经济新秩序具有促进作用。中拉绿色合作的进展包括，中拉绿色能源合作为拉美提供发展支撑，中拉绿色农业合作以高科技为底色，以义为先的企业社会责任促进"惠民生"和"心联通"。

与此同时，中拉在绿色金融、绿色贸易等领域的合作有待拓展。在中美博弈的战略背景下，中拉在绿色合作层面会面临一些挑战，如美国的介入、拉美国内政治、社会因素等方面的影响。在正确义利观的指导下，未来需要构建更加精细化的中拉绿色合作机制，从"惠民生"和"心联通"角度深化绿色合作，更加积极灵活应对美方介入拉美的行为。目前，克服新冠疫情对世界经济带来的冲击、努力恢复经济发展是各国面临的首要任务。中方提出的全球发展倡议与正确义利观的核心思想吻合，对于中拉绿色合作具有指导作用。

【能源转型背景下中拉清洁能源合作探析】

焦玉平、蔡宇，《拉丁美洲研究》2022年第4期

推动清洁能源国际合作是中国在能源转型背景下为应对全球气候变化、实现自身经济社会可持续发展目标的重要战略选择。拉美是中国清洁能源走出去的重点地区。从发展历程上看，中拉清洁能源合作经历了从水能到太阳能、风能、生物质能以及核能多领域共同发展，从工程承包模式到"投融资+建设+运营"模式融合发展的转变。在政治、经济、金融整体合作，资源与技术优势互补的基础上，中拉清洁能源合作进展顺利，实现了政策互通与供需对接。应对全球气候变化、推动后疫情时代拉美经济复苏、实现拉美经济转型的现实要求为中拉清洁能源持续性合作提供了发展机遇。但是，中拉清洁能源合作仍面临诸多挑战，既有来自拉美内部的政治、经济风险，又有来源于美国的竞争挤压，以及源自中国本身的清洁能源制度建设困境和融资困境。展望未来，进一步拓展与中美洲和加勒比国家合作、加大与发达国家第三方市场合作以及加强中国政府与企业的协调应对风险能力，能够深化中国与拉美清洁能源合作前景。

【巴西黑人奴隶家庭的组织模式及其特点】

焦健，《拉丁美洲研究》2022年第4期

巴西奴隶制时期，黑人奴隶多数不能以法律认可的方式结婚，他们婚姻的合法性大多不被承认。但由于黑人奴隶有组建家庭的强烈愿望，且具备必要的物质生活条件和组建家庭的客观因素，奴隶们在各种制约和限制下仍然建立了自己的家庭。黑人奴隶在非洲传统文化习俗的影响下，适应了巴西奴隶制社会的现实环境，形成了部族内婚制、种植园内婚制和外婚制等奴隶所特有的择偶模式，并在组建家庭的过程中形成了核心家庭、单亲家庭和扩大家庭等独特的家庭结构。相较于美洲实行奴隶制的其他地区，巴西黑人奴隶的家庭构成相对稳定，家庭关系中存在特殊的干亲关系，尤以教父教母关系最为典型和独特。黑人奴隶家庭组织模式具有鲜明的时代性和特殊性，不仅反映了奴隶制特殊历史条件下黑人奴隶对现实社会环境的妥协与适应，而且体现了奴隶对非洲传统文化习俗的沿袭和创新。黑人奴隶家庭客观上延长了奴隶制在巴西的存续时间，同时对非洲黑人文化的代际传承起到了至关重要的媒介作用。

【国家身份、集体身份与激励机制——巴西参与金砖国家的核心动机分析】

周志伟，《拉丁美洲研究》2022年第5期

国家身份是影响国家利益、对外行为的关键因素。该文采用建构主义国际关系理论中关于国家身份构建、国际机制功能等学理逻辑，旨在厘清巴西参与金砖国家合作机制的核心动机。根据建构主义强调的本体认知到"他者"反馈的身份构建路径，文章对巴西的国家身份和金砖国家的集体身份分别从自我认知及国际社会反馈两个视角进行了解析。相比较而言，国际社会对金砖国家集体身份的认同度要高于对巴西国家身份的认同度，这使得金砖国家合作机制成为有助于巴

西国家身份构建的激励机制。具体而言，金砖国家不仅强化了巴西的多重代表性身份，而且对巴西拓宽国际议程、提升国际影响力和认可度都具有显著的激励效果。博索纳罗政府执政以来，巴西外交导向"右转"明显，但基本延续了前几届政府的金砖合作政策，这实际上也进一步印证，金砖机制对巴西国家身份构建的激励作用是巴西参与该机制的最核心动机。

【中国和拉美国家减贫合作的空间与路径】

林华，《拉丁美洲研究》2022年第5期

中国和拉美国家的减贫合作不仅将为各自的贫困治理提供更多的机会和选择，也有助于双方形成利益共享的命运共同体。该文旨在回答"中拉减贫合作的现有水平如何""有哪些合作空间""双方需要什么样的减贫合作""如何开展减贫合作"等重要问题，从而为中拉减贫合作提供一种建设性方案。研究发现，中国和拉美国家都认识到了减贫合作的重要性，已经开始有意识地将减贫纳入合作范畴。中拉减贫合作已经具备了政策、思想交流和实践基础，但双方合作仍处于起步探索阶段，在减贫合作理念的相互交流和理解、合作领域和手段的创新、合作项目减贫效应和社会效益的提升等方面都具有巨大的发展空间和潜力。中拉减贫合作要遵循顺应需求、互利共赢、互学互鉴、合作多样化原则，以确保合作的可持续性，使双方的发展命运连接在一起。在路径选择上，中拉减贫合作既要吸收借鉴中国与其他发展中国家合作的成功经验，也要充分考虑拉美国家的特点。现阶段，打造机制化、启发式、多层次的知识共享体系，提升贸易活动的益贫性和包容性，强化投资和援助的社会效益，探索数字化减贫合作的可能，是中拉减贫合作的可行路径。

【拉丁美洲难民保护机制及其制约因素——基于委内瑞拉难民保护问题的分析】

吴昊昙，《拉丁美洲研究》2022年第5期

拉丁美洲一直被国际社会视为在难民保护领域开展地区合作的典范。1984年拉丁美洲地区通过的《卡塔赫纳宣言》对难民做了最为宽泛的界定。拉丁美洲多国将《卡塔赫纳宣言》关于难民的界定纳入国内法，促进了难民保护的地区合作。此外，拉丁美洲地区还通过了《墨西哥宣言》《巴西宣言》等多项地区性难民保护计划。但是，通过对委内瑞拉难民保护的地区性实践来看，拉丁美洲先进的地区性难民机制更多地流于言辞政治。根据拉丁美洲难民机制，委内瑞拉避难者符合难民身份认定标准，拉丁美洲国家理应启动大规模难民涌入时的"初步难民认定"机制对避难者进行难民身份认定，但是除巴西之外的拉丁美洲国家却未按照《卡塔赫纳宣言》对难民进行鉴定，而是以"临时保护或逗留安排"机制为避难者提供临时性保护，甚至对难民关闭了大门。拉丁美洲难民机制的效力与难民接收国的接收意愿和能力问题是制约拉丁美洲难民机制实施的主要因素。拉丁美洲地区的难民保护为世界范围内的难民保护困境提供了有益的观察视角。

【从移民输出到侨裔回流：日本的巴西日裔政策历史演变和现状评估】

陈梦莉，《拉丁美洲研究》2022年第5期

日本移民巴西已有百余年历史，从第二次世界大战前的"国策移民"，再由战后日本移民"输出"到日裔"回流"，移民已成为日本对巴西外交的基石。巴西的日裔社会具有孤立和封闭性、同化进程缓慢，并经历了从坚守日本传统文化到接受、融入巴西文化的巨变。不论是从巴西社会发展的角度来看，还是从解决特定时代日本国内矛盾的角度来看，日裔都发挥了重要作用。近年来，日裔在维护和宣扬日本国家形象，改善日巴关系，

促进两国经济合作、文化交流和政治互信等方面发挥了重要作用，同时作为感情纽带也是日巴关系的"搭桥者"。日本政府意识到巴西日裔作为日本宝贵的人力资源和社会资产的重要性。以国际协力机构为主体，外务省、厚生劳动省等政府部门以及海外日裔协会等非政府组织和民间团体制定和实施了相关的日裔政策和措施，在增强日裔对日本的亲近感和认同感、促进日巴关系发展、缓解日本国内劳动力不足等方面取得了一定成效，使用日裔"感情牌"已成为日本对巴西外交的良好资源。日本的巴西日裔政策对中国的华裔华侨政策具有一定的启示和借鉴意义。

【习近平外交思想在拉美的实践与拓展】

龚云、贺钦，《拉丁美洲研究》2022年第6期

拉丁美洲和加勒比地区是当今世界发展中国家最集中的地区之一。加强与拉美国家的友好往来与互利合作是中国特色大国外交在发展中国家开拓创新的重要体现。党的十八大以来，在习近平外交思想的指导下，中国对拉工作取得突破性进展，中拉关系步入平等、互利、创新、开放、惠民的新时代。在中拉双方的共同努力下，中拉交往呈现"五位一体"新格局。中拉政治互信不断深化，经贸往来发展迅速，人文交流全面开花，国际协作日益紧密，整体合作初具规模。中拉以共商共建共享为原则推动"一带一路"建设，以共同发展为宗旨推动中拉命运共同体建设，以公平正义为理念推动全球治理体系改革。当前，中拉关系正处于历史最好时期。中拉携手共进符合中拉人民的最大利益，代表世界和平发展、合作共赢的历史潮流，充分体现了新时代南南合作的新境界和新趋向。面对世纪疫情与百年未有之大变局，中国将同拉美和加勒比国家一道共克时艰、共谋发展、共享机遇，共同谱写中拉关系新篇章。

【新形势下构建中拉命运共同体话语体系研究】

楼项飞，《拉丁美洲研究》2022年第6期

新冠疫情暴发后，中国与拉美国家在抗击新冠疫情中良性互动与合作不断，政治互信进一步增加，经贸合作在逆境下稳中有进，彰显了中拉命运共同体的现实意义。该文阐述了构建中拉命运共同体话语体系的时代背景，从内涵、价值和实践路径三个方面对中拉命运共同体话语框架构建进行分析。该文认为中拉命运共同体是人类命运共同体理念在拉美的实践，符合中拉关系发展现状以及共同利益诉求，其价值框架可以从强化"身份认同"与促进"互利合作"两方面进行话语构建，并认为中拉论坛和"一带一路"是丰富和完善中拉命运共同体话语构建的主要平台。最后，对新形势下中拉命运共同体理念传播的路径和策略进行论述。该文认为需要加强顶层设计和研究布局，为话语构建提供制度化保障；构建融通中拉的话语体系，提升中拉命运共同体理念的认同度；打造多元化传播主体和灵活的传播方式，扩大中拉命运共同体话语的影响力和认知度。

【构建新时代中拉发展伙伴关系的核心理念与路径规划】

高波，《拉丁美洲研究》2022年第6期

平等是中国共产党的核心政治理念之一，也是中国发展的目标与动力源泉。习近平在全球发展倡议中提出"以人民为中心"和"普惠包容"理念，将各国国内的平等发展与国际社会的平等发展相结合，把平等理念推向全球，代表了马克思主义发展观的一次重大飞跃，也为人类命运共同体建设、"一带一路"倡议和构建全球发展伙伴关系倡议注入了精神内涵。将中国与拉美的发展模式相对照，可以发现平等的缺失阻碍了拉美国家的发展进程。鉴于此，该文提出了构建新时代中拉发展伙伴关系的路径规划：统筹中国三

大全球倡议，将中拉发展伙伴关系的构建置于百年未有之大变局、国内与国际两个大局互动的背景下加以考量；提高拉美地区在中国全球战略中的定位；以平等理念为核心，统筹发展援助和中国投资，构建以农村减贫项目、产能合作项目为龙头的一体化发展示范区；宜选择巴西、阿根廷、玻利维亚、尼加拉瓜等四国为中拉发展伙伴关系的战略支点国家。

【全球发展倡议下的中拉气候合作：基础、机遇与挑战】

周亚敏，《拉丁美洲研究》2022年第6期

全球发展倡议提出要积极应对气候变化，共同构建人与自然生命共同体。中拉同属发展中国家，无论是在国际气候谈判中，还是在绿色低碳合作领域，都有相近的立场和广泛的共同利益。在全球迈向碳中和的关键时期，中拉气候合作在清洁技术转移、气候韧性基础设施和林业碳汇三大领域具有广阔空间，进而有望在公正转型、气候韧性发展和协同增效方面取得实质性进展。拉美国家作为"21世纪海上丝绸之路"的自然延伸，在共建"一带一路"过程中已与中国建立良好的合作关系。尽管中拉合作面临美国因素干扰和拉共体内部认知不统一的双重挑战，但双方气候合作的机遇大于挑战。未来在全球发展倡议的统领下，中拉气候合作应朝着推动发展中国家低成本实现碳中和的方向走深走实，不断拓展数字化、智能化趋势下的气候合作新议题群，争取在国际气候谈判中达成对发展中国家整体有利的条款。中拉双方要以前瞻的、发展的、创新的眼光来看待气候合作中的机遇与挑战，为共同实现强劲、绿色和健康的发展而持续发力。

【从左右轮替现象透视拉美政治发展规律——兼论21世纪拉美两次左翼浪潮的发生及影响】

袁东振，《拉丁美洲研究》2022年第6期

进入21世纪以来，拉美地区已先后出现两轮左翼执政周期。左翼与右翼执政周期相互轮替，体现了拉美政治发展进程中左翼和右翼相互竞争、交替发展的历史性常态。尽管拉美左翼和右翼力量的社会基础、基本理念和政策倾向有明显差异，但两者既非绝对也非固定不变，其政治立场、政策主张、利益诉求、社会和群众基础随时代变迁而不断变化和调整，在一定条件下左翼和右翼甚至会相互接近。在拉美地区社会不平等和社会排斥现象非常严重的条件下，即使在右翼执政期内，左翼的主张也有很大号召力，左翼仍会有重要政治影响力；同样，即使在左翼执政期间，右翼仍有制约左翼执政党的手段，可对政府决策施加重要影响。在多党竞争的环境下，无论是左翼还是右翼，都会对自己以往执政的经验教训进行反思，修正过激政策，适当顾及对方诉求。从长远看，相对温和与实用的中间路线或许会成为拉美国家主要政治力量的方向性选择。该文从左右轮替的视角，结合21世纪以来两次左翼浪潮的发生，分析拉美政治发展的特点与规律。

【多边开发银行基础设施投资的因素考量：基于拉美地区的实证研究】

谢文泽、郭一帆，《拉丁美洲研究》2022年第6期

多边开发银行是拉美地区基础设施建设的重要投资和融资来源之一。该文分析影响世界银行、美洲开发银行等传统多边开发银行选择投资目标国时可能会考量的主要因素。基于世界银行PPI数据库及多边开发银行的报告，该文利用固定效应模型，对17个拉美国家在1996—2020年获得的基础设施多边支持资金进行了实证分析。分析结果表明，在拉美地区，传统多边开发银行倾向支持人均GDP较低、GDP增速较快、政府支出占GDP比重较高、单位GDP所拥有的通过ISO环评认证的企业数较多、与美国在联合国大会投

票较为一致的国家。金砖国家新开发银行和亚投行作为新兴多边开发银行，可学习借鉴传统多边开发银行在基础设施投资领域的经验，并恰当处理与这些传统机构的竞合关系；与拉美国家合作时，结合拉美实际探索和创新"五维一体"共识；围绕发展，创新融资模式，开发新型金融服务和金融产品。

理论文章

【考迪罗主义阻碍拉美发展进程】

李元，《中国社会科学报》2022年2月14日第5版

从19世纪初到19世纪中叶，拉美各国军事独裁政权极为普遍，这成为考迪罗主义（Caudillo）盛行的基础。考迪罗主义是拉丁美洲政治、经济与社会发展中出现的一个毒瘤，为拉美地区各国人民带来了深重灾难，不仅放缓并制约了拉美国家发展与民族进步的脚步，而且直接导致拉丁美洲在世界现代化历程中长期处于滞后甚至停滞状态，其消极影响甚至延续至今。首先，考迪罗主义严重恶化了拉美地区政治与社会生态，导致拉美地区长期陷入"军人干政—无政府状态"的恶性循环而无法自拔，使拉美长期处于政治动荡中。其次，考迪罗主义拖累拉美地区民族经济发展。考迪罗主义以维护拉美地区上层社会的利益为目标，以牺牲下层民众的利益为代价，不可避免地加剧了拉美地区的社会不平等，影响并拖累了拉美地区的社会公正化进程。再次，考迪罗主义不利于拉美各国的交流与合作。考迪罗主义在拉美地区长期肆虐，直接导致拉美多国持续出现地方割据、独裁统治、军阀混战、外国政府代理统治等乱象，使拉美各国变得更加封闭、保守和落后，进而阻断了拉美各国的沟通与合作。最后，考迪罗主义制约了拉丁美洲与世界其他地区的政治、经济、文化交流。拉美国家经济发展缓慢、政治制度滞后，在与其他国家和地区的交流中长期处于不利地位。这在很大程度上限制了拉丁美洲政治、经济、社会及文化的发展。

【尼加拉瓜、阿根廷先后加入"一带一路"倡议——中拉合作韧性强活力足】

杨啸林，《经济日报》2022年2月26日第4版

近年来，中拉政治互信持续深化，务实合作不断拓展。尤其是新冠疫情暴发至今，中拉守望相助、携手抗疫，"一带一路"经贸合作逆势前行，展现出强劲韧性与生机活力。步入2022年，中拉经贸合作好消息不断，紧随尼加拉瓜之后，拉美主要经济体阿根廷也正式加入"一带一路"大家庭。中阿合作的突飞猛进，一定程度上是中拉经贸关系日益紧密的生动缩影。当前，"一带一路"倡议已将中国经济及发展理念同拉美国家发展紧密地联系在一起。在中国发展的带动下，阿根廷等拉美国家的贸易平衡得到极大改善，经济复苏与转型进程不断提速。不过，从长远来看，中拉合作也面临拉美政治生态不稳定、中拉"软联通"不足以及新冠疫情持续冲击拉美经济等亟待解决的困难与短板，未来仍需双方通力合作、勇攀高峰。

【阿根廷经济复苏面临艰巨挑战】

杨啸林，《经济日报》2022年4月6日第4版

伴随新冠疫苗接种快速推进，阿根廷疫情防控局势整体稳定，生产经营活动限制逐步放开，国内经济呈现出积极复苏态势。统计显示，经过连续3年的经济萎缩后，2021年阿根廷GDP实现了10.3%的增长，经济恢复至接近疫情前水平，多领域指标得到积极改善，工业产能利用率、固定资产投资和零售等经济活动指标回升至或者超过疫情前水平。但这仅仅是

基于较低基数的复苏性反弹，与此相伴随的是阿根廷通胀率持续走高。目前，阿根廷仍继续在赤字财政、通货膨胀与福利赶超的困局中蹒跚前行。长期高财政赤字叠加高通胀将使阿根廷财政和货币政策调整空间极小，难以营造出健康的宏观经济环境，经济复苏面临艰巨挑战。中阿之间的务实经济合作为阿根廷经济的长期发展提供了有力支撑。在当前阿根廷经济发展仍比较困难的形势下，阿更需与中国加强合作以渡过经济难关。

【巴西经济复苏步履维艰】

袁勇，《经济日报》2022年4月8日第4版

作为拉美地区第一大国家，新冠疫情发生以来，巴西经济结构缺陷被放大，面临多重问题困扰。首先，受到全球能源价格上涨、供应链中断以及极端天气导致巴西国内食品价格上升等因素影响，巴西通胀飙升。其次，货币贬值、农业生产压力倍增等问题对巴西来说也十分紧迫而严峻。巴西经济面临着全球通胀、国际大宗商品价格高企、全球产业链和供应链动荡、国内通胀持续走高以及政府财政空间受限等来自国内外多方面的冲击。最后，2022年是巴西大选年，随着竞选进入白热化阶段，其对巴西经济的影响也不容忽视。目前，虽然巴西政府出台了诸多措施，但是经济复苏步履维艰。近年来，巴西与中国的贸易发展迅速，成为巴西经济的重要亮点。中国已连续13年成为巴西最大贸易伙伴，目前是巴西第一大出口目的国和进口来源国。在此背景下，巴西经济增长将比以往更加倚重中国与巴西间的贸易与投资。

【墨西哥经济难以摆脱对美依赖】

袁勇，《经济日报》2022年4月15日第4版

在新冠疫苗接种率不断提高等利好因素的助推下，墨西哥经济自2021年开始出现回暖迹象。自2021年起，墨西哥经济逐步复苏，制造业和农业部门增长较为强劲，但近来再度出现复苏动力减弱等不利信号。美国是墨西哥最大的贸易伙伴，墨西哥对美出口占其出口总额的比例约为80%，自美进口占其进口总额的比例约为50%。同时，受到"美国—墨西哥—加拿大协定"的影响，墨西哥经济将进一步依赖美国。因此，美国经济的发展前景以及相关经济政策，对墨西哥经济走向起着决定性作用。除了美国这个影响因素，墨西哥经济也面临其他诸多挑战：首先，和其他拉美国家一样，墨西哥也饱受通胀压力的冲击；其次，墨西哥对中小企业的扶持力度不够；最后，墨西哥近年的改革举措，对外部投资积极性造成了一定影响。目前，墨西哥是中国在拉美的第二大贸易伙伴，中国是墨西哥在全球的第二大贸易伙伴。未来中墨合作还有很大发展空间，双方可以逐步降低贸易门槛，进一步优化贸易结构，扩大贸易规模。此外，中方可借助墨西哥政府在经济和社会领域的政策调整，利用"一带一路"等合作机制，深化双方在基础设施、金融服务、科技等领域的务实合作。

【拉美经济发展不妨多"借东风"】

杨啸林，《经济日报》2022年4月29日第4版

尽管2021年拉美地区GDP实现恢复性增长，但市场普遍对其2022年经济预期较为悲观。拉美地区GDP占世界经济比重仍在下降，凸显拉美参与全球价值链程度有限的困境。伴随各国财政刺激政策收紧、需求下降，拉美国家若不能加快结构性改革，复苏态势恐难以为继。目前，拉美多国在稳经济的同时频频施策，探求经济结构转型道路。但在新冠疫情持续肆虐的当下，拉美地区经济虽整体处于复苏态势，但隐忧依旧不少。多国财政、货币政策可操作空间趋窄，通胀持续走高等因素，昭示出其经济复苏的脆弱性。此外，经济短暂回升并未消弭拉美社会阶层分化沉疴，反而放大了两极分化矛盾，拉美社

会进入矛盾高发期，提升了结构性改革的政治治理难度。在当前环境下，拉美国家要实现经济结构性转型，需要国际社会更多的支持。而美国的门罗主义情结和"资本剥削陷阱"，只会让拉美地区继续深陷被世界经济边缘化的发展困境。中国和拉美是经济产业结构高度互补的天然贸易伙伴。未来，拉美国家在保持战略自主的基础上，不妨多"借东风"进一步加强与中国的经贸合作，这将有力提高双方在全球价值链上的参与程度，更将为世界经济的复苏增添动力。

【金砖合作助巴西应对挑战——构建高质量伙伴关系】

袁勇，《经济日报》2022年6月20日第4版

近年来，新冠疫情和错综复杂的国际局势给巴西带来不少挑战。与其他金砖成员国日益密切的合作，让巴西在经贸、全球治理、科技、卫生等领域都受益匪浅。金砖合作不仅帮助巴西有力应对挑战，还对巴西经济实现稳定复苏起到了至关重要的作用。第一，金砖合作进一步提高了巴西基础设施建设水平，有助于当地获得发展基础设施的资源，实现经济与社会平衡发展，消除贫困。第二，经贸合作成果丰富是巴西参与金砖合作的一大收获。尤其是中巴贸易，展现出强大韧性和活力。第三，农业贸易是金砖国家经贸合作的一大亮点。金砖五国气候、环境、土地、渔业等自然资源丰富，具有广泛的农业合作自然基础和市场基础，且市场匹配度高。第四，在投资方面，金砖国家已经成为巴西重要的投资来源国。大量投资有效提升了巴西基础设施、能源供应等方面的水平。第五，金砖合作还显著提升了巴西在全球治理中的影响力和话语权。随着金砖合作机制在全球的影响力越发突出，合作成果越来越丰富，巴西通过参与金砖合作，显著提升了国际影响力，在全球治理中扮演的角色越发重要。

【巴西重视创新创业活动】

孙世勋、宋长兴，《中国社会科学报》2022年8月22日第7版

创新创业已经成为推动经济高质量发展的核心要素和中坚力量。多年来，巴西在经济形势复杂的情况下坚持努力推进创新创业，取得了一定的积极成果和经验。巴西在促进创新创业方面做出以下努力。一是制定完善创新创业激励政策。巴西充分利用已有资源，在多元化思路的指引下，制定了创新创业政策，形成了以"资助—服务—奖励"为核心的政策体系，并通过发掘创新创业潜力取得了丰硕成果。二是构建综合性创新创业生态体系。巴西为其国内高校和企业提供了可以进行多维度交流的创新创业平台，打造了良好的创新创业环境，营造了开放的创新创业氛围，促进了创新创业生态体系的形成。三是加强创新创业国际合作。巴西较为重视与其他国家在创新创业领域的合作，鼓励高校、科研机构和企业与他国同行一起开展创新创业活动，为本国的创新创业活动寻找新思路和新平台。创新创业活动的发展有效改善了巴西的营商环境、提升了其对外商的吸引力。但由于巴西国内环境的特殊性，相关活动的发展也面临一些挑战。巴西促进创新创业的具体措施和成败得失，值得我们关注和研究。

【联盟总统制与巴西政治的未来】

王鹏，《中国社会科学报》2022年10月13日第4版

自1985年巴西再民主化启动以来，联盟总统制成为该国政治体制的核心设计，为维护政治稳定和保障体制运转发挥了关键作用。自1985年以来，碎片化政党格局导致总统所在政党永远处于国会少数。历届总统必须构建和维系一个多党执政联盟，才能在国会取得多数支持，从而保障体制运转和政治稳定。巴西学者塞尔吉奥·阿布兰谢斯于1988年率先使用联盟总统制定义该国政治体制的这一

核心特点。从此之后，该术语得到学术界的广泛使用。联盟总统制在卡多佐政府时期和卢拉政府时期表现稳健，但是仍然面对根深蒂固的质疑。联盟总统制是多党总统制的一种形态。在许多学者看来，总统制和多党制的制度组合势必放大总统制的固有"风险"，加剧行政—立法部门之间的对立，很可能成为新兴民主体制崩溃的诱因。近十几年间，经济的停滞、频发的抗议活动和严重的腐败丑闻凸显了联盟总统制的局限性：一方面，联盟总统制不利于实现良好的国家治理，而对它的改革和完善势必触及现行政治体制的主要支柱，意味着一场全面、重大的政治改革；另一方面，该国在第三波"民主化"浪潮之中延续了保守政治格局，难以形成启动改革所需的整体环境。联盟总统制未来能否保持平稳运转以及巴西政治改革能否获得新的动力，都值得进一步观察和研究。

【拉美智库的发展现状与挑战】

张冰倩，《中国社会科学报》2022年12月22日第2版

进入21世纪以来，拉美智库取得长足发展，在数量、质量和国别覆盖范围方面稳步提升，为本国的公共决策发挥重要推动作用。地区大国成为智库发展的主阵地，其中巴西智库的发展成就最为突出，以瓦加斯基金会为代表的一批拉美智库已经迈入世界顶尖智库行列。近年来，拉美智库注重提升研究成果对公众的开放度，大力建设虚拟智库或数字智库，积极推动地区范围的跨国合作。巴西瓦加斯基金会尝试加强与中国智库的交流，为拉美智库突破传统视野局限性、形成更加多样化对外联系做出了积极尝试。在实际运转过程中，许多拉美智库容易受制于媒体和资助者，受到国外力量的影响。对于重大公共问题，各家智库存在明显的立场偏好。因此，拉美智库在如何保持自身独立性和公信力方面将面临长期的挑战。同时，许多拉美智库存在一定视野局限性，受限于本国、本地区的历史、文化和外交传统联系，以及资金来源和传统合作关系。

学术动态

【纪念中墨建交50周年座谈会】

2022年2月15日，由中国社会科学院拉丁美洲研究所墨西哥研究中心主办的"纪念中墨建交50周年座谈会"在京举行。外交部、国家开发银行、中国国际贸易促进委员会、中国银行、中国现代国际关系研究院、中国国际问题研究院、清华大学、北京第二外国语学院以及中国社会科学院民族学与人类学研究所、拉丁美洲研究所的近50位专家学者和机构代表参加了会议。

开幕式

中国社会科学院拉丁美洲研究所所长柴瑜研究员出席开幕式并致辞。柴瑜所长表示，建交50年以来，中墨双边关系发展良好。如何发挥好中墨经贸互补关系，实现发展互鉴，提升相互理解和信任，是中墨作为主要发展中国家的责任。中墨两国的发展经验和教训，能够为广大发展中国家提供有益的借鉴。

中国社会科学院拉丁美洲研究所墨西哥研究中心执行主任杨志敏研究员主持了座谈会开幕式和"回顾与展望"主题讨论环节。

第一节：回顾与展望

中国社会科学院荣誉学部委员徐世澄研究员介绍了拉美所研究人员赴墨西哥交流的情况，勉励青年学者在新冠疫情结束后积极赴墨西哥访问学习，加强同墨西哥研究机构的交流，拓展研究视野，继续深化墨西哥政治、文化、社会和经济等领域的研究。

中国现代国际关系研究院拉丁美洲研究所所长杨首国研究员认为，目前，中墨关系正处于历史最佳时期，应加强对墨西哥的基础研究，重视墨西哥作为北美国家和拉美国家的身份双重性，抓住重要战略机遇期推动中墨关系健康发展。

中国国际问题研究院拉丁美洲和加勒比研究所所长宋均营副研究员表示，在中美博弈的背景下，中墨关系可能出现波折，应重视中墨经贸摩擦问题，以中墨在数字经济和绿色经济领域的合作为突破口，打造两国关系新支柱，推动双方在全球治理、地区事务和多边主义等方面合作的不断巩固和深化。

清华大学国际关系研究院院长助理周建仁副研究员讨论了军事同盟、安全同盟、经济联盟和技术联盟的概念界定，并以美洲国家组织、《美墨加协定》为例，分析了中美博弈背景下，以遏制中国发展为目标的美国对拉联盟政策的调整。

中国社会科学院拉丁美洲研究所墨西哥研究中心秘书长谌园庭副研究员表示，当前中墨关系可以概括为"不远不近、不疏不密"，保持着一种安全距离。在中美战略竞争加剧和新冠疫情叠加的背景下，应警惕墨西哥经济民族主义新态势，重视《区域全面经济伙伴关系协定》（RCEP）、《全面与进步跨太平洋伙伴关系协定》（CPTPP）、《美墨加协定》等区域一体化协议对中墨关系的影响。

中国社会科学院拉丁美洲研究所发展与战略研究室高波副研究员指出，墨西哥曾长期保持政治连续性和政局稳定，21世纪后逐渐回归到拉美国家政权更迭频繁的常态，采用制度理论或自由主义思维难以解释墨西哥的长期发展问题，可以考虑引入权力结构视角。

第二节：合作与交流

中国社会科学院拉丁美洲研究所墨西哥研究中心副秘书长李慧博士主持了"合作与交流"主题讨论环节。国家开发银行国际合作三部业务一处处长杨玲女士介绍了国开行在墨西哥的业务发展情况。杨玲女士表示，国开行一直致力于突破墨西哥市场，同墨国当地企业和机构开展了大量合作，除传统基础设施建设领域以外，也着力推进中墨企业在数字经济、绿色经济、新冠防疫等领域的合作。

中国银行金融机构部主管级高级经理刘文锐女士介绍了中国银行在拉美（墨西哥）

的业务发展情况。刘文锐女士表示，目前中国银行在拉美地区共有七家分支机构，中行墨西哥分行2018年获准开业以来，积极为中墨两国经贸往来提供优质金融服务，充分发挥其全球化业务优势，为中企推介在墨投资和合作机会，为中墨企业业务对接牵线搭桥。

中国国际贸易促进委员会国际联络部拉美处副处长杨照莹女士表示，贸促会高度重视对墨工作，1988年在墨设立了代表处，与多家墨西哥经贸机构签订了合作备忘录，致力于推动中墨两国间经济贸易关系发展。新冠疫情以来，贸促会先后举办了中国—拉美（墨西哥）国际贸易数字展览会和墨西哥投资政策说明会，助力中墨双方合作与交流。

中国社会科学院民族学与人类学研究所世界民族研究室主任刘泓研究员介绍了中国社会科学院—墨西哥学院中国研究中心的建设情况。该中心于2020年正式成立，是民族所成立的第一个海外中国研究中心。促进中墨人文交流，讲好中国故事，增强国家软实力，是中心的重要任务。

北京第二外国语学院秘鲁研究中心主任刘鹏博士表示，推动中拉文化贸易，是促进中拉贸易提质升级的重要方向。当前中拉文化贸易规模较小，从文化遗产到文化资产的转化率不高，建议推动中拉文化贸易自由化，扶持中小企业参与文化贸易，加强中拉人文交流。

中国外交部拉丁美洲和加勒比司三秘杜裕先生介绍了外交部对墨工作，表示我国高度重视中墨关系，希望各界人士为中墨关系发展找到新的增长点，提供更多助力，为中墨共建人类命运共同体贡献力量。

第三节：讨论和总结

中国社会科学院拉丁美洲研究所区域合作研究室韩晗博士主持了会议的"讨论和总结"环节。与会嘉宾就墨西哥总统提出的"第四次变革"、拉美（墨西哥）现代化进程的经验和教训以及如何学习墨西哥处理民族问题和文化问题的经验等内容展开了热烈讨论。会议最后，杨志敏研究员对嘉宾的精彩发言作了总结，并表示，作为一名墨西哥研究学者，应该对研究对象国充满热爱，做有"温度"的研究的同时，要保持理性、客观看待墨西哥，在研究工作中，补足短板，填补空白，通过多视角、交叉和定量研究，为推动中墨关系发展贡献智慧。

（撰稿人：王淞、张冰倩）

【庆祝中圭建交50周年纪念会暨周雅欣大使报告会】

2022年4月26日，中国社会科学院拉丁美洲研究所举行庆祝中圭建交50周年纪念会暨周雅欣大使报告会。此次会议由拉丁美洲研究所和圭亚那合作共和国驻华大使馆共同主办，由拉丁美洲研究所中美洲和加勒比研究中心承办。中心秘书长王鹏负责主持会议。

拉丁美洲研究所所长柴瑜研究员在致辞中祝贺中圭两国迎来建交50周年，希望进一步加强与圭亚那驻华大使馆的合作与交流。她指出，两国关系在建交50年来取得平稳而长足的发展，两国在经贸、科教、文化等领域的合作日益密切，两国政府在重大的全球和地区事务中相互沟通、相互支持。此次中圭建交50周年纪念会也是一次重要的学术交流机遇。她欢迎圭亚那的官员、学者和专家到访拉丁美洲研究所，希望加强拉丁美洲研究所与圭亚那国内研究机构的合作与研讨，期待拉丁美洲研究所的中美洲和加勒比研究工作更上层楼。圭亚那驻华大使周雅欣女士以"中圭关系50年：回顾与展望"为题作主旨报告。她指出，圭亚那是第一个与中国建交的英语加勒比国家，也是第一个在中国设立使馆的加勒比国家。两国建交50年以来，双方在高层互访、经济技术合作、公共卫生和文化交流等领域取得一系列重大成就。圭亚那在2018年加入"一带一路"倡议，双方合作正在此框架下不断走向深化。两国在气候变化、新能源、基础设施和农业等领域有着巨大的合作空间。在当前极为复杂多变的国际环境下，两国不仅需要以双边利益为重，也需要考虑多边利益，求同存异、合力向前。最后，精通中文的她引用唐诗"海内存知己，天涯若比邻"形容中圭之间的亲密关系，表示两国关系拥有进一步向前迈进的巨大动力，光明的合作前景值得期待。中国现代国际关系研究院拉美研究所所长杨首国、中国国际问题研究院拉美和加勒比研究所所长宋均营分别就周雅欣大使的主旨报告作评论。杨首国认为，报告全面回顾了中圭建交50年取得的成就，也对两国关系发展前景进行了分析，为两国关系发展的路径和方向作出了指引。他认为，圭亚那是中国在拉美的天然合作伙伴，中圭关系是中拉关系良好发展的缩影。宋均营指出，中圭建交对西半球产生深远影响。时至今日，世界形势出现重大分化和转变，中圭关系仍然坚实如初，并融入了新型国际关系的理念。两国合作在双边层面、区域层面乃至全球领域都形成良好的示范作用。中国社会科学院副所长、中美洲和加勒比研究中心执行主任袁东振研究员作总结发言。他认为，周雅欣大使的报告旁征博引、资料翔实，既清晰梳理了中圭关系的发展历程，也揭示了两国关系的深厚内涵和重大意义。两位评论人的发言展现了中国学者对两国关系的看法，也表达了中国人民对两国关系的美好期待。此次纪念会一定能够为推动中圭合作、提升中国—加勒比地区相互了解注入新动力。

（撰稿人：李菡）

【"拉美左翼与社会主义论坛"暨"拉美政治社会思潮的最新动向与演变趋势"研讨会】

2022年4月27日，中国社会科学院拉丁美洲研究所马克思主义理论与拉美政治研究室、拉丁美洲研究所马工程项目和拉美政治学科举办了2022年第一次"拉美左翼与社会主义论坛"暨"拉美政治社会思潮的最新动向与演变趋势"研讨会。会议由马克思主义理论与拉美政治研究室主任杨建民主持，由拉丁美洲研究所副所长袁东振作大会致辞，并邀请了荣誉学部委员徐世澄研究员、中国前驻古巴大使张拓、中国国际问题研究院拉美和加勒比研究所所长宋均营副研究员、中国现代国际关系研究院拉美研究所吕洋助理研究员等嘉宾作主题发言。会议就如何理解拉美新一轮的左翼浪潮进行了热烈讨论。与会专家认为，自2018年墨西哥国家复兴运动党赢得选举以来，左翼力量重新在多个拉美国家掌权，形成新一轮左翼浪潮，但是这一轮左翼浪潮与21世纪初的"粉红浪潮"相比，具有新的特点，呈现了新的趋势。新一轮左翼浪潮的特点包括执政背景与此前不同、政府优先选项不同、执政路线较此前更为温和、对外政策更为务实、地区层面缺乏有力的领导、民意基础不如上一轮、较难实现连续执政。这轮左翼回归还存在战略短视化、组织松散化、内部矛盾公开化、基础理论缺失化、实用主义化等趋势。

与会专家指出，拉美的新一轮左翼政党大致可分为激进左翼和温和左翼，激进左翼包括古巴共产党、委内瑞拉统一社会主义党、尼加拉瓜桑地诺民族解放阵线等；温和左翼包括阿根廷正义党、墨西哥国家复兴运动党、智利左翼政党联盟"赞成尊严"等执政党，也包括巴西劳工党、乌拉圭广泛阵线等在野党。与会专家进一步阐释了当前重要左翼政党的意识形态，包括马列主义、21世纪社会主义、社群社会主义、劳工社会主义、基督教社会主义、社会民主主义、基督教民主主义以及进步主义等。

有专家指出，拉美面临着民主化以来最重要的政治转型期，体现在左右轮替加快、反建制主义兴起、治理能力不足、地区格局发生变化等。反建制主义的思潮和治理效能低下都可能带来政局动荡，有引发暴力冲突和军人干政的可能性。

最后，与会专家讨论了当前有很大影响力的资源民族主义思潮。资源民族主义在拉美并非新鲜事，在历史不同时期曾反复出现。新一轮的拉美左翼强调环保，部分左翼领袖甚至反对继续勘探开发资源。新一波的资源民族主义突出体现在锂矿国有化的政策导向，其形成原因主要是外部经济环境持续恶化导致拉美社会贫富差距进一步扩大。资源民族主义是对底层民众不满的一种回应。

（撰稿人：肖宇）

【"中拉发展合作与互鉴"国际研讨会暨第二届中拉关系研究学者论坛】

2022年5月24—25日，"中拉发展合作与互鉴"国际研讨会暨第二届中拉关系研究学者论坛在京举行。此次会议是2022年中国社会科学论坛系列研讨会之一，由中国社会科学院学部主席团主办，中国社会科学院拉丁美洲研究所、西南财经大学、脱贫和可持续发展全球智库网络共同承办，拉丁美洲社会科学院协办。中国社会科学院秘书长赵奇、拉丁美洲社会科学院秘书长乔赛特·阿尔特曼·博尔冯、圭亚那外交部前部长克莱门特·罗西和外交部拉美司司长蔡伟出席开幕式并致辞。哥斯达黎加前总统何塞·玛丽亚·菲格雷斯和中国社会科学院国际研究学部主任周弘应邀作主旨演讲。

会议以落实习近平总书记"全球发展倡议"为核心关切，集中讨论中国与发展中世界的发展成就和经验、时代之变与全球发展倡议、中拉发展合作的历史经验与现实需求、后疫情时代中拉发展合作机遇与前景，寻求通过助力中拉发展需求精准对接落实"全球发展倡议"。与会者普遍称赞"全球发展倡议"对于全球发展进程的重大影响，指出该倡议致力于重振全球发展事业，是中国在"一带一路"倡议之后为国际社会提供的又一公共产品和合作平台，为促进落实可持续发展目标发挥了引领作用。第一，推动凝聚优先发展的政治共识，帮助各国聚焦可持续发展议程；第二，搭建发展合作的公共平台，便利各国在减贫、抗疫、粮食能源安全、数字经济、绿色发展等八大重点领域开展合作；第三，促进发展经验的交流互鉴，助力各国探索符合本国国情的发展道路。

（撰稿人：张冰倩）

【2022年金砖国家学术会议——面向高质量的共享发展】

2022年6月7日，由中国社会科学院拉丁美洲研究所、中国社会科学院国际合作局共同主办，厦门市金砖国家新工业革命伙伴关系创新基地领导小组办公室协办的"2022年金砖国家学术会议——面向高质量的共享发展"在京召开。

此次会议通过线上方式举行，来自中共中央对外联络部、巴西经济部、中国社会科学院、清华大学、北京师范大学、巴西卢拉研究所、里约热内卢联邦大学、巴西CIPó研究网络、俄罗斯欧亚经济委员会、俄罗斯科学院远东研究所、俄罗斯国际事务委员会、印度社会科学研究理事会、印度金德尔全球大学、印度辩喜基金会、南非国家行政学院、南非大学、南非约翰内斯堡大学等部门和机构的150余名政府官员、专家学者以及媒体代表参加了此次会议。与会各方围绕"国际体系与金砖国家""全球发展与金砖国家""战略对接与金砖国家"等议题进行了深入的交流与对话，立足世界格局变化，探索改革和完善全球治理体系新路径，聚焦金砖国家发展理念与发展需求对接，就如何协力推动高质量的共享发展交换了意见和建议。

（撰稿人：张冰倩）

【"构建新型国际关系背景下中美拉三边关系发展趋势"国际研讨会】

2022年6月25日,由中国拉丁美洲学会、安徽大学创新发展战略研究院主办,安徽大学拉丁美洲研究所承办,安徽大学社会与政治学院、国别和区域研究院协办的"构建新型国际关系背景下中美拉三边关系发展趋势"国际研讨会在合肥举办。安徽大学校长匡光力教授、中国拉丁美洲学会副会长、中国社会科学院拉丁美洲研究所副所长袁东振研究员出席会议并致辞。开幕式由安徽大学拉丁美洲研究所所长范和生教授主持。会议旨在贯彻落实习近平总书记在全球发展高层对话会上重要讲话精神,探讨百年未有之大变局背景下中美拉三边关系发展态势,为构建"均衡、稳定、协调、合作"的中美拉三边关系贡献学界智慧。

安徽大学校长匡光力指出,当前中美关系正面临建交以来少有的严峻挑战,也引起了国际社会对世界重陷恶性竞争的严重担忧。新冠疫情发生以来,中方积极开展对美对拉抗疫合作,为美国和拉美人民抗击新冠疫情作出应有贡献,获得国际社会赞赏。在世界经济持续低迷的经济常态下,中国与美国、拉美经贸合作保持稳定发展势头,中国注重与美国、拉美积极构建新型大国关系,通过深化中美拉战略互信和重点领域务实合作达成更多更新的共识。中国将继续同美国和拉美一道,深化友谊,拓宽合作,积极构建"均衡、稳定、协调、合作"的中美拉三边关系,为推动人类社会更高质量发展贡献中国智慧。安徽大学将以习近平外交思想为指导,持续支持以拉丁美洲研究所为代表的国别和区域研究,积极为我国"一带一路"建设建言献策,服务安徽"三地一区"建设。

中国社会科学院拉丁美洲研究所副所长袁东振指出,美洲峰会刚刚结束,安徽大学在此时召开专题国际研讨会,恰逢其时,对推进国内外学界对中美拉三边关系的认知意义重大。他指出,此次会议有三个特点。第一个特点是会议讨论的问题非常重要。对于中美拉三边关系问题,近年来学术界作了很多讨论,但在很多问题上的认识还有待进一步深化和明确。第二个特点是参会学者的广泛代表性,为会议增添了新亮点,有助于我们在多维视角下分享中美拉关系发展这一主题下的一些重要观点。第三个特点是无论是中国学者的研究还是外国学者的研究,都非常有立体感、有全面性。发言题目涉及中美拉关系的基本理论问题,涉及中美拉关系的最新动态,涉及双边和三边多个层面。这些发言题目有理论性、有前沿性、有现实性,反映了中国和拉美以及西班牙学者对中国和拉美的双边关系、对美国和拉美的双边关系、对中美拉三边关系问题的高度重视和高度敏感性。从中拉学者的发言题目中,也让我们看到了中国、拉美以及西班牙学者所表现出来的优良学术素质。

会议设立"中美大国关系及其影响""中美拉三边关系""中美、中拉、美拉双边关系"3个主题论坛。来自6个国家的30个拉美研究机构、大学和国际组织的200余名拉美学界研究者以及师生代表通过线上与线下方式参会。

(撰稿人:唐惠敏)

【第二届拉美研究中青年学者工作坊】

2022年7月30—31日,第二届拉美研究中青年学者工作坊分别以线上与线下相结合的方式举行。该届工作坊由中国社会科学院拉丁美洲研究所、西南科技大学、中国华侨华人研究所、上海大学、对外经济贸易大学、南京师范大学、西南大学等高校与科研机构联合主办,《华侨华人历史研究》《拉丁美洲研究》《广东社会科学》《当代电影》《电影艺术》《世界电影》《外国问题研究》《医疗社会史》《中国与拉美》等期刊协办,线下会议在西南科技大学举办，线上学员通过腾讯会议参与。第二届拉美研究中青年学者工作坊主要面向全球从事拉美研究的华人中青年学者，聚焦拉美政治、社会、文化、中拉关系诸领域。

西南科技大学党委常委、副校长苏伟洲教授在工作坊开幕式上致辞，指出拉美研究的重要意义，并强调工作坊是非常有效的培养青年学者的机制，也是增强一个领域发展的良好机制，应该加强和维持。该届工作坊由"综合论坛"和"拉美电影特别论坛"两部分组成，分两天进行，共分享和讨论了39篇入选的原创论文。每篇论文总用时不超过30分钟，其中作者宣讲15分钟，两位评议人每人5分钟，宣讲人回应5分钟。

工作坊第一场的主题是"拉美政治研究"，由西南科技大学拉美研究中心常务副主任、教授范波主持。该场有5位工作坊学员宣讲论文，主题涉及资源开采与身份认同、竞争性威权主义、阿根廷政治文化、墨西哥革命和美国对拉美干预等领域。

工作坊第二场的主题是"拉美社会经济研究"，由上海大学全球问题研究院拉丁美洲中心执行主任、副教授张琨主持。该场有5位工作坊学员宣讲论文，主题涉及印第安人非正规就业、拉美扶贫政策、墨西哥社会危机治理、智利少数族群教育政策和墨西哥杀害女性犯罪等领域。

工作坊第三场的主题是"拉美华侨华人研究"，由西南科技大学拉美研究中心副教授、集刊《中国与拉美》主编崔忠洲主持。该场有5位工作坊学员宣讲论文，主题涉及华人苦力问题、地打多士船事件、晚清驻秘鲁使领群体、福建新移民和阿根廷华人民族认同等领域。

工作坊第四场的主题是"中拉政治经济发展合作"，由西南大学"一带一路"学院西班牙语国家研究中心主任、副教授罗晨曦主持。该场有5位工作坊学员宣讲论文，主题涉及中阿猪肉协议、中拉伙伴关系、中拉新能源汽车合作、在拉中国企业的环保责任和中国拉美地区的国际传播等领域。

工作坊第五场的主题是"中拉文化交流"，由中国社会科学院拉丁美洲研究所社会文化研究室主任、研究员郭存海主持。该场有4位工作坊学员宣讲论文，主题涉及中拉生态思想、马尼拉大帆船贸易、校际语言交流项目研究和华文学校的发展历史与生存现状。

工作坊期间还举行了"期刊编辑论坛"，以期建立作者和编者、期刊和学者之间的沟通渠道，论坛由郭存海研究员主持。《广东社会科学》总编辑李振武研究员、《拉丁美洲研究》执行主编刘维广研究员、《华人华侨历史研究》副主编张焕萍副研究员、《世界电影》副编审吉晓倩、《电影艺术》编辑张雨蒙、《当代电影》副编审檀秋文博士、《当代中国史研究》编辑易海涛博士、《中国与拉美》主编崔忠洲副教授、《外国问题研究》和《医疗社会史》代表张琨副教授参与发言。九大协办期刊的代表分别介绍了各自期刊的常设栏目和特色板块、主题定位和写作标准、投稿作者构成以及审稿流程，均强调了对学术道德、创新能力及论文质量的要求。协办期刊的编辑和代表们发言内容翔实，对有意投稿的青年学者具有较大参考意义。论坛气氛既严肃又活泼，线上和线下的听众就选题方向、论文篇章结构和内容取舍，以及发表的限制等方面提出问题，各期刊主编和编辑与工作坊学员就以上问题展开了交流。

工作坊还邀请中国社会科学院拉丁美洲研究所副所长高程研究员为工作坊学员举行了一场特别的"学术论文写作与发表"专题讲座。专题讲座由张琨副教授主持。高程博士是国际问题研究专家，发表诸多高质量学术论文，曾担任中国社会科学院《当代亚太》

杂志执行主编和编辑部主任10年，有着丰富的写作、选题和编辑经验。高程研究员从如何写好一篇文章出发，从论文结构和格式、文献综述、分析框架、案例论证和结论等角度阐释了如何写出高质量、有意义的文章。她还指出，提出好问题、写出批判性继承的文献综述，以及提出具有适用性和拓展性的分析框架是非常重要的，并强调了学术热情、严谨态度以及强烈的问题关怀意识也是青年学者应该具有的重要素养。分享结束后，高程研究员就研究问题的创新程度、理论和案例的结合方法和工作坊学员进行了交流。

在闭幕式环节，郭存海研究员进行了总结性发言。他首先对西南科技大学克服艰难、线下承办此次会议表达了诚挚的感谢，对线上线下与会者、参与论文评审的评审老师以及会务组的工作人员表达了谢意。他指出，第二届拉美研究中青年学者工作坊2022年实现了新突破，工作坊不仅从线上走到线下，还开拓了"电影特别单元"这一新领域和新方法，这是"破圈发展"的有益尝试。郭存海研究员激励青年学者要辩证看待自己的比较优势，心态上要将优势"降维"，自我培养、努力"跨界"和"出圈"，共同推动拉美研究和研究队伍的壮大与成熟。

（撰稿人：王越、张晓旭）

【2022年第四次左翼与社会主义论坛暨"拉美左翼和右翼的新变化"研讨会】

2022年9月20日，中国社会科学院拉丁美洲研究所马克思主义理论与拉美政治研究室、"拉美政治生态的新变化及其影响"创新项目组、拉丁美洲研究所马工程项目和拉美政治学科举办了2022年第四次左翼与社会主义论坛暨"拉美左翼和右翼的新变化"研讨会。会议由马克思主义理论与拉美政治研究室主任杨建民主持，邀请了荣誉学部委员徐世澄研究员、中国前驻古巴大使张拓、中国现代国际关系研究院拉美研究所所长杨首国研究员、马克思主义理论与拉美政治研究室肖宇助理研究员、中国社会科学院大学国际政治经济学院张晓旭博士研究生和侯玉含博士研究生等嘉宾作主题发言。会议就拉美第二轮左翼浪潮、拉美左翼的意识形态和对华态度、委内瑞拉和古巴的最新政治经济形势等问题进行了热烈讨论。

与会专家追溯了新一轮左翼浪潮的发展脉络，评析了此轮左翼浪潮与上一轮的异同，并总结了拉美右翼的新发展变化。与上一轮左翼浪潮相似，此轮上台的左翼政府在国内政策方面主张加强国家对市场干预、发展民族经济和改善民生。在外交上，此轮左翼政府主张发展独立自主的外交政策，支持区域一体化，支持同中国发展友好合作关系。此轮左翼浪潮与上一轮的不同点包括所处国际环境不同，温和左翼占比较高，虽然也反对美国霸权主义，但注重维持与美国合作。此外，此轮左翼浪潮还有去意识形态化、实用主义化和执政地位不牢固等特点。与此同时，拉美右翼也展现出新的趋势，包括其支持者阶层由过去的中上层社会精英扩大到社会底层，关注议题从过去的经济议题到当前的社会文化议题，特别是福音派基督教群体在一些拉美国家与右翼党派结成了联盟。

与会专家利用民调数据分析了拉美左翼政党民众支持者的意识形态及其对华态度。拉美激进左翼政党的民众支持者意识形态在左翼政党中并不算激进，一些温和左翼政党支持者的意识形态相对更激进。多数左翼政党支持者的意识形态在2012—2019年都呈温和化趋势。在对华态度方面，拉美左翼政党的支持者对华亲善，信任中国政府的程度较高，对中国在拉美的影响评价积极。在2012—2017年，多数左翼政党支持者对中国都变得更为友善。

与会专家着重讨论了古巴和委内瑞拉左翼政权的最新发展态势。当前，古巴面临的经济挑战较大。在新冠疫情冲击下，古巴出现了物资能源短缺、通胀高企、汇率不稳等经济困难。而委内瑞拉政治经济形势则稳中趋好。一方面，委内瑞拉近期施行的市场化经济改革与俄乌冲突以来的国际油价上涨共同促进了委内瑞拉经济增长。委内瑞拉国内政治也更趋稳定。但另一方面，委内瑞拉的右翼势力近年来有所发展，可能在2024年大选中对左翼政府连续执政构成挑战。

（撰稿人：肖宇）

【"大变局下中拉经贸合作机遇与挑战"研讨会暨《大变局视角下的中国—拉美经贸合作》新书发布会】

2022年9月27日，中国社会科学院拉丁美洲研究所经济研究室、经济学科、"拉美经济长期发展与双循环研究"创新项目联合举办了"大变局下中拉经贸合作机遇与挑战"研讨会暨《大变局视角下的中国—拉美经贸合作》（谢文泽著）新书发布会。此次会议邀请中国社会科学院世界经济与政治研究所、中国现代国际关系研究院的专家学者和中铁建国际投资有限公司的企业负责人，通过线上和线下相结合的方式，就大变局下国际形势特征、全球产业链和供应链未来演变以及中拉经贸合作前景等议题展开讨论。

新书发布环节由中国社会科学院拉丁美洲研究所经济研究室副主任张勇研究员主持。他以大变局视角下的"变"与"不变"为切入点，指出在国际政治经济格局重塑的过程中，中拉经贸合作长期向好的基本趋势未变。随后，专著作者谢文泽研究员对该书分析视角和主要内容作了详细介绍。该书的创新之处在于从中国、美国和拉美地区三个视角阐释大变局的特征与含义，同时从宏观、中观和微观三个层次审视中拉合作的机遇与挑战。宏观层次旨在实现发展规划对接和政策沟通，强调三对辩证关系和宏观均衡模型；中观层次强调产能和产业合作，包括互联互通、"两洋铁路"、能源矿产、农业合作等；微观层次强调项目筛选与合作的"五个共识"，包括政治、社会、环保、国际和经济五个方面。

中国社会科学院拉丁美洲研究所所长柴瑜对专著成功出版表示祝贺，同时高度赞扬了谢文泽研究员在学术研究中的历史长维度视角。她指出，谢文泽研究员在经济学研究中经常给小问题赋予宏大的历史视角，值得年轻学者学习。她再次强调了搭建学术分析框架的重要性，同时鼓励年轻学者要加强经济研究的系统性和理论性，进而提升研究的学术价值。

中铁建国际投资有限公司执行总经理兼总会计师董付堂则从工作实践出发探讨中拉经贸合作的机遇与挑战。他指出，尽管当前拉美地区的基础设施项目受大选周期和内部政策等因素影响有所放缓和延误，但从长远来看其需求仍然强劲。同时，中拉经贸在疫情中表现出极强的韧性，双方合作潜力巨大。因此，中方应抓住能源转型和经济复苏的新机遇，夯实传统领域合作，推动新兴领域深度融合，加强在电—矿—冶—工—贸模式、基础设施和绿色能源方面的合作。各企业要重视环境效益和社会效益，做好实际宣传与社会沟通。

中国现代国际关系研究院拉美研究所所长杨首国研究员分析了世界格局的新变化和演变趋势，强调在内外冲击交织的不确定环境中应尽力寻找更多的确定性。中拉双方应当在加强绿色经济、公共卫生等方面合作的基础上，挖掘合作新动能。中方要认识到拉美地区在新时代独特的重要性，规划好未来经贸合作的方向。

在专题研究环节，中国社会科学院世界经济与政治研究所国际贸易研究室副主任苏庆义研究员则阐述了未来全球产业链和供应链的演变趋势。他认为，当前区域价值链之间联系紧密，影响未来供应链演化的最重要因素仍然是中美关系。美国企图推动产业链脱钩的结果可能导致碎片化，其他国家对稳定的国际环境的诉求意味着中国仍有很大的合作空间。中国有必要继续加强与非洲、拉美地区的经济联系和合作。

中国社会科学院拉丁美洲研究所经济研究室郑猛副研究员认为，当前世界正处于经济全球化深度调整、价值链重组、新一轮科技革命加速世界格局重塑以及大国博弈加剧的变化中。中拉经贸合作应当从以下方面实现突破：发挥优势互补，深化经贸合作的增量市场；加速技术外溢，增强科技合作；提升"一带一路"全球覆盖，实现跨区域经济一体化；共同参与全球治理，扩大发展中国家在国际体系中的影响力。

张勇研究员则从拉美增长之困、经贸关系之稳、发展利益之合三个方面阐述大变局下中拉经贸合作机遇与挑战。他认为，在新发展阶段，双边贸易正从高速增长向注重结构优化转变；投资"接棒"贸易成为中拉合作的新引擎，并从集中于自然资源转向国际产能合作；金融合作由联合应对2008年全球金融危机向稳步推进货币合作、积极探索双边、多边金融创新转型。

在讨论互动环节，与会专家就全球产业链调整、未来中拉贸易投资方向、增加政治互信和政策沟通等议题进一步展开交流。与会专家的观点与建议也为今后的拉美经济和中拉经贸合作研究提供了重要启示。

（撰稿人：段昭星）

【第十二届中国拉美研究青年论坛暨第六届拉美研究与中拉合作协同创新论坛】

2022年10月29日，第十二届中国拉美研究青年论坛暨第六届拉美研究与中拉合作协同创新论坛在浙江外国语学院举办。此次会议由中国拉丁美洲学会、中国拉丁美洲史研究会、浙江外国语学院主办，浙江外国语学院国际商学院、浙江外国语学院拉丁美洲研究所承办，支持单位是浙江省商务发展研究会。浙江外国语学院国际商学院院长、特聘教授范徵主持了开幕式。时任浙江外国语学院副校长张环宙教授首先致欢迎词，她在致辞中对中外专家莅临此次论坛表示热烈欢迎，并介绍了浙江外国语学院的历史沿革以及浙外拉美所的发展历程。张环宙认为此次论坛不仅仅是专家学者交流拉美研究的学术盛宴，更是一场贯彻落实党的二十大精神的学习研讨。希望中外参会者能够在此次会议上总结中拉合作经验，共谋中拉发展大计，为推动中拉关系迈上更高水平而努力。随后，浙江省商务厅副厅长张钱江发表嘉宾致辞。在致辞中他对浙江外国语学院国别与区域研究工作给予了充分肯定，高度评价此次研讨会的重要意义和作用，表示此次研讨会的召开是在新形势下紧密对接浙江开放强省发展战略、深化拓展国别和区域研究的又一次生动实践，充分体现了浙外师生勇攀高峰、追求卓越的创新精神。

随后，中国拉丁美洲学会会长王晓德教授向出席此次会议的拉美研究专家与学者表示欢迎，对浙江外国语学院为此次会议所做的前期大量工作表示诚挚的谢意，也对拉美研究的代际传承表示欣慰。他指出，与会人员中有一部分是老一辈学者，但青年学者已成为当前拉美研究的中坚力量，这也象征着拉美研究在不断走向新生。为此，他也非常感谢此次拉美研究青年论坛能够克服种种困难如期举行。当前"一带一路"倡议在拉美国家不断延伸，中拉关系正在发生重大而积极的变化，越来越多的青年学者通过这个平台相互协作与交流，让他对中拉研究的未来充满了信心。

中国社会科学院拉丁美洲研究所副所长、中国拉丁美洲史研究会副理事长袁东振研究员致辞。他受托出席此次会议，对筹备组所做的前期工作表示诚挚的谢意。他表示，中拉关系已进入平等互利、开放创新的阶段。对新时代中拉关系的研究已成为当前学界研究的热点，更应强调研究的专业性。中拉关系已被越来越多的青年研究人员所认识和重视，在新时代不断呈现各学科、各领域交叉融合发展的趋势。新时代的中拉关系在水平和质量上已有很大的提高，后备研究队伍的不断扩大响应了新的时代需求。

此次论坛开幕式上还进行了《拉美研究论丛》的发布仪式。《拉美研究论丛》是浙江外国语学院拉丁美洲研究所主办的学术论丛，聚焦拉美地区政治、经济、文化等问题的研究，包括但不限于拉美政治生态、拉美经贸合作、拉美文明互鉴等主题。该论丛今后将每年由中国社会科学出版社出版2辑，努力为国内外拉美问题研究学者提供一个学术成果展示、学术观点交流和学术思想交锋的平台。

在主旨发言环节，与会嘉宾围绕此次会议的主题"新时代中拉关系与合作"依次作主旨演讲。中国社会科学院荣誉学部委员、浙江外国语学院特聘教授徐世澄在题为"新时代中拉关系的发展与中国拉美研究学科的发展"的发言中，梳理了近十年来中拉关系发展的历程，特别提出在新冠疫情持续蔓延之下，中拉守望相助，开展全方位抗疫合作。此外，徐教授还介绍了中拉研究学科的发展情况。上海大学拉美研究中心主任江时学教授在报告中对当前拉美研究领域中的若干重大理论问题和现实问题进行了剖析，还提到了中拉电子商务合作的必要性和现实挑战。外交部前驻拉美多国大使张拓先生重点分析了新时代中拉开展数字经济领域合作的新机遇，指出中拉在数字经济领域的政策沟通、基础设施建设、电子商务发展、专业人才培养、科技合作等方面都面临新的发展机遇。现代国际关系研究院院长助理、金砖和G20研究中心主任吴洪英研究员从党的二十大宏伟目标出发，基于中拉互补性和合作基础、中拉合作愿望和中国和平崛起的虹吸效应角度，具体分析了当前中拉合作面临的重大机遇，此外，吴红英研究员还从"一带一路"背景下的中拉全面合作和利用比较优势推动贸易与投资新突破的角度，深入分析了拓展中拉合作新局面的办法。最后，巴西经济部国际经济事务秘书顾问伊万·蒂亚戈·马查多·奥利维拉通过视频连线的方式，向与会者展示了绿色金融的重要性和面临的巨大挑战，并从多边和双边角度分析绿色金融在中拉合作中的作用。

（撰稿人：浙江外国语学院拉丁美洲研究所）

【中国拉丁美洲史研究会第十届会员代表大会暨"拉丁美洲历史上的不平等和社会变革"学术研讨会】

2022年11月5—6日，由中国拉丁美洲史研究会和南开大学世界近现代史研究中心联合主办，南开大学拉丁美洲研究中心承办的中国拉丁美洲史研究会第十届会员代表大会暨"拉丁美洲历史上的不平等与社会变革"学术研讨会顺利召开。来自中国社会科学院、北京大学、南开大学、浙江大学、中国人民大学、北京外国语大学、河北大学、上海大学、福建师范大学等数十所高校和科研机构的80余名专家学者以线上形式出席此次会议。

大会开幕式由中国拉丁美洲史研究会副理事长、中国社会科学院世界历史研究所王文仙研究员主持，中国社会科学院世界历史研究所副所长刘健研究员，南开大学世界近现代史研究中心主任杨栋梁教授，中国拉丁美洲史研究会理事长、南开大学拉丁美洲研究中心韩琦教授先后致辞。

刘健研究员表示，拉丁美洲史研究在中国哲学社会科学研究领域占据着十分重要的地位，也受到党中央的高度重视。在党的二十大刚刚闭幕,全国掀起学习党的二十大报告、贯彻落实党的二十大精神的浪潮的背景下,她希望中国拉丁美洲史研究会能够发挥学科优势,提出新课题、新方法、新理论和新观点。她高度肯定了中国拉丁美洲史研究会老一届理事会各位成员的工作成绩,希望新一届理事会能够引领研究会走向新的高峰。她表示,中国社会科学院世界历史研究所作为代管单位,在过去一年里大力推进学术社团的工作与建设,今后也将继续为研究会的各项工作提供支持和保障。

杨栋梁教授向与会专家学者介绍了南开大学的拉美史研究传统以及南开大学拉丁美洲研究中心的成长历史。杨栋梁教授表示,党的二十大对当前形势进行了深入分析,我国的发展进入了战略机遇和风险挑战并存的时期。在中国崛起的大环境下,中国与拉美国家之间的关系也在不断加强,因此,深化对拉美史的研究具有重大意义。他期待此次学术研讨会能够围绕着"拉丁美洲历史上的不平等和社会变革"这一重大问题展开充分讨论,在繁荣学术、深化研究的同时,总结出对中国现代化有益的经验教训。

韩琦教授围绕着此次会议的主题,首先从外部和内部两方面分析了拉美不平等的历史根源。然后指出,拉美的不平等现象是拉美历史发展中的重要问题,是造成拉美现代化滞后的重要原因。解决不平等问题事关拉美现代化的成败。众所周知,拉丁美洲是世界上不平等现象最严重的地区之一,从18世纪70年代以来,它的高度不平等一直持续到21世纪初,基尼系数(社会上最富裕群体和最贫困群体在收入上的差距)长期维持在0.5左右,巴西甚至一度达到0.6以上。除了基尼系数,它的社会不平等还表现在中小学入学率较低,教育质量较差;处于贫困线以下人口所占的比率较高;有权享有法律保障、医疗保障和社会福利人口所占的比例较小等若干方面。在整个20世纪,拉美的进步势力为争取消除不平等现象进行了不懈的斗争,采取了包括民众主义改革模式、军人改革模式、"议会道路"模式、民族民主革命模式、游击队武装革命模式、"解放神学"运动、新社会运动、"21世纪社会主义"运动等多种方式的社会变革。韩琦教授表示,进入21世纪后,中国的现代化取得了举世瞩目的成就,有外国学者称中国的崛起为拉美国家解决收入的不平等和贫困的难题带来了前所未有的机遇。在韩琦看来,研究拉美历史上的不平等和社会变革,研究拉美现代化道路及其历史经验等问题,不仅能够促进我们对拉美史的深入研究,还有助于增进对党的二十大报告和中国式现代化道路的深刻理解。

大会主要分为两个部分,一是以"拉丁美洲历史上的不平等与社会变革"为主题的学术研讨会,二是第十届会员代表大会。

一、"拉丁美洲历史上的不平等与社会变革"学术研讨会

此次学术研讨会以大会主旨报告、分组论坛讨论、总结发言等多种形式展开。中国拉丁美洲史研究会副理事长兼秘书长、南开大学拉丁美洲研究中心董国辉教授主持了大会主旨报告的发言。

中国社会科学院荣誉学部委员、中国社会科学院拉丁美洲研究所徐世澄研究员作了题为"当代拉美的社会运动及其特点"的报告。徐世澄研究员认为,近年来拉美社会不平等、贫富差异的扩大是拉美社会运动高涨的主要原因,而社会运动的主要诉求就是进行社会变革。20世纪90年代以来,特别是进入21世纪后,当代拉美政治的重要内容和表现形式之一是社会运动蓬勃发展。他分别介绍了当代拉美的工人运动、农民运动、印第安人运动、学生运动、妇女运动、形形色色的新社会运动以及世界社会论坛。

中国拉丁美洲学会会长、教育部长江学

者特聘教授、福建师范大学社会历史学院王晓德教授以"关于美洲史研究的一些体会"为题作了主旨报告。王晓德教授从启蒙运动时期欧洲人对美洲"他者"形象的构建出发，认为欧洲人不是在"认知"美洲，而是"创造"美洲。启蒙运动后，科学研究范式逐渐取代了神学成为主导思维方式，但这种转化不会改变欧洲精英以"我"为中心看待异域的观念。"美洲退化论"树立起与文明欧洲对立的野蛮"他者"形象，从而凸显欧洲的"优越"。这一理论到了18世纪末期开始走向衰落，然而"余音"却难以消逝。

上海大学拉美研究中心主任、特聘教授江时学以"如何分析拉美经济社会中的不平等现象"为题，介绍了几种能够用于分析拉美经济不平等的理论或研究方法，并分别加以评价，包括马克思主义理论、库兹涅茨曲线、帕克的"边缘化理论"、亚当的"公平理论"、拉美经委会的"社会凝聚力理论"、皮凯蒂的 r>g 理论、市场规模理论、发展模式决定论、地理因素决定论、教育决定论。江时学教授认为没有一种理论能够全面而深刻地找到拉美不公正的原因，只有使用多种理论，从多角度多视角出发才能事半功倍。

中国拉丁美洲史研究会副理事长、中国社会科学院拉丁美洲研究所副所长袁东振研究员作了题为"拉美国家的不平等与国家治理能力"的主旨报告，他认为拉美国家不平等具有结构性、波及范围广、顽固性等几个特点。国家治理能力是观察拉美不平等问题的重要视角。一方面，提高国家治理能力是消除不平等的重要手段和途径；另一方面，由于不平等的存在加大了治理难度，削弱了国家治理能力，因此消除不平等也是提高国家治理能力的重要手段和途径。

浙江大学光华法学院夏立安教授作了题为"世界现代化进程中民法典评价的历史与理性之维——基于对《智利民法典》的解读"的报告。他一方面将《智利民法典》纳入政治与学术、传统与现代、继承与创新的历史主义之维，另一方面将其纳入民族性与世界性、自由性与保守性的理性主义之维，强调历史研究需要强化理性主义的面相，认为《智利民法典》是19世纪中期反殖民主义时代的代表，也是社会去激进化的一种表现。

韩琦教授作了题为"墨西哥尤卡坦社会主义运动及其发生的原因（1917—1924）"的主旨报告。1917—1924年，墨西哥尤卡坦发生了一场社会主义运动，运动所建立的政权被宣布为"拉美的第一个社会主义政权"，其领导人费利佩·卡里略被称为"墨西哥社会主义最伟大的推动者"。韩琦教授在介绍运动过程的基础上，着重分析了这场运动发生的原因和重要影响。最后他谈道，正是墨西哥人类学博物馆的展板说明和墨西哥国民宫的壁画激发了他的问题意识，因此，他强调"行万里路"的重要性，鼓励研究拉美史或拉美问题的青年学者，一定要争取机会到拉美国家进行考察和体验。

在随后的分组论坛讨论环节，根据此次学术研讨会的主题"拉丁美洲历史上的不平等和社会变革"设4个分论坛，围绕"拉美国际关系的历史与现实""拉美历史上的不平等""拉美历史上的社会变革""拉美历史与文化"4个议题展开，分别由中国社会科学院拉丁美洲研究所副所长高程研究员、中国拉丁美洲史研究会副理事长李巨轸副教授、北京外国语大学拉丁美洲研究中心主任李紫莹教授、湖北大学巴西研究中心主任程晶副教授主持。与会学者从不同视角出发，对这些议题展开充分讨论，发表了自己的观点与看法。

二、中国拉丁美洲史研究会第十届会员代表大会

大会第二部分的重要内容是第十届会员代表大会。中国拉美史研究会副理事长兼秘

书长董国辉教授代表第九届理事会向大会作了工作汇报。随后大会进行了换届选举，与会会员代表投票选举了中国拉丁美洲史研究会第十届理事会，并由新一届理事会成员投票选举出中国拉丁美洲史研究会第十届理事会常务理事和领导班子。南开大学拉丁美洲研究中心主任董国辉教授当选为理事长，中国社会科学院拉丁美洲研究所副所长高程研究员、中国现代国际关系研究院拉美研究所所长杨首国研究员、南开大学周恩来政府管理学院国际关系系主任王翠文副教授、福建师范大学研究生院副院长李巨轸副教授、湖北大学巴西研究院主任程晶副教授当选为副理事长，中国社会科学院世界历史研究所拉丁美洲史研究室主任王文仙研究员当选为秘书长（法人）。至此，大会顺利闭幕。

（撰稿人：薛桐、王盼）

【"左派执政浪潮与拉美政治发展新趋势"研讨会】

2022年11月29日，由中国社会科学院拉丁美洲研究所"拉美发展的重大理论与现实问题研究"项目组、发展与战略研究室、"拉美21世纪社会主义研究"课题组联合主办的"左派执政浪潮与拉美政治发展新趋势"研讨会在线上举行。此次会议由发展与战略研究室主任王鹏副研究员主持，来自现代国际关系研究院，北京外国语大学，中国人民大学，中国社会科学院马克思主义研究院拉丁美洲研究所，《国外理论动态》编辑部，《马克思主义与现实》编辑部等单位的相关领域学者围绕主题展开深入交流与讨论。

中国社会科学院拉丁美洲研究所副所长、"拉美发展的重大理论与现实问题研究"项目组首席袁东振研究员致开幕词，对拉美左翼新崛起及其对拉美政治发展的影响提出自己的四点思考。第一，拉美左右政党轮替执政并不完全是拉美政治发展的负资产而是双方利益妥协后达成的共识。第二，左右轮替多发生在拉美地区经济下行，社会危机加重，但改革又难以推进的时期，左右轮替不仅是政治现象，更是经济现象和社会现象。第三，左右轮替是未来拉美政治发展的常态，此轮拉美左翼政党的崛起并不意味右翼政党的影响完全消失。第四，左右轮替对拉美政治发展的影响是有双重性的，一方面，左右轮替会加剧党争的力度，导致政策的不稳定性和不连贯性，对经济社会发展的可持续性产生不可避免的消极影响；另一方面，左右轮替是拉美政治稳定的调节器，客观上推动拉美国家采取一种更加温和务实的发展路线。

现代国际关系研究院院长特别助理、金砖暨G20研究中心主任吴洪英研究员分析了第二轮拉美左翼执政浪潮的前景。她指出，根据拉美国家政府执政的法定任期判断，这一波的左翼执政浪潮可能会延续5年左右的时间，左翼政府能否长期执政存在不确定性。拉美左翼政党再度崛起是对上一轮左翼执政浪潮的继承和发展。左翼政府面临以下挑战：一是在重振经济和控制疫情间找到平衡；二是防止右翼势力的反扑；三是展示有效的国家治理能力；四是推动国家发展模式的转型。

现代国际关系研究院拉美研究所所长杨首国研究员分析了拉美左翼再度崛起的原因与不确定性前景。他认为，近年来新冠疫情的冲击以及贫困、失业问题的加剧导致拉美地区反政府、反传统、反权威的政治思潮逐渐占据主流，加速了拉美左翼力量"复兴"的步伐。左翼力量在拉美的崛起重塑了拉美对外政策的新思想，包括多元平衡的世界观，团结自强的地区观，以及更加务实理性的美国观。他指出，在拉美左翼新崛起的背景下，中拉合作氛围将出现大幅度改善，产生更多的合作空间。

北京外国语大学区域与全球治理研究院副院长、拉丁美洲研究中心主任李紫莹教授分析了智利左翼政党联盟的发展与特点。她指出，20世纪80年代末以来，智利左翼政党联盟6次在大选中获胜，累计执政24年，为巩固智利民主秩序和经济社会稳定发展作出重要贡献。左翼政党联盟中还有中间派甚至是中右政党的参与，呈现以下三大特点：广泛联合，凝心聚力；妥协合作，以退为进；温和稳健，关注民生。智利左翼政党联盟在长期的政治实践中展现出强大生命力，为拉美其他左翼力量执政能力的提升提供了有效借鉴。

中国人民大学国际组织学院副院长、拉美研究中心主任崔守军教授分析了巴西政局变化与卢拉政府内外政策主张。他指出，从议会和地方选举的结果来看，巴西右翼保守势力依旧强劲，卢拉政府的施政纲领很难按照劳工党的意愿推进。卢拉提出的巴西重建和转型方案有意回避了传统左翼劳工党的施政纲领，更多地向中间路线靠拢，希望以更加务实包容的政策争取跨党派跨阶层民众的支持。未来，卢拉政府在政治层面以妥协求共识，争取中间力量；在经济层面持续推进财税改革，致力于刺激经济增长；在社会层面消除饥饿和贫困，重振公共卫生和教育；在环境层面加大对亚马逊雨林的保护；在对外关系层面立足拉美，构造新型大国关系，推进南美地区一体化的同时提高其在国际事务中影响力。

中国社会科学院马克思主义研究院当代世界社会主义研究室主任贺钦研究员分享了拉美共产党研究的意义、议题和方法。她指出，拉美共产党是国际共产主义运动的分支，是推动地区发展和拉美知华友华的重要力量。她强调，中国的拉美研究要以马克思主义为指导，注重中国学术话语的构建，在强调研究方法的同时注重研究立场，在加强对话的同时注重团结。

中国社会科学院拉丁美洲研究所发展与战略研究室主任王鹏副研究员分析了拉美地区政党和政党格局的主要特征。这些特征包括：一是第三波民主化浪潮以来，大多数拉美国家形成一个前所未有的开放的政党体系；二是政党竞争格局空前激烈，拉美国家普遍实现了历史性的政党轮替；三是拉美各国的左派政党大量涌现，普遍形成左右对垒的政党格局。他认为，左派政党是拉美新兴政党中对现状最具冲击力的组成部分；左派政党的执政是对传统政党格局的重大突破，具有重大的历史进步意义。相较于其他中等收入水平的拉美国家，巴西的政党相对弱势，国会之中的碎片化政党格局导致党际合作很难实现，严重损害国家的可治理性，劳工党能否成为推进国家政治改革的领导力量充满不确定性。

（撰稿人：张冰倩）

【"新形势下中巴合作的前景"讨论会】

2022年12月9日，上海外国语大学巴西研究中心、西方语系葡萄牙语教研室共同主办"新形势下中巴合作的前景"讨论会。巴西研究中心成员、该专业研究生，以及复旦大学、兰州大学、浙江外国语学院外籍专家就中巴两国合作的未来发表了意见，并参与了讨论。会议由巴西研究中心主任张维琪主持，徐亦行教授致欢迎词。全球化智库（CCG）特邀高级研究员、复旦大学学者华一卿（Karin Vazquez），兰州大学法学院Douglas de Castro教授，浙江外国语学院施若杰（José Medeiros）副教授，上外西方语系葡语专业外籍专家艾莉（Victória Almeida）就2022年巴西大选后的形势，从中巴双边关系、国际法、国际关系、社会文化等视角出发，分别探讨了中巴两国政治、经济、社会、文化等多领域合作的前景。在积极看待中巴双边合作未来的同时，与会专家也就新国际形势给中巴关系带来的挑战发表了意见。参会的研究生就会议主题踊跃提问，同与会专家就巴西研究、中巴关系等方面进行了交流。

（撰稿人：上海外国语大学巴西研究中心）

中国拉美研究全国性社团及动态

中国拉丁美洲学会

中国拉丁美洲学会是中国研究拉丁美洲地区问题的全国性民间学术团体，成立于1984年5月18日。该学会的宗旨是团结全国各地从事拉丁美洲研究、教学和开展对拉美地区工作的人士，促进我国对拉丁美洲政治、经济、国际关系、社会、文化、民族问题等方面的研究，增进中国人民和拉丁美洲各国人民之间的相互了解和友谊，为实现我国社会主义现代化服务。

中国拉丁美洲学会经常主办全国性的学术讨论会。与会者来自全国各地的科研机构和高校、外交部和中联部等政府部门、对外友协、新华社、人民日报和有关企业。2005年以前，每年举行一次学会年会暨研讨会，此后每两年举行一次。自成立以来，中国拉丁美洲学会主办了下述全国性的学术讨论会。

1984年5月15—21日在山东烟台召开"拉美的民族民主运动讨论会"。与会学者深入讨论了拉美民族民主运动的发展历程和新形势，就拉美民族民主运动的未来发展方向提出了一些新观点和新见解，并探讨了这一课题的未来研究重点。

1985年11月7—13日在江苏南通召开"拉美的对外开放政策讨论会"。与会学者分析了拉美国家20世纪六七十年代的经济发展战略和对外开放政策，对拉美一些国家实施对外开放政策的原因、措施、影响和意义进行了热烈讨论，从理论和实践上对拉美国家的政策转变进行了深刻分析。

1986年11月4—7日在北京召开"战后拉美政治进程和中拉关系讨论会"。与会学者梳理了第二次世界大战后拉美国家政治进程中民主体制与威权体制更替的历史进程，并对这一进程的根源和绩效作了深入探讨；分析和讨论了拉美国家政治进程中的新现象；回顾了中拉关系的历程，提出了一些发展中拉关系的建议。

1987年10月20—21日在北京召开"拉美经济调整和发展讨论会"。与会学者对拉美的初级产品出口模式和进口替代模式发展战略进行了总结、回顾，评价了当前拉美经济发展战略的调整，认为拉美的经济调整势在必行，但拉美国家要注意提出自己独特的发展战略。

1988年10月21—24日在江苏苏州召开"跨入90年代的拉丁美洲学术研讨会"。与会学者总结了拉美国家在20世纪80年代经济低迷的诸多因素，提出要加强对拉美一些国家实施的美国主导的经济改革的研究，用拉美国家的经验为我国的经济改革和建设提供借鉴；对拉美国家当前的政治格局进行了广泛的讨论。

1989年7月25日在北京召开"尼加拉瓜革命和中美洲形势研讨会"。与会学者专门讨论尼加拉瓜革命和中美洲形势的发展变化，认为中美洲国家真正实现和平还有较长的道路，关键是巩固现有的革命成果；会议还讨论了整个拉美地区的政治形势。

1990年7月3—4日在北京召开"当前美拉关系研讨会"。与会学者详细梳理了美拉关系的历史，分析了目前的美拉关系现状，认为拉美国家的政治、经济发展进程和对外政策在很大程度上仍受美国的影响；多数学者认为目前拉美国家的改革将使美拉关系进一步加强，但将为美拉关系注入新的内容；美拉之间控制与反控制的斗争将继续，但美拉关系在短期内不会发生根本性变化。

1991年7月5—6日在北京召开"世界新格局与拉丁美洲研讨会"。与会学者从全球视野就世界新格局的变化对拉美的影响进行了深入探讨，认为苏联东欧剧变对拉美产生了深刻的影响，特别是对古巴的社会主义建设造成了巨大困难。学者们提出，拉美国家应对目前困难的关键是要结合本国国情走自己的道路。

1992年10月23—27日在北京召开"拉美国家当前形势与政策动向研讨会"。与会学者对当前的拉美政治、经济、社会和对外关系进行了全面剖析，深入分析了拉美国家的政治发展道路和经济政策，认为目前形势非常复杂，应关注其未来走向和政策调整；拉美国家的经济改革将会继续，其经济政策和政治发展道路短期内不会发生根本性变化。

1993年7月16—17日在北京召开"拉丁美洲的投资环境与市场学术讨论会"。这次讨论会是与首钢研究开发公司国际化经营研究所联合举办的。与会代表就拉美的投资环境和我国对拉美投资的有利因素和不利因素进行了充分的讨论。这次会议也是学会同企业合作召开研讨会的尝试，为理论研究与现实结合开辟了新道路。

1994年11月2—5日在天津召开"庆祝中国拉丁美洲学会成立10周年暨中拉关系研讨会"。这次研讨会是同南开大学拉美研究中心联合举办的。会议回顾和总结了学会成立10年来的工作，并对如何进一步推动中拉友好合作关系的发展展开了热烈讨论。会议还邀请了中联部、外交部、经贸部和国家科委的有关领导同志作了专题报告。

1995年11月27日至12月1日在北京召开"当前拉美发展模式研讨会"。与会者就当前拉美发展模式的由来、理论基础、组成部分、整体评价、拉美国家发展模式之间的异同、拉美发展模式对中国改革开放的启示等问题展开了热烈讨论。

1996年10月14—18日召开"拉美国家经济改革讨论会"。会议讨论了拉美经济改革的背景、指导思想、主要内容、共性、差异性、成就与失误、经验与教训等问题。与会者认为，拉美经济改革是拉美研究领域中的重大问题，中国的学者应该加强研究，为我国的改革开放提供借鉴。

1997年10月13—17日召开"拉美经济区域化、一体化研讨会"。与会代表就全球化与一体化的区别、全球化对发展中国家的影响、全球化和集团化对拉美一体化的影响、拉美各一体化组织的进程、美洲自由贸易区和拉美国家的战略选择、墨西哥加入北美自由贸易区后的利弊、拉美一体化对我国经济和中拉关系的影响等问题展开了热烈讨论。在这次年会召开期间，召开了学会理事会扩大会议，会议决定将该届拉美学会理事会的换届工作推迟到1998年举行，实行老、中、青三结合的原则，增补和扩大学会理事的规模。

1998年10月19—23日在北京召开"世纪之交的拉丁美洲及中拉关系研讨会"。与会者就世纪之交的拉美经济、政治及中拉关系发表了各自的看法和观点，并围绕多极化格局的形成和发展、社会贫困问题产生的原因、如何进一步发展中拉关系、全球化与民族化的关系、世纪之交拉美经济发展所处的外部环境及面临的挑战等具体问题展开了广泛深入的讨论。会议对学会领导班子进行了换届改选，选举产生了中国拉丁美洲学会第四届理事会。

1999年10月12—15日在重庆召开"当前拉美形势和国有企业改革问题研讨会"。与会学者就20世纪90年代及1999年的拉美经济形势、1999年拉美政治形势的基本特点、世纪之交的拉美对外关系、当前中拉经贸关系、拉美经济发展前景与中拉关系、拉美国有企业改革的特点和影响、外国政府和企业开拓拉美市场以及中国在墨西哥开发农业项目的建议等问题进行了深入讨论。

2001年6月29日至7月1日在北京召开"中国拉丁美洲学会年会暨拉美所建所40周年所庆学术讨论会"。2001年7月4日是中国社会科学院拉丁美洲研究所建所40周年，中国拉丁美洲学会与拉丁美洲研究所联合举办此次研讨会。与会学者就政治多极化和经济全球化大趋势下的拉丁美洲、拉美经济发展的回顾与展望以及拉美国家的政治、外交和社会发展等议题展开了深入研讨，并提出了一些启发性的思考：如何解决弱势群体的问题，如何搞好扶贫工作，如何解决收入分配不公的问题，如何既不维护平均主义又保持社会的安定，等等。

2002年8月5—9日在大连召开"中国'入世'后的中拉关系研讨会"。与会人员就中国入世对中拉关系的影响、拉美国家对中国入世及中拉关系前景的总体评价、当前拉美经济的特点、当前南锥体国家的经济动荡、阿根廷危机的性质、委内瑞拉政变未遂事件的性质、美国与古巴关系的基本走向、"9·11"事件对美拉关系的影响以及拉美在国际舞台上地位的变化展开了热烈讨论。

2003年10月14—17日在江西庐山召开"20世纪拉丁美洲变革与发展研讨会"。该届年会由拉美学会与中国拉丁美洲史研究会共同主办。会议讨论了拉美国家在现代化道路上取得的经验教训，并根据学会章程，改选了学会的领导班子。苏振兴同志连任会长。

2004年10月22—26日在河北保定召开"拉美国家经济与社会协调发展的经验教训"研讨会。会议围绕以下7个议题展开了热烈讨论：增长、分配与社会分化——对拉美国家社会贫富分化问题的考察，对拉美国家经济与社会不协调发展的理论分析，拉美国家的社会政策及其对中国的启示，发展与公正——拉美人均GDP达到1000美元的挑战，"拉美化"概念辨析，巴西经济发展与社会发展关系问题，经济与社会协调发展——古巴的经验与教训。

2005年8月29—30日在北京召开"从战略高度认识拉美：中拉关系的回顾与展望"研讨会。在该届年会上，与会学者紧紧围绕主题，重新认识了拉美，回顾了中拉关系的发展历程，探讨了中国重视拉美的必要性、中拉关系在南南合作格局中的地位、中拉关系中的美国所谓"中国威胁论"、中国与拉美未建交国的关系以及如何进一步提升中拉关系等一系列问题。

2007年5月9—12日在辽宁省鞍山召开"社会和谐：拉美国家的经验教训学术讨论会"。来自中联部、外交部、人民日报社、新华社、北京大学、复旦大学、中国社会科学院国际合作局、中国社会科学院拉丁美洲研究所等单位的近60位专家、学者和政府官员参加了会议。

2009年8月29—30日，"中拉关系60年：回顾与思考"学术研讨会暨中国拉丁美洲学会年会在外交部张湾培训基地举行。会议由中国拉丁美洲学会、中国拉丁美洲史研究会、外交部拉美司、中联部拉美局共同主办，中国社会科学院拉丁美洲研究所承办。会议聚焦中拉关系的发展与展望，围绕中拉关系的总结与思考、中拉政治关系、中拉经贸关系、中拉文化交往4个主题进行了研讨。

2011年7月5日，中国社会科学院拉丁美洲研究所、中国拉丁美洲学会联合主办的中国社会科学院拉丁美洲研究所成立50周年纪念大会暨"拉美现代化进程及其启示"学术研讨会在京举行。时任全国政协副主席、中国社会科学院院长陈奎元为该所50周年华诞题词："研究拉美更知世界多样，振兴中华岂能亦步亦趋"。时任第九、十届全国人大常委会副委员长、中国拉丁美洲友好协会会长成思危给大会发来贺词。时任中国社会科学院党组副书记、常务副院长王伟光，时任中共中央对外联络部副部长陈凤翔，时任古巴驻华大使卡洛斯·米格尔·佩雷拉等出席大会并致辞。

2013年10月16日，由中国拉丁美洲学会和中国社会科学院拉丁美洲研究所主办的"国际变局中的拉美：形势与对策"学术研讨会暨拉美学会换届工作会议在京举行。来自全国各地的学者、专家、官员及媒体人士150人出席此次会议，提交学术论文61篇，涉及拉美地区的政治、经济、社会和国际关系领域的新变化及其影响，参加会议的机构分布之广、与会代表数量之众、提交论文数量之多和涉及研究话题之细，均为历届拉美学会学术会议之最。这一成就充分反映了中拉关系取得的历史成绩和中国拉美研究的美好前景。

2015年9月21—22日，"展望中拉合作的新阶段"学术研讨会在四川省绵阳市西南科技大学召开。会议由中国拉丁美洲学会、西南科技大学主办。来自外交部、中联部、中国社会科学院、中国国际问题研究院、中国现代国际关系研究院、上海国际问题研究院、北京大学、中国人民大学、南开大学、四川大学、西南科技大学、河北师范大学、浙江外国语学院、四川外国语大学等单位的专家、学者共100多人参加了会议。

2017年6月29—30日，中国拉丁美洲学会学术大会在北京召开。此次会议与由中国社会科学杂志社、中国社会科学院拉丁美洲研究所联合举办的第六届中拉高层学术论坛合并召开。此次会议暨第六届中拉学术高层论坛的主题为"结构性转型与中拉关系的前景"。

2018年6月9日，中国拉丁美洲学会会员大会在中国社会科学院召开。来自外交部、中联部、中国现代国际关系研究院、北京大学、中国人民大学、中山大学、南开大学、中国政法大学、对外经贸大学、北京外国语大学、河北大学、湖北大学、天津外国语大学、广东外语外贸大学、四川外国语大学、西安外国语大学、福建师范大学以及人民日报社、新华社等单位的120余位会员出席会议。求是杂志社社长、中国拉丁美洲学会会长李捷代表第七届理事会作学会工作报告。会议进行了学会新一届理事会换届选举工作。王晓德教授当选为新一届会长。

2019年10月19—20日，第八届中拉高层学术论坛暨中国拉美学会学术大会在福州举行，主题是"地区与全球大变局下的中拉关系展望"。会议由中国社会科学杂志社、中国拉丁美洲学会、中国社会科学院拉丁美洲研究所、福建师范大学、巴西圣保罗州立大学、智利安德烈斯·贝略大学和阿根廷科尔多瓦国立大学联合举办，由福建师范大学历史文化学院承办。来自中国、阿根廷、巴西和智利等国的130多名学者及外交官参会并发言。

2021年7月4—5日，由中国拉丁美洲学会、中国社会科学院拉丁美洲研究所主办的2021年中国拉丁美洲学会会员大会暨"疫情冲击背景下拉美国家发展的新挑战及中拉关系新趋势"研讨会在京举行。会议采取线上线下相结合的方式，来自国内外高校、科研院所及有关部委的60余位专家学者致辞发言，上百位会员与会。中国社会科学院院长、党组书记谢伏瞻出席并致开幕式主题词，中国拉丁美洲学会原会长、求是杂志社原社长李捷，外交部原副部长李金章，中国拉丁美洲学会会长王晓德等出席会议并致辞。

2021年12月10日，由中国拉丁美洲学会、安徽大学创新发展战略研究院主办，安徽大学拉丁美洲研究所承办、安徽大学社会与政治学院、国别和区域研究院协办的第四届中拉合作高端论坛在合肥举办。

2022年6月25日，由中国拉丁美洲学会、安徽大学创新发展战略研究院主办，安徽大学拉丁美洲研究所承办，安徽大学社会与政治学院、国别和区域研究院协办的"构建新型国际关系背景下中美拉三边关系发展趋势"国际研讨会在合肥举办。安徽大学校长匡光力教授，中国拉丁美洲学会副会长、中国社会科学院拉丁美洲研究所副所长袁东振研究员出席会议并致辞。开幕式由安徽大学拉丁美洲研究所所长范和生教授主持。会议旨在贯彻落实习近平总书记在全球发展高层对话会上重要讲话精神，探讨百年未有之大变局背景下中美拉三边关系发展态势，为构建"均衡、稳定、协调、合作"的中美拉三边关系贡献学界智慧。会议设立"中美大国关系及其影响""中美拉三边关系""中美、中拉、美拉双边关系" 3个主题论坛。来自6个国家的30个拉美研究机构、大学和国际组织的200余名拉美学界研究者以及师生代表通过线上线下方式参会。

自2000年起，拉美学会和中国拉丁美洲史研究会联合发起和主办"中国拉美研究青年论坛"，至2022年已举办10届，为青年学者提供了交流的平台。2000年4月21—22日，第一届中国拉美研究青年论坛在南开大学召开，主题为"进入新世纪的拉丁美洲"。第二届中国拉美研究青年论坛2003年12月16—17日在北京大学举行，主题是"20世纪拉丁美洲的变革与发展"。第三届中国拉美研究青年论坛2006年5月19—21日在北京密云社科院培训基地召开，主要讨论内容是缅怀罗荣渠先生的学术探索与成就；拉美政治、现代化与对外关系。第四届中国拉美研究青年论坛2008年7月11日在中国现代国际关系研究院召开，四个单元的议题是：中拉关系的特点与走势、左派崛起与中拉关系、美国因素与中拉关系、中拉关系中的国别与具体问题。第五届中国拉美研究青年论坛2015年11月28—30日在湖北省武汉市举行，主题是"拉美发展与中拉关系"。第六届中国拉美研究青年论坛2016年10月20—21日在中国人民大学召开，主题是"中国、美国与拉美：新行为体和变化中的关系"。第七届中国拉美研究青年论坛2017年9月9日在南开大学召开，主题是"20世纪拉丁美洲革命与改革"。第八届中国拉美研究青年论坛2018年6月16日在上海大学举行。第九届中国拉美研究青年论坛2019年5月11日在安徽大学召开，会议主题为"'一带一路'视野下中拉合作"。第十届中国拉美研究青年论坛2020年10月24—25日以腾讯会议形式召开，并通过钉钉平台进行直播，主题是"拉美的发展、治理与变革"。2021年9月24—26日，第十一届中国拉美研究青年论坛暨"拉美现代化进程中的科技与文化"研讨会在四川绵阳召开。论坛分设四个专题："科技与投资"、"民族与文化"、"经济与贸易"、"政治与外交"。

2022年10月29日，第十二届中国拉美研究青年论坛暨第六届拉美研究与中拉合作协同创新论坛在浙江外国语学院举行。论坛以线上线下相结合的形式召开。此次论坛由中国拉丁美洲学会、中国拉丁美洲史研究会、浙江外国语学院主办，浙江外国语学院商学院、创业学院、拉美所联合承办。此次论坛的主题是"新时代中拉关系与合作"。来自墨西哥、巴西、阿根廷等拉美主要国家以及国内外高校、科研机构的百余位拉美研究领域专家、学者，聚焦拉美政治生态、"一带一路"倡议在拉美、中拉数字经济合作、绿色金融与中拉关系、中拉跨文化交流等主题，通过主旨报告和"政治、经济、文化" 3个分论坛，开展深入交流与探讨，吸引了近500名中外专业人士参与。论坛开幕式上还举行了《拉美研究论丛》的发布仪式。《拉美研究论丛》是浙江外国语学院拉美所主办的学术论丛，聚焦拉美地区政治、经济、文化等领域的研究。中国社会科学出版社每年出版2辑《拉美研究论丛》，为国内外拉美问题研究学者提供一个学术成果展示、学术观点交流和学术思想交锋的平台。

（撰稿人：袁东振）

中国拉丁美洲史研究会

中国拉丁美洲史研究会是中国社会科学院主管，由世界历史研究所代管的群众性学术团体，成立于1979年12月。该研究会的宗旨是，坚持以马克思列宁主义、毛泽东思想、邓小平理论、"三个代表"重要思想、科学发展观、习近平新时代中国特色社会主义思想为指导，团结和组织全国从事拉丁美洲史教学、科研的人员开展拉美史研究，推动本学科的学术讨论和信息交流，增进中国人民与拉丁美洲人民之间的友谊，为我国全面建设社会主义现代化国家，全面推进中华民族伟大复兴作贡献。

由于历史原因，有关拉丁美洲历史的研究在我国起步很晚，直到20世纪60年代初，才有个别高校和研究机构的少数人员开始拉丁美洲历史方面的教学和研究工作。而紧接着的"文化大革命"又使这一工作长期处于分散停顿状态。"文化大革命"结束后，北京大学、复旦大学、南开大学、河北大学、湖北大学（原武汉师范学院）等高校和中国社会科学院世界历史研究所、中国社会科学院拉丁美洲研究所等研究机构中一些对拉丁美洲历史有一定研究基础的单位，均认为有必要将国内有限、分散而又比较薄弱的研究力量统一起来，进行适当的协调、配合，以便交流信息、成果，提高研究水平，特别是集中力量探讨和研究一些重大问题。这样，从1978年年底开始酝酿和筹备成立一个统一协调和领导全国拉丁美洲史研究工作的民间群众性学术团体——中国拉丁美洲史研究会。

1979年12月初，在武汉洪山宾馆举行的中国世界史学术讨论会上，在北京大学、中国社会科学院世界历史研究所、中国社会科学院拉丁美洲研究所、复旦大学、南开大学、河北大学、武汉师范学院等单位的倡议下，正式成立了"中国拉丁美洲史研究会"，并举行了第一次会员代表会议和第一届学术讨论会。会议制定了研究会章程，并就研究会的主要任务、领导机构等问题作了决议。会议推举中国人民大学李春辉教授为研究会首任理事长，秘书处设在武汉师范学院。此后，北京大学罗荣渠教授，南开大学洪国起教授、王晓德教授、韩琦教授、董国辉教授先后担任研究会理事长。1999年，研究会秘书处迁至南开大学拉丁美洲研究中心。

自成立以来，中国拉丁美洲史研究会组织全国拉丁美洲史工作者开展了比较系统、深入的学术研究和学术交流工作。研究会发扬理论联系实际的学风，团结和组织全国拉丁美洲历史教学和研究的工作者，通过开展学术讨论、资料交流、撰写论著、举办国际性学术活动等方式，有力地促进了拉丁美洲史研究的开展和深入。截至2022年年底，中国拉丁美洲史研究会共召开全国性学术研讨会37次，分别就拉丁美洲历史上的重大问题，如拉美的社会性质和民族解放运动、拉丁美洲独立运动、关于玻利瓦尔的评价、拉丁美洲民族的起源、拉丁美洲的经济和资本主义发展、拉美现代化、中拉关系等问题进行了讨论，这些会议分别如下。

1979年11月28日至12月6日，在武汉大学召开了中国拉丁美洲史研究会第一次代表大会暨第一次学术讨论会。参会者有30多名拉美史教学与科学研究工作者，提交了19篇学术论文，围绕"十九世纪拉丁美洲独立战争"和"第二次世界大战后的拉美民族民主运动"等问题，进行了热烈讨论。

1982年9月，中国拉丁美洲史研究会在山东省济南市举行了第二届会员代表大会暨第二次学术讨论会。与会代表围绕"拉美独立战争的性质和拉美国家的社会性质"等问题进行了热烈研讨。

1983年6月6—11日，在河北省秦皇岛市北戴河召开了中国拉丁美洲史研究会年会暨"玻利瓦尔学术讨论会"。与会代表围绕拉美独立运动的领导人、解放者西蒙·玻利瓦尔的政治思想、历史评价等方面展开广泛研讨。

1984年5月15—21日，在山东省烟台市召开了中国拉丁美洲学会成立大会暨"当代拉美民族民主运动"学术讨论会，中国拉丁美洲史研究会与中国拉美学会联合主办了此次学术研讨会。与会学者深入讨论了拉美民族民主运动的发展历程和近年来的形势。

1986年5月17—22日，中国拉丁美洲史研究会在湖北省宜昌市举行第三届会员代表大会暨第五次学术讨论会。会议围绕拉美资本主义的发展、美拉关系的历史演变和拉美历史上的几个问题进行了分组讨论。

1988年5月23—28日，中国拉丁美洲史研究会在广西壮族自治区桂林市召开了"哥伦布航行美洲第一次学术讨论会"。与会代表围绕哥伦布航行美洲及其历史意义等问题展开了学术探讨。

1990年6月20—22日，中国拉丁美洲史研究会与中国世界民族研究会、中国拉美学会在北京联合主办了"拉丁美洲民族学术讨论会"。与会代表围绕拉美民族及其相关问题进行了深入讨论。

1991年9月16—21日，中国拉丁美洲史研究会第四届会员代表大会暨"哥伦布航行美洲第二次学术讨论会"在辽宁省大连市举行。这次会议由中国拉丁美洲学会、中国世界中世纪史研究会、中国美国史研究会、中国世界民族学会和中国拉丁美洲史研究会共同主办。与会代表围绕哥伦布航行美洲等问题进行了热烈讨论。

1992年10月7—9日，中国拉丁美洲史研究会与其他5个全国性学会（中国拉丁美洲学会、中国美国史研究会、中国世界中世纪史研究会、中国世界民族学会、中国国际文化书院）在北京联合举办了"纪念美洲发现——两个世界文明汇合500周年学术讨论会"。这是研究会举行的第三次哥伦布航行美洲学术研讨会。

1994年9月23—27日，中国拉丁美洲史研究会第十一届年会暨"拉美现代化及对外关系"学术研讨会在湖北省武汉市举行。这次会议决定将"拉美发展研究"作为中国拉美史研究会下一阶段继续讨论的一个重点内容。

1999年11月2—5日，中国拉丁美洲史研究会第五届会员代表大会暨学术讨论会在北京国防大学举行。会议的主题是"20世纪拉美的重大变革和21世纪拉美史研究的重点与方向"。会议决定将秘书处从湖北大学迁至南开大学。

2000年4月21—22日，中国拉丁美洲史研究会与中国拉丁美洲学会联合发起和主办的第一届"中国拉美研究青年论坛"在南开大学召开，主题为"进入新世纪的拉丁美洲"。这次会议标志着一个全国拉美研究青年学者学术交流平台搭建成功。

2001年4月21—23日，中国拉丁美洲史研究会在山东曲阜师范大学召开了主题为"全球视野下的拉丁美洲发展"的学术研讨会。与会代表围绕全球化对拉丁美洲的影响等问题展开了热烈讨论。

2003年10月14—17日，中国拉丁美洲史研究会第六届会员代表大会暨"20世纪拉丁美洲变革与发展"学术讨论会在江西省九江市庐山召开，本次会议由中国拉丁美洲史研究会与中国拉丁美洲学会联合主办。与会代表从现状、个案研究、历史、研究的未来走向等不同的角度，讨论了拉美的变革与发展问题。

2003年12月16—17日，中国拉丁美洲史研究会与中国拉丁美洲学会联合主办的第二届拉美问题青年论坛在北京大学举行。论坛研讨的主题是"20世纪拉丁美洲的变革与发展"，围绕"结构主义与拉美的社会变革和发展""民众主义与20世纪拉美的现代化"两个特色主题展开。

2005年10月23—26日，在郑州大学召开了中国拉丁美洲史研究会年会暨"发展中国家现代化模式"学术讨论会。这次会议决定将"现代化"作为今后一个时期研究会继续研究和讨论的一个重点。

2006年5月19—21日，中国拉丁美洲史研究会与中国拉丁美洲学会联合主办的第三届中国拉美研究青年论坛在北京密云社科院培训基地召开，主要讨论内容是缅怀罗荣渠先生的学术探索与成就；拉美政治、现代化与对外关系。

2007年10月19—22日，中国拉丁美洲史研究会第七届会员代表大会暨"拉丁美洲现代化进程研究学术讨论会"在山东师范大学举行。会议围绕"转型时期拉美的经济与现代化"、"转型时期拉美的政治与现代化"和"转型时期拉美的社会与现代化"3个专题展开讨论。

2008年7月11日，由中国拉丁美洲史研究会、中国拉丁美洲学会和中国现代国际关系研究院联合主办的第四届全国拉美研究青年论坛在中国现代国际关系研究院召开。会议讨论共分4个单元，议题分别为中拉关系的特点与走势、左派崛起与中拉关系、美国因素与中拉关系、中拉关系中的国别与具体问题。

2009年8月28—30日，在北京市郊张湾外交部基地召开了中国拉丁美洲史研究会年会暨"中拉关系60年：回顾与思考学术讨论会"。此次会议由中国拉丁美洲史研究会与中国拉美学会合办，与会代表就中拉政治关系、经贸关系、文化交往等主题展开了研讨。

2010年10月16—18日，在浙江大学召开了中国拉丁美洲史研究会第17届年会暨"纪念拉美独立运动200周年"学术讨论会，与会代表围绕独立运动与拉美历史的宏观思考、独立运动与克里奥尔人、独立运动与国际关系、独立后经济模式的反思和独立后政治发展的反思等主题展开了热烈讨论。

2012年10月19—22日，中国拉丁美洲史研究会第八届会员代表大会暨"拉丁美洲文化与现代化学术讨论会"在福建武夷山召开，会议围绕拉美文化的形成与基本特征、拉美文化与现代化的关系、文化交流与中拉关系等主题展开了热烈讨论。

2014年11月15—16日，在山东省济南市山东师范大学召开了中国拉丁美洲史研究会第18届年会暨"拉丁美洲与外部世界"学术讨论会。与会代表围绕拉美史研究领域中的热点问题、研究现状，以及青年学者的治学和培养问题展开了热烈讨论。

2015年11月28—30日，由中国拉丁美洲史研究会、中国拉丁美洲学会和湖北大学巴西研究中心联合主办的第五届中国拉美研究青年论坛暨"拉美发展与中拉关系"国际学术研讨会在湖北省武汉市举行。

2016年10月15—16日，在河北省保定市河北大学召开了中国拉丁美洲史研究会第19届年会暨"全球史视野下的拉丁美洲文明"学术讨论会。会议主题反映出拉美史研究向全球史、文明史视角的转变。

2016年10月20—21日，由中国拉丁美洲史研究会、中国拉丁美洲学会和中国人民大学拉丁美洲研究中心联合主办的第六届中国拉美研究青年论坛暨"中国、美国与拉美：新行为体和变化中的关系"国际学术研讨会在中国人民大学召开。

2017年9月9日，第七届中国拉美研究青年论坛暨"20世纪拉丁美洲革命与改革"研讨会在天津市南开大学顺利召开。此次会议由中国拉丁美洲史研究会、中国拉丁美洲学会联合主办，南开大学拉丁美洲研究中心承办。

2017年11月24—26日，中国拉丁美洲史研究会第九届会员代表大会暨"拉美史教学和研究"研讨会在天津召开。与会学者围绕拉美史教学中的体会与感悟、拉美研究的方法与思路等问题进行了深入的探讨与交流。

2018年6月16日，第八届中国拉美研究青年论坛在上海大学举行。该届论坛由中国拉丁美洲学会、中国拉丁美洲史研究会、中国社会科学院—上海市人民政府上海研究院联合主办，上海大学全球问题研究院、上海大学中国—阿根廷联合研究中心、上海大学拉美研究中心承办。

2019年5月11日，由中国拉丁美洲史研究会、中国拉丁美洲学会、安徽大学创新发展战略研究院联合主办的第九届中国拉美研究青年论坛在安徽合肥召开。会议主题为"'一带一路'视野下中拉合作研讨会"。与会代表重点对中拉"一带一路"合作、中美拉三边关系、拉美政治格局及走势等问题展开讨论。

2019年11月1—3日，中国拉丁美洲史研究会第19届年会，即"拉美历史上的民族与国家"暨纪念中国拉丁美洲史研究会成立40周年学术研讨会在西安外国语大学举行。与会代表围绕"拉美国别史研究""拉美国际关系史""拉美历史上的民族与国家"等议题，深入讨论了拉美历史上的民族构建和民族认同、民族主义在拉美国家现代化进程的作用，以及拉美国家治理体系和治理能力的现代化等问题。

2020年9月5日，由中国拉丁美洲史研究会主办，中国社会科学院世界历史研究所承办的"拉美史研究前沿问题"学术研讨会以云端会议形式召开。与会学者围绕拉美史研究的现实意义、拉美国家民族构建问题、美国因素在中拉合作中造成的实质性影响、民法典的社会控制功能等问题进行了热烈讨论。

2020年10月24—25日，由中国拉丁美洲史研究会、中国拉丁美洲学会和大连外国语大学联合主办，大连外国语大学西葡语系承办的第十届中国拉美研究青年论坛举行。该届论坛以腾讯会议形式开展，并通过钉钉平台进行直播。该届论坛的主题是"拉美的发展、治理与变革"。会议共分6个分论坛，各位青年学者围绕政治政策、经济发展、社会人文、治理应急等主题展开讨论。

2021年9月25—26日，由中国拉丁美洲史研究会和中国拉丁美洲学会主办，教育部国别和区域研究培育基地——西南科技大学拉美研究中心承办的第十一届中国拉美研究青年论坛暨"拉美现代化进程中的科技与文化"研讨会在西南科技大学举行。来自中国社会科学院拉丁美洲研究所、南开大学、福建师范大学、中国人民大学、中国社会科学院大学、上海外国语大学、上海大学、南京农业大学、山东女子学院、北京外国语大学、西南科技大学、东方电气国际公司和长飞光纤国际公司等高校、科研院所及企业的60余位专家学者和企业代表参会。会议采取线下和线上结合的方式举行。

2021年11月6—7日，由中国拉丁美洲史研究会主办，中国社会科学院世界历史研究所承办的中国拉丁美洲史研究会第20届年会暨"全球史视野下拉丁美洲与世界的互动"学术研讨会顺利举行。此次研讨会的主题为"全球史视野下拉丁美洲与世界的互动"，来自中国社会科学院、中国现代国际关系研究院、北京大学、南开大学、东北师范大学、福建师范大学等科研机构和高校的90余名师生以线上形式参会。

2022年10月29日，第十二届中国拉美研究青年论坛暨第六届拉美研究与中拉合作协同创新论坛在浙江外国语学院举行。论坛由中国拉丁美洲史研究会、中国拉丁美洲学会和浙江外国语学院联合主办，主题为"新时代中拉关系与合作"。来自中国社会科学院拉丁美洲研究所、现代国际关系研究院拉丁美洲研究所、北京大学、南开大学、福建师范大学、上海大学、浙江外国语学院等高校、科研院所的近百位专家学者参加会议，围绕拉美政治生态、"一带一路"在拉美、中拉数字经济合作、绿色金融与中拉关系、中拉跨文化交流等主题，通过主旨报告和分论坛研讨形式进行了深入交流与探讨。会议采取线下和线上结合的方式举行。

2022年11月5—6日，由中国拉丁美洲史研究会和南开大学世界近现代史研究中心联合主办，南开大学拉丁美洲研究中心承办的中国拉丁美洲史研究会第十届会员代表大会暨"拉丁美洲历史上的不平等与社会变革"学术研讨会召开。来自中国社会科学院、北京大学、南开大学、浙江大学、中国人民大学、北京外国语大学、河北大学、上海大学、福建师范大学等数十所高校和科研机构的80余名专家学者以线上形式出席此次会议。会议共分两个部分进行：在学术研讨会部分，以大会主旨报告、分组论坛讨论、总结发言等多种形式展开。在第十届会员代表大会部分，共有80名会员代表出席大会，以无记名投票方式选举产生了中国拉丁美洲史研究会第十届理事会，并由新一届理事会成员投票选举出常务理事和领导班子。

在主办上述学术会议的同时，中国拉丁美洲史研究会还出版内部交流刊物《拉美史研究通讯》和其他正式、非正式出版物，其中主要包括《全国馆藏拉美书刊目录》（1983年非正式油印本，内容囊括当时全国各大图书馆所收藏有关拉美的各种中外书刊，其中有英、西、葡、法、俄、日、德、意等8个文种的外文书目）、《拉丁美洲史论文集》（东方出版社1986年版）、《通向现代世界的500年——哥伦布以来东西两半球汇合的世界影响》（北京大学出版社1994年版）、《拉丁美洲文化与现代化》（社会科学文献出版社2013年版）等。

中国拉丁美洲史研究会现任理事长是南开大学董国辉教授，副理事长分别为中国社会科学院拉丁美洲研究所高程研究员、中国现代国际关系研究院杨首国研究员、南开大学王翠文副教授、福建师范大学李巨轸副教授、湖北大学程晶副教授，中国社会科学院世界历史研究所王文仙研究员任秘书长。根据《中国社会科学院学术团体管理办法》第50条规定，2022年11月举行的第十届会员代表大会决定将秘书处迁至中国社会科学院世界历史研究所。

（撰稿人：董国辉）

全国主要拉美研究机构及动态[*]

---

[*] 本栏目内容由各研究机构提供。

中国社会科学院拉丁美洲研究所

一、历史沿革

中国社会科学院拉丁美洲研究所（以下简称"拉美所"）成立于1961年7月4日，是国内最大的拉美综合性研究机构。现任党委书记、副所长王荣军，所长柴瑜，纪委书记、副所长袁东振，副所长高程。截至2022年年底，拉美所共有在职人员约60人。

拉美所创建60多年来，在党中央和国务院的领导和关怀下，从创建、成长到发展壮大，走过了一条艰苦奋斗、严谨求实，而又成果累累的发展道路。拉美所承担了众多国家社科基金项目和院重点项目。编写了《拉丁美洲历史词典》《简明拉丁美洲百科全书（含加勒比地区）》《西汉经贸辞典》等大型工具书。自1999年起，每年推出拉美黄皮书《拉丁美洲和加勒比发展报告》，对拉美地区的政治、经济、社会、对外关系领域的年度新形势做综合性回顾与展望，具有重要参考价值。拉美所的主要专著和译著成果有：《列国志》丛书（十余种）、《中国与拉丁美洲：未来10年的经贸合作》、《住房政策：拉丁美洲城市化的教训》、《拉美国家的能力建设与社会治理》、《拉美国家的法治与政治——司法改革的视角》、《墨西哥农业改革开放研究》、《智利养老金制度研究》、《中国与拉丁美洲和加勒比国家关系史》、《拉美国家政党执政的经验与教训研究》、《农民、土地与政治稳定：墨西哥现代村社制度研究》、《当代中国拉丁美洲研究》、《"一带一路"合作空间拓展：中拉整体合作新视角》、《回望拉丁美洲左翼思潮的理论与实践》、《拉美国家政党执政的经验与教训研究》、《中国与拉丁美洲和加勒比国家关系史》、《巴西的通货膨胀目标制：理论与实践》、《"一带一路"和拉丁美洲：新机遇与新挑战》、《我们和你们：中国与阿根廷的故事》、《转型中的机遇：中拉合作前景的多视角分析》、《我们的记忆：中拉人文交流口述史》、《面向新时代的中拉关系》、《中国与拉美：软实力视域下的人文交流》、《拉美国家腐败治理的经验教训研究》、《拉丁美洲的中产阶级研究》、《"资源诅咒"与制度弱化：拉美国家"发展陷阱"镜鉴》、《拉美21世纪社会主义研究》、《共享型社会：拉丁美洲的发展前景》、《巴西史》、《劳尔·卡斯特罗：革命生涯》、《中国：大国的构建》、《智利女总统巴切莱特：绽放的铿锵玫瑰》、《女总统：一段生命历程》等。此外，还有大量的论文和研究报告。其中许多成果获得了国家和中国社会科学院的奖励。这些成果不仅为中国的拉美研究作出了重要贡献，而且也为繁荣中国的社会科学作出了应有贡献。

目前拉美所下设6个研究室：拉美经济研究室、马克思主义理论与拉美政治研究室、国际关系研究室、拉美社会文化研究室、拉美发展与战略研究室、拉美区域合作研究室。另外，还有《拉丁美洲研究》编辑部、信息资料室和负责行政事务的综合办公室。拉美所学术委员会和职称评审委员会由所内外及院内外专家组成。

1984年拉美所与国内有关单位联合发起并成立中国拉丁美洲学会，它对推动中国的拉美研究事业发挥了重要作用。2009年以后，为了加强国别重点地区研究，研究所先后成立了巴西研究中心、古巴研究中心、墨西哥研究中心、中美洲和加勒比研究中心、阿根廷研究中心。这些非实体研究中心，是国别和地区综合研究平台，对提升国别研究水平和整合国内外拉美研究资源发挥了重要作用，为推动拉美研究事业的发展作出了突出贡献。

拉美所自1979年起出版《拉丁美洲丛刊》（双月刊），自1986年起，改名为《拉丁美洲研究》。这是我国第一份，也是迄今为止唯一一份向国内外发行的、专门发表有关拉美研究的学术刊物，在国内外拉美学术界享有一定声誉。

拉美所历来十分重视人才培养，除举办各类业务培训班、派送多人到国外留学和进修外，还设立了隶属于中国社会科学院研究生院的拉丁美洲研究系。拉美系每年都招收拉美经济和拉美政治研究方向的硕士研究生和博士研究生，为国家培养了大量拉美专业研究人才。

二、国内学术活动

2022年，拉美所举办了40多场国内学术会议，主要的学术活动如下。

2022年2月15日，由拉美所墨西哥研究中心主办的"纪念中墨建交50周年座谈会"在京举行。外交部、国家开发银行、中国国际贸易促进委员会、中国银行、中国现代国际关系研究院、中国国际问题研究院、清华大学、北京第二外国语学院以及中国社会科学院民族学与人类学研究所、拉美所的近50位专家学者和机构代表参加了会议。此次会议围绕"回顾与展望"、"合作与交流"和"讨论和总结"三个议题进行了深入探讨，为推动中墨关系发展贡献智慧。

2022年3月16日，拉美所创新项目组"构建中拉命运共同体：理论与实践创新"与国际关系研究室联合邀请中国社会科学院亚太与全球战略研究院王玉主研究员就"人类命运共同体与'一带一路'倡议"作专题报告。王玉主研究员分享了自己对人类命运共同体的理解，并深入剖析了人类命运共同体与"一带一路"倡议之间的逻辑关系。

2022年4月26日，拉美所中美洲和加勒比研究中心举办庆祝中圭建交50周年纪念会暨周雅欣大使报告会。拉美所所长柴瑜研究员在致辞中祝贺中圭两国迎来建交50周年。圭亚那驻华大使周雅欣女士以"中圭关系50年：回顾与展望"为题作主旨报告。中国现代国际关系研究院拉美所所长杨首国、中国国际问题研究院拉美和加勒比研究所所长宋均营分别就周雅欣大使的主旨报告作评论。拉美所副所长、中美洲和加勒比研究中心执行主任袁东振研究员作总结发言。此次会议吸引近百人通过线上线下方式参会。18个拉美和加勒比国家驻华使馆外交官（其中包括9名大使）、圭亚那外交部前部长克莱门特·詹姆斯·罗西和多名圭亚那在华留学生通过线上方式与会。中方线上与会者包括来自外交部、商务部、中联部、对外友协、新华社等机构的代表，以及20多家高校和研究机构的科研人员和师生。

2022年4月27日，拉美所马克思主义理论与拉美政治研究室、拉美所马工程项目和拉美政治学科举办了2022年第一次"拉美左翼与社会主义论坛"暨"拉美政治社会思潮的最新动向与演变趋势"研讨会。会议邀请了荣誉学部委员徐世澄研究员、中国前驻古巴大使张拓、中国国际问题研究院拉美和加勒比研究所所长宋均营副研究员、中国现代国际关系研究院拉美研究所吕洋助理研究员等嘉宾作主题发言。会议就如何理解拉美新一轮的左翼浪潮进行了热烈讨论。与会专家认为，自2018年墨西哥国家复兴运动党赢得选举以来，左翼力量重新在多个拉美国家掌权，形成新一轮左翼浪潮，但是这一轮左翼浪潮与21世纪初的"粉红浪潮"相比，具有新的特点，呈现了新的趋势。最后，与会专家讨论了当前有很大影响力的资源民族主义思潮。

2022年9月20日，拉美所马克思主义理论与拉美政治研究室、"拉美政治生态的新变化及其影响"创新项目组、拉美所马工程项目和拉美政治学科举办了2022年第四次左翼与社会主义论坛暨"拉美左翼和右翼的新变化"研讨会。会议邀请了荣誉学部委员徐世澄研究员、中国前驻古巴大使张拓、中国现代国际关系研究院拉美研究所所长杨首国研究员、马克思主义理论与拉美政治研究室肖宇助理研究员、中国社会科学院大学国际政治经济学院张晓旭博士研究生和侯玉含博士研究生等嘉宾作主题发言。与会专家追溯了新一轮左翼浪潮的发展脉络，评析了此轮左翼浪潮与上一轮的异同，并总结了拉美右翼的新发展变化。最后，会议就拉美第二轮左翼浪潮、拉美左翼的意识形态和对华态度、委内瑞拉和古巴的最新政治经济形势等问题进行了热烈讨论。

2022年9月21日，拉美所"构建中拉命运共同体：理论与实践创新"项目组、国际关系研究室、巴西研究中心联合举办了巴西论坛第28期：2022年选举分析及展望。清华大学国际与地区研究院周燕博士、四川外国语大学谌华侨副教授、中国社科院拉美所巴西研究中心学者参与了座谈研讨。

2022年9月27日，拉美所经济研究室、经济学科、"拉美经济长期发展与双循环研究"创新项目联合举办"大变局下中拉经贸合作机遇与挑战"研讨会暨《大变局视角下的中国—拉美经贸合作》新书发布会。专著作者谢文泽研究员对该书分析视角和主要内容作了详细介绍，指出该书的创新之处在于从中国、美国和拉美地区三个视角阐释大变局的特征与含义，同时从宏观、中观和微观三个层次审视中拉合作的机遇与挑战。此次会议也邀请到中国社会科学院世经政所、中国现代国际关系研究院的专家学者和来自中铁建国际投资有限公司的企业负责人，就大变局下国际形势特征、全球产业链和供应链未来演变以及中拉经贸合作前景等议题展开讨论。与会专家的观点与建议也为今后的拉美经济和中拉经贸合作研究提供了重要启示。

2022年9月29日，应拉美所社会文化室和阿根廷研究中心邀请，阿根廷萨尔瓦多大学的邓与评博士开展了一场题为"阿根廷时局动态分析与研究方法"的线上分享会。拉美所政治研究室、经济研究室、发展与战略研究室等多位学者和中国社会科学院大学学生参加了此次会议。

2022年10月20日，应拉美所社会文化室的邀请，加拿大多伦多大学博士后陈禹老师就"墨西哥雨水回收田野调查项目"一题进行了线上分享。拉美所的多位学者和中国社会科学院大学学生参加了此次专题报告会。

2022年10月29日，中国拉丁美洲学会、中国拉丁美洲史学会主办，浙江外国语大学承办的"第十二届中国拉美研究青年论坛暨第六届拉美研究与中拉合作协同创新论坛"在杭州召开。来自墨西哥、巴西、阿根廷、巴巴多斯等拉美国家，以及北京、上海、天津等国内各省份科研机构、高等学府、智库机构和有关单位拉美研究领域的近100位专家、学者、外交官和新闻记者参加了此次论坛。与会嘉宾围绕此次会议的主题"新时代中拉关系与合作"依次作主旨演讲。中国社会科学院荣誉学部委员、浙江外国语学院特聘教授徐世澄梳理了近十年来中拉关系发展的历程，特别提出在新冠疫情持续蔓延之下，中拉守望相助，开展全方位抗疫合作，并介绍了中拉研究学科的发展情况。拉美所副所长、中国拉丁美洲史研究会副理事长袁东振研究员表示，中拉关系已进入平等互利、开放创新的阶段。对新时代中拉关系的研究已成为当前学界研究的热点，更应强调研究的专业性。中拉关系已被越来越多的青年研究人员所认识和重视，在新时代不断呈现各学科、各领域交叉融合发展的趋势。下午的会议由"中拉政治、经济、文化"三个分论坛进行分组交流。

2022年11月29日，由拉美所"拉美发展的重大理论与现实问题研究"项目组、发展与战略研究室、"拉美21世纪社会主义研究"课题组联合主办的"左派执政浪潮与拉美政治发展新趋势"研讨会在线上举行。此次会议由发展与战略研究室主任王鹏主持，来自现代国际关系研究院、北京外国语大学、中国人民大学、中国社会科学院马克思主义研究院、《国外理论动态》编辑部、《马克思主义与现实》编辑部和拉美所等单位的相关领域学者围绕主题展开深入交流与讨论。拉美所副所长、"拉美发展的重大理论与现实问题研究"项目组首席袁东振研究员分析了拉美左翼新崛起及其对拉美政治发展的影响，指出左右轮替对拉美政治发展的影响具有双重性：一方面，左右轮替会加剧党争的烈度；另一方面，左右轮替是拉美政治稳定的调节器，客观上推动拉美国家采取一种更加温和务实的发展路线。

三、科研成果

2022年，出版学术著作5部，译著1部，权威期刊论文3篇，核心期刊论文30多篇，研究报告百余篇，另有多篇译文类成果。代表性成果如下：

柴瑜主编：《拉美黄皮书：拉丁美洲和加勒比发展报告（2021—2022）》，社会科学文献出版社2022年版。

袁东振等主编：《中国拉丁美洲研究年鉴（2020—2021）》，中国社会科学出版社2022年版。

袁东振等主编：《中国拉丁美洲研究年鉴（2022）》，中国社会科学出版社2022年版。

谢文泽：《大变局视角下的中国—拉美经贸合作》，中国社会科学出版社2022年版。

史沛然：《博弈：震荡格局中的中美拉三边贸易》，中国财政经济出版社2022年版。

Shuangrong He and Yuanting Chen（editors），*History of Relations between China and Latin American and Caribbean Countries*，World Scientific Publishing Co. Pte. Ltd. Octuber of 2022.

高程、部彦君：《大国崛起中"以经稳政"的限度、空间和效力——对"经济压舱石"理论的反思与重构》，《世界经济与政治》2022年第10期。

高波、李昊旻：《权力结构、土地平等与国家发展》，《世界经济与政治》2022年第12期。

肖宇：《百年变局中的拉美社会主义运动》，《马克思主义研究》2022年第12期。

周志伟：《巴西劳工党的理论体系及执政实践》，《当代世界》2022年第1期。

郑猛、郭凌威：《拉美能矿资源基础、产业特征及中拉合作策略研究》，《中国能源》2022年第1期。

杨建民：《迪亚斯-卡内尔执政以来的古巴"模式更新"》，《当代世界与社会主义》2022年第1期。

张勇：《结构视角下外部冲击与发展模式转型的逻辑——以疫情冲击下的拉美地区为例》，《国际经济评论》2022年第4期。

李菡、袁东振：《近年来拉美社会主义的发展：现状与趋势》，《世界社会主义研究》2022年第5期。

杨志敏：《墨西哥国家复兴运动的崛起与执政实践》，《当代世界》2022年第5期。

王飞、郭一帆：《疫情下拉美银行业格局及中拉银行业合作》，《银行家》2022年第6期。

李菡、袁东振：《拉美政治发展的钟摆效应与新一轮左翼浪潮的特点》，《国外理论动态》2022年第3期。

杨建民：《哥伦比亚大选：填补左翼执政空白》，《当代世界》2022年第7期。

宋霞：《拉丁美洲"横平运动"的新动向及新特征》，《开发研究》2022年第3期。

王鹏：《拉美左转新趋势：动因、特点与前景》，《马克思主义与现实》2022年第4期。

周志伟：《拉美新"粉红浪潮"的成因、特点及前景》，《当代世界》2022年第8期。

李菡：《拉美左翼游击队转型政党的建设：以中美洲国家为例》，《当代世界与社会主义》2022年第4期。

袁东振：《拉美国家马克思主义本土化的进程与趋势》，《当代世界与社会主义》2022年第4期。

徐世澄：《拉美新一轮左翼回归与第一轮左翼浪潮的异同》，《当代世界社会主义问题》2022年第3期。

贺双荣：《中国企业投资拉美锂矿的风险研究》，《中国能源》2022年第10期。

李昊旻：《权力结构视角下的拉美"天鹅绒政变"研究》，《拉丁美洲研究》2022年第2期。

周志伟：《国家身份、集体身份与激励机制——巴西参与金砖国家的核心动机分析》，《拉丁美洲研究》2022年第5期。

林华：《中国和拉美国家减贫合作的空间与路径》，《拉丁美洲研究》2022年第5期。

高波：《构建新时代中拉发展伙伴关系的核心理念与路径规划》，《拉丁美洲研究》2022年第6期。

袁东振：《从左右轮替现象透视拉美政治发展规律——兼论21世纪拉美两次左翼浪潮的发生及影响》，《拉丁美洲研究》2022年第6期。

谢文泽、郭一帆：《多边开发银行基础设施投资的因素考量：基于拉美地区的实证研究》，《拉丁美洲研究》2022年第6期。

四、教学成果

中国社会科学院大学拉丁美洲研究系（以下简称"拉美系"）以拉美所为依托，成立于1981年。目前属于大学国际政治经济学院教学系之一，现任系主任为拉美所副所长袁东振研究员。

拉美系现有二级学科硕士学位点3个，分别是国际政治、国际关系和世界经济；二级学科博士学位点2个，分别是世界经济和国际政治。此外，还拥有博士后流动站1个。该系累计培养博士200余名、硕士120余名，向大学、研究院，外交部、中联部、各大企业等不断输入高端拉美研究人才。截至2022年年底，拉丁美洲研究系有博士生导师8名，硕士生导师10名；硕、博在读学生共40余人。

拉美系世界经济专业（拉美经济研究方向）设置专业课《拉美经济基础》和《拉美经济理论》。《拉美经济基础》按照拉美和加勒比经济的历史发展轨迹进行讲授，在突出拉美和加勒比经济发展的一般规律的同时，注重对拉美和加勒比地区的主要案例进行分析。《拉美经济理论》重点培养学生的专业理论素养，尤其是对拉美经济发展进程中的重大理论和现实问题进行独立研究和分析的能力。

拉美系国际政治（拉美政治研究方向）和国际关系专业（拉美国际关系研究方向）设置专业课《拉美政治基础》和《拉美政治理论》。《拉美政治基础》课程要求学生对拉美政治发展进程、政治体制和国家结构、立法机构和司法机构、选举制度、政党和政治思潮、社会组织和社会运动、社会阶层、当前拉美政治热点焦点问题、当代拉美国际关系的特点、拉美社会问题等有基本的了解。《拉美政治理论》课程要求学生对拉美政治发展的重大理论和现实问题、拉美社会发展的重大理论和现实问题、中拉关系发展的重大理论和现实问题有比较深入的认识。此外，拉美系还开设有西班牙语初级课、中级课，要求非西班牙语专业的学生都要进行西班牙语的学习，为拉美专业学习提供帮助。

拉美系国际政治和国际关系专业已有教材《拉丁美洲政治（第二版）》（徐世澄和袁东振著）。该书以最新材料，更加全面、系统和简要地阐述拉美的概况和政治发展进程、政治体制、政党和政党制度、思潮、政治和社会团体、拉美国际政治和拉美主要国家的政治发展成就和问题等，是中国社会科学院研究生院重点教材之一。

拉美系世界经济专业于2020年启动《拉美经济发展》教材立项，开始教材的编著。该教材旨在适应社会科学学科建设的新要求，立足国际学术前沿，为国内拉美经济学科建设明确方向。

五、对外交流情况

拉美所同全国各地从事拉美研究的机构和学者有着广泛的联系，并且与拉美各国驻华使馆以及拉美、俄罗斯、南非、印度、马来西亚、印度尼西亚等国家和地区的大学、研究机构建立了各种学术交流形式。拉美所多次举办大型国际学术会议，经常派学者到国外进行访问、讲学或出席国际会议，与此同时，也接待了大量的国外专家和政府官员来所进行学术交流或发表演讲。

2022年，在所党委的领导下，拉美所统筹推进新冠疫情防控和对外学术交流工作，坚持迎难而上、主动作为，努力克服疫情影响，围绕对拉政策研究思想库建设的总目标，根据实际需要组织落实各项工作，丰富交流方式，深化学术合作。其间与拉丁美洲研究所开展学术交流的国家和地区有巴西、哥伦比亚、阿根廷、墨西哥、委内瑞拉、厄瓜多尔、牙买加、圭亚那、玻利维亚等。多次组织重要国际学术研讨会。

（一）组织举办了多场国际学术会议

2022年5月24—25日，"中拉发展合作与互鉴"国际研讨会暨第二届中拉关系研究学者论坛在京举行。此次会议是2022年中国社会科学论坛系列研讨会之一，由中国社会科学院学部主席团主办，拉美所、西南财经大学、脱贫和可持续发展全球智库网络共同承办，拉丁美洲社会科学院协办。来自中国、哥斯达黎加、圭亚那、古巴、厄瓜多尔、智利、阿根廷、乌拉圭、哥伦比亚、巴拿马等国的近40名官员、学者和企业家应邀与会发言。另有各界人士100余人在线旁听会议。会议以落实习近平总书记"全球发展倡议"为核心关切，集中讨论中国与发展中世界的发展成就和经验、时代之变与全球发展倡议、中拉发展合作的历史经验与现实需求、后疫情时代中拉发展合作机遇与前景，寻求通过助力中拉发展需求精准对接落实全球发展倡议。与会者普遍称赞"全球发展倡议"对于全球发展进程的重大影响，指出该倡议致力于重振全球发展事业，是中国在"一带一路"倡议之后为国际社会提供的又一公共产品和合作平台，为促进落实可持续发展目标发挥了引领作用。

2022年6月7日，由拉美所、中国社会科学院国际合作局共同主办，厦门市金砖国家新工业革命伙伴关系创新基地领导小组办公室协办的"2022年金砖国家学术会议：面向高质量的共享发展"在京召开。来自中共中央对外联络部、巴西经济部、中国社会科学院、清华大学、北京师范大学、巴西卢拉研究所、里约热内卢联邦大学、巴西CIPÓ研究网络、俄罗斯欧亚经济委员会、俄罗斯科学院远东研究所、俄罗斯国际事务委员会、印度社会科学研究理事会、印度金德尔全球大学、印度辩喜基金会、南非国家行政学院、南非大学、南非约翰内斯堡大学等部门和机构的150余名政府官员、专家学者以及媒体代表参加了此次会议。此次会议旨在为即将召开的金砖国家领导人第十四次会晤提供可持续的智力支持。与会各方围绕"国际体系与金砖国家""全球发展与金砖国家""战略对接与金砖国家"等三个议题进行了深入的交流与对话，立足世界格局变化，探索改革和完善全球治理体系新路径，聚焦金砖国家发展理念与发展需求对接，就如何协力推动高质量的共享发展交换了意见和建议。

2022年7月29日，由中国社会科学院国家高端智库主办，拉美所承办的"全球挑战下的新兴经济体"国际研讨会在北京顺利召开。来自中国社会科学院、新开发银行、国务院发展研究中心、清华大学、商务部研究院、中国现代国际关系研究院、阿根廷祖国研究所、巴西应用经济研究所、俄罗斯联邦储蓄银行、印度社会科学研究理事会、南非约翰内斯堡大学、马来西亚新亚洲战略研究中心、印尼战略与国际研究中心等13家中外研究机构和智库的40余名专家学者以及媒体代表参加此次会议。与会各方围绕"全球挑战与共同发展""全球治理与现实选择""合作创新与中国倡议"三个议题进行了深入探讨。

2022年9月1—2日，由拉美所、当代中国与世界研究院、朝华出版社、外文局美洲传播中心、江苏省人民政府外事办公室等机构共同举办的第五届中拉文明对话论坛以线上线下相结合方式在江苏南京成功举办。江苏省副省长方伟、外交部副部长谢锋、外文局副局长于涛、牙买加驻华大使丘伟基、圭亚那驻华大使周雅欣出席开幕式并致辞，中国社会科学院拉丁美洲研究所副所长高程研究员作大会总结。来自中国、阿根廷、巴西、墨西哥、智利、委内瑞拉、厄瓜多尔、牙买加、圭亚那、玻利维亚等10个国家的政要、专家学者、企业家以及媒体和文化传播机构的200余位代表参会。中拉文明对话论坛是贯彻落实习近平总书记文明互鉴观的具体实践，目前已连续举办五届，是连接中国和拉美地区文明交流互鉴、促进民心相通的重要桥梁和具有国际影响的公共对话平台。

2022年10月19日，由中国社会科学院、墨西哥国立自治大学和墨西哥学院共同主办，中国社会科学院国际合作局、拉美所承办的第五届中墨研讨会（线上方式）在京召开。此次研讨会以"纪念中墨建交50周年：促合作、谋共赢"为主题，来自中国外交部、墨西哥驻华使馆、墨西哥国立自治大学、墨西哥学院和中国社会科学院等部门和机构的100余名政府官员、专家学者出席会议。研讨会旨在以中墨建交50周年为契机，探寻中墨"促合作、谋共赢"的方向和路径，为推进中墨两国携手实现更高水平发展贡献真知灼见。此次研讨会紧扣国际形势变化以及中墨关系发展的历史、现状和未来发展需求。与会各方围绕"中墨关系：回顾与展望""创新发展：科技、数字经济与绿色发展""共同富裕：减贫与区域均衡发展""人文交流：合作与互鉴"四个议题进行了深入交流研讨。

2022年12月15日，由中国国际贸易促进委员会主办，拉美所承办的第十五届中国—拉美企业家高峰会中拉智库合作论坛（线上方式）在京召开。来自中国社会科学院、中国国际贸易促进委员会、商务部国际贸易经济合作研究院、中国现代国际关系研究院、清华大学、南开大学、北京师范大学、对外经济贸易大学以及中国银行巴西分行、阿根廷拉普拉塔国立大学、墨西哥国立自治大学、厄瓜多尔高等研究院、秘鲁利马大学等部门和机构的40余名政府官员、专家学者出席会议。中拉同为发展中大国和地区，在国际经济事务以及全球经济治理中肩负着同样的责任。研讨会旨在更好发挥智库赋能中拉经贸合作的作用，为推进中拉携手实现更高水平发展贡献真知灼见。与会各方围绕"推进中拉经贸合作高质量发展""构建高标准的国际经贸规则"两大议题进行了深入交流研讨。

（二）其他对外学术交流活动

2022年4月26日，拉美所举行庆祝中圭建交50周年纪念会暨周雅欣大使报告会。此次会议由拉美所和圭亚那合作共和国驻华大使馆共同主办，由拉美所中美洲和加勒比研究中心承办。此次会议吸引近百人通过线上线下方式与会。18个拉美和加勒比国家驻华使馆外交官（其中包括9名大使）、圭亚那外交部前部长克莱门特·詹姆斯·罗西和多名圭亚那在华留学生通过线上方式与会。中方线上与会者包括来自外交部、商务部、中联部、对外友协、新华社等机构的代表，以及20多家高校和研究机构的科研人员和师生。圭亚那驻华大使周雅欣女士以"中圭关系50年：回顾与展望"为题作主旨报告。她指出，圭亚那是第一个与中国建交的英语加勒比国家，也是第一个在中国设立使馆的加勒比国家。两国建交50年以来，双方在高层互访、经济技术合作、公共卫生和文化交流等领域取得一系列重大成就。圭亚那在2018年加入"一带一路"倡议，双方合作正在此框架下不断走向深化。两国在气候变化、新能源、基础设施和农业等领域有着巨大的合作空间。在当前极为复杂多变的国际环境下，两国不仅需要以双边利益为重，也需要考虑多边利益，求同存异、合力向前。最后，精通中文的她引用唐诗"海内存知己，天涯若比邻"形容中圭之间的亲密关系，表示两国关系拥有进一步向前迈进的巨大动力，光明的合作前景值得期待。

2022年9月20日，拉美所墨西哥研究中心和《拉丁美洲研究》编辑部联合举办"中墨建交50周年系列研讨会：中墨关系的过去、现在和未来"。来自中国社会科学院美国所、《中国社会科学报》和拉美所的研究人员和媒体记者等与会。墨西哥国立自治大学经济系教授、中墨研究中心主任、北京大学访问学者恩里克·杜塞尔教授作主旨发言。杜塞尔教授指出，50年来中墨关系取得重大成就，今后双方应加强学术机构间的合作交流，为双边关系的发展建言献策。与会人员还就中美拉三边关系、"一带一路"倡议、中拉基础设施合作等问题与杜塞尔教授作了交流和探讨。

2022年11月1日，在拉美所召开中国社会科学院拉丁美洲研究所同拉美国家记者团朋友交流会。拉美所所长柴瑜和各研究室主任出席会议，并同拉美记者团的朋友进行交流。记者团朋友就中拉关系未来发展、去工业化、文化差异、中美洲地区、古巴改革、拉美学术研究机构等方面的问题同与会的专家学者进行提问和交流。针对记者朋友提出的去工业化问题，周志伟研究员认为，中拉经贸合作从产业间向产业内拓展，合作空间不断开拓；王鹏研究员从历史维度回顾中巴产能合作，认为中巴产能合作有传统历史，从之前的汽车产业合作到目前更多领域合作，取得了显著进展。针对文化差异问题，林华研究员认为，加强民间交流尤其是中拉青年交往非常重要；谌园庭研究员认为，中拉智库交流对强化文化互动具有促进作用。针对中美洲地区学术研究问题，王鹏研究员介绍，2006年成立了中美洲和加勒比研究中心，对中美洲研究具有推动作用。针对古巴变革问题，杨建民研究员认为，古巴改革为古巴经济发展注入了新活力，中古关系态势良好。针对拉美学术研究机构问题，柴瑜研究员向记者朋友们介绍，中国拉丁美洲研究学会等学术团体、科研院所和国内许多大学的区域国别研究基地不断发展和壮大，推动拉美学术研究不断迈上更高台阶。

2022年，拉美所克服新冠疫情影响，保持与拉美驻华使馆的良好关系和频繁交流。拉美所所长柴瑜研究员先后拜会拉美多国驻华大使，就双方今后可能开展的合作方式与领域进行交流，同时各拉美使馆官员多次拜访拉美所，拉美所学者也参加了一系列使馆举办的纪念活动和发布仪式等。

六、承担课题情况

序号	课题名	主持人	课题类型
1	构建中拉命运共同体：理论与实践创新	高程、周志伟	中国社会科学院创新工程项目重大课题
2	拉美发展的重大理论与现实问题研究	袁东振	中国社会科学院创新工程项目
3	拉美政治生态的新变化及其影响	杨建民	中国社会科学院创新工程项目
4	拉美经济长期发展与双循环研究	岳云霞	中国社会科学院创新工程项目
5	"一带一路"与中拉互联互通研究	杨志敏	中国社会科学院创新工程项目
6	中拉发展合作与互鉴研究	柴瑜	中国社会科学院创新工程项目
7	双循环新格局下中国与拉丁美洲经贸关系的发展与挑战研究	岳云霞	国家社会科学基金重点项目
8	内生及外源性危机对拉美国家的影响及其应对机制研究	张勇	国家社会科学基金一般自选项目
9	拉美现代右翼的演变及其对中拉关系的影响研究	李昊旻	国家社会科学基金青年项目
10	中国对拉美直接投资的国际比较与提升投资合作质量的路径研究	郭凌威	国家社会科学基金青年项目
11	新发展格局下中拉共建"一带一路"高质量发展路径创新研究	郑猛	国家社会科学基金一般自选项目

复旦大学国际问题研究院拉美研究室

一、历史沿革

复旦大学国际问题研究院拉美研究室（以下简称"拉美室"）成立于1964年2月，是在周恩来总理关怀下成立发展起来的，最初设立于复旦大学历史学系，由程博洪先生筹建并担任第一任主任。拉美室全盛时候曾拥有近30名科研教学人员。2000年11月，拉美室并入复旦大学国际问题研究院。拉美室在半个多世纪内产出了丰硕成果，撰写出版了《拉丁美洲经济》（上海人民出版社1986年版）、《墨西哥：文化碰撞的悲喜剧》（浙江人民出版社1990年版）、《拉丁美洲文化概论》（复旦大学出版社1996年版）、《西半球的裂变：近代拉美与美国发展模式比较研究》（上海辞书出版社2005年版）、《国际新格局下的拉美研究》（复旦大学出版社2007年版）、《墨西哥通史》（上海社会科学院出版社2014年版）、《巴西通史》（上海社会科学院出版社2017年版）等著作；编译出版了《苏联与拉丁美洲》（上海人民出版社1974年版）、《格瓦拉传》（上海人民出版社1974年版）、《卡斯特罗和古巴》（上海人民出版社1975年版）、《古巴革命战争回忆录》（上海人民出版社1975年版）等多部书籍；出版了数十期《拉美问题译丛》和《拉美问题资料》。上述成果在国内外拉美研究领域具有一定影响力。

拉美室设有资料室。资料室藏书以拉丁美洲经济、政治、文化方面的原版书及原版期刊为主。资料室藏有外文图书近3000册，中文图书1000多册，外文原版期刊50余种，中文期刊30余种。资料室另编有关于拉丁美洲方面的《参考资料》剪报。目前，资料室的图书资料正在进行编目，将在整理完成后面向国内外开放。

二、研究方向

拉美室与研究院的整体发展战略相对接，借助复旦大学政治学、外国语言文学、经济学等学科点，培养掌握对象国语言、了解当地国家社情、具有全球视野的拉美研究专业化人才，为学科建设、人才培养、区域与国别研究以及决策咨询贡献力量。目前，研究室主要集中于对拉美国家政治、经济及外交形势进行跟踪，对中拉绿色经济合作、可持续发展等议题进行专题研究。

三、人员情况

目前，拉美室有专职研究人员1名（曹廷副研究员任研究室副主任）。同时，拉美室聘请了9位学术顾问（中国外交部前驻古巴、委内瑞拉、玻利维亚、阿根廷大使张拓，中国外交部前驻巴拿马办事处代表、欧美同学会拉美分会会长王卫华，中国拉丁美洲学会会长、福建师范大学教授王晓德，中国社会科学院拉美所荣誉学部委员徐世澄，中国社会科学院拉美研究所副所长袁东振，上海大学特聘教授江时学，湖北大学区域与国别研究院院长吴洪英，复旦大学国际关系与公共事务学院教授郑宇，复旦大学国际关系与公共事务学院教授、金砖国家研究中心主任沈逸）以及4名兼职研究人员（复旦大学外文学院西班牙语系主任、教授程弋洋，复旦大外文学院西班牙语系助理教授王珑兴，复旦大学发展研究院副研究员、金砖国家研究中心副主任江天骄，复旦大学发展研究院金砖国家研究中心咨政事务专员李昱昀）。

曹廷，副研究员，复旦大学国际问题研究院拉美研究室副主任，兼任中国拉美史研究会理事、欧美同学会西葡拉美分会智库工作委员会主任，主要从事拉美地区可持续发展、中拉关系、美拉关系研究等。

四、学术活动

2022年10月27日，在上海论坛框架下召开"中拉可持续发展合作"国际研讨会。

2022年12月，与上海国际问题研究院外交政策研究所联合举办"二十大之后中拉关系的前景与挑战"学术研讨会。

五、科研成果

曹廷：《拜登上台以来美拉关系的调整及前景》，《美国问题研究》2022年第2期。

六、对外交流情况

2022年，线上参加墨西哥瓜达拉哈拉大学举办的中墨关系研讨会。

七、承担课题情况

序号	课题名	主持人	课题类型	课题编号
1	古巴革命后美古关系演变研究	曹廷	国家社科基金后期资助项目	22FGJB018

中国现代国际关系研究院拉美研究所

一、历史沿革

中国现代国际关系研究院（CICIR）是中国历史悠久、研究领域广泛、功能齐备的复合型国际战略与安全问题研究及决策咨询机构。其历史可追溯至20世纪40年代，后在1980年正式挂牌为"现代国际关系研究所"。随着研究领域的不断拓宽、研究队伍的不断壮大、研究实力的不断提升，其在2003年更名为"中国现代国际关系研究院"（以下简称"现代院"）。目前，现代院拥有300余名研究和科辅人员，下设15个研究所和多个研究中心，以及国际交流部、国际信息资料中心、研究生部、时事出版社等部门。现代院的研究领域覆盖全球所有国家和地区，涵盖全球重大战略性、综合性问题，以及中国与外国、国际机构或组织的关系等，彰显研究的全面性、综合性、战略性。现代院主办发行三大学术期刊，即《现代国际关系》（中文核心期刊）、《现代国际关系》（英文版）和《国际研究参考》，每年推出具有自身特色的年度报告《年度国际战略与安全形势评估》，不定期推出各种白皮书、小册子。其下属的时事出版社每年就国际关系、国际战略与国际安全推出大量学术著作。现代院还着力培养高端人才，是国家学位委员会批准授予博士学位点、硕士学位点的单位，每年培养数十位国际关系专业和国家安全学专业的硕士研究生、博士研究生。现代院于2015年入选首批国家高端智库建设试点单位，在2020年美国宾夕法尼亚大学全球智库排行榜中名列中国第一、全球第十八，并在外交政策与国际事务研究分类排名中位列全球第三，是享誉内外的中国特色国家高端智库。

现代院拉美研究所的历史可追溯至20世纪60年代。中国现代国际关系研究所在1980年成立后，拉美研究室随即组建起来。2003年"所"改"院"后，研究室相应更名为研究所。目前，中国现代国际关系研究院拉美研究所（以下简称"研究所"）下设4个研究室：墨西哥—中美洲—加勒比研究室、南美研究室、拉美一体化研究室和中拉关系研究室。研究对象涵盖拉美和加勒比地区33国和14个未独立地区，研究领域包括拉美各国和地区问题、中拉关系、拉美对外合作以及全球治理等综合性问题。

二、研究方向

研究所坚持区域研究与国别研究、基础研究与动态研究、学术研究与政策研究相结合，现已形成以国别研究为基础、以问题研究为牵引、以战略和政策研究为特色的多层次、复合型研究格局。主要研究领域包括：拉美地区全部33国的国别研究，拉美政治、经济、社会、军事、外交、安全等地区问题研究，中拉关系、美拉关系、欧拉关系、东亚与拉美关系等拉美对外关系研究，南共市、中美洲共同体、加勒比共同市场、拉美共同体、美墨加自由贸易区等一体化组织研究，拉美与联合国、金砖国家、G20、APEC等国际机构或组织的关系及拉美在世界格局中的地位等专题研究。

三、人员情况

研究所现有研究人员十余名，具有"老中青"三代结合、年轻人为主力军的特点，人才梯队布局合理、衔接有序。研究人员多拥有博士或硕士学位，均通晓西英或葡英双语，教育背景涵盖外语、历史、经济、国际关系、国际政治等多学科，严谨治学风气和集体攻关氛围浓厚。

现任所长为杨首国研究员。他取得法学博士学位，现为博士生导师，兼任中国拉美史研究会副会长、中国拉美学会常务理事，长期从事拉美战略性问题研究，研究领域涉及拉美政治、经济、外交、中拉关系及墨西哥、古巴、委内瑞拉等国别研究。他的主要研究成果包括：《劳尔时代古巴经济改革研究》《巴西现代化进程中的农业问题》《中国对拉美政策评估》等多篇学术论文；在拉美国家刊物上用西班牙语发表多篇论文，包括主编《中智关系40年：经验与启示》（智利发展大学出版）、撰写《中墨关系40年回顾与展望》（墨西哥国立自治大学出版）等；在《人民日报》《解放军报》《瞭望》《世界知识》等报刊杂志或网站上发表数十篇评论文章。

现任副所长为孙岩峰研究员。长期研究拉美政治及经济形势、中拉关系，重点跟踪研究巴西、阿根廷、委内瑞拉等南美国家，多次主持现代院及外交部、中联部课题，曾参与撰写《三十年世界政治变迁（1979~2009）》《跨越中等收入陷阱：巴西的经验教训》等学术著作，《葡萄牙人的地理大发现》等译著，以及《新形势下的中国与墨西哥关系》（西文）等学术论文，并在中央广播电视总台、新华社、《人民日报》（海外版）、《光明日报》等媒体发表诸多时政评论。

四、学术活动

作为中国专门的、重要的拉美问题研究机构，研究所每年主办多场重大学术活动，并参与国内外大量学术活动，与外交部、中联部、商务部、生态环境部、财政部等政府部门，中国社会科学院、中国国际问题研究院、上海国际问题研究院等研究机构，北京大学、南开大学、中国人民大学、北京外国语大学、对外经贸大学、上海大学、湖北大学、西南科技大学等高校，国家开发银行、中石油、中国广核集团等企业长期保持密切交流与合作。

2022年8月12日，研究所主办"左翼崛起下的拉美变局"学术研讨会，邀请来自外交部、中国社会科学院、中国国际问题研究院的专家学者与《文汇报》记者等与会。研讨会由现代院拉美研究所所长杨首国主持。现代院院长助理兼美国研究所所长王鸿刚在致辞中指出，左翼崛起是百年变局在拉美的一种突出表现形式，反映了世界政治演进的最新趋势。在全球层面，左翼思潮再度回升，对资本和大企业加强管制的呼声高涨，对更广泛的社会保障、更强有力的大政府的期许增加。准确把握这一趋势，不仅有助于研判拉美地区发展前景，也可进一步加深对世界政治思潮演变的认识。与会专家普遍认为，本轮左翼崛起有其特殊历史背景。受新冠疫情、乌克兰危机及美国加紧对拉美干涉和掌控等影响，拉美国家陷入前所未有的发展困境，中下层民众生活日益艰困，不满情绪不断积累，开始用"愤怒票"惩罚前右翼执政当局，为左翼上台创造了条件。左翼顺应民众求新求变的呼声，从群众运动中脱颖而出，展现出与传统政治精英不同的执政风格，深刻改变了地区政治格局和政坛力量对比。专家一致认为，新上台左翼在一定程度上延续和发展了21世纪初以委内瑞拉、巴西左翼为代表的"粉红色浪潮"，都重视发挥国家作用，将社会政策作为施政主轴，主张公平分配社会财富，实现公平、正义和可持续发展。同时也展现出一些新的特点，如更加重视环保、性别平等、土著权益等新兴议题，在对外政策特别是对美政策上更加温和、务实。"左转"趋势之下，拉美"左、右"政治力量对比和传统政治格局将不断调整重塑，区域合作和地区一体化进程有望加速。不过，在内外不稳定不确定因素增多、发展困境难解的情况下，拉美左翼上台后势必要经历一段艰难的转型、摸索乃至阵痛期，想要实现长期执政恐将面临不小的挑战。

此外，研究所还就中拉关系、美拉关系、金砖国家合作等议题主办多场讨论会、咨询会，邀请院内外专家从不同研究视角分析问题、分享看法，搭建了一个相互学习交流的良好平台。

研究所研究人员积极参与国内政府部门及其他学术机构举办的各类重要学术活动，主要活动如下：吴洪英研究员先后参加了北京师范大学政府管理学院组织的"金砖伙伴关系"国家研讨会（2022年4月）、国务院参事室组织的"2022年金砖国家智库论坛"（2022年5月）、中国社科院拉美所组织的"中拉发展合作与互鉴"国际研讨会（2022年5月）、中石油公司组织的"首届金砖国家能源合作论坛"（2022年6月）、中国社科院拉美所主办的"全球挑战下的新兴经济体"国际研讨会（2022年7月）、中国人民外交学会与印度世界事务委员会举办的"第八次中印关系对话"视频会、华中科技大学国际治理研究院举办的第八届东湖论坛"国际正义与全球治理"国际研讨会、国防大学防务学院主办的"第五届中拉—拉美高级防务论坛"；杨首国研究员先后参加当代中国与世界研究院举办的"全球发展与治理：中国—巴西对话会"（2022年4月）、中国拉美学会与安徽大学创新发展战略研究院主办的"中美大国竞争背景下中美拉发展趋势"研讨会（2022年6月）、中国社科院拉美所举办的"第四次左翼与社会主义论坛"（2022年9月）、"第十一届中拉高层学术对话论坛"（2022年11月）、中国国际问题研究院举办的"巴西大选及拉美左翼执政的影响"研讨会（2022年11月）等十余场学术活动，并作主旨发言；孙岩峰研究员先后参加中联部与巴西圣保罗论坛举行的"中国与拉美左翼"研讨会（2022年5月）、商务部培训中心举办的拉美受训官员发展理念交流会等。

五、科研成果

研究所既进行独立研究，也接受国内政府部门委托研究，还同国内外有关机构就共同感兴趣的课题进行合作研究，在学界有较强影响力、号召力。研究成果或提供给有关政府部门、企事业单位，服务于政府、企业拓展对外合作；或通过学术刊物、报刊杂志等公开发表，以扩大学术和社会影响。

2022年，研究所以集体或个人名义发表多篇学术论文或评论文章，代表性成果包括《拜登政府拉美政策的特点及走向》（《现代国际关系》2022年第5期）、《拉丁美洲新一轮"粉红色浪潮"》（《现代国际关系》2022年第12期）等。

2022年，研究所研究人员还就拉美地区形势、热点问题，在《人民日报》《光明日报》《经济日报》《中国日报》《环球时报》《工人日报》《瞭望》《世界知识》《环球》等报刊杂志及澎湃新闻等网站上发表多篇文章，并多次接受CCTV-1、CCTV-4、CGTN、凤凰卫视、中国国际广播电台、东方卫视、湖北卫视、深圳卫视等媒体的采访，努力讲好中国故事、传播好中国声音。

六、教学成果

现代院在1981年开始招收硕士研究生，在1995年开始招收博士研究生，旨在培养在国际关系、国家安全研究领域具备一定理论基础和专业知识，能够灵活运用科学研究方法独立从事创新性学术研究，适应新时代相关工作需要的高素质、高层次专门人才。研究所现有1名博士生导师、1名硕士生导师，招生方向为国际关系研究，招生对象主要为党政机关、事业单位、国有企业等在职在编定向委培人员，迄今已为高校以及外交、外贸、科研等战线输送多名高端人才。

七、对外交流情况

研究所对外交流广泛、频繁，与拉美各国驻华使领馆、拉美国家在华学者保持着定期沟通，与拉美地区高校及研究机构建立了多种多样的交流合作形式。目前，研究所在拉美7国有9家固定交流伙伴，包括：古巴国际政治研究中心、巴拿马大学、墨西哥国立自治大学、墨西哥维拉克鲁斯大学、巴西亚历山大古斯芒基金会、巴西国际关系研究中心、巴西中国—亚洲研究所、阿根廷国际关系理事会、智利发展大学及秘鲁太平洋大学。另与联合国拉美经委会、美洲对话等多所智库、高校保持着密切交往，形成了覆盖拉美地区主要国家的交流网络。

2022年，受新冠疫情影响，中外人员交流受阻。在此背景下，研究所重点与拉美国家驻华使馆进行联络，并通过视频会议的形式与拉美地区学术机构保持交流，力保对外交往不中断，力求对外交往更好地服务研究工作。据不完全统计，一年时间内，研究所共与拉美国家驻华使馆官员会面十余次，与拉美地区学术机构举办线上交流会十余场。

2022年5月12—13日，中国现代国际关系研究院与墨西哥国立自治大学联合主办"中墨发展互鉴暨中墨建交50周年"国际视频研讨会。现代院院长袁鹏、墨西哥国立自治大学副校长瓦伦西亚在开幕式致辞，中国驻墨西哥大使祝青桥、墨西哥驻华大使施雅德分别作主旨发言。开幕式由现代院院长助理王鸿刚主持。

现代院金砖暨G20研究中心主任吴洪英主持第一单元研讨，中国驻墨使馆经济商务公参邹传明，中国社科院荣誉学部委员徐世澄，墨西哥国立自治大学政治与社会科学学院教授拉米雷斯、安赫尔回顾了中墨两国近年来克服疫情影响，在经贸合作领域取得的历史性成就，认为在当前新冠疫情挥之不去，俄乌局势陷入僵持，全球化遭遇逆流，世界经济形势不容乐观的复杂国际形势下，中墨两国务实合作展现出更大韧性和潜力，在基础设施、科技创新、疫苗研制、新能源开发等领域合作前景广阔。中国社科院拉美所副所长袁东振在评论发言中指出，中墨关系已超越双边范畴，两国同为重要的发展中大国，在国际事务中有广泛共识，未来应进一步发掘国际层面的合作意义，丰富合作内涵，共同推动全球治理体系朝着更加公正合理方向发展。

在第二单元，与会专家聚焦"新时期中国与墨西哥的发展"主题展开研讨。现代院世界经济所副所长倪建军介绍了中国高质量发展成果，认为中国超大规模市场日趋活跃，治理韧性、有效性不断凸显，要素优势不断释放，为中墨务实合作创造了坚实基础。墨西哥国立自治大学经济研究所研究员罗德里格斯关注中国金融系统与国有企业，认为中国的金融和国有企业改革开放不仅对墨有借鉴意义，更有助于深化双边合作。政治与社会科学学院教授埃斯卡兰特指出，中墨在"一带一路"框架下的大项目合作有助于进一步加强两国政治、经济、人文和多边层面的联系纽带。现代院拉美所副研究员李萌和易瑞国际电子商务有限公司墨西哥国家经理苏衡则聚焦中墨合作的具体领域，分别介绍了墨西哥汽车制造业发展及中墨电商合作现状。中国国际问题研究院拉美所所长宋均营在点评环节指出，中墨同为重要新兴市场国家，两国发展互鉴有助于进一步发挥互补优势，探索合作新领域，为推动全球发展合作发挥积极作用。

会议第三单元，两国专家学者放眼全球，共话"世界'百年变局'与全球发展挑战"。在现代院拉美研究所副所长孙岩峰主持下，现代院世界经济研究所所长张运成和世界政治研究所副所长李岩分别深入阐释了世界经济发展态势与国际格局演变，指出世界经济不确定不平衡不稳定性凸显，和平与发展的时代主题遭遇挑战，全球化面临停滞甚至倒退风险，面对挑战，中墨应携手合作，共促全球发展倡议，为动荡变化的世界政治经济注入更多稳定性。墨西哥国立自治大学气候变化研究中心主任埃斯特拉达教授介绍了气候变化带来的新挑战，指出到 21 世纪下半叶，全球变暖和海平面上升可能给世界各国带来难以承受的经济损失，中墨两国合作加强气候治理的紧迫性上升。经济研究所研究员博尼亚重点关注全球供应链、货运和基础设施合作，认为在当前供应链堵点、断点丛生背景下，中墨更应加强关键交通基础设施合作。墨西哥国立自治大学驻华代表处主任诺约拉点评表示，在世界政治、经济格局动荡重组背景下，气候变化、数字经济、新能源革命等越来越多非传统议题对全球发展产生深刻影响，中墨两国加强互学互鉴，深化战略性新兴领域合作的重要性愈发凸显。

墨西哥国立自治大学亚非研究中心主任希隆女士和现代院拉美研究所所长杨首国分别在总结发言中强调，此次研讨会意义重大、形式创新、成果丰硕。未来，两家机构将进一步深化合作，联合发布《中墨关系发展研究报告》和学术论文集，为推动中墨关系发展作出更多学术贡献。

八、承担课题情况

研究所主要承接四种类型的课题：本院专项课题、高端智库课题、国家部委委托课题及企业委托课题。2022 年，研究所完成多个专项课题和政府机构、企事业单位的委托课题。

南开大学拉丁美洲研究中心

一、历史沿革

南开大学拉丁美洲研究中心是我国在高校最早设立的拉丁美洲研究机构之一，现已发展成为国内重要的拉丁美洲史研究基地、人才培养基地和高水平的学术交流平台。

20世纪60年代初，为满足国家对拉丁美洲深入了解之所需，北京大学、中国人民大学、北京师范大学和复旦大学等高校先后开设拉丁美洲史课程。在这一历史大背景下，1964年南开大学拉丁美洲史研究室成立。20世纪90年代初，原国家教委（现为教育部）积极推动高校国际问题研究，在具有基础的教委直属高校布设地区与国别研究中心。1991年，经国家教委批准，南开大学校长办公会发文成立拉丁美洲研究中心，成为当时国内高校中唯一独立建制的、实体性拉美研究机构。1993年11月，南开大学拉丁美洲研究中心正式挂牌成立。时任南开大学党委书记洪国起教授为拉丁美洲研究中心的首任主任，此后王晓德教授、王萍教授和董国辉教授先后担任中心主任。2000年10月，拉丁美洲研究中心并入历史学院。拉丁美洲史是世界史一流学科的主要分支学科之一，也是历史学院的特色学科之一。2017年，拉丁美洲研究中心（以下简称"中心"）成为教育部国别和区域研究备案中心。

中心在1999年成为中国拉丁美洲史研究会秘书处所在地，负责研究会日常事务和举办各类学术活动，为组织和协调国内拉美史研究发挥重要作用。洪国起教授1991—1999年任拉丁美洲史研究会副理事长（其中1996—1999年任代理理事长），1999—2007年任理事长。2007—2016年，王晓德教授担任研究会理事长，韩琦教授担任常务副理事长。2016年至2022年11月，韩琦教授担任研究会理事长，董国辉教授担任副理事长兼秘书长。2012—2022年，王萍教授任副理事长。2022年11月，董国辉教授当选理事长，王翠文副教授当选副理事长。

二、研究方向

中心主要对拉丁美洲整体及其主要国家的历史进行全方位研究，相关研究工作如下。

第一，对拉丁美洲整体的历史发展进程进行长期研究。目前，中心主要从拉美多元社会的形成、殖民遗产、现代化进程及社会转型等角度对拉丁美洲地区的整体发展进行研究。与此同时，中心非常重视对拉美国际关系史的研究，从早期侧重美拉关系史、中拉关系史，拓展到英拉关系史、拉美国家之间的关系等领域。在拉丁美洲区域研究中已形成全方位、多角度的研究结构。

第二，中心在重视区域史研究的同时，力拓国别史研究，做到区域史与国别史相结合、大国史与小国史相协调。中心在国别史研究中紧抓具有国际和地区影响力的大国，例如阿根廷、巴西、智利、墨西哥等。这些地区大国无论是从自身的发展还是从辐射力来说，都对拉美地区产生至关重要的影响。在坚持着眼大国的同时，中心并没有忽视对拉美中小国家历史的研究，例如秘鲁、巴拉圭、乌拉圭、厄瓜多尔和中美洲国家等。对于这些中小国家历史进程的研究丰富了国内拉美史研究的领域。

第三，在坚守历史学研究的同时，中心秉承史学研究的现实关怀，关注拉美现状，积极参与各种形式的现状研究。中心以历史学研究为基础，深究现实问题的历史缘由，从社会发展进程的角度对现实问题进行独具特色的解析，发挥了独特的作用和优势。这种以史学为基础的现状研究与即时性的现状研究相互配合、取长补短，加强了我国对拉美地区和国家现实问题分析的准确度和前瞻性。中心在拉美地区的疫病状况、社会治理、教育等问题上都提出针对性政策和建议，并形成咨政报告等类型的研究成果，取得了很好的社会效应。

三、人员情况

目前，中心共有 32 位专职和兼职研究人员。其中，专职研究人员共有 6 名。在所有研究人员中，3 人为教授、博士生导师，3 人为副教授、硕士生导师。26 名兼职研究人员均是国内外长期从事拉丁美洲研究的著名专家、学者。

韩琦，历史学博士，教授、博士生导师。现为南开大学英才教授，南开大学世界近现代史研究中心（教育部人文社科重点研究基地）副主任。曾任中国拉丁美洲史研究会理事长，现任中国拉丁美洲学会副会长、中国世界近代史研究会副会长、中国外国经济史学会副会长。分别于 2001 年和 2011 年在墨西哥国立自治大学经济研究所做访问学者和高级访问学者，并出访过拉美多个国家。主要研究领域为拉丁美洲历史、拉丁美洲经济史、拉丁美洲现代化进程。曾主持完成教育部重大攻关课题子项目"拉丁美洲现代化模式"、教育部人文社会科学重点研究基地重大项目"拉美主要国家现代化道路"、国家社科基金一般项目"墨西哥 20 世纪前半期的文化革新运动和现代化"、教育部人文社会科学重点研究基地重大项目"拉丁美洲的民族主义和现代化"等。在《历史研究》《世界历史》《拉丁美洲研究》等刊物上发表学术论文 100 余篇。著有《拉丁美洲经济制度史论》《跨国公司与墨西哥的经济发展》《墨西哥文化革新运动与现代化》，并主编《世界现代化历程（拉美卷）》《拉丁美洲文化与现代化》等著作。其中《世界现代化历程（拉美卷）》获 2012 年教育部高校人文社科优秀成果二等奖。目前正主持国家社科基金后期资助项目"拉丁美洲史学史研究"（19FSSB002）和教育部人文社会科学重点研究基地重大课题"独立以来拉美主要国家的社会转型研究"（19JJD770007）。

王萍，历史学博士，教授、博士生导师。曾任中心主任、中国拉丁美洲史研究会副理事长，现为南开大学历史学院教授、南开大学经济史研究中心教授、北京对外经济贸易大学特邀研究员。1987 年毕业于南开大学外文系英语专业，获文学学士学位。1990 年、2002 年先后获得南开大学历史学硕士学位和博士学位。1990 年留校工作，1992 年年底调入拉丁美洲研究中心，并参与中心成立筹备工作。1999 年年底到 2001 年年初受教育部委派在哥伦比亚国立大学国际关系学院做访问学者。主要研究领域为拉丁美洲经济史、拉丁美洲经济思想、拉美地区一体化、拉美对外经济关系、古巴研究等。主要著作有《走向开放的地区主义——拉丁美洲一体化研究》（专著）、《越南、古巴社会主义现状与前景》（合著）等 3 部，译著有《我的人生——从奥利诺卡到克马多宫》（合译）、《独立以来的拉丁美洲经济史（第三版）》（合译）；在《世界历史》、《现代国际关系》、《南开学报》、《拉丁美洲研究》、*Leaders*（香港）、《亚洲研究》（香港）等国内和港台刊物上发表了《结构主义与拉美的发展》《美洲自由贸易区与拉丁美洲一体化》《拉美"开放的地区主义"与中国》《全球化与拉美的发展》等 50 余篇论文。主持和参加国家社科基金项目和教育部项目 6 项，主要包括国家社科基金项目、国家"九五"规划重点项目、博士基金项目、教育部重大攻关项目子课题等。

董国辉，现为中心主任，教授、博士生导师，南开大学历史学院地区国别史教研室主任，兼任中国拉丁美洲史研究会理事长、中国拉丁美洲学会副秘书长、中国人权研究会第四届全国理事会理事。1986年考入南开大学历史系世界史专业，先后获得历史学学士、硕士和博士学位。2006—2007年，获中美富布赖特研究学者项目资助，赴美国伊利诺伊大学香槟分校做访问研究；2017—2018年，赴美国加州大学圣迭戈分校做访问研究。主要研究领域是拉美经济思想史、拉美经济史、拉美国际关系史和阿根廷现代化。代表性著作有《劳尔·普雷维什经济思想研究》《阿根廷现代化道路研究——早期现代化的历史考察》等。主持国家社科基金项目2项，国家人权教育与培训基地重大项目1项，教育部人文社会科学重点研究基地重大项目1项，中央专项资金基本科研业务费项目4项，教育部国别和区域研究中心（基地）美大地区重点研究项目1项，参与国家社科基金重大项目、教育部重大攻关项目多项。目前主持国家社科基金一般项目"20世纪30年代的阿根廷社会转型研究"（20BSS036）和教育部人文社会科学重点基地重大项目"拉美国家现代化进程中的英国影响研究（19世纪初至20世纪中叶）"（22JJD770039）。

潘芳，2007年毕业于南开大学历史学院，获得历史学博士学位。现为中心副教授、硕士生导师，兼任中国拉丁美洲史研究会常务理事、副秘书长。主要研究领域为拉丁美洲社会文化、巴西史等。代表性著作有《阿根廷早期民众主义研究》，在《世界历史》《拉丁美洲研究》《南开学报》等核心期刊发表多篇学术论文。主持的课题有教育部人文社会科学研究一般项目"殖民地时期巴西等级社会研究"，天津市人文社会科学规划项目"'阿根廷之谜'的文化诠释"，中央专项资金基本科研业务费项目"疫病对社会发展的挑战及影响——对拉丁美洲地区的考察"，南开大学校内青年项目"拉丁美洲左派崛起的历史考察"。为本科生开设《拉丁美洲文明史》、《巴西史》、《非洲史》和《世界近现代史》等课程，为硕士研究生开设了《拉丁美洲社会史专题研究》和《基础西班牙语》等课程。

王翠文，2002年毕业于南开大学历史学院，获历史学博士学位，现为南开大学周恩来政府管理学院国际关系系主任，副教授、硕士生导师，中心专职研究人员，兼任中国拉丁美洲史研究会副理事长。先后在英国伯明翰大学（2007年）、美国加州大学圣地亚哥分校（2013—2014年）做访问研究。主要研究领域为中国与拉丁美洲国家关系、发展的国际政治经济学。主要研究成果发表于《南开学报》《国际政治科学》《拉丁美洲研究》《当代社会与社会主义》等刊物，出版编著1部，参编著作3部。主持国家社会科学基金项目"中拉关系的整体性研究"、国家社会科学基金后期资助项目"体制变革与发展合作：全球南方视野下的中拉跨地区主义研究"，教育部国别和区域研究课题"美洲开发银行与西方对外援助模式"、"中拉共建'一带一路'的现实条件与有效路径"和"中拉文明交流互鉴及共建'一带一路'的战略对接与路径选择"，以及中央高校基本科研业务费专项资金项目"新世纪以来中美拉三边关系"，参与教育部哲学社会科学研究重大项目"现代化进程研究"以及国家社会科学基金重大项目"中国特色人权发展道路研究"子课题研究。

谷佳维，2007—2014年先后在南京大学获得西班牙语文学学士、硕士学位，在西班牙格拉纳达大学获得艺术史硕士、博士学位。现任南开大学外国语学院西班牙语系主任，副教授、硕士生导师，中心专职研究人员，兼任中国拉丁美洲史研究会理事、中国外国文学学会西班牙葡萄牙语文学研究分会会员，中国华侨历史学会会员。主要研究领域是西班牙语和拉丁美洲文学与文化。代表作有译著《坠物之声》、《告密者》和《墨西哥的五个太阳》（与张伟劼合译），在《华侨华人历史研究》、《外国问题研究》和《外国文学动态研究》等发表学术论文数篇。主持天津市人文社会科学研究青年项目"二十一世以来的拉丁美洲新历史主义小说研究"和中国侨联青年项目"西班牙华裔子弟华文教育研究"。

四、学术活动

2022 年 10 月 26 日，山东师范大学历史学院教授、博士生导师孙若彦做客南开大学拉美史学科系列讲座，作了题为"拉美国际关系史研究的几点体会"的学术讲座。讲座以线上的方式进行，由中心主任、博士生导师董国辉教授主持，研究中心的师生以及其他外校师生参与会议。

2022 年 10 月 31 日，应中心邀请，北京大学拉美研究中心主任、人文特聘教授、博士生导师董经胜教授做客南开大学拉美史学科系列讲座，作了题为"文武之间：拉美军政关系的演进"的学术讲座。讲座以线上的方式进行，由中心主任、博士生导师董国辉教授主持，研究中心的师生以及其他外校师生参与会议。

2022 年 11 月 5—6 日，由中国拉丁美洲史研究会和南开大学世界近现代史研究中心联合主办，中心承办的中国拉丁美洲史研究会第十届会员代表大会暨"拉丁美洲历史上的不平等与社会变革"学术研讨会顺利召开。来自中国社会科学院、北京大学、南开大学、浙江大学、中国人民大学、北京外国语大学、河北大学、上海大学、福建师范大学等数十所高校和科研机构的 80 余名专家学者以线上形式出席此次会议。

五、科研成果

2022 年，中心的专职教师和博士研究生发表了一系列学术论文，主要成果如下。

韩琦教授的学术论文《论拉丁美洲文明的形成及其特点》，发表在《南开学报（哲学社会科学版）》2022 年第 4 期。该文被《新华文摘》2022 年第 21 期全文转载，同时被《中国社会科学文摘》2022 年第 12 期"论点摘要"栏目刊登。

王翠文副教授与李倩、姚紫兰合作的学术论文《历史记忆与当代互动：拉丁美洲的中国形象探源》，发表在《中央社会主义学院学报》2022 年第 4 期。

潘芳副教授的学术论文《16 世纪欧洲人视野中巴西印第安人形象的转变》发表于《南开学报（哲学社会科学版）》2022 年第 2 期。

博士研究生吴茜的学术论文《拉美地区自然认知的三次转变与当代启示》发表在《自然辩证法通讯》2022 年第 1 期；博士研究生冯利的学术论文《二战期间英美在阿根廷中立问题上的外交分歧》，发表于《拉丁美洲研究》2022 年第 1 期；博士研究生汪艮兰的学术论文《太平洋联盟研究述略》发表在《新经济》2022 年第 2 期；博士研究生谢文侃的学术论文《"政治共处"协议与秘鲁的社会转型》发表于《拉丁美洲研究》2022 年第 2 期；博士研究生林洁的学术论文《墨西哥石油国有化中的美英墨冲突（1917—1938 年）》发表于《新经济》2022 年第 6 期；博士研究生胡玥的学术论文《迪亚斯时期英美资本在墨西哥博弈态势的形成》发表在《新经济》2022 年第 11 期。

除此之外，韩琦教授等翻译的《1493—1898 年的菲律宾群岛——序言集译》于 2022 年 10 月由商务印书馆出版，该书由美国学者埃玛·海伦·布莱尔和詹姆斯·亚历山大·罗伯逊主编。该书通过航海家、官员、传教士等人的手稿、书信和公文等，向读者呈现了 15 世纪末到 19 世纪末菲律宾群岛的历史、政治、经济、外交和宗教等状况，为研究东南亚史、拉丁美洲史、中菲关系史等提供了弥足珍贵的文献史料。书中还记载了明清之际中国海外贸易、工业、货币、移民的史实，是研究这一时期中国对外交流的重要文献。

六、教学成果

中心是国内高校中少数长期持续不断招收拉美史方向研究生的教学机构之一，分别于1987年和1997年开始招收拉美史方向的硕士研究生和博士研究生，2002年以后招收博士后。截至2022年12月，中心在拉美史方向已培养95名硕士和51名博士，在读硕士研究生和博士研究生合计36名。另外，在南开大学周恩来政府管理学院、经济学院、外国语学院等其他文科学院系也培养了一批拉美方向的硕士研究生和博士研究生。

中心研究人员每年都为硕士研究生和博士研究生开设十余门拉美史方向的专题课程，引导研究生走入拉美史研究。在研究生培养中，中心教师坚持通过指导学术论文帮助研究生逐渐培养和提高独立科研的能力。从2020年1月到2022年12月，在导师的指导下，中心的研究生共发表32篇学术论文。2022年，中心共毕业7名历史学硕士研究生和3名历史学博士研究生，董国辉教授指导的博士研究生石晓文获得南开大学历史学院优秀博士毕业生，其毕业论文获评历史学院优秀博士论文，并被推荐参评校级优秀博士学位论文。

中心研究人员一直坚持为南开大学本科生和研究生开设课程，形成了涵盖本科生、硕士研究生和博士研究生的课程体系。目前，中心为本科生开设的课程有《拉丁美洲史》、《拉丁美洲外交史》、《拉丁美洲国际关系史》、《拉丁美洲现代化进程》、《拉丁美洲文明史》、《巴西史》和《世界近现代史》。

中心为硕士研究生开设的课程包括《西班牙语基础》、《拉丁美洲史专题研究》、《拉丁美洲经济史专题研究》、《拉丁美洲政治史专题研究》、《拉丁美洲外交史专题研究》、《拉美社会文化史》、《拉丁美洲现代化专题研究》、《拉美国别和其他问题专题讲座》和《世界近现代史专题》。

中心为博士研究生开设的课程包括《专业西班牙语》、《拉丁美洲经济史》、《拉美现代化进程研究》、《拉丁美洲一体化：理论与实践》、《拉丁美洲对外经济关系史》、《拉美发展的比较政治研究》和《拉美国际关系史专题研讨》。

七、承担课题情况

目前，中心共有10项在研课题，具体情况如下。

序号	课题名	主持人	课题类型	课题编号	备注
1	拉美国家现代化进程中的英国影响研究（19世纪初至20世纪中叶）	董国辉	教育部人文社会科学重点研究基地重大项目	22JJD770039	2022年立项
2	拉美医疗疾病史研究	董国辉	中央专项资金基本科研业务费项目	63222416	2022年立项
3	殖民地时期巴西等级社会研究	潘芳	教育部人文社会科学研究一般项目	22YJA770015	2022年立项

续表

序号	课题名	主持人	课题类型	课题编号	备注
4	体制变革与发展合作：全球南方视野下的中拉跨地区主义研究	王翠文	国家社会科学基金后期资助项目	22FGJB010	2022年立项
5	"太平洋丝绸之路"马尼拉档案文献整理与研究	韩琦	国家社会科学基金中国历史研究院重大历史问题研究专项子课题	LSYZ021017	2021年立项
6	阿根廷民粹主义的历史考察	董国辉	中央专项资金基本科研业务费项目	63212043	2021年立项
7	20世纪30年代的阿根廷社会转型研究	董国辉	国家社会科学基金项目	20BSS036	2020年立项
8	拉美结构主义发展理论的历史考察	董国辉	中央专项资金基本科研业务费项目	63202919	2020年立项
9	独立以来拉美主要国家的社会转型研究	韩琦	教育部人文社会科学重点研究基地重大项目	19JJD770007	2019年立项
10	拉丁美洲史学史研究	韩琦	国家社科基金后期资助项目	19FSSB002	2019年立项

商务部研究院美洲与大洋洲研究所

一、历史沿革

商务部国际贸易经济合作研究院是商务部直属事业单位，集经贸研究、信息咨询、新闻出版、教育培训、人才培养于一体，是一所综合性、多功能社会科学研究咨询机构，为党中央、国务院决策部门提供经济外交和商务发展领域的咨政报告和决策建议，为党中央、国务院政策出台和实施提供调研评估和分析咨询，为地方决策部门对外开放和创新发展提供战略规划和实施方案。

国际贸易经济合作研究院的前身是1948年8月创建于香港的中国国际经济研究所。该机构后内迁入京，在1997年整合为外经贸部国际贸易经济合作研究院，继而在2003年正式更名为商务部国际贸易经济合作研究院。2015年，它成为中央确立的首批国家高端智库建设单位之一。商务部研究院现有38个部门、20个研究所、16个研究中心和研究生院，主要从事国际贸易、国际投资、国际经济合作、多双边经贸往来及流通消费等五大领域的研究咨询和研究生教育工作。

美洲与大洋洲研究所（以下简称"美大所"）是研究院下属研究所，设北美研究部、拉美研究部和大洋洲研究部三个研究部以及太平洋研究中心，长期研究北美洲、拉丁美洲、大洋洲主要经济体的经贸问题及中国与各国的双边经贸关系、经济和贸易相关的政策、法律、金融、财税和国际协定等，为各相关政府部门、组织机构和企业开展美大区域经贸活动提供咨询。

二、研究方向

美大所重点关注的国别包括美国、加拿大、澳大利亚、新西兰、墨西哥、巴西、阿根廷、智利、秘鲁、委内瑞拉、古巴、哥伦比亚、哥斯达黎加等；重点关注的相关国际治理机制包括拉美区域一体化组织、亚太经合组织、二十国集团、经济合作组织以及金砖国家合作组织等；美大所下设的太平洋研究中心聚焦太平洋地区各国经济发展及其与中国的双边经贸合作，参与太平洋地区国际国内交流与合作，并重点与相关国家讨论区域协同和一体化发展问题。

三、人员情况

美大所现有研究员4名，副研究员3名，助理研究员4名，研究实习员1名，以及其他研究助理若干。现在国内任职的正式在编人员均有长期海外工作学习经历，对研究对象地区及国别的国情有深入的了解，其中曾在中国驻美国、拉美等使领馆经商参处担任过相关职务的研究人员3名，对于双边经贸合作的实际情况有较为准确的认知，专职从事拉美研究的人员4人，其余人员在主要研究美国、加拿大等国家相关问题时也对拉美地区问题保持密切关注。

美大所现任所长为李伟研究员，曾在中国驻美国使馆经商参处工作多年，对于美国相关国情研究及政策应对具有丰富的经验；副所长为周密研究员，主要研究对外投资合作、服务贸易、国际规则与协定等。

四、科研成果

截至 2022 年，美大所共公开发表文章 450 余篇，主持或参与项目 200 余个。

在国别合作领域，美大所代表性成果包括《中国与哥斯达黎加自由贸易协定可行性研究》和《中国与智利自由贸易协定可行性研究》等；在地方合作领域，美大所代表性成果包括《中美省州合作的重点与难点》《珠海与拉美国家经贸合作研究》《中国（乐亭）拉美产业园战略规划》等；在国际合作领域，美大所代表性成果有《关于贸易便利化行动实施有效性评估的研究》《关于中国实施相关贸易便利化措施的必要性及成本的评估——对 WTO 贸易便利化谈判的影响》等。除了研究地区内经贸问题，美大所还广泛参与制定各省市经贸政策规划、自贸区规划，并参与高校学科建设和教材编写。

美大所主要报告类科研成果包括：《中国与哥斯达黎加自由贸易协定可行性研究》、《中国与智利自由贸易协定可行性研究》、《美洲与大洋洲国家风险报告》、《珠海与拉美国家经贸合作研究》、《中国（乐亭）拉美产业园战略规划》、《拉美环境保护产业需求调查与研究》、《中国与拉美国家"一带一路"经贸合作研究》、《中国—巴西自由贸易协定货物贸易影响评估》、《中国—巴西服务贸易研究》、《中国—巴西农业合作研究》、《中国—巴西投资合作研究》和《新兴经济体绿色能源发展与合作——以中国—巴西合作为例》等。

五、教学成果

美大所是纯科研型研究机构，无日常教学任务。所内研究员每年均接收国际贸易、国际金融、农林经济、工商管理、国际商务等研究方向的硕士研究生若干名。2022 年度，李伟所长招收硕士研究生 2 名，周密副所长招收硕士研究生 4 名，王立研究员招收硕士研究生 2 名，章海源副研究员招收硕士研究生 2 名。

六、承担课题情况

2022 年度，美大所承担的与拉丁美洲地区相关的课题主要为中国—巴西联合研究课题，主要评估中巴绿色能源合作的现状和前景，形成报告《新兴经济体绿色能源发展与合作——以中国—巴西合作为例》。

对外经济贸易大学拉美研究中心、太平洋联盟国家研究中心

对外经济贸易大学从事拉丁美洲区域国别研究的平台有 2 个：一是外语学院区域国别研究所拉美研究中心，二是太平洋联盟国家研究中心。

一、外语学院区域国别研究所拉美研究中心

为适应我国加入世界贸易组织后对外经济贸易发展的需要，发挥对外经贸大学外语学院语种众多，涵盖国家、地区广泛的优势，2001 年 9 月对外经济贸易大学区域国别研究所成立并挂靠外语学院，下设东亚、俄罗斯与中亚、西亚北非、拉美、欧洲 5 个研究中心。

从拉美问题的研究角度看，对外经济贸易大学拉美研究中心事实上是延续了外经贸大学原国际问题研究所拉美区域研究的作用。1982 年原北京外贸学院国际问题研究所成立，设有欧洲、美国、西亚北非、苏联、拉美等区域研究方向。2000 年，外经贸大学与金融学院合并，国际问题研究所更名为国际经济研究院，研究部门按照专业方向重新调整，拉美区域研究方向被取消。

2001 年以来，该研究中心围绕中国与拉美国家经贸关系发展这一主题分别于 2006 年、2008 年、2011 年和 2013 年举办过四次国际研讨会，其中三次在外经贸大学举办，一次在阿根廷布宜诺斯艾利斯市与阿根廷国立二月三日大学联合举办。

二、太平洋联盟国家研究中心

2017 年 6 月，对外经济贸易大学宣布成立区域国别研究院，太平洋联盟国家研究中心位列该院下设 12 个研究中心之一，后获教育部区域和国别研究基地备案。

（一）中心定位

区域研究平台：太平洋联盟国家研究中心（以下简称"中心"）是针对由智利、哥伦比亚、墨西哥、秘鲁四国所组成的拉丁美洲重要组织太平洋联盟的区域研究平台。太平洋联盟成立于 2011 年 4 月 28 日，是拉美国家在 21 世纪推动经济一体化的新尝试，以自由贸易为核心驱动力，在当前的拉美一体化进程中呈现活跃状态。从 2012 年成立至今，太平洋联盟不断壮大，其观察员国在 7 年内增加了 50 多个，影响力不可谓不大。与其他拉美地区一体化组织相比，太平洋联盟的一个重要特点便是在关注自身发展的同时对亚太地区经贸一体化同样重视和参与，这也使其获得了其他拉美地区一体化组织所没有的动力。2013 年，中国就成为太平洋联盟观察员国，太平洋联盟近年来更是加强"向东看"，这种契合使得太平洋联盟成为中拉次区域合作的"重要抓手"。中心主要以该联盟四成员国及其组织整体为重点研究对象，关注其整体国情以及与我国双边关系发展，同时也注重与该区域其他组织和国家的对比研究，将研究视野辐射整个拉丁美洲和西班牙语世界，以求获得更加全面的研究成果。中心始终将自己定位为研究该区域的全方位立体平台，在学科上覆盖广泛，包括但不局限于区域政治、经济、产业、法律制

度、社会和文化研究等学科领域。

国家服务智库：中心将自己的职能定位于服务国家智库，为我国关于太平洋联盟国家和拉丁美洲政策制定提供服务。中心始终把握正确导向，深刻认识国别和区域研究工作的重大意义，具有为国家服务的强烈意愿；在学科研究上坚持以国家战略需求为导向，积极鼓励和引导研究人员关注有关太平洋联盟国家的国际热点和我国亟须解决的现实问题，强化老师的科研成果为国家制定对外政策，尤其是对太平洋联盟国家政策的服务意识，借助学校和教师团队现有的资源禀赋优势做出自身特色，在国情研究中及时发现问题、关注问题、解决问题，积极建言献策，在国际政治、经济、文化等社会科学领域为政府相关部门提供决策咨询服务，贡献智力成果。

学术交流纽带：中心同样将自己定位于连接太平洋联盟国家和有关学者的学术交流纽带，发挥自身跨国研究的天然属性和语言优势，积极拓展交流渠道、深度促进与研究对象国不同学术机构的多方合作，建设学习型研究平台，通过定期交流互访、共建课题、举办讲座等方式加强中心学者和对象国机构联系，以研究中心为桥梁，充分发挥学术纽带作用，加深双方友谊的同时，力求更加全面准确地把握目标区域国别研究动态。

区域国别人才培养基地：中心还将自己定位为太平洋联盟国家区域国别人才培养基地。依托对外经济贸易大学整体资源，结合现有研究教师的多元研究和外语学院西语系优势，通过经济学科、语言学科和信息技术等学科的交叉渗透，拓宽人才培养口径，给予一流学生以一流的培养，造就出一批一专多能，既精通对象国语言又熟悉太平洋联盟国家国情，并掌握多种科研工具和方法的跨学科高级复合型人才。

（二）建设目标

总体目标：中心将立足太平洋联盟组织，以四成员国为核心研究对象，以拉美和西语世界为延伸研究对象，秉持区域研究特色，以国家战略为科研导向，依托对外经济贸易大学的优势科研资源，打造有知名度、有辨识性，能为国家提供有前瞻性、建设性政策建议的多学科多角度的特色区域国别研究中心。

分项目标：

1. 夯实基础性研究，努力打造知名品牌。坚持中心的专业性，突出中心特色定位，是中心长期规划的重中之重。中心将继续以太平洋联盟组织及其成员国和观察国为重点研究对象，在夯实基础性研究的同时，还要有前沿性的开拓和碰撞。从国情出发对对象国行动和形势进行前瞻思考，开展科学评估，进行预测预判，对有关双边或多边重大问题提出前瞻性、建设性的建议，在国家相关对外战略、规划、布局和政策等方面积极发挥重要作用。在科研产出上质量并重，大力倡导相关学术研究的规范性和创新性，注重主观研制独立观点，重视相关成果的学术和公众传播，面向不同受众，使用不同方法传递智库观点，力求在中心研究领域内提高影响力，推出如简报类、专题研究类和基础研究类抑或具有自身特色的分析模型工具等科研产品，努力打造具有中心特色的知名品牌。

2. 紧密服务国家战略，提升咨政服务能力。坚持以服务国家战略为科研导向，不仅要在国家目前所关切的相关战略问题上下功夫，更要开展有关太平洋联盟组织的前瞻性研究，并提出前瞻建议。中心将继续要求研究教师具有战略眼光，审视大势和大局，认清机遇和挑战，准确分析不利环境和有利条件，从而未雨绸缪，系统谋划。此外，还要始终牢记形成的研究成果和建议对策要切实际、有根基，具有时效性、可行性，细致具体，具有建设性，能切实有利于我国在与相关国家的互动中趋利避害，赢得关系发展的主动权。只有把握相关国家发展大势、辨别发展方向，从具体和实际出发，才能切实发挥中心咨政建言作用，提升资政服务能力。

3. 拓展与高校、科研机构和智库全面合作。中心依托对外经济贸易大学原有科研机构优势，充分利用相关科研资源，释放科研活力。在此基础上努力拓展合作外延。就北京市而言，高校数量众多，各综合性大学都有较为完备的科研机构层次和布局，数量多、范围广，具备较好的研究基础、较强的人才队伍、较为集中的问题凝练和一定的决策咨询经验，不少学校也拥有拉美国家区域研究中心或平台。中心将继续探索与更多机构展开合作，强调协同的同时突出特色，集中优势资源攻关重点问题，并在有关方面支持下，与拉丁美洲研究所在内的企事业单位、智库合作共建，形成高校、政府、企业等多方面联动的机制。

4. 秉承全球治理人才培养目标，助力学校实现全球治理人才培养目标。全球治理人才培养推送是落实党和国家国际战略的一步先手棋。尤其是近年来，中心所依托的对外经济贸易大学为响应国家对全球治理人才的迫切需求，树立世界格局眼光，立足人才培养，充分发挥国际化办学特色，搭建了广泛、深度、高水平的国际化人才培养交流与合作体系，努力培养具有家国情怀、国际视野、全球竞争力的高层次人才，积极探索全球治理人才培养推送新路径。中心作为立足太平洋联盟组织的区域国别研究中心，在全球治理人才培养上将发挥自身研究平台和国际科研纽带的优势，坚决助力学校相关人才培养目标，培养熟悉太平洋联盟组织、了解拉美的高层次人才。

（三）人员组成

中心目前有研究人员 3 人，均为区域国别研究方向。

郑皓瑜：博士，中心主任，对外经济贸易大学外语学院副院长，教育部高等学校外国语言文学类专业西班牙语专业教学指导分委会委员，副教授、硕士生导师。专注拉美社会问题研究十余年，目前已出版专著 1 部，发表学术论文多篇。

王子刚：博士，中心副主任，副教授、硕士生导师。主攻西语世界华人华侨研究、跨文化研究和"一带一路"背景下的国际关系研究，目前已出版专著 1 部，发表学术论文多篇并承担省部级课题 1 项。

刘镓：讲师，国际政治方向硕士研究生，主要研究方向为巴西区域国别研究，目前已发表论文多篇并主持课题数项。

中心成员在研究领域上做到了对研究对象和其所处区域较为全面的覆盖，积累了一定的科研成果和经验，团队整体年轻，富有拼搏精神，团队内部以"老"带"新"的结构保证了科研力量发展的可持续性，从整体上为中心科研提供了保障。

（四）主要科研成果

郑皓瑜、姚梦霞：《秘鲁的社会排斥与印第安人的生存困境——以新冠肺炎疫情为例》，《世界民族》2022 年第 4 期。

王子刚、梁芳郡：《华侨华人"一带一路"倡议"融入"情况探析》，《八桂侨刊》2022 年第 2 期。

王子刚：《疫情背景下西语世界网络中的华人舆情研究——基于推特的大数据分析》，《华侨华人历史研究》2022 年第 2 期。

Wang, Z. La Difusión y Desarrollo de la Iniciativa "La Franja y la Ruta" en el Mundo Hispanohablante-Estadísticas, Sentimiento y Análisis de Redes con Base en 40.000 Tuits. *Ibero-América Studies*, 2022, 3 (1).

(五) 承担研究课题

序号	课题名	主持人	课题类型	课题编号
1	"一带一路"高端外专项目"'一带一路'国家经济语境中的中国形象嬗变与建构研究及数据库建设"	郑皓瑜	科技部课题	DL2022116003L
2	"一带一路"背景下西语世界华人现状研究	王子刚	中国侨联青年课题	19CZQK215
3	西语世界华侨华人在"一带一路"倡议中的作用研究	王子刚	对外经济贸易大学校级新进教师项目	19QD15
4	"一带一路"倡议和拉美的基础设施投资	刘镓	科技部课题	—
5	拉美的发展与欠发展	刘镓	科技部课题	—
6	拉美的经济发展：历史、潮流和挑战	刘镓	科技部课题	—
7	中国改革开放：实践历程与理论探索	郑皓瑜	国家社科基金中华学术外译项目	22WJYB003

北京大学拉丁美洲研究中心

一、历史沿革

北京大学拉丁美洲研究中心（以下简称"中心"）成立于2003年，是一个跨学科、跨院系（所）的学术机构，挂靠北京大学历史学系，在2017年入选教育部国别和区域研究备案中心。

二、研究方向

中心的主要任务是：1. 协调北京大学拉丁美洲学科的教学和研究工作，对拉美地区开展跨学科的综合性研究，推出高质量的学术成果，培养后备人才；2. 针对拉美形势和中拉关系，与政府部门和企事业单位合作，开展应用性的研究，发挥智库功能；3. 通过学术会议、讲座等形式，开展丰富多彩的国内外学术交流；4. 收藏拉美研究的图书资料。

三、人员情况

董经胜：历史学系，主要研究拉美历史。北京大学拉丁美洲研究中心主任，教授，兼任中国拉丁美洲学会副会长、中国社会科学院拉丁美洲研究所学术委员、清华大学国际与地区研究院学术委员、天津外国语大学拉美研究中心学术委员、西南科技大学拉美研究中心学术委员、《拉丁美洲研究》编委、中国未来研究会现代化分会理事会理事。

郭洁：国际关系学院，主要研究拉美政治与外交、中拉关系。

闵雪飞：外国语学院，主要研究巴西文学与文化。

路燕萍：外国语学院，主要研究拉美政治、拉美文学。

樊星：外国语学院，主要研究巴西文学与文化。

四、学术活动

2022年2月15—19日，作为会议合办方东亚拉美研究网络（EANLAS）中方代表和协调组成员，董经胜和郭洁参加了拉丁美洲研究协会（Latin American Studies Association）首届洲际年会LASA/Asia 2022，致开幕词，并组织和主持了全体会议"亚洲研究在拉美"（Asian Studies in Latin America）。

2022年2月24日，郭洁参加南京农业大学国别与区域研究研讨会，并围绕中国的拉美研究与中拉农业合作作主题发言。

2022年4月8日，郭洁参加巴西国际关系研究中心（CEBRI）主办的主题为"The Role of Middle Powers in a Global Order Marked by the China-US Rivalry"的研讨会并作主题发言。

2022年4月20—21日，樊星参加"共连接，扩视野：中国与拉丁美洲"国际学术研讨会，并作题为"When the Periphery Becomes the Center: New Trends in Contemporary Brazilian Fiction"的发言。该研讨会由湖南师范大学外国语学院主办。

2022年5月12日，郭洁应邀参加秘鲁国立圣马科斯大学亚洲研究中心研究员Jhon Valdiglesias 博士的新书 State Institutional Quality and Economic Development：Comparison between East Asia and Latin America 线上发布会并作点评。

2022 年 6 月 24 日，郭洁参加秘鲁太平洋大学中国与亚太研究中心主办的系列课题项目线上研讨会并任评议人。

2022 年 9 月 3—4 日，樊星参加中国高等教育学会外国文学专业委员会 2022 年学术年会，并作题为"巴西当代文学中的非特异性书写"的发言。该年会由中国高等教育学会外国文学专业委员会主办。

2022 年 9—12 月，墨西哥国立自治大学教授、中墨研究中心主任 Enrique Dussel Peters 获得北京大学人文与社会科学研究院邀访学者项目支持，同时得到"中国'一带一路'倡议与国际治理：政治、外交、社会学与法律跨学科研究"项目的资助，在北京大学担任客座教授。其间开设了研究生课程"中拉关系研究"，同时举办多场学术讲座。北京大学人文与社会科学研究院公众号发表多篇新闻报道，介绍 Enrique Dussel Peters 的教学和学术活动。

2022 年 10 月 21 日，董经胜主讲"中国与墨西哥的关系：历史与现实"，北京大学亚太研究院主办。

2022 年 10 月 31 日和 11 月 25 日，董经胜分别在南开大学和北京外国语大学主讲"文武之间：拉美军政关系的演进"。

2022 年 11 月 3—4 日，郭洁参加美国社会科学研究理事会（SSRC）"中国与全球南方"（China and the Global South）知识生产工作坊。

2022 年 11 月 4 日，董经胜参加第十一届中拉高层论坛，并作题为"小农制与墨西哥的现代化道路"的发言。该论坛由中国社会科学院拉丁美洲研究所主办。

2022 年 11 月 6—7 日，中心研究生姜阳、潘欣源、罗亦宗参加中国拉丁美洲史研究会第十届会员代表大会暨"拉丁美洲历史上的不平等与社会变革"学术讨论会，并提交论文，作大会发言。

2022 年 11 月 8 日，郭洁参加社科院拉美所巴西论坛"大国竞争下的拉美地区大变局：特征及政策选择"并作主题发言。

2022 年 11 月 10 日，郭洁参加中国国际问题研究院"巴西大选及拉美左翼执政的影响"研讨会并作主题发言。

2022 年 11 月 15 日，樊星参加第三届"文化网络中的巴西"国际研讨会（Ⅲ Congresso Internacional Brasil in Teias Culturais），并作题为"Tradução como Construção de Identidade Cultural：Jorge Amado na China de 1950"的开幕主旨发言。该研讨会由巴西巴伊亚州立大学主办。

2022 年 11 月 17 日，郭洁参加清华大学社科学院主办的"中国与拉丁美洲的新型关系"国际研讨会，并就当前拉美政治走向对地区联合和中拉关系的可能影响等作主题发言。

2022 年 11 月 26 日，郭洁参加 2022 上海论坛高端圆桌会议"新时代构建中拉命运共同体的机遇与挑战"并作题为"The Political Economy of China-Latin America Relations：The Making of a Post-boom Paradigm"的发言。

2022 年 12 月 10 日，董经胜参加"二十大之后的中拉关系"学术会议，并作题为"中国式与拉美式现代化的路径异同"的发言。该会议由上海国际问题研究院、复旦大学主办。

五、科研成果

1. 姜阳:《从殖民后期到独立初期墨西哥自由主义的创生》,载北京大学历史学系主办《北大史学》第22辑"海洋史与海上丝绸之路专号",社会科学文献出版社2022年版。

2. Jingsheng Dong, "La Ruta Marítima de la Seda y las Relaciones China-México," en Enrique Dussel Peters (Coordinador), 50 *Años de Relaciones Diplomáticas Entre México y China. Pasado, Presente y Future*, Universidad Nacional Autónoma de México, Facultad de Economía, Ciudad Universitaria, 04510, México, D.F., Primera edición: enero 2022.

3. 隗敏:《反帝国主义与大陆主义:梅里亚与阿亚关于拉美反帝运动的争论》,《拉丁美洲研究》2022年第3期。

4. [巴西] 劳伦蒂诺·戈麦斯:《1808:航向巴西》,李武陶文译,上海人民出版社2022年版。

5. 樊星:《"命运彼此交融"——论莱维〈华景亭〉中的"非特异性"》,《外国文学动态研究》2022年第5期。

6. Fan Xing, "Quando a Periferia se Torna Centro: Novas Tendências na Ficção Brasileira Contemporanea", *Literatura Brasileira Contemporanea: Aproximações e Divergências*, Campinas: Unicamp / Publicações IEL, 2022.

7. 郭洁:《拉丁美洲研究的全球化——东亚学者的参与路径与可能贡献》,《拉丁美洲研究》2022年第2期。

8. 郭洁:《东亚三国与拉丁美洲跨越太平洋的历史联系与现实纽带》,北京大学桐山教育基金资助课题结项报告(2022年10月)。

六、承担课题情况

序号	课题名	主持人	课题类型
1	巴西文化个性研究	樊星	擘雅集团/北京大学区域与国别研究院课题
2	什么是拉美史	董经胜	北京大学出版社委托翻译项目
3	拉丁美洲简史	董经胜	北京大学规划教材

外交学院拉丁美洲研究中心

一、历史沿革

外交学院拉丁美洲研究中心（以下简称"中心"）成立于2009年12月，主要从事有关拉丁美洲与加勒比国家的知识生产与传播。

二、研究方向

中心的主要研究方向为拉丁美洲政治、美拉关系、中拉关系、拉丁美洲历史、拉丁美洲文化、拉丁美洲文学等。

三、人员情况

中心现有9名研究人员，主要从事与拉美研究相关的教学、科研工作。所有研究人员都有海外研修经历，其中8人拥有博士学位；高级职称2人，中级职称7人。3名研究人员为英语与国际问题研究系教师，主要从事拉美国际关系及拉美历史、政治方面的研究；其他研究人员由西班牙语专业的教师构成，主要从事拉美文化、文学领域的研究和西班牙语教学工作。

四、学术活动

受新冠疫情影响，中心在2022年没有组织活动，中心研究人员参加了一些线上的国际、国内学术交流活动。

五、科研成果

2022年，中心研究人员出版专著1部、译著1部，在国内外期刊、报纸上公开发表论文、文章16篇。

六、对外交流情况

中心与美国、巴西、墨西哥、智利、阿根廷等国的学术机构有合作关系，不定期进行学术互访、共同进行学术研究等。

七、承担课题情况

序号	课题名	主持人	课题类型	课题编号
1	后人类时代拉美数字文学创作：以博略萨《完美小说》文学书写为例	孟夏韵	中央高校基本科研业务费专项资金青年教师科研启动基金项目（一般项目）	3162021ZYQB05
2	生态翻译学视角下外事外交翻译研究（汉—西）	张红颖	中央高校基本科研业务费专项资金青年教师科研启动基金项目	3162019ZYKC06

续表

序号	课题名	主持人	课题类型	课题编号
3	以提升学生语言及跨文化交际能力为目标的"双精读"西语教学模式研究	王晨颖	外交学院教学管理及改革项目	JG-2022-12
4	从中国特色词语西班牙语翻译看融通中外的政治话语体系构建	刘诗扬	外交学院智库研究项目	3162021ZK02
5	从文化软实力角度看秘鲁文学（1872—2017）中的中国形象	苑雨舒	中央高校基本科研业务费专项资金创新项目（一般项目）	3162022ZYQB03
6	"互联网+"时代复语实验班西班牙语教学多媒体智慧课堂模式设计与应用研究	苑雨舒	外交学院教学管理及改革项目青年项目	JG2022-17

西南科技大学拉美研究中心

一、历史沿革

西南科技大学拉美研究中心（以下简称"中心"）成立于2010年（前身为拉美研究院），为学校独立专设的正处级智库型学术研究机构。2012年，中心被教育部首批评审认定为全国37个"区域和国别研究培育基地"（教外司专〔2012〕90号）之一；2013年5月，被四川省教育厅确立为首批12个"四川省国别和区域重点研究基地"（川教函〔2013〕344号），系其中唯一从事拉美研究的机构；2019年，在教育部评估中被认定为全国48个"高校国别和区域研究高水平建设单位"（教外司综〔2020〕1585号）之一；2020年，被四川省科技厅批准为"四川省国际科技合作（拉美）研究院"；2022年11月，同阿根廷拉努斯国立大学共建"中拉研究中心"。

二、研究方向

中心集聚校内外资源，形成一支在拉美经济、拉美社会、拉美教育、拉美政治和中拉人文交流等多个领域具有专业优势和学术影响的研究团队，团队成员的专业领域涉及经济学、社会学、法学、外语等多个学科。

三、人员情况

中心立足西南科技大学，引进与自我培养相结合，国际与国内、专职与兼职、自立与合作相结合，逐步构建起一支稳定的、跨学科的具备较高水平的研究队伍。现有引进博士1名，培养博士1名，送培在读博士研究生4名，国内进修2人，出国进修5人，2人晋升副教授。目前，中心专职研究人员13人，博士比例38%，高级职称比例62%，赴相关国家（区域）研修比例62%，参加政府咨询会10人次；已聘任苏振兴、徐世澄等拉美研究领域的领军人物以及我国前驻拉美地区大使、国外前驻华大使、国内外知名学者、行业领域专家等兼职研究人员24人。

中心由常务副主任（正处级）范波教授负责。

四、主办刊物简介

根据《关于加强中国特色新型智库建设的意见》和《国别和区域研究中心建设指引（试行）》等文件精神，创建了专业学术辑刊《中国与拉美》（*China and Latin America*）。该刊依托教育部国别和区域研究基地拉美研究中心的平台优势，着重刊登体现"中国在拉美"和"拉美在中国"的相关社会科学与人文科学研究成果，鼓励基于田野调查的精细研究，特别鼓励跨学科的具有开拓新领域和引发新讨论的论文。每辑有相对集中主题，并设有常规栏目"拉美研究专题论文""访谈"和"书评"等，全面展示拉美研究的新成果。另外，《西南科技大学学报（哲学社会版）》开辟有"拉美研究"专栏。

五、学术活动

中心圆满完成庆祝建校 70 周年"拉美学术周"系列活动、"第十届科博会中国与阿根廷科技文化合作交流暨研究成果发布会"、"中国—阿根廷钙华学术交流论坛"等重大会议承办工作。国内外主要媒体，包括中新网、中国网、新浪、腾讯等给予大量报道，拓展了中心的影响力。中心校内专兼职研究人员广泛深入地参与国内外拉美学术活动，参加"第三届中智关系研讨会"、"南南农业合作系列论坛"等国际国内学术会议 20 余人次，并在会上作题为"中国对拉美和加勒比新左倾的争议性反思""以粮食安全为导向推动南南粮食产业合作"等的发言。中心研究人员受邀作学术讲座 5 场，范波应教育部中外语言交流合作中心邀请，为赴拉美的国际中文教育志愿者作题为"拉美文化概况"的讲座；李仁方受湖北大学、四川大学等邀请作题为"拉美和美国工业化发展进程比较及其原因探析""中国企业走进拉美——现状与问题"等的专题报告；崔忠洲应南京大学邀请作题为"自然权利：厄瓜多尔的环境保护与社会发展之困"的报告；崔忠洲受中国驻巴拿马大使馆、巴拿马驻华大使馆和长安读书会的邀请，作题为"被抹去的历史，巴拿马被抹去的历史"的读书会报告。应 CGTN 西语频道邀请，崔忠洲与中国社科院拉美所郭存海博士一起策划了《我们的田野：拉美青年蹲点记》纪录片的拍摄，中心研究人员崔忠洲、Rafael Matsushima 参与了拍摄，该片在拉美 80 多家电视台播放，是"讲好中国故事"的一项品牌行动，取得了良好的传播效果。

六、科研成果

中心以资政服务为要旨，向教育部、中央统战部、中国驻尼加拉瓜大使馆和四川省政协等部门提供资政报告 15 份，受到积极评价；在《金融时报》中文版、《经济》杂志（经济网）、*China Hoy*、《中国社会科学网》等国内主流媒体发表相关评论文章 6 篇；出版学术辑刊《中国与拉美》（第 1 辑）（第 2 辑）、《拉丁美洲和加勒比地区经济发展报告（2022）》蓝皮书共 3 部；发表高水平论文 8 篇；李仁方、崔忠洲等研究人员多次接受主流媒体采访或发表媒体评论；中心推出的"拉丁美洲和加勒比研究智库丛书""拉美经济蓝皮书""国别和区域研究讲堂"逐渐成为声誉良好的学术品牌。

七、教学成果

中心"拉美复合型拔尖创新人才"于 2017 年成为校级创新实践班，并于 2018 年 10 月开始招生，经过班级 4 年的教学与管理运转，成效初显。目前，该班级已招收 120 人，学生涵盖外语、经管、法学、文艺、土木、国防、环资等学院。截至 2022 年年底，毕业生共计 33 人，其中 17 人赴中国社会科学院大学、深圳大学等高校继续攻读硕士研究生，研究生录取比例 51%。戴扬、车豪和李俊霖等 3 名同学考取中国社会科学院大学国际政治（拉美方向）研究生。此外，2019 届创新班已有 5 人成功保研，1 人获国家留学基金委阿根廷政府奖学金公派留学资格。班级学生积极参与国内外交流和实习，其中 3 人赴智利、哥斯达黎加和西班牙学习，3 人赴北京中拉文化交流中心交流实习。在研究方面，中心教师指导拉美创新班学生开展学术研究，学生主持或参与各类项目共计 50 人次，以第一作者发表拉美方面文章 16 篇，其中多篇涉及拉美社会、文化、经济以及中拉关系等众多议题。班级采取"专业+西班牙语+拉美知识"培养模式，同时采取模块化课程与导师制相结合的培养方式，注重知识的培养和研究能力的提升；依托学校相关学科硕士学位点开展国别和区域研究（拉美方向）硕士研究生培养，当前各方向在读硕士研究生共 6 人；组织校内外跨学科研究团队编写拉美特色教材《拉美社会与文化》，进一步完善了西南科技大学拉美复合型拔尖创新人才培养的课程体系建设。

八、对外交流情况

在平台建设方面，中心与阿根廷拉努斯国立大学共建中阿研究中心，由阿根廷驻华大使、科技厅和学校领导共同启动；中心与布宜诺斯艾利斯大学社会科学学院拉丁美洲和加勒比研究所建立合作关系，在学术研究、学术交流及人才培养等方面开展合作，共同推动拉美和加勒比研究，推动中拉合作与发展；4 名参加布宜诺斯艾利斯大学拉美研究硕士联合培养项目的同学均获得国家公派奖学金，并赴布大攻读硕士学位，其中 2 名同学获 2022 年阿根廷政府研究生奖学金，另外 2 名同学获 2022 年国际区域问题研究及外语高层次人才培养项目奖学金；中心教师李宇娴于 2022 年参加教育部"拉美支教项目"赴智利发展大学交流一年。

九、承担课题情况

2022 年中心获教育部委托课题 2 项以及教育部中外语言合作交流中心课题 2 项，获四川省科技厅软课题和四川省社科联外语专项各 1 项。中心资助委托课题 1 项。

序号	课题名	主持人	课题类型	课题编号
1	新形势下四川与拉美科技产业合作模式及路径研究	陈才	四川省科技厅软课题	2022JDR0031
2	中国和拉美开展绿色合作的机遇和挑战	苟淑英	教育部委托课题	GBQY2022WT-69
3	"一带一路"倡议背景下中拉金融合作新格局构建研究	李仁方	教育部委托课题	GBQY2022WT-70
4	尼加拉瓜中文教育现状与问题调查与研究	范波	教育部中外语言合作交流中心	22YHGB1043
5	中文教育发展与中拉贸易及投资互动机制研究	李仁方	教育部中外语言合作交流中心	22YH07E
6	生态语境下安第斯土著"美好生活"理念与社会发展研究	苟淑英	四川省社科联外语专项	SC22WY006
7	中国—墨西哥学前教育政策的比较研究	谢鸿全	西南科技大学拉美研究中心委托项目	22LM0406

浙江外国语学院拉丁美洲研究所

一、历史沿革

在中国社会科学院拉丁美洲研究所全方位的指导，浙江省教育厅、财政厅、商务厅及社科联等有关部门的大力支持和亲切关怀下，浙江外国语学院拉丁美洲研究所（以下简称"研究所"）于2011年10月28日正式成立。研究所依托改制后外语类院校的独特优势，立足浙江外向型经济，以高起点的国际化视野，聚集国内外有志拉美研究的人才，潜心开展拉美政治、经济、教育、社会等问题的研究，以服务国家外交、地方建设及学校发展的需要。研究所重点关注中国与拉美地区经贸合作及文化交流领域的前沿问题，组织该所科研人员多角度、多层面深入开展拉美领域的基础理论研究和应用对策研究，积极服务浙江经济发展，进而辐射周边省市乃至全国，努力成为国内拉美领域重要的研究智库。2017年6月，研究所成为教育部备案的国别和区域研究中心。2020年8月，研究所获批国家民委"一带一路"国别和区域研究培育中心。

二、研究方向

经过10多年的努力，研究所已形成5个方向的研究特色。

1. 拉美政治生态与社会思潮研究

主要研究拉美政治、政党制度、法律制度、政治环境变迁等。特聘教授徐世澄是这一方向的国内权威领军人物。中国社会科学院拉丁美洲研究所资助的专著《美国和古巴关系史纲》已出版，并获学界的高度评价。

2. 拉美经济环境与中拉经贸合作研究

主要研究拉美地区经济发展、贸易、投资环境以及中拉经贸合作等。浙江省哲社后期资助项目"中国与拉丁美洲农产品贸易竞争力研究"已完成结题并出版专著；出版以拉美经贸为主的专业辑刊《拉美研究论丛》。

3. 拉美社会文化与中拉人文交流研究

主要研究拉美地区社会、文化、语言以及中拉人文交流等。受浙江省社科联资助的项目已出版两部专著《开启加勒比海的金钥匙：古巴》《连接大西洋与太平洋的桥梁：巴拿马》。

4. 中拉共建"一带一路"研究

主要研究中拉共建"一带一路"的前景、面临的机遇与挑战等。拥有教育部国别研究项目"'美洲增长'倡议对中拉共建'一带一路'的影响"等在研项目，发表论文"'美洲增长'倡议对中拉共建'一带一路'的经济影响"等。

5. 拉美教育及国际比较研究

主要研究拉美地区的教育制度、教育行为以及国际教育比较研究。教育部委托的《美洲教育周报》研究报告获教育部国际司的高度评价。

三、人员情况

现任所长为吕宏芬教授，副所长为姚晨博士，所长助理为陈岚副教授。同时，研究所聘请中国社会科学院荣誉学部委员徐世澄研究员担任顾问、特聘教授。

研究所通过人才引进、资源整合等形式，形成了一支专兼职结合的研究队伍。目前拥有专职研究人员 29 名、兼职研究人员 14 名。专职人员中正高级 9 人，副高级 9 人，86.67%具有博士学位。专职研究人员来自学校各二级学院和部门，包括浙江省"十三五"省一流学科 B 类"应用经济学""工商管理""外国语言文学"的核心骨干成员，研究领域覆盖拉美政治、拉美经济、拉美文化及语言学。同时，研究所聘请国家相关部委、中国社会科学院、国内外高校和拉美研究机构以及企业人才等专家担任兼职研究人员，形成一支实力雄厚的学术研究团队，研究水平稳居全国拉美研究领域前列。

四、学术活动

研究所通过举办"博达论坛"，定期、不定期邀请校内外从事拉美领域研究和工作的专家学者作讲座，讨论拉美政治、经济、文化、环境等热点问题，形成特色学术活动。研究所定期举办国际学术会议，并支持教师赴海内外研讨。依托国家留学基金委、教育部"赴南美洲地区教育交流"计划，每年派学者赴海外研究机构进修学习、合作研究，并邀请国外学者来拉美所研究与讲学。与阿根廷拉斐尔国立大学和委内瑞拉国家历史研究中心签订合作协议，并在安提瓜和巴布达等国开设孔子学院。

2022 年 10 月 26 日，浙江外国语学院拉美所和巴巴多斯—中国友好协会共同主办的国际教育交流项目——中国—加勒比青年论坛启动仪式暨第一期论坛，以线上线下结合的方式举行。副校长柴改英出席并致辞。巴巴多斯—中国友好协会会长沃迪来（De Lisle Worrell）、副会长大卫·布布里亚（David Bulbulia），以及来自浙江外国语学院和巴巴多斯—中国友好协会、巴巴多斯西印度大学 CAVE HILL 校区的 100 余名师生共同参加论坛。

2022 年 10 月 29 日，第十二届中国拉美研究青年论坛暨第六届拉美研究与中拉合作协同创新论坛在浙江外国语学院举行。论坛以线上线下结合的形式开展，主题是"新时代中拉关系与合作"。来自墨西哥、巴西、阿根廷等拉美主要国家以及中国的国内外高校、科研机构的 100 余位拉美研究领域专家、学者，聚焦拉美政治生态、"一带一路"倡议在拉美、中拉数字经济合作、绿色金融与中拉关系、中拉跨文化交流等主题，通过主旨报告和分论坛研讨方式，开展深入交流与探讨，吸引了近 500 名中外专业人士参与。

五、科研成果

研究所研究团队根据五大方向，密切关注中拉政治、经济、社会发展动态，进行深入具体的跟踪研究，研究所每年由中国社会科学出版社出版刊发《拉美研究论丛》（辑刊）一期。同时，还积极撰写《要报》《简报》《专报》等递送教育部、浙江省人民政府外事侨务办公室等，参与制定《拉美政党政治新变化与左翼政党的政策调整》等政策性文本。

2022 年，研究所研究人员发表的科研成果情况如下。

吕宏芬主编：《拉美研究论丛》（第二辑），中国社会科学出版社 2022 年版。

俞海山、周亚越：《公共政策何以失败？——一个基于政策主体角度的解释模型》，《浙江社会科学》2022 年第 3 期。

宋树理、刘晓音：《基于〈资本论〉及手稿的国际价值规律和当代启示》，《海派经济学》2022年第6期。

Gao Chao, "Research on Digital Industry Development Algorithm Based on Deep Learning," *Mobile Information Systems*, Jul 20, 2022.

2022年，吕宏芬有两份专报分别被浙江省人民政府外事办公室和中共浙江省委全面依法治省委员会办公室采纳。

六、教学成果

研究所研究人员为浙江外国语学院开设《拉美国家概况》、《拉美商业文化》、《中拉经贸合作》、《拉美经济发展史》、《拉美经济前沿》及二外西语等课程。通过一系列课程的学习，学生对拉美国家的文化和社会生活有了基本的认知，加深了对语言和文化的理解，丰富了学生的人文知识，增强了对文化差异的敏感性，培养了学生的跨文化交际意识和能力。

七、对外交流情况

2022年5月6日，浙江外国语学院召开跨境电子商务拉美地区视频推介会。副校长柴改英出席并讲话，柴改英对来自墨西哥、阿根廷、乌拉圭的7个高校的代表表示欢迎，并简要介绍了学校的概况、跨境电子商务专业发展情况、与拉美地区合作交流情况等。柴改英表示，希望双方在相互信任的基础上开展成果导向教育，把合作落到实处，办出成效，创建品牌。同时，她向拉美合作伙伴发出邀请，希望双方能在外国语言文学、对外经济贸易、国际文化旅游和区域教育治理等领域建立广泛联系，实现多种形式的交流与合作。阿根廷拉斐拉国立大学、墨西哥科利马大学和乌拉圭奥特大学等合作院校代表纷纷表示，希望通过项目合作进一步深化校际交流。阿根廷科尔多瓦国立大学代表表示，2022年是中阿友好合作年，希望两校能借此机会建立合作关系，为两国共同培养创新人才搭建新平台。

八、承担课题情况

序号	课题名	主持人	课题类型	课题编号
1	逆全球化背景下保障粮食贸易安全的供应链协同治理机制研究	宋海英	国家社会科学基金一般项目	22BJY086
2	电商平台生态系统价值共创与分配机制研究	钱晨	国家社会科学基金一般项目	22BGL260
3	数字化推动浙江制造业升级效率测度与路径优化研究	李伟庆	浙江省软科学计划项目	2022C35017
4	中国共产党治国理论在拉美的传播与接受研究	陈岚	浙江省哲学社会科学规划课题	22NDQN263YB
5	农产品电商供应链价值增值分享机制助推浙江共同富裕研究	钱晨	浙江省哲学社会科学规划课题	—

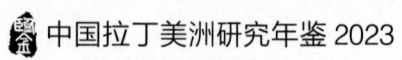

续表

序号	课题名	主持人	课题类型	课题编号
6	我国与新兴经济体数字经济合作路径探析——基于对泰国和巴西的对比研究	吕宏芬	成都大学泰国研究中心课题	SPRITS202204

重庆科技学院拉丁美洲研究中心

一、历史沿革

重庆科技学院拉丁美洲研究中心（以下简称"中心"）缘起 2011 年与墨西哥维拉克鲁斯大学合作的"皮托尔——墨西哥暨拉丁美洲研究中心"，2017 年成为教育部国别与区域研究备案中心。中心按照《教育部国别和区域研究中心建设指引（试行）》精神和要求，制订建设方案和发展计划并统筹校内外学术资源，旨在将中心建成对拉美地区主要国家的政治、经济、文化、社会等领域开展全方位综合研究的实体性平台。目前，中心与墨西哥、哥斯达黎加、阿根廷、秘鲁、哥伦比亚等国家的高校以及中石油长城钻探公司、中海油服等涉拉美国家项目部建立了友好合作关系。

二、研究方向

中心下设拉美文化教育研究所、拉美民居文化艺术研究所、拉美经贸研究所以及拉美能源战略研究所 4 个研究所，每个研究所由 5—10 名研究人员组成，分别主攻拉美能源与安全、拉美经济、拉美文化教育、拉美民居文化艺术 4 个方向。

三、人员情况

中心聘请墨西哥文学巨匠、拉美著名文学家、外交家赛尔希奥·皮托尔担任名誉主任。中心现有专兼职研究人员 32 名，其中，高级职称研究人员 15 人，拥有博士学位的研究人员 13 人。

四、学术活动

2022 年 7 月，中心研究员参加第二届拉美研究中青年学者工作坊。

2022 年 12 月 10 日，中心与维拉克鲁斯大学中国研究中心举行学术研讨会。

五、教学成果

中心研究人员承担重庆科技学院《中拉关系史》《西班牙及拉美国家概况》《拉美文学史》《西班牙及拉美文学选读》等课程。

六、科研成果

Tong Wu, *Imágenes Transpacíficas：Los Descendientes del Dragón en la Literatura Latinoamericana（2000-2020）*, Editorial Verbum, diciembre de 2022。

陈崇国：《能源话语译介中的企业身份建构研究》，《外国语文》2022 年第 5 期。

M.ª Azucena Penas Ibáñez, Tao Zhang, "El verbo de Trayectoria-Manera en el Chino Mandarín en Comparación con el Español y el Inglés", *Estudios Filológicos*, No. 70, diciembre de 2022。

七、对外交流情况

2022 年 7 月 29 日，参加"发现西部——拉美研究西部论坛"，并与各发起单位共同建立

"拉美研究西部联盟"。

八、承担课题情况

序号	课题名	主持人	课题类型	课题编号
1	巴蜀非物质文化遗产术语在西班牙语世界的翻译与传播研究	吴桐	重庆市社科联规划项目	2022WYZX11
2	中国政治话语文化意象英译多为对比研究	董保华	重庆市教委人文社科	22KGH430
3	英汉能源新闻话语中认知隐喻及其翻译策略研究	郑玮	重庆市社会科学规划年度项目	2022WYZX10
4	汉语、西班牙语和英语位移事件对比研究	张涛	重庆市社科联规划项目	2022BS024

湖北大学巴西研究中心

一、历史沿革

湖北大学巴西研究中心成立于2012年。中心成立至今，在机构设置、队伍建设、成果产出、对外交流、咨政服务等方面取得了有目共睹的成果，呈现欣欣向荣的发展态势。2017年6月，湖北大学巴西研究中心和拉丁美洲研究中心成功入选教育部国别和区域研究中心备案名单。

湖北大学巴西研究起步于20世纪60年代初，至今已努力耕耘、坚持不懈50余载，在整个中国巴西史及拉美史研究的发展进程中写下了浓墨重彩的一笔，为中国巴西史研究的开创与发展、为中巴两国人文交流的推进作出了有目共睹的贡献。

20世纪60年代初，在毛泽东、周恩来等老一辈国家领导人的关注和倡导下，北京大学、南开大学、复旦大学等部分中国高校先后开设了拉美史课程，成立了一批专门性的拉美研究学术机构，中国的拉美史研究由此逐渐步入正轨。湖北大学（当时名为"武汉师范学院"）有幸迈进这一行列，于1964年在黄邦和教授的带领下开始涉猎巴西史及拉美史研究，因此成为新中国最早开展巴西史研究的高校。20世纪60年代中期，起步不久的中国拉美史研究遭受重创，被迫中断长达10年之久。湖北大学巴西史研究也陷入停滞状态。

20世纪70年代末，中国的拉美史研究得以恢复，湖北大学巴西史研究也迎来了发展的春天。1978年，湖北大学正式挂牌成立了"巴西史研究室"，成为中国第一个专门研究巴西史的科研机构，开中国巴西史研究之先河。

1984年，湖北大学巴西史研究室改名为"拉美史研究室"，仍以巴西史作为研究重点，并向整个拉美地区辐射。在第一任研究室主任黄邦和教授的带领下以及研究室老师们的共同努力下，湖北大学巴西史及拉美史研究在20世纪80年代中期迎来了发展的黄金时期，科研成果丰硕，硕士研究生培养卓有成效，对外学术交流活跃，获得了国内外拉美史学界的一致好评，成为当时中国巴西史研究的"领头羊"。

在科学研究方面，湖北大学巴西史研究室成员先后在《历史研究》《世界历史》《拉丁美洲研究》等重要学术期刊上发表了30多篇学术论文，出版了专著《巴西独立运动》（1985年）、共同主编了论文集《通向现代世界的500年——哥伦布以来东西两半球汇合的世界影响》（1994年）、参与编写了论文集《拉丁美洲史论文集》（1986年）等。

在开展学术研究的同时，为了深入研究巴西历史的需要，湖北大学巴西史研究室一直以来十分注重资料建设，于1978年创立、编写了供中国拉丁美洲和巴西问题研究者作内部分析和参考之用的资料性质的刊物——《巴西史资料丛刊》（季刊，共编写16期，约160万字），同时负责编写供中国拉美研究学者内部交流之用的中国拉丁美洲史研究会的会刊——《拉美史研究通讯》（一共负责编写了37期）；先后翻译了葡语、西语、英语、俄语、法语、日语等多个语种的巴西史及其他拉美国家历史资料约400万字，包括《巴西从殖民时期到世界强国》《巴西的经济结构》《巴西的国土和人民》《巴西通史》等；编印、出版了《马恩列斯毛主席论拉丁美洲》《全国图书馆藏拉丁美洲书目》《巴西史年表》等资料。

湖北大学巴西史研究室在研究生培养方面亦卓有成效。1985 年，湖北大学开始招收拉美史硕士研究生。1985 年，湖北大学经国务院学位委员会批准获得拉美史硕士学位授予权，不仅成为湖北大学首批硕士授予点，同时也是"文革"后中国第一个拉美史硕士授予点。1985 年至 1995 年，湖北大学培养 18 名拉美史硕士研究生，其中很多人至今仍活跃在中国拉美学界，包括"长江学者"、福建师范大学王晓德教授，浙江大学夏立安教授，中国现代国际关系研究院吴洪英研究员、杨首国研究员，中国社会科学院拉丁美洲研究所周志伟研究员，浙江师范大学万秀兰教授，上海外国语大学万瑜副研究员等。

湖北大学巴西史研究室在巴西历史研究方面的探索，折射出中国学者对巴西历史问题的思考和认识，获得国内外拉美史学界的肯定和好评。中国拉丁美洲史研究会第一任理事长李春辉教授评价道，湖北大学巴西史研究在某种程度上"填补了中国对巴西史研究的空白"。在国外，1983 年，耶鲁大学拉美研究学者马克·西德尔（Mark Sidel）在发表于美国的拉美研究期刊《拉丁美洲研究评论》（*Latin American Research Review*）的文章《拉美研究在中国》（"Latin American Studies in the People's Republic of China"）中，将湖北大学巴西史研究室赞誉为"中国拉美研究四个主要研究中心之一"。

20 世纪 90 年代中期以来，受老一代学者的退休、世界史学科的调整以及市场经济的冲击，整个中国的拉美史研究一时出现了青黄不接的局面，陷入低谷，这种情况一直持续到 21 世纪初。湖北大学巴西史及拉美史研究也面临人员减少、资金不足等多重困境，但是一直努力坚持，在巴西及拉美研究这条道路上砥砺前行，并未中断拉美研究。

为了服务于国家对外战略的需要、增进两国民众之间的相互了解、促进中巴关系的发展，湖北大学审时度势，以过去积累下来的巴西史研究为基础，整合校内资源、提振巴西史研究。2008 年，湖北大学与巴西圣保罗州立大学合作共建了巴西第一所孔子学院——圣保罗州立大学孔子学院。这一合作为湖北大学的巴西及拉美研究注入动力。2012 年，巴西研究中心（以下简称"中心"）宣告成立，成为重振湖北大学巴西史研究的新平台。2015 年，湖北大学葡萄牙语专业获得教育部批准，湖北大学成为华中地区首家开设葡萄牙语专业的高校。

二、研究方向

中心主要研究方向为巴西、葡萄牙等葡语国家研究及拉美区域研究，包括巴西等葡语国家历史与现状、中巴关系、巴西文化、法律、环境等。

三、人员情况

中心现有校内研究人员 23 人，学科背景涵盖历史、政治、经济、法律、体育、葡语等不同领域，掌握的语言涉及葡语、西语、英语、日语等。中心还聘请了国内外巴西及拉美研究领域的知名学者担任客座教授和顾问，其中包括中国社会科学院拉丁美洲研究所徐世澄研究员、中国拉丁美洲学会会长王晓德教授、中国拉丁美洲史研究会会长韩琦教授、中国前驻巴西大使陈笃庆大使、巴西圣保罗州立大学 Luis Antonio Paulino 教授。王晓德教授同时担任湖北大学拉美研究院名誉院长。

四、主办刊物简介

为及时跟踪和发布巴西年度发展的最新动态、服务国家的战略需求、推进中国的巴西研究，中心组织中巴两国学者共同撰写巴西年度发展报告，由社会科学文献出版社以黄皮书的形式出版。

中心主编的《巴西黄皮书：巴西发展报告（2016）》为国内出版的第一部巴西国别年度发展报告，在中国和巴西学术界产生了积极影响。2018年8月，中心推出《巴西黄皮书：巴西发展报告（2017—2018）》。2020年1月和9月，中心分别推出《巴西黄皮书：巴西发展报告（2019）和《巴西黄皮书：巴西发展报告（2020）》。《巴西黄皮书：巴西发展报告（2021—2022）》正在出版中。

《巴西黄皮书：巴西发展报告》是湖北大学巴西研究中心不懈努力的成果，也是中心与国内其他单位及巴西学者合作的结晶。该书发挥湖北大学在巴西研究方面的传统和优势，结合湖北大学巴西孔子学院、湖北大学世界史专业、湖北大学葡语专业的资源，将巴西年度热点、焦点和难点问题相结合，力图全面深刻展现巴西年度发展和中巴关系现状，为相关部门和人员提供参考。

五、学术活动

中心自2012年揭牌成立以来，先后邀请了20多名国内外知名学者前来讲学、交流，包括：中国前驻巴西大使陈笃庆、中国社会科学院拉丁美洲研究所研究员徐世澄、张森根、张宝宇、周志伟，福建师范大学教授王晓德，北京大学拉丁美洲研究中心主任董经胜，中国现代国际关系研究院拉美研究所研究员吴洪英、杨首国，南开大学拉丁美洲研究中心教授韩琦，上海大学拉美研究中心主任江时学，澳门城市大学葡语国家研究院院长叶桂平，巴西伯南布哥联邦大学教授Marcos、Alexandre，巴西圣保罗州立大学孔子学院巴方院长Paulino、教授Marcos，美国加利福利亚大学教授David，美国迈阿密大学教授Rechard等。

六、科研成果

2014年以来，中心围绕巴西及拉美研究先后出版了多部学术著作。其中，中心组织编写的《巴西黄皮书：巴西发展报告（2016）》（社会科学文献出版社2017年版）为国内出版的第一部巴西国别年度发展报告，在中国和巴西学术界产生了积极影响。2018年8月，中心推出第二部《巴西黄皮书：巴西发展报告（2017—2018）》。2020年1月和9月，中心分别推出《巴西黄皮书：巴西发展报告（2019）》《巴西黄皮书：巴西发展报告（2020）》，均由社会科学文献出版社出版发行。

中心研究人员围绕巴西对华关系、中国企业在拉美的投资与贸易等问题，先后完成多篇咨询报告。2022年，中心研究人员有4篇咨政报告上报。

2022年，中心研究人员公开发表研究成果的情况如下。

汪天倩、朱小梅：《中国同"一带一路"沿线国家货币合作的可行性分析——基于国家风险评价的视角》，《湖北大学学报（哲学社会科学版）》2022年第6期。

高志平、郭温玉：《中国对不结盟运动称谓的由来》，《延安大学学报（社会科学版）》2022年第1期。

汪天倩、朱小梅：《人民币国际化水平测度及影响因素分析——基于双循环及国家金融视角下的实证研究》，《金融经济学研究》2022年第6期。

高志平、杨鑫钰：《冷战时期古巴在不结盟运动中的作用》，《湖北师范大学学报（哲学社会科学版）》2022年第4期。

汪天倩、朱小梅：《共建"一带一路"倡议下中国同沿线国家区域货币合作的博弈分析》，《江淮论坛》2022年第3期。

高志平、赵振宇：《不结盟国家对1962年中印边界冲突的调解》，《太平洋学报》2022年第6期。

熊兴：《"双碳"目标下全球能源治理改革的中国方案》，《社会主义研究》2022年第1期。

沈伊蓝、程晶：《以新自由主义为导向：巴西特梅尔执政时期文化政策评析》，载江畅主编《文化发展论丛》（总第20期），社会科学文献出版社2022年版。

七、教学成果

中心研究人员为湖北大学历史专业本科生和研究生开设课程《拉美史专题研究》，为本科生开设课程《"一带一路"国际经贸法律导论》，为葡萄牙语本科专业开设葡萄牙语相关课程。

中心重点开发巴西历史、国际关系、民族问题研究以及相关课程，同时继续加强《拉美史专题研究》等课程在本科和研究生当中的讲授，已经有近十名本科生和研究生选取巴西问题作为毕业论文和学年论文的写作主题。

湖北大学世界史硕士学位授权点在"世界地区与国别史"一级点上设有"拉美史研究方向"，在人才培养方案中增设了相关课程，主要有《拉美史专题》、《第二外国语（葡语）》和《发展中国家与国际关系专题》。2022年，湖北大学世界史专业硕士毕业生一共4人，相关论文题目和信息如下。

论文题目	硕士生姓名	指导教师	专业和年级
肯尼迪时期美国新闻署对拉美的公共外交	张宇羚	刘馗	2019级世界史
印度尼西亚与不结盟运动关系研究（1961—1998）	何志浩	高志平	2019级世界史
五世纪日本大和王权的建构	高熠琼	郝祥满	2019级世界史
"面包与马戏"现象与罗马共和国后期的政治	孙芳	刘小青	2019级世界史

八、对外交流情况

中心与国内主要拉美研究机构保持紧密的交流与合作。例如，2016年11月，湖北大学科研处领导带队，中心研究人员一起赴福建师范大学美洲史研究院、南开大学拉丁美洲研究中心、中国社会科学院拉丁美洲研究所、中国现代国际关系研究院拉美研究所、西南科技大学拉美研究中心等国内主要拉美研究机构进行调研与学术交流。

中心积极"请进来"，先后邀请了中国社会科学院拉丁美洲研究所研究员徐世澄、张森根、周志伟，福建师范大学教授王晓德，南开大学拉美研究中心教授韩琦，中国现代国际关系研究院拉美研究所研究员吴洪英、杨首国等国内多位拉美研究著名学者前来访问、讲学、进行座谈等。

中心与巴西、墨西哥、美国等国大学的拉美研究机构和研究人员保持交流与合作，包括举行研讨活动、开展人员互访、合作编撰论著、合作翻译著作等。其中，湖北大学巴西研究中心与巴西圣保罗州立大学、巴西伯南布哥联邦大学亚洲研究院建立了密切的合作关系。例如，湖北大学与巴西圣保罗州立大学合作共建了巴西第一所孔子学院——巴西圣保罗州立大学孔子学院。以此为平台，双方开展了频繁的科研人员互访；共同举行了"中拉关系国际学术研讨会"等会议；合作编写多部《巴西黄皮书：巴西发展报告》，完成《巴西发展与拉美现代化研究》《巴西及拉美历史与发展研究》等著作。

2022年对外交流主要活动有：2022年11月8日，中心参加湖北大学—巴西圣保罗州立大学孔子学院主办的巴西专场留学中国线上宣讲会。宣讲会上，中心研究人员为巴西学生介绍湖北大学巴西及拉美研究情况。此次活动共600多名巴西学生参与。

此外，2022年，中心先后邀请了国内著名拉美研究学者为历史文化学院师生举行线上讲座，如韩琦"巴西田野调查与世界史研究方法探讨"、江时学"中国特色大国外交中的拉丁美洲"、李仁方"拉美国家和美国工业化发展进程比较及其原因探析"、周志伟"巴西国家身份与新政府内外政策分析"等。

九、承担课题情况

围绕巴西等问题研究，中心研究人员先后获得国家级、省部级、厅局级和校级等课题30多项，同时参与了国家级、省部级重点课题多项。2022年主持的课题如下。

序号	课题名	主持人	课题类型	课题编号
1	巴西中文教育现状调查	蔡蕾	教育部中外语言交流合作中心项目	—
2	国际政治变革中后发国家技术赶超的制度比较研究	林娴岚	国家社会科学基金一般项目	22BGJ075
3	中法高校合作交流的现状、问题与对策——以湖北与法国高校间的合作交流为重点	刘天乔	湖北省委宣传部	—

中央民族大学拉丁美洲社会文化研究中心

一、历史沿革

中央民族大学在 2012 年设立世界民族学人类学研究中心，拉丁美洲研究被确定为世界民族学人类学研究中心重点发展方向。10 年来，世界民族学人类学研究中心先后派出 14 名博士研究生、硕士研究生完成对墨西哥、阿根廷、巴西、秘鲁和古巴的田野调查，与国内外拉美研究重要基地建立了密切的合作关系，组建了国内从事拉美社会文化研究的高水平团队。"一带一路"倡议提出之后，中央民族大学始终致力于以"一带一路"建设为中心培养国际化人才，突出本校的民族学人类学研究优势，试图将 1950 年民族学对国家建设的知识贡献和研究经验扩展到对拉美研究中来，填补当前国内拉美研究的知识空白。2018 年 12 月，在世界民族学人类学研究中心拉美研究团队的基础上，成立了中央民族大学拉丁美洲社会文化研究中心，并获批国家民委区域国别研究基地。

二、研究方向

中央民族大学拉美研究目前主要集中于民族问题、拉美华人、文化遗产和中国企业在拉美 4 个研究方向，主张采用规范的人类学研究方法，即立足于一年周期的实地田野，使用当地语言对拉美社会进行研究。其中，拉丁美洲民族问题主要关注拉美主要国家的民族问题的历史与现状，以及民族问题的治理模式；拉美华人研究主要对拉美国家华人的分布状况、从事行业与发展现状进行研究；文化遗产分析主要对拉美国家在文化遗产尤其是非物质文化遗产保护方面的情况进行实地研究；中国企业在拉美主要立足于国家"一带一路"倡议，从文化层面对中国企业在拉美的经营状况进行研究。

三、人员情况

目前，中央民族大学拉丁美洲社会文化研究中心以张青仁教授为团队负责人，成员包括庄晨燕教授（从事拉丁美洲民族问题）和王伟副教授（从事拉丁美洲社会与文化），同时拥有在读硕士研究生 8 名。

张青仁，教授，国家民委区域国别基地"拉丁美洲社会文化研究中心"主任，国家民委"中青年英才"，首都中青年优秀文艺人才，兼任中国世界民族学会理事、中国拉丁美洲学会常务理事、中国拉美史研究会常务理事、中国宗教学会理事、北京民间文艺家协会常务理事等，主要从事拉丁美洲人类学、民俗学研究。

四、学术活动

2022 年 4 月 18 日，邀请墨西哥社会人类学高等调查研究中心（Centro de Investigaciones y Estudios）María Elena Martínez Torres 教授举办"在拉丁美洲做人类学研究：巴西与墨西哥的案例"讲座。

2022 年 5 月 12 日，邀请巴西利亚大学 Cristina Patriota de Moura 副教授举办"日常生活、学

校和遗产：都市人类学对巴西首都的认知"讲座。

2022年5月12日，邀请秘鲁天主教大学Alejandro Diez Hurtado教授举办"21世纪秘鲁的人类学：从传统到全球化"讲座。

2022年6月14日，邀请布宜诺斯艾利斯大学Verónica Giménez Béliveau副教授举办"南美洲的宗教与信仰"讲座。

2022年11月18日，举办"拉丁美洲宗教研究"工作坊，并在《世界宗教文化》发表拉丁美洲宗教研究专栏文章。

2022年11月18日，邀请北京外国语大学李紫莹教授举办"阿根廷经济发展：道路与危机"讲座。

五、科研成果

张青仁：《20世纪墨西哥民族国家的一体化建设》，《民族研究》2022年第4期。

张青仁：《联结主义的文化实践：秘鲁皮坎特里亚遗产化进程的民族志研究》，《中央民族大学学报（哲学社会科学版）》2022年第3期。

张青仁，包媛媛：《新自由主义的政策转向与当代墨西哥的印第安人问题》，《广西民族研究》2022年第2期。

张青仁：《从宗教反叛到政治参与：福音派在墨西哥土著社群传播的社会意义》，《世界宗教文化》2022年第6期。

六、教学成果

承担中央民族大学本科生必修课《世界民族研究专题》拉美部分课程、民族学研究生必修课《中外民族志》拉美部分课程、人类学硕士研究生专业选修课《拉丁美洲人类学》课程，开设全校通识课《拉丁美洲的社会与文化》。

七、对外交流情况

2022年，中央民族大学与古巴哈瓦那大学签署校级合作协议。

八、承担课题情况

序号	课题名	主持人	课题类型	课题编号
1	墨西哥新自由主义民族政策及其实践困境研究	张青仁	国家社科基金青年项目	18CMZ035

河北师范大学秘鲁研究中心

一、历史沿革

河北师范大学秘鲁研究中心（以下简称"中心"）成立于 2013 年 4 月 8 日。2017 年 7 月，中心入选教育部国别与区域研究中心备案名单。河北省将中心列入省级"双一流"发展规划。

中心的成立源自河北师范大学与秘鲁的广泛联系。2008 年 3 月，秘鲁派遣弗洛拉·赛西莉亚·拉扎诺和安娜·赛西莉亚·泰罗等两名教师赴我校任教。同年 6 月，河北师范大学西语本科专业开始招生，每届 30 人。2010 年 11 月 18 日，河北师范大学秘鲁里卡多·帕尔玛大学孔子学院挂牌，这是国家汉办批准在秘鲁设立的第四所孔子学院，也是设在利马的第二所孔子学院。里卡多·帕尔玛大学拥有悠久的历史，在秘鲁教育界享有盛誉。

2012 年，河北师范大学正式筹备设立"秘鲁研究中心"。2013 年，秘鲁里卡多·帕尔玛大学校长伊万·罗德里奎兹和河北师范大学校长蒋春澜共同签署了两校合作建设秘鲁研究中心的协议。

2013 年 4 月 8 日，由秘鲁驻华使馆主办的河北师范大学秘鲁研究中心成立仪式在北京公共外交文化交流中心正式举行。河北师范大学蒋春澜校长在致辞中表示，河北师范大学致力于为教师和学生搭建三座"桥梁"——与世界科学家学术交流的桥梁、与世界政治家思想对话的桥梁、与企业家之间相互支持的桥梁，最终目的是把大学办成一所世界性大学。秘鲁外交部长拉斐尔·龙卡利奥洛在致辞中表示，中心的创建意义重大，是两国加强文化交流的重要举措。由秘鲁外交部赠予河北师范大学秘鲁研究中心的图书来自秘鲁的各个机构，其内容涵盖了秘鲁语言、文化、经济和历史的方方面面，希望有助于把秘鲁研究中心建设成一个使更多中国人了解秘鲁的重要平台。在秘鲁总统奥扬塔·乌马拉的见证下，蒋春澜校长和拉斐尔·龙卡利奥洛部长共同签署了"河北师范大学秘鲁研究中心创建纪念证书"。乌马拉总统在致辞中指出，中心是秘鲁政府在海外支持建立的第一所秘鲁研究中心，希望中心能够成为中秘文化交流的桥梁。

2013 年 10 月 25 日，中心揭牌仪式在河北师范大学会议中心隆重举行，时任秘鲁共和国驻华大使贡萨洛·古铁雷斯和河北师范大学党委书记李建强教授为中心揭牌。古铁雷斯大使还应邀为河北师范大学师生作了题为"中国与秘鲁"的学术讲座。

2018 年 1 月 29 日，由秘鲁华侨、中国商会总经理、拉美加勒比中国人民友好总会理事、第十二届河北省政协会议海外列席代表何莲香女士带领的秘中商会代表团一行两人应邀访问河北师范大学，秘鲁研究中心聘任"中秘建交使者"何莲香女士为终身荣誉主任。

中心依托河北师范大学教育部人文社科重点研究基地，发挥学校学科齐全的优势，已整合外国语学院、马克思主义学院、法政与公共管理学院、历史学院、商学院等研究团队，与河北师范大学承办的秘鲁孔子学院形成互相支撑发展的机制，从整体上构建了境外"孔子学院+中国/汉学研究中心+合作院校学科团队"与境内"研究中心+对接二级学院+智库相关学科团队"的合作模式，开展了全方位、多领域与秘鲁相关的研究工作。

2017年下半年，中心整合学校各人文社科类学院的优势资源，与河北师范大学马克思主义学院、历史学院、法政与公共管理学院、商学院面向社会联合招收国别和区域研究方向的硕士研究生，尝试开展跨学科领域的复合型国际人才培养。从2018年以来，国别和区域研究中心在国外社会思潮、国际政治、世界史、世界经济4个专业共招收30名硕士研究生。

二、研究方向

中心致力于推动中秘文化交流，并对秘鲁及拉美地区文化、语言、政治、经济、社会等开展全方位的研究；为促进中秘友好，促进中国与南美西语地区建设全方位的国际联系搭建平台，提供信息和咨询服务；为中国企业和南美国家建立联系、到南美投资，融入南美地区新一轮的经济发展提供咨询报告和解决方案；培养拉美研究人才，服务国家发展，开展国别与区域研究。

中心自入选教育部国别和区域研究备案名单以来，在教育部和河北省关怀指导下，汇聚河北师范大学学科人才优势，整合国内外学术资源和人脉，广泛开展以秘鲁研究为核心的跨学科研究，努力创建一流"冷门小国"国别研究智库，取得了显著成效，形成了独有特色。

三、人员情况

为了打破学科壁垒、整合学科优势，中心联合校内其他人文社科类学院开展学科建设和学术研究，打造跨学科、多方向的研究团队。2018年年初，中心正式聘请来自外国语学院、马克思主义学院、商学院、历史学院、国际文化交流学院的17名老师作为兼职研究人员，为全方位的秘鲁政治、经济、文化、历史、社会研究的开展奠定团队基础。

此外，中心聘请来自政府、企业、其他高校以及秘鲁华侨华人中的高层次人才为中心特聘研究员。中心聘请中国社会科学院学部委员苏振兴研究员、荣誉学部委员徐世澄研究员、上海大学拉美研究中心主任江时学教授、中国前驻拉美大使及外交官等为中心特聘研究员。其中，苏振兴研究员、徐世澄研究员作为中心首席特聘专家参加了中心学科建设和发展规划的制定。同时，中心聘请秘鲁华人华侨、"中秘建交使者"、"庆祝中华人民共和国成立70周年纪念章"获得者、秘鲁"何塞·格雷戈里奥·帕兹·索尔丹秘鲁外交服务功勋"获得者——何莲香女士为中心终身荣誉主任。

四、学术活动

2022年4月30日，北京外国语大学英语学院教授、博士生导师、副院长，中国欧洲学会理事王展鹏教授以"关于区域国别研究发展方向的再思考"为题为中心及其他相关国别研究中心作线上学术报告。王展鹏教授就区域国别研究学科内涵、学科归属、研究方法等问题的新发展进行阐述并讨论，进而引发思考国别和区域研究如何发挥自身优势，增强问题意识，在实现学科的交叉与融合的过程中构建自身学科身份，实现可持续发展的问题。

2022年5月12日，北京语言大学国别和区域研究院院长、高校国别和区域研究工作秘书处主任罗林教授就区域国别学学科建设问题中心及其他相关国别研究中心作线上学术报告，并为河北师范大学区域国别学的学科建设、人才培养、科研工作的未来规划提出了宝贵建议。

2022年5月16日，上海大学特聘教授、高校国别和区域研究人才培养与学科建设联盟顾问委员会副主任江时学教授做客中心，就"如何从事区域国别学研究"作线上学术报告。江时学教授以如何推动"区域国别学"一级学科的落地为主题，首先阐明了"区域国别学"作为一门独立学科的具体定义，并就区域国别学科的内涵及外延进行了详细介绍，其中包含区域国别学的起源、宗旨、具体研究内容等。江时学教授结合国内外学界该领域目前的研究现状，指出区域国别学的研究路径须以基础理论和应用对策两者并重的方式进行，进而以中心为例，总结出区域国别学在国内高校落地发展的可行方案。在提问互动环节，江时学教授详细且耐心地回答了与会师生提出的关于区域国别人才培养、中拉命运共同体构建等问题，并借此契机发出呼吁，希望从事区域国别学相关研究人员能够不忘本心、夯实基础、刻苦钻研，为该学科在国内的发展壮大贡献力量。

2022年9月，河北师范大学秘鲁里卡多·帕尔玛大学孔子学院全体教师拜访了"中秘建交的使者"、河北师范大学秘鲁研究中心终身荣誉主任何莲香女士。为了表达敬佩之意，孔院中方院长张惠珍教授向何莲香女士献上了鲜花和孔子学院特别定制的荣誉奖牌，孔院教师、河北师范大学体育学院苏飞飞老师在现场进行了太极拳表演。看到老师们的到来，何女士兴奋地表示："我与河北省、河北师范大学非常有缘，曾先后多次访问河北师范大学，对学校有着特殊的情感。"她回忆道，在秘鲁《公言报》工作时，她一边靠自学不断提高自己的中文水平，一边冒着被秘鲁当局审查的危险，仍然坚持每天出报，更多地宣传新中国。过去由于中国落后，华侨在秘鲁没有地位，是祖国的强大和秘鲁华侨多年来的努力奋斗，赢得了当地人对华人的尊重。她说："我虽然生在秘鲁，但却流着中国人的血，我用我的一生为中秘友好往来作贡献。"她同时勉励老师们也要为中秘交流而努力，孔子学院要为秘鲁当地和中资企业培养更多优秀的翻译人才，助力中秘两国经济文化的交流和发展。座谈后，何女士跟老师们一起唱起了《义勇军进行曲》《东方红》《我的家在东北松花江上》等歌曲。老师们表示非常荣幸能够聆听何女士讲述自己的经历，将以实际行动为中秘友好往来贡献力量。

2022年11月12日，中心所在的国别和区域研究中心第一届研究生文献综述大赛圆满落下帷幕。此次大赛共收到参赛文章20篇。经过两轮选拔，共评出一等奖1名、二等奖2名和三等奖3名。来自马克思主义学院、法政与公共管理学院、历史文化学院和外国语学院的4位老师组成的专家组对参赛文章进行了评审，针对文章的选题、材料收集和撰写方面的问题给出了详尽的意见和建议，并对今后国别和区域研究中心研究生培养工作给予了指导。此次文献综述大赛旨在加强国别和区域研究生文献阅读能力和文献综述撰写能力，提升对相关学术发展的进一步认识和思考，更好地提高学生科研能力和学术水平。

2022年12月22日，中心副研究员傅一晨（巴西籍）就"世界体系理论视角下巴西和中国命运共同体的构建"作线上学术报告。傅一晨就资本主义世界经济结构与国际政治体系之间的动态关系、拉丁美洲与国际政治体系中各种力量的相互关系和新时期巴中命运共同体构建的建议进行阐述并讨论。

五、教学成果

从2018年起，中心所在的国别和区域研究中心联合河北师范大学马克思主义学院、法政与公共管理学院、历史学院、商学院4个学院，共同培养拉美研究、东南亚研究方向的硕士研究生。中心注重加强国别和区域研究学科建设，培育新兴交叉学科，扎实做好人才培养工作，造就大批满足国家重大政策研究需求的"国别通""领域通""区域通"人才，努力建成具有专业优势和重要影响的研究中心。2022年6月，国别和区域研究中心共有8名学生取得硕士学位，其中1名学生考取了中共中央党校的博士研究生。2022年9月，8名硕士研究生新生在国别和区域研究中心报到入学。

为了培养学生具备从事国别和区域研究的语言能力和专业知识，中心专门设置分别由外籍教师讲授的西班牙语、葡萄牙语的入门班和提高班语言培训课程，开设国别和区域研究前沿问题、外籍教师讲授的英语听说能力课程。中心为硕士研究生开设中英双语授课的《国别与区域研究前沿问题》课程、外教授课的专业英语听说课程，旨在培养复合型的国别和区域研究人才。从 2018 年上半年以来，中心面向全校师生开办两期西班牙语入门班和两期西班牙语初级班，并举办两期葡萄牙语入门班和一期葡萄牙语初级班。

此外，河北师范大学历史学院和中心共建"外国语言和外国历史"本科专业，中心老师为历史学院的本科生讲授《西班牙语国家概况》《秘鲁史简史》课程，共同推动学校拉美方向教学和研究工作。

六、承担课题情况

中心承担国家社科基金项目重点项目 1 项、河北省社科基金项目 2 项和教育部中外语言交流合作中心 2021 年国别中文教育项目 1 项等。其中，国际文化交流学院、秘鲁研究中心、秘鲁里卡多·帕尔玛孔子学院组成研究团队积极参与中外语言合作交流中心 2021 年国别中文教育项目"秘鲁中文教育历史、现状与发展路径研究"，分别就秘鲁中文教育历史和现状做调查访谈和填报数据，并形成报告。中心傅一晨副研究员还参与了巴西国家科学技术研究所—美国研究所"金融、国际货币与国际权力"项目和当代中国与世界研究院的《2022 巴西中国研究调查报告》撰写工作。

安徽大学拉丁美洲研究所

一、历史沿革

安徽大学拉丁美洲研究所（以下简称"研究所"）是安徽大学重点打造的服务国家"一带一路"建设和安徽省"走出去"发展战略的国别和区域研究实体单位。研究所于2013年由苏里南大使馆和安徽大学合作共建，2015年成为安徽大学国别和区域研究院的重要组成部分，2017年获评教育部国别和区域研究备案中心，2018年纳入创新发展战略研究院科研平台，承担"双一流"建设任务"中拉命运共同体构建研究"，获批145万元专项经费。2020年获评教育部全国高校国别和区域研究高水平单位（备案中心Ⅰ类），连续两年获得教育部国际司的专项经费支持。安徽大学拉丁美洲研究所已跻身中国社会科学院重点智库名录，中宣部外宣网将研究所列为中国十大拉美研究机构，设学术委员会、七个研究分支机构以及办公室、资料室和编译室等机构。

二、研究方向

研究所主要研究方向包括以下七个方面。

1. 中拉政治制度比较研究

主要研究议题有：拉美国家政治制度的历史传统及其演变的社会文化基础；拉美国家政治制度的共通性与差异性；拉美国家现行政治制度的影响及其发展趋势（国别研究）；拉美国家政治制度现代化的挑战与困境（国别研究）；稳定与变革：拉美国家政治制度走向成熟的出路（国别研究）。

2. 中拉经贸合作及其发展趋势

主要研究议题有：拉美国家经济发展模式的历史原因、发展现状与趋势研究（国别研究）；不同政治思潮对拉美经济发展的影响及其启示（国别研究）；中国与拉美主要大国经济贸易的结构性矛盾及其突破路径（国别研究）；"一带一路"背景下中拉拓展经贸合作的新领域、新机遇与新挑战（国别研究）；后疫情时代中拉数字经济高质量发展合作机制研究（国别研究）。

3. 拉美社会问题及其治理的镜鉴意义

主要研究议题有：拉美国家贫困、治安、贩毒、枪支、社会不平等、腐败等社会问题的国别研究；拉美国家城乡公共服务供给模式的国别研究；中等收入陷阱的本质及其对拉美的影响；拉美国家的民生政策及其治理能力的国别研究；拉美国家社会问题的本质及其发展趋势研究。

4. 构建中拉命运共同体的文化支柱

主要研究议题有：中拉拓展人文互学互鉴深度的路径研究（国别研究）；中拉文化差异及其对中拉关系的影响研究（国别研究）；中拉文化产业合作机制研究（国别研究）；增强中拉传统友谊的民意基础研究（国别研究）；对拉讲好中国故事的国别研究。

5. 中拉关系及中国对拉政策的历史学研究

主要研究议题有：中拉关系史及其发展趋势研究（国别研究）；拉美史学科发展的主要障

碍及其解决路径（国别研究）；不同历史时期中国对拉外交政策的历史档案整理研究。

6. 拉美主要地区生态环境治理模式及其启示

主要研究议题有：中拉生态治理现代化的模式比较研究（以黄河与亚马孙河为研究对象）；拉美农业环境面源污染及其治理（国别研究）；拉美国家民众生态环保意识研究（国别研究）；拉美生态破坏的经济成因及其产业结构调整（国别研究）；中拉生态环境治理国际合作机制研究（国别研究）。

7. "一带一路"背景下中拉关系发展战略规划

主要研究议题有：拉美未建交国国情研究（国别研究）；中国对拉贸易与投资领域的主要障碍及其应对之策（国别研究）；拉美区域一体化与中拉整体合作机制构建研究；"Z世代"中国对拉文化传播的重点对象及其有效方式；全球治理领域中拉之间的互动关系与合作机制研究。

三、人员情况

研究所现有专职研究人员27人，其中包含13名教授和7名副教授。范和生教授为现任所长。全所专职研究人员有：范和生、唐惠敏、吴理财、陈峻峰、周典恩、孙语圣、吴宗友、杨雪云、王云飞、王中华、张军、魏华飞、夏当英、姚德薇、耿言虎、陈婷婷、崔清夏、陈以定、陈光、汤夺先、黄鹏、毛羽丰、宋国庆、陈殊琦、张睿文、范广垠、刘少杰。研究所现有兼职研究人员47人，其中包含5名外籍专家，9名驻拉美国家大使。

范和生，现为安徽大学创新发展战略研究院、社会与政治学院教授，安徽大学拉丁美洲研究所所长，安徽大学社会学学科带头人、博士生导师。主要兼职有：第二届全国社会工作专业学位研究生教育指导委员会委员、中国社会学会常务理事、中国社会心理学会常务理事、中国拉美学会常务理事、中国拉丁美洲和加勒比友好协会理事、安徽省社会心理学会会长、安徽省社会学会副会长、安徽省老年学学会副会长、安徽省计生协会副会长、安徽省社会科学界联合会第八届委员会委员、安徽省广播电台特约评论员。出版专著9部，主编各类教材30多部，发表论文100多篇，其中在CSSCI（含扩展版）期刊上发表论文50余篇，《新华文摘》、《中国社会科学文摘》、人大复印报刊资料全文转载8篇。主持国家社科基金一般项目、国家社科基金重大项目子项目等纵向项目8项，主持省市县各类横向项目30多项，公开发表各类研究报告20多篇，向相关部门递交各类资政报告50多篇。主要学术研究方向为社会学理论、政治社会学、国际政治社会学、消费社会学。

四、学术活动

2022年6月25日，由中国拉丁美洲学会、安徽大学创新发展战略研究院主办，研究所承办，安徽大学社会与政治学院、国别和区域研究院协办的"构建新型国际关系背景下中美拉三边关系发展趋势"国际研讨会在中国合肥成功举办。此次会议主要是贯彻落实习近平在全球发展高层对话会上重要讲话精神，探讨百年未有之大变局背景下中美拉三边关系发展态势，为构建"均衡、稳定、协调、合作"的中美拉三边关系贡献学界智慧。

2022年8月13日，研究所和上海大学拉美研究中心合作举办了题为"如何推动中国与拉美的整体合作"的线上研讨会，来自多个科研机构的数十名学者围绕主题进行了热烈讨论。

五、科研成果

1. 学术著作

范和生主编：《安徽社会发展报告（2022）》，社会科学文献出版社 2022 年版，获评 CTTI 2022 智库研究优秀成果一等奖。

2. 学术论文

范和生、王燕：《从三维视角看拉美国家低度民主化问题及其发展》，《拉丁美洲研究》2022 年第 2 期。（《新华文摘》2022 年第 18 期论点摘编转载）

范和生、朱颖：《全球公共卫生治理中国际组织的互动机制研究》，《区域与全球发展》2022 年第 4 期。

范和生、武政宇：《亟待"国际转向"的新时代社会学——兼论全球社会中社会学研究的关键议题》，《学术研究》2022 年第 10 期。

唐惠敏：《"人类命运共同体"理念的社会学向度——兼论全球治理的中国智慧》，《甘肃理论学刊》2022 年第 2 期。

杨行治、马小苏、王中华：《新冠疫苗生产与分配视域下全球疫情防控问题研究》，《中国应急管理科学》2022 年第 2 期。

陈俊峰、司海峰：《巴西卢拉政府应对社会问题的举措和意义》，《西南科技大学学报（哲学社会科学版）》2022 年第 2 期。

陈婷婷：《话语场域·议程设置·国家形象——全球治理中的中国话语谱系及其构建》，《苏州大学学报（哲学社会科学版）》2022 年第 3 期。

吴理财：《身份政治：意涵及批评》，《云南大学学报（社会科学版）》2022 年第 4 期。

李佳莹、吴理财：《迈向有温度的乡村网格治理——基于情感治理的分析》，《华中农业大学学报（社会科学版）》2022 年第 4 期。

刘少杰、周骥腾：《不确定条件下新社会阶层的社会地位、身份认同与网络心态》，《江海学刊》2022 年第 1 期。（人大复印报刊资料《社会学》2022 年第 8 期转载）

六、教学成果

研究所结合交叉学科的人才培养目标，创新研究生培养模式，在研究生教学与培养方式中建立课堂教学、社会实践和对外交流"三位一体"以及"大师+团队"的培养模式。

研究所为博士研究生开设以下课程：《政治社会学专题》、《社会发展理论研究》、《社会学研究前沿》和《社会学理论专题》；为硕士研究生开设以下课程：《全球化与全球治理专题》、《国别和区域研究专题》、《国际关系理论前沿》、《国际关系研究方法专题》、《国际组织与国际法专题》和《比较政治学专题》；为本科生开设以下课程：《中国外交决策机制研究》、《大国政治》、《美国政治》、《经济与文化》、《认识拉丁美洲》、《全球治理》和《政治社会学》。

七、对外交流情况

2022 年 10 月 29 日，由高校区域国别学人才培养与学科建设联盟主办，上海大学外国语学院承办，上海大学文学院、上海大学全球问题研究院、中山大学"一带一路"研究院、中山大学国际翻译学院、对外经济贸易大学成都研究院协办，北京外研在线数字科技有限公司合作举办的第四届全国大学生区域国别演讲大赛在上海以线下和线上相结合的方式成功举行。研究所研究生于亚辰同学荣获二等奖，所长范和生教授、唐惠敏博士荣获优秀指导教师奖。

2022年11月5日，由上海外国语大学政治学学科点主办的"人类文明新形态与文化国际主义研讨会暨第三届国际政治社会学专家论坛"在线上举行。来自北京大学、中国社会科学院大学、中国人民大学、外交学院、吉林大学、山东大学、南京大学、浙江大学、厦门大学、复旦大学、上海外国语大学、华东师范大学、上海交通大学、郑州大学、安徽大学、中国传媒大学、上海理工大学、上海政法学院等高校和科研机构的近40位专家学者以及22位研究生与会。研究所所长范和生教授参加会议。此次论坛设有四个分论坛，范和生教授主持第一分论坛，并作了题为"亟待'国际转向'的新时代社会学——兼论全球社会中社会学研究的关键议题"的引领性发言，提出当今世界的全球化使得现代社会的边界前所未有地扩展到全球范围，社会学不仅不能选择回避全球化这一当今人类社会最大的社会现实，而且应当进一步变革创新社会学的研究视角和理论框架，谋求对包括国内社会和全球社会在内的全部社会的总体解释，从而使社会学真正成为一门研究"社会"的理论和学科。

2022年11月5—6日，由中国拉丁美洲史研究会和南开大学世界近现代史研究中心联合主办，南开大学拉丁美洲研究中心承办的中国拉丁美洲史研究会第十届会员代表大会暨"拉丁美洲历史上的不平等与社会变革"学术研讨会顺利召开，来自中国社会科学院、北京大学、南开大学、浙江大学、中国人民大学、北京外国语大学、安徽大学、河北大学、上海大学、福建师范大学等数十所高校和科研机构的80余名专家学者以线上形式出席此次会议。南开大学董国辉教授当选理事长。研究所作为理事单位，共8名师生线上参会。

2022年12月3日，上海大学拉美研究中心举办了"区域国别学视角下拉美研究的发展方向"研讨会。来自上海大学、南开大学、暨南大学、安徽大学、西南科技大学、河北大学等高校的50多位拉美研究学者和学生参加了会议。研究所所长范和生教授参加会议并在会上发言。范教授认为，从学科建设的角度来看，构建拉美学是一个大趋势，并应该将基础理论研究和应用研究一起推进。在构建二级学科方面，他提出了五个研究方向：拉美学理论、拉美史、拉美区域研究、拉美国别研究和应用拉美学。

八、承担课题情况

序号	课题名	主持人	课题类型	课题编号
1	全球公共卫生治理中的中拉命运共同体建设研究	范和生	教育部人文社会科学研究规划基金项目	2020-G59
2	安徽打造内陆新高地建设路径研究	范和生	安徽省人民政府外事办公室	2016FAC3269
3	拉美地区皖籍企业的国际产能合作现状、前景与对策分析	范和生	安徽省人民政府外事办公室	2017FACZ2153
4	实施数字乡村建设行动研究	刘少杰	国家社科基金重大项目	21ZDA057
5	采煤沉陷区"生态—经济—政治"多维关系演化规律及调控机制研究	程桦	国家社科基金重大项目	14ZDB145

续表

序号	课题名	主持人	课题类型	课题编号
6	网络化时代的社会认同分化与整合机制研究	姚德薇	国家社科基金一般项目	13BSH036
7	台湾少数民族政治参与问题研究	周典恩	国家社科基金一般项目	15BMZ073
8	马克思主义视域中的习近平人类命运共同体思想研究	陈以定	教育部社会科学司	17JDSZK051
9	中等强国崛起对中国提升全球治理话语权作用研究	戴维来	国家社科基金一般项目	17BGJ038
10	习近平关于全球治理的重要论述研究	陈以定	国家社科基金一般项目	19BKS054
11	全球化视域下中国消费结构升级的社会学研究	范和生	国家社科基金一般项目	19BSH140

上海外国语大学巴西研究中心

一、历史沿革

上海外国语大学巴西研究中心（以下简称"中心"）成立于2014年。在筹建之初，中心属于校级区域国别研究中心成员；2017年，正式成为教育部国别和区域研究备案中心。

中心历史可划分为三个阶段：2014年前的筹备阶段、2014—2017年的初始阶段、2017年至今的持续建设阶段。

在筹备阶段，上海外国语大学西方语系葡萄牙语专业开展大量有关巴西、葡萄牙以及非洲葡语国家国情文化等方面的教学和科研活动。该专业始建于20世纪70年代，是国内最早开设的葡萄牙语专业之一，在同类专业中始终位列前茅。在区域与国别研究中，该专业不仅关注葡萄牙及非洲葡语国家，更高度关注巴西这个世界最大的葡语国家和拉美区域核心国家，围绕巴西开展一系列教学和科研工作。在教学活动方面，葡萄牙语专业特别为本科生开设《巴西概况》《巴西文学史》《拉丁美洲文化》等课程。2009年以来，该专业还为上外国际教育学院的研究生开设区域与国别研究课程。自2000年至2014年巴西研究中心正式成立前，该专业教师陆续发表与巴西研究相关的论文7篇（5篇刊载于CSSCI期刊、扩展或境外期刊）、专著1部（参与编写）、辞典1部（参与编写）、译著4部以及政府咨询报告1篇。该专业教师注重与国内外巴西研究的专家学者进行交流，踊跃参加各类国内国际研讨会，其中包括上海拉丁美洲研讨会（2004年复旦大学）、中国拉丁美洲研讨会（2006年复旦大学）、第十三届国际拉美及加勒比研究联盟大会（2008年澳门）、语言政策及语言规划研讨会（2012年北京）、上海拉丁美洲研讨会（2012年上海外国语大学）等。在2012年上海拉丁美洲研讨会上，4位与会教师分别宣读自己有关巴西研究的最新成果：《巴西印第安学校教育现状剖析》、《民族大熔炉——巴西社会人种构成探讨》、《后卢拉时代巴西经济社会发展趋势》和《全球化背景下的巴西国内语言政策浅析》。

2014年，上海外国语大学积极对接我国发展国家和区域研究的重大战略，正式建立一批校级区域国别研究中心，巴西研究中心便是其中一员。中心积极响应国家、政府要求，依托上海外国语大学多语种、多学科、国际化优势，秉承拉丁美洲与葡语国家研究传统，与国内外多所高等院校、研究机构保持畅通联系，对巴西及其他葡语国家开展更为具体、深入的研究；同时，不断提升自身科研水平，强化决策咨询能力，为国家的外交战略服务。

二、研究方向

根据《上海外国语大学教育事业改革和发展第十三个五年规划纲要》提出的总体目标，中心以建设"以外语为特色的多学科领域知识创新的平台、国家经济社会发展的思想库"为指导思想，以成为国家经济社会发展的思想库为努力方向，以上海外国语大学的外国语言文学专业为基础，以学校的国际化为依托，致力于学术研究和政策咨询，不断为区域国别研究提供新素材和新观点。具体而言，中心注重研究巴西国内政治、经济和文化，以及巴西与其他葡语国家、区域组织、国际组织关系，推动"区域国别+领域"研究，力争打造以巴西研究为重点、不断向其他葡语国家拓展的研究创新平台体系、项目体系和研究队伍，密切跟踪和分析巴西及其他葡语国家社情动态的发展，为中拉人文交流、民心相通作出积极贡献。

三、人员情况

中心以上海外国语大学葡萄牙语专业教师团队为基础，通过上海外国语大学外国专家项目等项目平台邀请国内外巴西研究领域知名专家加入，努力打造一支以国内需求为导向、以巴西研究为重点的创新研究团队。

中心现有9名专职研究人员和6名兼职研究人员。专职研究人员包括8名中国教师和1名外国专家，均于上外任教。在专职研究人员之中，1人具有正高职称，3人具有副高职称，4人具有中级职称；兼职研究人员包括3名中国专家和3名外国专家，分别来自国内外著名高校和企业等。此外，中心发掘利用上外葡萄牙语专业研究生资源，培养其从事区域与国别研究工作的兴趣和能力。

四、学术活动

为了构建葡语国家国别研究的分享交流平台，推动葡语国家区域国别的教学与研究，中心坚持"引进来"和"走出去"双向发力。一方面通过主办全国性学术研讨会和邀请国内外相关领域专家学者开展学术交流两种途径，将重大科研成果和学术前沿动态"引进来"；另一方面着重支持中心成员"走出去"，赴其他高等教育机构和研究机构开展学术讲座、参与国内外学术会议并宣读论文。

中心自正式成立以来，多次邀请国内外巴西研究专家开展学术讲座。2015年，中心邀请中国前驻巴西大使陈笃庆作题为"世界上最大的葡语国家——巴西面面观"的讲座，介绍巴西政治、经济、历史、文化等方面概况，阐述中巴双边关系重要性、互补性，并对巴西及中巴关系的未来提出展望；2018年，中心邀请中国—葡语国家经贸合作论坛前秘书长、商务部援外司副司长、现对外经济贸易大学客座教授王成安作题为"葡语国家教学与研究"的讲座，介绍我国的葡语教学事业和葡语国家研究的发展历程以及当前所处的重要历史时期；2019年，中心邀请上海大学拉美研究中心主任、特聘教授江时学作题为"对拉美研究领域中若干问题的看法"的讲座，从拉美研究的理论、如何评价拉美的民众主义、拉美改革的成败得失、拉美研究中的"钟摆"现象、如何进一步提升中拉关系、如何认识百年未有之大变局中的拉美发展前景六个角度进行解析；2020年，中心邀请对外经济贸易大学客座教授王成安作题为"全面提高学习能力，未来服务国家开放"的讲座；2022年，中心举办"新形势下中巴合作的前景"讨论会，邀请全球化智库（CCG）特邀高级研究员、复旦大学学者Karin Vazquez，兰州大学法学院Douglas de Castro教授，浙江外国语学院José Medeiros副教授，上海外国语大学西方语系葡萄牙语专业外籍专家Victória Almeida等就中巴两国合作的未来发表看法，并进行交流讨论。

2022年，中心研究人员参加的学术会议包括：中华人民共和国外交部驻澳门特别行政区特派员公署、澳门特别行政区政府举办的中国与葡语国家智库论坛；中国社会科学院拉丁美洲研究所举办的"大国竞争下的拉美地区大变局：特征及政策选择"研讨会；上海国际问题研究院、复旦大学国际问题研究院举办的"二十大后中拉关系的前景与展望"国内学术研讨会；上海大学举办的"'新时代'中国与拉美国家关系的发展趋势"国际研讨会和卢拉当选对巴西发展前景的影响研讨会；等等。

五、科研成果

身处百年未有之大变局的时代，中心研究人员始终保持强烈的使命感和责任感，坚持以重大现实问题为导向，积极主动对接国家战略和上海市发展需求，立足教学、科研和智库建设，努力发挥高校智库咨政建言与社会服务等作用。

近 5 年来，中心研究人员共主持 1 项国家级课题和 7 项省部级课题，发表 53 篇学术论文（含 6 篇 CSSCI 论文，1 篇北大核心期刊论文，2 篇 A&HCI 论文），1 人获葡语国家驻华大使馆联合表彰，2 人获国家级科研奖励一等奖，2 人获国家级二等奖，2 人获省部级一等奖，出版专著 2 部，译著 8 部。中心成员还在国内主流报刊媒体上发表多篇与巴西国情和文化相关的评论文章。

六、教学成果

中心不断完善人才培养体系，提高人才培养质量，推动面向整个松江大学城的本科公共课教学，以及西方语系拉美研究特色研究生项目的相关课程，致力于让更多的本科生和研究生了解巴西和拉丁美洲；同时，努力激发学生对巴西研究的兴趣，指导学生从事巴西动态新闻专报和与巴西研究相关论文的写作。

2020 年 10 月，上海外国语大学葡萄牙语专业《基础葡萄牙语 I》被认定为首批国家级一流本科线下课程。与此同时，中心成员参与的《区域与国别研究导论》被认定为国家级一流本科线下课程，并于 2021 年获批教育部课程思政示范项目。2021 年 3 月，上海外国语大学葡萄牙语专业入选 2020 年度国家级一流本科专业建设点。2021 年年底至今，中心多名成员积极参与 2021 年度国家社会科学基金重大委托项目子课题"高等学校外语类专业'理解当代中国'葡萄牙语系列教材编写与研究"。

近年来，上海外国语大学葡萄牙语专业本科生在各类全国学科竞赛中屡获佳绩，包括第一届中国高校中葡笔译大赛中译葡组第一名、全国最佳葡语学生"徐日昇"奖各组别第一名、全国葡语辩论赛亚军、2019 年首届全国大学生国别区域演讲比赛优秀奖、2022 年第二届中国高校中葡笔译大赛二等奖等。硕士研究生在专业教师的指导下参与 5 项省部级课题、1 项校级课题，2 人获葡萄牙欧维治基金会科研奖，4 人赴葡语国家进行短期交流，7 人次参加国内外会议并宣读论文，8 人次在国内外学术期刊和报刊媒体发表文章。

七、对外交流情况

受新冠疫情影响，线下对外交流活动受到较大阻碍，而以线上方式开展的对外交流活动，受时差等因素影响，交流活动的频次不及以往。面对此种困境，中心对外交流的重点围绕三方面进行：一是积极推进上海外国语大学与巴西坎比纳斯州立大学签署校际交流协议，拓展对巴西高等教育机构的交流；二是以对象国的语言，对外展现中国抗击疫情的成就，在海外累计发表论文 1 篇、新闻评论 5 篇；三是向国内展示巴西等葡语国家疫情发展情况，关注当地政府的各项措施，并完成相应研究报告 4 篇。

八、承担课题情况

中心致力于服务治国理政，服务社会经济发展，基础研究进展显著，重大项目有所突破。

近5年来，中心成员共主持15项课题，其中包括1项国家级课题和7项省部级课题。

序号	课题名	主持人	课题类型	课题编号
1	高等学校外语类专业"理解当代中国"葡萄牙语系列教材编写与研究	姜亚军、徐亦行	国家社会科学基金重大委托项目子课题	21@ZH043
2	巴西小学和初中阶段信息技术课程设置及实施情况调研	徐亦行	教育部高校国别和区域研究年度课题	19GBQY022
3	拉美疫病的共识与对抗	张维琪	教育部高校区域国别研究项目	2020-G41
4	圣保罗提升城市品质的政策与举措	张维琪	上海市政府决策咨询研究外国文化政策专项课题	—
5	圣保罗市地方议会交流机制研究	张维琪	上海市人大研究会课题子项目	—
6	里斯本提升城市品质的政策与举措	徐亦行	上海市政府决策咨询研究外国文化政策专项课题	—
7	葡萄牙语专业"2+2"联合培养模式的探索与实践	徐亦行	上海高校本科重点教改项目	—
8	葡萄牙语阅读	徐亦行	上海市教委重点课程项目	—
9	巴西中学历史教育中的爱国主义研究	张维琪	校级文化政策项目	—
10	葡萄牙中学历史教育中的爱国主义研究	徐亦行	校级文化政策项目	—
11	《习近平用典》第二辑（葡萄牙语版）	徐亦行	校级中华学术外译培育项目	—
12	葡萄牙语课程思政课程链	徐亦行	校级课程思政项目	KCSZKCL020
13	葡萄牙语口译	张维琪	校课程思政专项精品课程建设项目	2018KCJS019
14	跨文化视角下的基础葡萄牙语教学研究	张辰琳	校教育教学改革研究项目	—
15	葡萄牙语阅读	傅菡钰	校级教材资助项目	—

北京第二外国语学院秘鲁研究中心

一、历史沿革

北京第二外国语学院秘鲁研究中心（以下简称"中心"）创立于 2014 年 10 月，是北京第二外国语学院与秘鲁圣伊格纳西奥罗约拉大学合作共建的教学科研机构。

二、研究方向

中心致力于成为一所以秘鲁研究为内核，以社会经济为重点，涵盖拉美多国政治、文化和国际关系等研究领域的拉美研究智库。中心的愿景是在 2018 年前后成为中国众多拉美研究智库中第一梯队成员，在 2028 年前后成为全国一流国别和区域研究智库，为学校成为具有鲜明北京特色的高水平外国语大学这一愿景积极作出自身贡献。

中心采取的重点建设措施包括：第一，积极为包括中联部在内的国家部委和北京市教委提供咨政服务；第二，依托北京市西班牙语葡萄牙语学科群的资源和力量，大力提升秘鲁中心青年研究人员的科研能力；第三，与中国社会科学院拉丁美洲研究所墨西哥研究中心结成合作伙伴关系，联合举办国际学术研讨会，以提升中心知名度和学术影响力；第四，发挥专职研究人员的自身学科实力和优势，在促进中国本土学术对外传播上聚焦发力，取得一系列重要成果。

中心已获得 2 项中华学术外译项目立项，系国家级科研成果。

三、人员情况

中心有专职人员 14 人，兼职专家 5 名。其中，既有中国社会科学院拉丁美洲研究所的资深研究员，又有来自本校欧洲学院的西班牙语教授和讲师。

四、学术活动

2022 年 5 月 22 日，中心主任刘鹏在辽宁大学举办的"第二届话语研究与国际传播高端论坛"上作主题为"中国特色危机话语的解构和建构：趋近化和趋同化——基于中国领导人新冠疫情危机话语的个案研究"的发言。

2022 年 12 月 17 日，中心主任刘鹏参加欧美同学会拉美分会主办的第六届学术沙龙，并作主题为"拉美生物多样性治理的经验特色及对中拉合作的启示"的学术讲座。

五、科研成果

截至 2022 年年底，中心总共获得 2 项国家级社科基金项目、6 项省部级社科基金项目。高源副教授主持完成的《"当代中国"丛书》中华学术外译项目，丁波文副教授获立的《会通中西：近代中国知识转型的基调及其变奏》中华学术外译项目。前教师黄乐平副教授和中心主任刘鹏分别承担教育部国别和区域研究课题"智利经济增长与收入分配关系研究"和"秘鲁原住民社区对'两洋铁路'的影响和启示研究"，研究成果已完成。丁波文副教授申请北京社科基金青年项目"墨西哥城城市化中的问题、经验及对北京的启示研究"，现已结项。贾静副教授承担北京社科基金青年项目"北京传统艺术在拉美传播策略研究",现已结项。朱晓金讲师和董杨副教授成功申请2019年度教育部国别和区域研究中心(基地)美大地区重点研究项目,成果分别为《秘鲁国情教育报告》和《牙买加国情教育报告》。

六、教学成果

2021年中心主任刘鹏为北京第二外国语学院研究生前沿课程项目录制了"秘鲁研究概论"主题的慕课视频,为后续的国别研究学科体系建设和相关课程建设打下了良好的基础。

中心大力鼓励本科生开展与西语国家国情主题相关的国家级或省部级科研创新活动。2020—2022年,中心研究员指导了多达6项大学生创新创业科研项目,其中市级3项,校级3项。

同时,中心大力鼓励西语专业学生赴西语国家开展短期学习交流。2020年以来,共有近20位本科生和研究生同学赴西班牙、墨西哥、阿根廷、秘鲁、哥伦比亚等西语国家留学。通过重点培养学生的科研能力和鼓励他们赴西语国家了解国情,大大促进了西语国家国情研究这一学科建设,为后续的国别研究学科体系建设和相关课程建设打下了良好的基础。

七、承担课题情况

序号	课题名	主持人	课题类型
1	"当代中国"丛书	高源	中华学术外译项目
2	会通中西:近代中国知识转型的基调及其变奏	丁波文	中华学术外译项目
3	智利经济增长与收入分配关系研究	黄乐平	教育部国别和区域研究项目
4	秘鲁原住民社区对"两洋铁路"的影响和启示研究	刘鹏	教育部国别和区域研究项目
5	"墨西哥城城市化中的问题、经验及对北京的启示研究"	丁波文	北京社科基金青年项目
6	北京传统艺术在拉美传播策略研究	贾静	北京社科基金青年项目
7	秘鲁国情教育报告	朱晓金	2019年度教育部国别和区域研究中心(基地)美大地区重点研究项目
8	牙买加国情教育报告	董杨	2019年度教育部国别和区域研究中心(基地)美大地区重点研究项目
9	西班牙语国家媒体中关于中国抗击新冠肺炎疫情的疫情分析	张岑	2020年度教育部国别和区域研究项目
10	巴拿马"汉语+旅游"教学资源库建设	董杨	教育部语合中心项目

中国人民大学拉丁美洲研究中心

一、历史沿革

中国人民大学是新中国最早在高等院校开展拉丁美洲研究和教学的高校之一，清史研究所李春辉教授长期从事拉美史研究工作，曾担任中国拉丁美洲史研究会第一届至第三届理事长、名誉理事长，其撰写的《拉丁美洲史稿》是国内第一部介绍拉丁美洲通史的学术专著。

21世纪以来，随着中拉关系的深化与发展，2015年中国人民大学依托国际关系学院建立拉丁美洲研究中心（以下简称"中心"）。同年，时任哥斯达黎加总统路易斯·吉列尔莫·索利斯·里维拉到访中国人民大学，获授名誉博士学位，并受聘中心名誉顾问。2017年，时任巴拿马总统胡安·卡洛斯·巴雷拉·罗德里格斯到访中国人民大学，获授名誉博士学位，并受聘中心名誉顾问。

目前，中心成员主要来自中国人民大学国际关系学院和外国语学院，主任为国际关系学院教授、国际组织学院副院长崔守军。中心成立后，先后举办了国际学术会议、大使讲坛等一系列活动，并同美国、西班牙、巴西、墨西哥、阿根廷、智利、秘鲁、哥斯达黎加等国家的高校和研究机构建立起合作关系。中心还在本硕博各阶段开设关于拉丁美洲的课程，指导学生开展相关问题研究，在拉美教学与科研方面作出了积极探索。

二、研究方向

中心成员的主要研究方向为拉美政治与外交、拉美社会与文化和拉美经济。目前，中心成员在中拉关系、中拉能源合作、拉美民粹主义、拉美中小企业发展、拉美土地问题、拉美移民等方面发表了相关研究成果，并获得国家社科基金、北京市社科基金、中国人民大学科学研究基金等科研项目的支持。

三、人员情况

中心目前核心成员共有5名，均为中青年教师，分别为：崔守军，中国人民大学国际关系学院教授、拉丁美洲研究中心主任；金晓文，中国人民大学国际关系学院讲师、拉丁美洲研究中心研究员；许嫣然，中国人民大学国际关系学院讲师、拉丁美洲研究中心研究员；李彦，中国人民大学外国语学院讲师、拉丁美洲研究中心研究员；周楠，中国人民大学外国语学院讲师、拉丁美洲研究中心研究员。

崔守军是中心负责人，目前为中国人民大学国际关系学院教授、博士生导师，国际发展研究所所长，国际组织学院副院长，获聘中国人民大学"杰出学者"。入选北京高校"青年英才计划"，兼任中国人民大学国家发展与战略研究院专聘研究员、中国人民大学中东非洲研究中心执行主任、中国人民大学当代中国研究全英文硕士项目（CCSP）执行主任。同时兼任中国中东学会理事、中国拉美学会理事、中国非洲史学会理事、中华全国律师协会会员。主要研究方向为中国外交、能源问题、中国与发展中国家关系、国际组织等。主持和参加多项国家级和省部级课题，出版 5 部中英文著作，发表学术文章和评论文章数百篇，受聘多个国际机构、国家部委和企事业单位咨询专家和顾问。

四、学术活动

2022 年 1 月 1 日，金晓文老师参加北京中拉文化交流中心、中拉教科文中心主办的"2021 年拉丁美洲十大事件发布暨 2022 年拉丁美洲形势展望"研讨会，并围绕主题发表看法。

2022 年 6 月 23 日，金晓文老师参加由中国人民大学区域国别学专项学术平台、中国人民大学经济外交研究中心主办的"世界主要国家在制裁外交中的选边站队"研讨会，并就拉美国家在制裁俄罗斯问题上的立场进行了分析。

2022 年 7 月 18—20 日，中国人民大学国际关系学院和中国人民大学国家安全交叉学科平台联合举办国家安全研究暑期讲习班。崔守军教授作主题为"中国海外安保体系构建挑战与路径"的讲座，金晓文老师作主题为"中拉合作视域下的海外利益安全维护"的讲座，许嫣然老师分享了在能源安全及发展中国家能源租金这一领域的研究成果。

2022 年 7 月 30 日，许嫣然老师参加第五届惠园国际问题青年学者峰会"世界政治变局与国际秩序变迁：新态势、新议题、新应对"，并以中国在拉美地区的投资为例，分析了中国对外投资与发展中国家制度质量的关系。

2022 年 8 月 23 日，崔守军教授参加由拉丁美洲社会科学院主办，中国驻哥斯达黎加大使馆、中国社会科学院拉丁美洲研究所、中国人民大学协办的系列讲座"中国在拉丁美洲的经济外交"，讲座题目为"中国的双循环与拉丁美洲"。

2022 年 10 月 7 日，许嫣然老师参加由中国人民大学国际关系学院国际安全与战略研究中心、历史与政治实验班、中国人民大学国家安全交叉学科平台共同主办的讲座"古巴导弹危机 60 周年：历史经验与教训"，发表了题为"冷战中的拉美：美国的征服与颠覆"的演讲。

2022 年 11 月 26—27 日，由复旦大学国际关系与公共事务学院、中国人民大学国际关系学院、复旦大学国际问题研究院联合主办的第四届中国政治学知识体系论坛召开。崔守军教授、金晓文老师和许嫣然老师参加了圆桌会谈"发展中国家现代化道路探索：西亚、北非、南亚、东南亚、拉美视角"，并就拉美现代化道路问题进行了分析。

2022 年 12 月 5 日，金晓文老师参加外交学院国家安全学院举办的国家安全研究沙龙"拉丁美洲与中美战略竞争"，并对巴西圣保罗州立大学政治经济学系副教授马克斯·柯德洛·皮尔斯的讲座进行了评论。

五、科研成果

崔守军：《智利政治格局嬗变与大选后政策走向》，《当代世界》2022 年第 1 期。

崔守军、张政：《智利中左翼政党联盟：变迁、改革与挑战》，《当代世界与社会主义》2022 年第 1 期。

周楠：《国际比较视野下的拉美民粹主义》，《拉丁美洲研究》2022 年第 3 期。

金晓文：《资本主义时代农业经济组织研究》第十七章（阿根廷），人民出版社 2021 年版。

金晓文：《打造面向新时代的中拉合作》，中国社会科学网，2022 年 3 月 16 日。

Jin Xiaowen, "Cómo Profundizar las Relaciones China-América Latina", *China Hoy*, Vol. LXIII, Núm. 8, 2022.

六、教学成果

中心成员分属国际关系学院和外国语学院两个学院，授课对象分别为国际关系学院本硕博学生，以及外国语学院西班牙语系本科生。同时，中心成员还面向全校学生开设跨专业选修课，其中与拉美相关的课程如下。

1. 本科生教学

崔守军：《发展学与发展中国家》（国际关系学院专业必修课）

金晓文：《拉美政治与经济》（国际关系学院专业选修课）

金晓文：《拉丁美洲的现代化：理论与专题》（全校跨专业选修课）

周楠：《拉丁美洲国家概况》（外国语学院专业必修课）

周楠：《西班牙语国家经济》（外国语学院专业选修课）

周楠：《西班牙语国家政治》（外国语学院专业选修课）

2. 研究生教学

崔守军：《世界体系与发展问题研究》（国际关系学院专业必修课）

金晓文：《拉丁美洲研究》（国际关系学院专业选修课）

许嫣然：《美国霸权与中拉关系》（国际关系学院专业选修课）

3. 博士生教学

崔守军、金晓文等：《区域国别专题研究》（国际关系学院专业必修课）

七、对外交流情况

中心目前已同美国匹兹堡大学、西班牙马德里康普顿斯大学、巴西南大河州联邦大学、巴西坎皮纳斯州立大学、巴西里约热内卢联邦大学、墨西哥学院、墨西哥国立自治大学、墨西哥维拉克鲁斯大学、秘鲁太平洋大学、智利大学、哥斯达黎加大学、巴拿马大学、拉丁美洲社会科学院等高校和科研机构建立了学术联系。

八、承担课题情况

中心成员作为课题负责人承担的在研课题如下。

序号	课题名	主持人	课题类型	课题编号
1	拉美政治格局变化与中拉转型发展研究	崔守军	国家社科基金一般项目	19BGJ061
2	拉美民粹主义对构建中拉命运共同体的影响及应对	周楠	国家社科基金青年项目	19CGJ026
3	新世纪以来国际移民对拉美政治变迁的影响研究	金晓文	国家社科基金青年项目	21CGJ040

上海大学拉丁美洲研究中心

一、历史沿革

上海大学拉丁美洲研究中心在2016年正式挂牌成立。经过近十年的发展，上海大学拉丁美洲研究中心（以下简称"中心"）于2019—2021年连续三年入选南京大学"中国智库索引"（CTTI），是迄今为止唯一入选的拉美研究智库。

中心的前身为成立于2009年的上海大学全球学研究中心。中心创始人郭长刚教授自2007年起，就开始规划以广大亚非拉地区为研究对象的区域国别研究。全球学研究中心成立后，研究人员以历史学与政治学的学科思想为指导，以在对象国的田野调查为基础，大力推进对土耳其、阿根廷与印度等国研究。

在此基础上，全球学研究中心开始逐步建立和发展对拉美合作。2012年，中心博士研究生张琨在国家留学基金委的资助下前往乌拉圭拉丁美洲人文经济研究所（CLAEH）接受为期两年的联合博士培养。以此为开端，中心开始大力拓展与拉丁美洲各国高校和智库之间的合作。2014年5月，郭长刚教授与张琨博士访问阿根廷国家科学技术研究委员会（CONICET）下属的劳工运动研究中心，与其就人员交流和项目合作方面达成了初步的合作意向；同年6月，张琨博士访问智利大学，就两机构之间的合作达成初步意向；2015年5月，张琨代表全球学研究中心，与中国社会科学院考古所一起前往洪都拉斯科潘遗址，参与相关的遗迹修复工作，进一步拓展了全球学研究中心在拉美方向的相关研究。

全球学研究中心在2015年正式拆分为上海大学拉丁美洲研究中心、上海大学土耳其研究中心与上海大学南亚研究中心。中国社会科学院拉丁美洲研究所原副所长江时学教授受聘为上海大学拉丁美洲研究中心主任。2017年2—5月，张琨博士前往秘鲁天主教大学进行为期三个月的访学。同年，郭长刚教授与张琨前往阿根廷，代表上海大学与阿根廷国家技术科学研究委员会正式签署合作协议。2018年，中心聘用秘鲁天主教大学知名学者安东尼奥·萨帕塔（Antonio Zapata）为全职教授，进一步增强了中心的相关研究力量。2019年，中心以研究机构的身份加入了美国拉丁美洲研究协会（LASA）。

中心自创立以来，积极参与和举办各类学术活动。2015年7月，中心举行上海大学拉丁美洲研究国际学术会议"全球化进程中的拉丁美洲研究"；2016年11月，中心与阿根廷国家科学技术委员会、美国纽约州立大学石溪分校和乌拉圭国立大学一起举办"冷战与拉丁美洲"的国际学术研讨会。并举办了第一届上海大学"拉丁美洲研究暑期学校"。中心研究人员参加了美国拉丁美洲研究协会2018年、2019年及2020年年会。

中心在2015年举办了第一届上海大学"拉丁美洲研究暑期学校"；在2019年举行第二届暑期学校，招收来自全国各高校的学员100多名。为加强国内高校拉美研究中心之间的学术交流，中心在2017年举行首届全国高校拉美研究中心主任工作会议。2017年10月，中心举办"'一带一路'倡议与中拉关系国际研讨会"；2018年，中心举办第二届上海大学拉丁美洲国际会议

"'一带一路'视域下的拉丁美洲";同年9月,中心举办《"一带一路"倡议与中拉关系》新书发布会和"人类命运共同体与中国拉美国家关系"国际研讨会;2019年8月,中心举办"中国与拉美在全球治理中的合作"国际研讨会;2020年10月,中心举办"如何应对中国与拉美国家关系中的'美国因素'"国际线上研讨会。

二、研究方向

中心现有的研究领域包括以下四个方面。

第一,当代拉美政治与社会政策研究。中心重点关注拉美重要国家(如阿根廷、智利与秘鲁等国)的当代政治发展状况、政党组成、社会思潮以及政府的社会管理政策等。

第二,拉美国际关系研究。中心一方面研究拉美各国之间的关系与区域合作情况,如南美洲国家联盟、安第斯山国家共同体、南方共同市场等;另一方面研究拉美国家与其他地区尤其是与美国以及中国的关系、金砖国家与全球秩序等。

第三,拉美历史、文化与宗教等综合研究。中心重点研究拉美主要国家的历史发展、文化传承、宗教信仰(天主教)与社会生活等,关注焦点在拉丁美洲的宗教、政治与社会之间的互动、拉丁美洲的左派以及拉丁美洲的中国移民这三个方面,试图从更深层面理解和掌握拉美国家的发展特点和发展趋势。

第四,中拉关系研究。中心重点研究中国与拉美国家的经济贸易、文化往来、国际关系,以及中国在拉美的国家形象、拉美的中国移民等。

三、人员情况

中心现有全职研究人员6人。其中,江时学教授为中心主任,张琨博士为执行主任,安东尼奥·萨帕塔教授、夏婷婷博士、崔昊博士与奥古斯蒂娜·萨罗斯(Agostina Zaros)博士为中心研究成员。江时学教授为国内知名拉丁美洲专家,国务院政府特殊津贴获得者,研究的主要范围包括拉丁美洲的经济、金砖国家与国际关系;安东尼奥·萨帕塔教授毕业于美国哥伦比亚大学拉丁美洲史专业,研究特长为安第斯国家历史与拉丁美洲左派运动;张琨与夏婷婷博士均毕业于上海大学文学院历史系,研究特长为拉丁美洲的宗教,阿根廷、智利与秘鲁国别史,拉丁美洲的左派,以及中拉关系史;崔昊博士毕业于澳门科技大学,研究特长为拉丁美洲与欧盟的关系;奥古斯蒂娜·萨罗斯博士毕业于意大利帕多瓦大学,研究特长为拉丁美洲的宗教与社会。2022年,中心招收崔昊为博士后。

中心还常年聘请多名客座研究员,为中心的对外联系及研究发展出谋划策。外方名单包括:阿根廷国家科学技术委员会高级研究员福图纳多·马里马奇(Fortunato Mallimaci)、秘鲁天主教大学副校长阿尔多·庞飞奇(Aldo Panfichi)、秘鲁研究院现任主席娜塔莉亚·卡拉斯科(Natalia Carrasco)、乌拉圭国立大学教授阿尔多·马切西(Aldo Marchesi)与乌拉圭天主教大学宗教研究中心主任内斯特·达·科斯塔(Nestor Da Costa)。中方名单则包括中国驻拉美国家的前大使张拓、王珍、陈笃庆、徐贻聪、吴长胜、王华等。

四、主办刊物简介

中心作为全球问题研究院的下属机构,与土耳其研究中心合作出版《全球学评论》(已出版两期),并负责文学院《医疗社会史》(CSSCI集刊)拉美方面的审稿工作。

五、学术活动

2022年1月22日，中心主任江时学教授参加由中国社会科学网举办的"'三个关键点'带您走进区域国别研究"研讨会，并围绕"为什么要推动区域国别学学科建设""如何正确理解区域国别研究""怎样发展区域国别研究"三个问题作主旨发言。

2022年2月18日，中心与秘鲁Tusanaje（秘从中来）协会及秘鲁国家档案馆通过线上交流的方式，就日前所收集的国民党秘鲁支部档案的翻译、编目合作展开讨论。出席此次会议的有：秘鲁国家档案馆文献遗产登记和保护办公室代表Alberto Meneses Hermoza、中心执行主任张琨、Tusanaje翻译部门代表Creca Li及藏书部门代表Liss Campos。上海大学拉美研究中心将协助秘鲁国家档案馆推进档案整理与文化遗产申报并展开相关合作。

2022年2月27日，中心执行主任张琨副教授参加"真读书"读书会第八十三期，作为领读人讲解《玻利瓦尔：美洲解放者》。

2022年3月19日，中心主任江时学教授参加厦门市金砖创新基地建设领导小组办公室、厦门大学主办的金砖国家研究课题评审会。

2022年3月25日，中心主任江时学教授参加由澳门科技大学举办的"外交学术讲座——中国与世界"专题讲座，接受访问并与现场观众交流。

2022年3月30日，中心主任江时学教授参加由新兴经济体研究会主办，中国社会科学院世界经济与政治研究所《世界经济与政治》编辑部协办的"新兴经济体研究会第一届中青年论坛"并作总结发言。

2022年4月3日，中心讲师夏婷婷博士参加"真读书"读书会第八十六期，作为领读人讲解《银、剑、石：拉丁美洲的三重烙印》。

2022年4月16日，中心主任江时学教授应厦门市政府有关部门邀请，参加金砖国家新工业革命伙伴关系创新基地课题的评审。

2022年4月26日，中心讲师夏婷婷博士作为主讲人，作题为"新文化史视域下的庇隆主义运动"的讲座。该讲座由外文学院西班牙文系、复旦—拉美大学联盟等共同举办。

2022年5月6日，中心主任江时学教授参加金砖国家智库合作中方理事会主办、四川外国语大学承办的"金砖国家合作与全球发展研讨会"，并为会议作总结。

2022年5月16日，中心主任江时学教授应河北师范大学邀请作题为"如何从事区域国别学"的专题讲座。

2022年5月19日，中心主任江时学教授参加广东外语外贸大学国别和区域高等研究院、上海国际问题研究院主办的"全球发展和安全倡议中的发展中国家作用——迎接党的二十大国际形势视频系列研讨会（之五）"，并作题为"全球发展倡议和全球安全倡议中的拉美"的发言。

2022年5月28日，中心与巴西—中国学术经济科技促进中心（BCEDAT）共同举办"2022年巴西大选及其对中国与巴西关系的影响研讨会"，会议由拉美中心主任江时学教授主持。

2022年6月3日，中心博士研究生王迪参加中国社会科学院拉美所青年小组组织的读书会第九十一期《秘鲁印加帝国的权力与财产》，担任评论人。

2022年6月10—19日，中心主任江时学教授分别参加大外交青年智库、复旦大学国际问题研究院、"2022金砖创新基地建设与发展论坛"、香港阿根廷商会、深圳大学区域国别和国际传播研究院等主办的学术研讨会，作"如何进一步推动中拉关系""如何推动厦门金砖国家创新基地建设"等多个主题发言。

2022年6月25日，中心主任江时学教授参加由中国拉丁美洲学会、安徽大学创新发展战略研究院主办，中国社会科学院拉丁美洲研究所承办，社会与政治学院、国别和区域研究院协办的"构建新型国际关系背景下中美拉三边关系发展趋势"国际研讨会并作主题发言。

2022年6月26日，中心举办"区域国别学视角下的拉美研究：理论、方法及学科建设"线上研讨会，来自社科院拉美所、中国国际问题研究院、中国政法等多个高校与机构的学者参加了会议，会议由江时学教授主持。

2022年7月2—4日，中心主任江时学教授参加由清华大学主办，中国人民外交学会协办的第十届世界和平论坛并参与讨论。

2022年7月9日，中心主任江时学教授参加第五届世界金融论坛（WFF）暨金砖国家与全球治理论坛并作主题发言。

2022年7月21日，中心主任江时学教授参加由中国社会科学院世界经济与政治研究所主办的2022金砖国家智库研讨会并作主题发言。

2022年7月29日，中心主任江时学教授受邀参加由中国石油拉美公司、中油国际HSSE技术支持中心、中国礼宾礼仪专委会共同主办的"聚焦厄瓜多尔及周边国家安全形势演变，企业做好安全应对"拉美区域学习讲堂，并作主题发言。

2022年7月29—31日，中心执行主任张琨副教授参加由上海大学与中国社科院拉美所和西南科技大学联合举办的"第二届拉美中青年学术工作坊"与"第二届中美洲与加勒比海华人华侨会议"。

2022年7月31日，中心邀请巴西—中国学术经济科技促进中心主任刘薇玲作题为"巴西面面观"的专题讲座，讲座由江时学教授主持。

2022年8月7日，中心邀请中拉经贸投资发展有限公司总经理、墨西哥美洲工业集团（中国）高级顾问王汉作专题讲座，讲座题目为"如何推动中国与拉美国家之间的经贸关系和人文交流"，讲座由江时学教授主持。

2022年8月13日，中心与安徽大学拉美研究所共同举办"如何推动中国与拉美的整体合作"研讨会。来自中国社会科学院、安徽大学、上海大学、中国现代国际关系研究院的多名学者参与讨论。会议由江时学教授主持。与会学者将中拉整体合作的成效总结为：合作方式更加完善，合作内容更加丰富，合作节奏明显加快，务实合作成果颇丰。尽管如此，中拉整体合作依然面临着严峻挑战，与会者归纳了以下几点。一是拉美一体化的不确定性。拉美深陷发展困境，拉共体凝聚力不足，不同诉求导致的内部矛盾影响了中拉整体合作的前景。二是拉共体本身存在机制缺陷，如无常设协调机构、无常设秘书处、轮值主席国的立场对中拉合作影响大等。其他替代性多边合作机制也削弱了拉共体的影响力。三是中拉论坛有待完善和调整。当前论坛合作领域有限、内部差异性显著、多边合作动力不足且主体投入失衡，中国往往为主动方，一些拉美大国参与热情不高。四是合作务实性有待进一步提高。尽管目前交流频繁，但中拉整体合作的实际落地成果有限且社会影响力不足。五是第三方因素的干扰，尤其是美国对拉共体以及中拉关系的影响。关于如何应对挑战，学者们认为要以中拉论坛为引领，以双边为基础，以经贸为抓手，以共赢为目标；中方还需要理解拉美的共性和个性，在拉美需求和兴趣的共性中寻求整体合作机会，如可以经贸合作和人文交流为重点，而不必追求面面俱到；另外，应该利用好各种现有合作机制并重视机制建设，将中拉论坛作为整体合作的主要抓手，把"一带一路"倡议作为整体合作的推进器，以各类论坛为整体合作发展的平台，加快中拉命运共同体建设。

2022年8月19日，中心邀请巴西利亚律师协会中巴常委会主席Zhouxiang Gu、巴西联邦检察官Elision Freita以及巴西巴伊亚洲政府高级法务Bruno Espiñeira作专题讲座，讲座题目是"巴西大选前的政治、经济与中巴关系"，讲座由中心执行主任张琨副教授主持。

2022年8月20日，中心与河北大学拉美研究中心共同举办"如何认识拉美的社会运动"研讨会，就运动的力度和广度增加的原因、性质、影响以及中资企业如何应对等问题展开讨论。来自中国社会科学院、南开大学、河北大学、上海大学的8名学者参与讨论，50余人旁听了此次会议。

2022年8月20—21日，中心主任江时学教授受邀参加由浙江大学历史学院世界历史研究所举办的"我们为何如此贫穷？——世界视野的贫困治理史"的线上学术会议并作主题发言，发言题目为"海地为何如此贫困？"。

2022年8月28日，中心在上海举办"'新时代'中国与拉美国家关系的发展趋势"国际研讨会，就拉美形势的新变化及其对中拉关系的影响、中国与拉美国家的经贸关系、"一带一路"在拉美的延伸及中国与拉美国家之间的人文交流等议题展开讨论。来自中国社会科学院、上海国际问题研究院、复旦大学、上海外国语大学、浙江外国语学院、南京农业大学、上海社会科学院、兰州大学、常州大学、上海大学等科研机构以及具有中拉商贸、文化交流实务经验的企业界与文化界的30多位国内外专家学者出席了此次会议。与会学者指出，中拉关系的既有成就体现在政治层面以及经济层面上，然而，中拉合作目前仍面临局限和约束。展望中拉战略合作未来，学者们一致认为，中拉应加强政策沟通，夯实"一带一路"建设的顶层设计；强化贸易链、供应链和产业链合作，促进贸易联通；提升基础设施惠民力度，推动可持续发展合作；创新交流方式，促进中拉民心相通。中国应坚持互利共赢原则，以南南合作为主基调，以构建"中拉命运共同体"为长期目标，与拉美国家共同推动发展振兴。中拉可从双边合作入手，开拓多边合作舞台，将各国发展与地区乃至全球发展联系起来，最终使拉美成为"一带一路"国际合作的成功案例，为构建人类命运共同体伟大目标发挥应有作用。

2022年9月5日，中心主任江时学教授受澳门科学文化中心邀请，参加其举办的学术会议"中国和巴西在金砖国家中的合作"，并作主题发言。

2022年9月19日，中心主任江时学教授参加由圣保罗州立大学（UNESP）主办，圣保罗州立大学孔子学院、公共政策与国际关系研究所和研究生项目联盟"San Tiago Dantas"和马里利亚校区的社会科学学院协办的第五届RBChina线上会议并作主题发言。

2022年9月20日，中心主任江时学教授受中国—中东欧研究院邀请作学术讲座，讲座的题目为"How to Underst and China's Major-Country Diplomacy with Chinese Characteristics"。

2022年9月23日，中心主任江时学教授受澳门城市大学澳门"一带一路"研究中心邀请作学术讲座，讲座题目为"如何研究葡语国家——以巴西为例"。

2022年10月20日，中心主任江时学教授参加由上海大学科研管理部人文社科处组织的"二十大精神学习交流会"并作主题发言。

2022年10月27日，中心邀请阿根廷国家科学技术研究委员会劳工调查中心高级研究员福图纳多·马利马奇作专题讲座，讲座题目为"阿根廷社会，政治，国家与天主教世界的联系"，讲座由中心执行主任张琨副教授主持。

2022年10月28—30日，由高校区域国别学人才培养与学科建设联盟主办，上海大学文学院、上海大学外国语学院、上海大学全球问题研究院、中山大学"一带一路"研究院、中山大学国际翻译学院以及对外经济贸易大学成都研究院承办，多个兄弟院校协办的"第四届高校区域国别学人才培养与学科建设联盟年会"在上海举行。来自外交部、中国社会科学院、上海国际问题研究院、上海社会科学院以及上海大学、中山大学等60余所高校的200多名专家学者以线上或线下方式出席会议。年会发布了《高校区域国别学人才培养与学科建设联盟面向学术刊物的倡议》，呼吁区域国别学及相关支撑学科门类的学术期刊、综合类学术期刊要多发表区域国别学的论文，尤其要向研究中小国家的论文倾斜。年会期间还举办了第四届全国大学生区域国别演讲大赛，来自79所高校的400名大学生参与比赛。此次年会还举办了首届区域国别学研究全国青年教师高级研修班。上海国际问题研究院学术咨询委员会主任杨洁勉教授、复旦大学"一带一路"及全球治理研究院常务副院长黄仁伟教授、北京大学博雅特聘教授王逸舟、上海大学文学院张勇安教授和柴彬教授以及上海大学拉美研究中心主任江时学教授，分别就如何分析国际形势、如何做中国大战略研究、如何研究区域国别政治、如何研究区域国别史、如何申报科研课题以及如何撰写资政报告作专题讲座。

2022年10月29日，中心受邀参加由中国拉丁美洲学会、中国拉丁美洲史研究会与浙江外国语学院共同举办的第十二届中国拉美研究青年论坛暨第六届拉美研究与中拉合作协同创新论坛，中心主任江时学教授作主旨发言，发言题目为"当前拉美研究领域中若干重大理论问题和现实问题"；中心博士研究生王晨辉参与政治分论坛讨论，论文题目为"日俄战争中的阿根廷军舰"。

2022年11月4日，上海大学"青云大讲堂·名师导学系列"第二讲特邀中心主任江时学教授担任主讲人，作题为"二十大报告如何阐述中国外交"的讲座。

2022年11月4—6日，中心博士研究生吴孙沛璟参加由中国社会科学院《世界历史》编辑部主办，江西师范大学历史文化与旅游学院与江西师范大学欧美研究中心承办的第六届全国世界史中青年论坛，在分论坛讨论中作论文汇报、评议，论文题目为"墨西哥第二帝国在印第安人保护上的构想与实践"。

2022年11月5日，中心举行"巴西大选对巴西发展前景的影响"研讨会，来自上海大学、对外经贸大学、上海外国语大学、上海国际问题研究院、澳门科技大学、澳门城市大学、巴西—中国学术交流促进中心的数位学者出席了研讨会。会议由中心主任江时学教授主持。

2022年11月9日，四川大学国际关系学院邀请中心主任江时学教授作专题讲座，讲座题目为"对金砖国家合作的认识（上）"。

2022年11月11日，中心主任江时学教授参加2022新兴经济体智库研讨会会议"高质量伙伴关系与全球可持续发展"并担任点评嘉宾。

2022年11月18日，上海海洋大学国际文化交流学院邀请中心主任江时学教授作专题讲座，讲座题目为"理解中国政治"。

2022年11月27日，中心主任江时学教授参加由高校区域国别学人才培养与学科建设联盟、上海外国语大学联合主办，上海全球治理与区域国别研究院承办的首届全国区域国别研究院院长论坛。江时学教授主持了以"区域国别学学科建设"为主题的圆桌讨论环节。

2022年12月3日，中心举办了"区域国别学视角下拉美研究的发展方向"研讨会。来自上海大学、南开大学、暨南大学、安徽大学、西南科技大学、河北大学等高校的50多位拉美研究学者和学生参加了会议，会议由中心主任江时学教授主持。中国拉丁美洲史研究会理事长、南开大学拉丁美洲研究中心主任董国辉，暨南大学拉丁美洲研究中心副主任贺喜，安徽大学拉丁美洲研究所所长范和生，西南科技大学拉美研究中心主任范波，河北大学拉美研究中心主任闫屹，以及上海大学拉美研究中心执行主任张琨，围绕区域国别研究成为一级学科后面临的问题、挑战与展望等议题进行了发言。上海大学全球问题研究院院长郭长刚在总结时表示，从全球史的角度出发，区域国别学应在观念上实现"去中心化"，强调区域国别学的全球性特点。此外，他还指出，虽然我国的区域国别研究获得了独立的身份，但学科建设任重而道远。

2022年12月24日，中心与巴中学术交流促进中心共同举办了"巴西式现代化的成败得失"研讨会，会议由中心主任江时学教授主持。

2022年12月9日，中心主任江时学教授参加由北京洪堡论坛主办，对外经济贸易大学成都研究院承办的2022波恩—成都洪堡学者论坛并参与圆桌讨论。

2022年12月10日，中心主任江时学教授参加由高校区域国别学人才培养与学科建设联盟举办的首届中国区域国别学50人论坛并作主旨发言，发言题目分别为"区域国别学能否实现理论创新以及如何实现理论创新""全球学视野下的区域国别学"。

2022年12月11日，中心主任江时学教授参加由清华大学社会科学学院中欧关系研究中心主办，希腊拉斯卡瑞德斯基金会协办的"欧洲动态与中欧关系"研讨会并作主题发言。

2022年12月18日，中心主任江时学教授参加由杭州师范大学外国语学院主办的"新征程上的区域国别研究高峰论坛"并作主题发言。

六、科研成果

2022年，中心成员在国内外重要期刊上发表多篇论文，出版多部专著和译著。与此同时，中心成员在国内外多种报纸媒体上发表文章。

1. 学术专著、章节与译著

2022年8月，由上海大学全球问题研究院、中拉教科文组织与北京大学出版社合作，推出"理解拉丁美洲文库"系列的第一册图书《阿根廷迷思：我们眼中的自己》，该系列由中国社会科学院拉丁美洲研究所社会文化研究室主任郭存海与上海大学拉美研究中心执行主任张琨联合主编，是近年来国内首个有关拉丁美洲研究的大型文库。

2. 学术论文

阿曼多·博伊托、阿尔弗雷多·萨阿德·费略：《巴西的国家、国家体制和政治权利》，江时学编译，《观察与交流》第217期。

阿里埃尔·亚历杭德罗·戈尔茨坦：《巴西的新极右翼势力与右翼秩序的构建》，江时学编译，《观察与交流》第217期。

江时学：《进一步推动中国的发展中国家外交》，《探索与争鸣》2022年第1期。

江时学：《"发展中国家"还是"新兴经济体"？》，《世界知识》2022年第4期。

江时学：《评中国学术界对"区域国别研究"和"区域国别学"的认知》，《拉丁美洲研究》2022年6月17日网络首发。

江时学教授的论文《从"拉美之乱"看"中国之治"的可贵之处》获人大复印报刊资料《马克思主义文摘》2022年第2期转载，原文刊于《世界社会主义研究》2021年第12期。

江时学教授的论文《国际秩序、中美关系与中国外交：关于中国国际关系研究的若干认识》获人大复印报刊资料《中国外交》2022年第3期转载，原文刊于《亚太安全与海洋研究》2021年第6期。

江时学教授的论文《"逆全球化"概念辨析——兼论全球化的动力与阻力》获《新华文摘》2022年第6期和《中国社会科学文摘》2022年第6期转载，原文刊于《国际关系研究》2021年第6期。

王迪：《秘鲁土著主义思想的发轫与演变——从硝石战争到"1900年一代"》，《史林》2022年第3期。

Jiang Shixue, "China's Contributions to the Building of a Community with a Shared Future for Mankind", *China Quarterly of International Strategic Studies*, Vol.8, No.1, 2022.

张琨、张梦琪：《独立与调适：政治变迁中的智利天主教会与政教关系（1970—1976）》，《世界宗教文化》2022年第6期。

夏婷婷：《阿根廷新左派对"第三世界"概念的阐释》，《外国问题研究》2022年第4期。

3. 其他成果：

江时学：《国别和区域研究面临什么问题》，《光明日报》2022年1月18日。

江时学：《"三个关键点"带您走进区域国别研究》，中国社会科学网，2022年1月22日。

江时学：《门罗何必"在棺材里打滚"》，环球网，2022年2月17日。

江时学：《澳门应努力构建高水平智库》，中国社会科学网，2022年3月3日。

吴开翠：《过去与现在：拉丁美洲的医疗社会史》，澎湃新闻，2022年3月3日。

张琨：《真读拉美丨时势与英雄：西属美洲革命与美洲解放者玻利瓦尔》，澎湃新闻，2022年4月6日。

江时学：《美国不应在全球环境治理领域挥舞霸凌主义大棒》，中国社会科学网，2022年4月22日。

江时学：《如何用中国成语解释中欧关系？》，北京大学中外人文交流研究基地，2022年4月22日。

吴孙沛璟：《"瓦尔马普"：一场激烈的争辩与一段被忽视的历史》，澎湃新闻，2022年4月28日。

江时学：《怎样办好一场高质量学术会议》，中国社会科学网，2022年5月27日。

张琨：《再谈南美解放者玻利瓦尔的历史地位》，"上海大学拉美研究中心"微信公众号2022年5月16日推文。

江时学：《俄乌冲突给世界秩序带来的启示》，中国社会科学网，2022年6月8日。

江时学："Toward a Better Future of BRICS Cooperation"，中国网（China.org.cn），2022年6月9日。

江时学：《"美洲伙伴关系"计划，又在自欺欺人》，环球网，2022年6月9日。

江时学：《金砖国家研究需要注意的六个问题》，中国社会科学网，2022年6月16日。

江时学：《拉美"向左转"意味着什么》，《环球时报》2022年6月22日。

江时学：《金砖国家合作正在迎接更加光明美好的明天》，光明网（学术频道），2022年6月27日。
江时学：《中国应如何应对美国遏制》，中国社会科学网，2022年8月9日。
江时学：《开创具有中国特色的国际关系研究新局面》，中国社会科学网，2022年9月11日。
江时学：《美国在后院搞的"小圈子"，要散》，《环球时报》2022年9月19日。
江时学：《如何进一步推动中国与拉美国家的关系》，中国社会科学网，2022年12月7日。
闭宇婷：《秘鲁政局动荡的原因和出路》，中国社会科学网，2022年12月29日。
Shixue Jiang, "Drawing Closer", *China Daily*, April 14, 2022.

七、教学成果

中心招收来自中外各国的拉美研究方向的硕士研究生与博士研究生，并设有博士后流动站。迄今为止，拉美研究方向已毕业博士6名和硕士13名；拉美研究方向在读博士研究生8名，硕士研究生12名。中心利用国内外资源，基本上保证所有拉美研究方向的硕、博士研究生都有机会前往研究对象国进行半年以上的交流，以便其学习语言、收集资料或是进行田野调查。2020年，中心成功申请到国家留学基金委创新项目，每年固定有4个名额派送学生与研究人员前往拉美各国进行博士研究生联合培养与学者访学。

江时学教授牵头申报的课程《国际关系概论》入选2021年上海高校国际学生英语授课示范性课程名单。2022年，中心成员面向上海大学师生开设多门精品课程，课程涉及拉丁美洲研究、全球学研究以及国际关系研究等多个方面。已开设课程包括：江时学，《拉丁美洲研究导论》（研究生课程）、《国际关系入门》（本科生课程）、International Relations（留学生课程）；安东尼奥·萨帕塔，Los Inmigrantes Chinos en América Latina, La Izquierda en América Latina（研究生课程）；张琨，《拉丁美洲的文化与政治》《全球冷战史》《西方思想史》（本科生课程）、《拉丁美洲近现代史》《拉丁美洲原著选读》（研究生课程）；夏婷婷，《西班牙语入门》《西班牙语二外》（本科生课程）、《拉丁美洲思想导读》（研究生课程）。

八、对外交流情况

2022年11月25日，上海大学拉美研究中心执行主任张琨副教授获得国家留学基金委员会资助，作为访问学者前往智利大学开展为期3个月的访学交流。

九、承担课题情况

序号	课题名	主持人	课题类型	课题编号
1	"人类命运共同体"思想的历史学研究	江时学	国家社会科学基金重大项目	18ZDA170
2	阿根廷与智利政教关系比较研究（1973—1989）	张琨	国家社科基金青年项目	17CZJ001
3	新形势下我国高校与拉丁美洲高校的交流与合作（2010—2021）	张琨	上海大学2022年库国际化院校研究立项课题	—

续表

序号	课题名	主持人	课题类型	课题编号
4	区域国别研究：拉丁美洲地区	张琨	在线国际化课程项目	—
5	重审中国的"近代"	夏婷婷	国家社科基金中华学术外译项目	21WZSB045

河北大学拉丁美洲研究中心

一、历史沿革

2016年1月，闫屹教授牵头组建河北大学拉丁美洲研究中心（以下简称"中心"）。中心由河北大学直属领导，成为集区域国别研究、咨政服务和人才培养于一体的研究机构。2017年6月，中心获批成为教育部高校国别和区域研究备案中心。

河北大学的拉美研究始于乔明顺先生。乔明顺先生是我国著名历史学家、中国拉丁美洲史研究会创始人之一、中国拉丁美洲史研究会原副会长、河北省历史学会副会长；早年毕业于北京辅仁大学，后在美国诺垂达姆大学获得美洲史博士学位。1980年，河北大学为历史系77级学生开设拉丁美洲史课程，乔明顺先生是主讲此课程的第一人。当时，仅有5所国内高校能够开设拉丁美洲史课程。1985年，河北大学开始招收世界近现代史专业拉丁美洲史方向的研究生。

乔明顺先生之后，其弟子张家唐教授接班讲授拉丁美洲史课程。张家唐曾任中国拉丁美洲史研究会常务理事、中国拉丁美洲学会常务理事、中国拉丁美洲史学会顾问。2005年，由张家唐教授牵头，河北大学取得了世界史一级学科硕士学位授予权，并培养了14位拉丁美洲史方向的硕士研究生。张家唐教授主要从事有关拉丁美洲历史与拉丁美洲现代化等问题的研究。出版著作有《拉丁美洲简史》（人民出版社2009年版）、《全球视野下的拉丁美洲历史研究》（人民出版社2016年版）。发表论文有《简述拉美现代化进程及问题》（《河北大学学报（哲学社会科学版）》2000年第1期），被《新华文摘》2000年第6期全文转载。

2010年，河北大学在巴西里约热内卢天主教大学设立孔子学院，并以此为平台，不断加强与巴西各界的联系。2015年，两校开设"中巴问题研究""金砖国家合作研究"等校际合作项目。

2020年6月，中心顺利通过由教育部组织的高校国别和区域研究备案中心评估；此次评估从中心保障力、成果生产力、社会影响力三个方面对中心建设情况进行了全面评价。

二、研究方向

中心主要依托河北大学经济学和历史学两大学科现有的拉美研究基础，以河北大学在巴西里约热内卢天主教大学设立的孔子学院为交流平台，从经济、历史、政治、社会、文化、教育等多角度入手，对拉美地区开展综合性研究。

在长期积累的基础上，中心逐渐形成拉美经济和拉美国家现代化进程两个特色的研究方向，以及巴西、阿根廷、安提瓜和巴布达、巴哈马4个重点研究国别。

中心通过多学科协同合作，打破了各学科间的壁垒，创新研究模式，在校内建立起跨学科研究团队，与河北大学提出的建设"特色鲜明、国际知名"高水平综合性大学的战略目标保持高度一致，为促进河北省与拉美各国合作提供咨政服务。

三、人员情况

中心现有校内研究员18名，分别来自国际交流与教育学院、经济学院、管理学院、历史学院和外国语学院，其中14名教师具有博士学位，12名教师具有副高级以上职称。中心聘请来自南开大学、中国政法大学、里约天主教大学等中外高校以及退任大使等校外兼职研究员21名。

中心主任为闫屹教授，现为中国拉丁美洲学会常务理事、中国拉丁美洲史研究会理事、中国国际经济关系学会常务理事、中国国际金融学会理事，研究领域主要为金融市场、国际金融、世界经济、拉美经济。

四、主办刊物简介

《拉丁美洲研究简报》由中心制作发行，为校内发行刊物，未公开出版。《拉丁美洲研究简报》以中心的研究团队为依托，发挥河北大学综合类院校多学科发展的独特优势，紧密围绕近期拉美地区发展和研究的相关进展，跟踪梳理拉美地区经济与社会发展的最新动态和热点问题，及时发布中心的研究成果，为河北省和国家相关部门提供决策咨询的信息服务。

五、学术活动

2022年4月20—21日，中心应邀参加智利大学在线上召开的题为"Design，Evaluation and Implementation of Public：Comparative Experiences of Chile and China"的学术研讨会。参会学者围绕中国与拉美地区在政府机构现代化、环境政策、发展政策和贸易政策等领域的发展情况展开讨论。中心研究员杨文杰教授发表了题为"Recent Reforms of the Social Security System in China"的主旨演讲，中心主任闫屹教授和中心研究员杨茜博士参与了学术讨论。

2022年8月20日，中心和上海大学拉美研究中心通过线上方式共同主办"如何认识拉美的社会运动"学术研讨会。来自中国社会科学院、南开大学、上海大学、河北大学等学术机构的学者围绕为什么拉美社会运动的力度和广度在增加、拉美社会运动的性质、拉美社会运动的影响以及中资企业如何应对拉美的社会运动4个主题展开学术研讨。中心主任闫屹教授主持了学术研讨会，中心研究员翟红博士作了主题发言。

六、科研成果

2022年，中心完成2项教育部国别和区域研究课题的结项工作，1项河北省研究生示范课程项目的结项工作；出版1部学术专著；发表学术论文3篇；制作发行《拉丁美洲研究简报》2期。

闫屹教授的"新形势下拉丁美洲国家金融开放效应及金融监管研究"和邢慧斌教授的"'一带一路'视域下依托世界旅游联盟（WTA）构建中拉旅游扶贫国际合作机制研究"两项教育部国别和区域研究课题顺利结项；徐永利教授的省级研究生示范课程项目"区域经济一体化与金砖国家合作专题"顺利结项。

徐永利教授出版专著《中国与其他金砖国家产能合作研究》（人民出版社）；闫屹教授发表论文《阿根廷金融开放及其对经济增长的影响机制研究》（《中国外汇》2022年第11期）、《巴西金融开放的经济增长效应》（《河北金融》2022年第6期）；杨茜博士撰写的《"如何认识拉美的社会运动"研讨会综述》发表在中国社会科学网；中心制作发行校内刊物《拉丁美洲研究简报》，紧密围绕近期拉美地区发展和研究的相关动态，跟踪梳理拉美地区经济与社会发展的最新动态和热点问题，发布中心研究人员的最新研究成果。

七、教学成果

中心组建跨学科专门团队，开设校级公共选修课《拉美概况》，面向全校本科生、研究生（不限专业），充分利用中心的研究优势，从经济、政治、文化、历史等领域向学生介绍拉美地区的发展情况。中心研究员邢慧斌教授指导的"丝路研学——荔枝（Ledge）海外留学生文化综合服务平台"项目获得第七届河北省大学生创新创业年会三等奖。

八、承担课题情况

序号	课题名	主持人	课题类型	课题编号
1	新时代河北省教育高水平对外开放研究	闫屹	河北省高等学校人文社会科学研究课题重点项目	SD2022079
2	中拉跨境人民币结算与金融合作	杨茜	教育部高校国别和区域研究课题	2022-N37
3	国际中文教育线上汉语学习环境构建及平台建设	李丽	河北省高等学校人文社会科学研究课题专项任务项目	YWZX2022003
4	跨文化交际视野下的教学案例库建设与研究	王海艳	河北省省级专业学位教学案例（库）立项建设项目	KCJSZ2022003

北京外国语大学拉丁美洲研究中心

一、历史沿革

北京外国语大学拉丁美洲研究中心（以下简称"中心"）成立于2016年，成立之初即为教育部高校国别和区域研究备案中心。中心依托北外的西班牙语、葡萄牙语专业师生人才资源优势推进学科建设。北京外国语大学的西班牙语和葡萄牙语专业是全国历史最悠久的外国语言文学专业，在国内高校率先开展研究生教育，现均为首批国家级一流本科专业建设点，为拉美和加勒比研究提供了强有力的语言和人文支持。

北京外国语大学与我国最权威的拉美研究智库——中国社会科学院拉丁美洲研究所签署共建协议，强强联手、优势互补，共建北外拉美研究中心，极大地提升了中心学术水平和人才培养质量。在国际上，中心与墨西哥国立自治大学建立合作，双方均派出研究人员常驻对方大学，每年联合举办一次研讨会。

二、研究方向

中心按照北京外国语大学"双一流"建设总体规划和发展目标，充分发挥西班牙语、葡萄牙语国家级一流专业的学科强项及与研究对象国长期友好交往的传统优势，不断加强拉美研究的学科建设和复合型人才培养；致力于拉丁美洲和加勒比政治、经济、文化、社会等领域的研究，持续提高研究水平，努力成为重要智库，为"一带一路"倡议的推进与国家发展战略的落实提供理论和思想支持。中心成立以来，受到教育部、北京市教委及学校的高度重视与大力支持，在人才培养、学科建设、科学研究、对外交流、社会服务等方面取得了显著成绩，受到社会各方面认可。

三、人员情况

目前，中心有专职研究员15人，聘有客座教授3人。在本科阶段即开设拉美研究方向课程，并且选拔优秀本科生设立"战略班"，着力培养该领域拔尖人才；与墨西哥国立自治大学联合培养拉丁美洲研究方向硕士研究生；与巴西圣保罗大学、南大河州联邦大学等知名高校签署了合作协议，联合培养致力于巴西研究的硕士研究生。中心依托西葡语学院，在国际化方面实质性学术交流与学生交流项目数量和质量居全国前列。中心发挥西葡语言优势，动员所有教师和学生致力于西葡语国家或者区域研究。

四、主办刊物简介

1. 《中拉互鉴》（*Interacción Sino-Iberoamericana*）

由北京外国语大学主办，主编、副主编依次为北京外国语大学的常福良教授和李紫莹教授。该刊由外语教学与研究出版社（FLTRP）与德国德古意特出版社（De Gruyter）联合出版，其国际刊号为：ISSN 2747-7479。该刊采用在线出版和印刷出版两种形式，刊登西班牙语或者葡萄牙语的学术论文，是中外学者关于中国和西班牙语、葡萄牙语国家互动关系研究的重要平台，是目前世界上唯一一份由中国机构主办、使用西班牙语和葡萄牙语刊发的学术期刊。每年出版两期，发刊时间为6月和12月。

2.《西班牙语论丛》

北京外国语大学西班牙语葡萄牙语学院在2011年开辟了本学科的学术园地《西班牙语论丛》，系辑刊性质的学术丛书，每年出版两辑。主编依次为北京外国语大学的常福良教授和何晓静副教授。该刊以前沿理论探索、高新应用交流、引领学科发展为办刊宗旨，栏目包括：西班牙语语言研究与教学、西班牙语文学、西班牙语翻译、西班牙语国家历史、文化及国情研究等。

五、学术活动

中心在2022年举办了两个系列学术讲座，一个系列是与墨西哥国立自治大学合作的墨西哥研究相关讲座，另一个系列是由中心承办的全球外国语大学联盟（GAFSU）的拉美研究相关讲座。

系列讲座相关信息具体如下：2022年8月2日，Alicia Mayer，"墨西哥土著主义和西班牙裔主义"（Dicotomía entre el Indigenismo e Hispanismo en México）；8月9日，Alicia Mayer，"墨西哥历史和身份中的瓜达卢佩圣母"（La Virgen de Guadalupe en la Historia e Identidad de México）；8月16日，Marisol Huerta Mondragón，"理解墨西哥的国内和国际市场"（México：Entendiendo el Mercado Nacional e Internacional）；8月23日，Francisco Juan Carlos Rodríguez，"商业中的跨文化沟通：来自墨西哥和中国的案例"（Comunicación Intercultural en los Negocios：Casos de México y China）；11月3日，Enrique Dussel Peters，"'一带一路'倡议和中国在拉美及加勒比地区的基础设施项目（2000—2021）"（The Belt and Road Initiative and Chinese Infrastructure Projects in Latin Amercia and the Caribbeans 2000-2021）；11月10日，岳云霞，"中国—拉美和加勒比地区经济关系"（China-Latin America and the Caribbean Economic Relations）；11月17日，Ignacio Ramos Riera，"变革时期的西方特权主义"（Western Privilegionism in an Era of Change）；11月24日，Raúl Benítez，"2022年美国、墨西哥和拉丁美洲关系中的地缘政治挑战"（Geopolitical Challenges of 2022 in the Relationships between the United States，Mexico，and Latin America）。

2022年11月26日，中心在线上举办了"2022年北京外国语大学外国语言文学学科研究生高端学术论坛"之"西班牙语、葡萄牙语语言文学分论坛"，旨在激发学术兴趣，增强本学科领域研究生学术创新意识和科研能力，强化学术训练，营造研究生科研与创新的氛围。此次论坛共设翻译研究、国家和区域研究、文学研究和语言学研究四个方向、六个分会场，以线上形式举办。

论坛得到国内外院校的大力支持，学生参会热情很高，论文内容涵盖翻译研究（12篇）、国家和区域研究（15篇）、西葡语文学研究（10篇）以及西葡语语言学研究（5篇）。国家和区域研究领域的论文情况如下：王宇歌，《当代墨西哥女性政治参与研究》；邓雅婧，《墨西哥传统医学政策回顾、现状及启示》；屈媛媛，《浅析西班牙内战时期的苏联宣传》；梁芳郡，《扎根理论视角下的海外华人民族认同形成路径探索——以阿根廷华人为例》；周睿宸，《二十世纪墨西哥"社会天主教"运动发展的两个阶段》；黄宇丽，《中国和尼加拉瓜外交关系演变和动因分析》；郭冉，《俄乌冲突对中拉粮食和能源贸易的影响及中拉资源安全合作的路径》；胡雨，《"双碳"目标下中拉能源转型合作》；许思婕，《社会性别视域下拉丁美洲针对女性暴力中的父权制研究》；庞若洋，《后疫情时期葡萄牙语国家公共卫生概况》；符钰，《试析当代中国对葡文化外交中澳门的未来潜力》；刘欣颖，《秘鲁"委任式民主"下的民主质量探究》；甘甜甜，《"一带一路"视阈下中秘经贸合作的探索与升级》；应子田，《当前智利博里奇政府的改革举措及挑战》；王雪梅，《浅析尼加拉瓜政治民主化进程（1990—2022）》；周琳，《新采掘主义与巴西亚马孙地区的环境保护问题研究》。

六、科研成果

中心 2022 年关于西葡语国家国别区域研究发表或者出版的论著如下。

Gang Yao, "Metadiscourse in Digital Communication: New Research, Approaches and Methodologies", *Ibérica*, 2022.

张方方、庞若洋：《认同视角下的安哥拉语言政策研究》，《语言政策与规划研究》2022 年第 1 期。

张方方、李丛：《"一带一路"建设背景下中国与安哥拉教育合作现状与推进路径》，《世界教育信息》2022 年第 3 期。

张方方、庞若洋：《葡萄牙职业教育体系的现状、挑战与改革》，《职教论坛》2022 年第 5 期。

庞若洋、张方方：《中国与巴西教育合作交流的现状、挑战与展望》，《世界教育信息》2022 年第 7 期。

张方方、庞若洋：《中国与非洲葡语国家高等教育合作的路径与反思——以佛得角为例》，《葡语国家蓝皮书：葡语国家发展报告（2021）》，社会科学文献出版社 2022 年版。

李紫莹：《指数全球，创见未来——"指数全球新年论坛（2022）"会议综述》，《区域与全球发展》2022 年第 2 期。

王萌萌：《终身学习对数字化和新技能的回应——基于〈数字教育行动计划〉和〈欧洲技能议程〉的分析》，《现代远距离教育》2022 年第 2 期。

王萌萌：《高质量视域下基础教育新设学科评价探索》，《东北师大学报（哲学社会科学版）》2022 年第 2 期。

大连外国语大学拉美安第斯国家研究中心

一、历史沿革

大连外国语大学拉美安第斯国家研究中心（以下简称"中心"）成立于2017年。在中拉合作全面深入发展的背景下，中心将依托学校西班牙语学科优势，服务国家"一带一路"建设需求，多层次、多角度开展对拉美国家语言文化、风俗习惯、投资政策、法律法规等方面的广泛深入研究，以高起点、国际化的视野，建设集学术研究、政策咨询、国际交流于一体的学术机构和新型智库。中心自成立以来，每年坚持举办各类学术活动，为培养更多的国际型、复合型、应用型西语人才，深化中拉合作，促进中拉之间的互惠共赢作出贡献。

二、研究方向

中心主要针对安第斯国家及其周边拉美地区（包括巴西）开展政治、经济、文化、社会、文学及语用方面的研究。

1. 安第斯地区及其周边国家国情研究

2017年10月以来，中心教师指导安第斯国家小组学生开展了对玻利维亚、委内瑞拉、哥伦比亚、厄瓜多尔、秘鲁、智利、阿根廷七国的前期研究，通过新闻翻译、特色课程、知识竞赛等路径完成了包括七国历史沿革、地理区划、地形地貌、政治体制、社会结构及特色、产业结构及重点产业体系、经济体制特征等基本概况的初步研究。与企业合作，完成了对拉丁美洲西葡语人才需求的问卷调查和数据收集工作。

2. 安第斯地区及其周边国家现状解读

中心先后邀请前驻外外交官、高校学者、研究机构专家等多次来大连外国语大学开展政治、历史、文化、翻译等主题的讲座，为学校师生深入解读拉美安第斯地区及其周边国家的现状。

为了充分融入国际拉美安第斯地区及其周边国家的研究，中心有计划地组织和派遣教师参加中国拉丁美洲学会、中国拉丁美洲史研究会、中国外国文学学会、西葡拉美文学研究分会、中国跨文化交际学会等研究机构组织的学术会议，拓宽学术视野，积累研究经验。

3. 中—西社会科学作品互译及其研究

中心积极组织青年教师和研究生翻译拉美安第斯地区的文学、中拉关系及历史等著作，并致力于开展中华文化作品外译、中华文化对外推广和翻译西班牙语国家当代作品。

三、人员情况

中心暂无专职研究人员，相关学术活动及教学工作由大连外国语大学欧洲语言学院专任教师承担。他们的主要研究领域包括西班牙语语言哲学、世界经济、当代历史、西班牙语国家文学、当代拉美研究、翻译理论与实践等。

四、科研成果

中心成员于2022年先后发表论文十余篇，其中SSCI论文2篇，核心期刊论文3篇；在国家级出版社出版专著 1 部，出版教材 1 部；在国外出版社出版教材 2 部。

五、教学成果

1. "拉丁美洲研究与翻译"特色系列课程建设

中心注重国际化办学，同西班牙赫罗纳大学（Universitat de Girona）合作开发"拉丁美洲研究与翻译"特色系列课程。课程由大连外国语大学欧洲语言学院院长黎妮副教授和赫罗纳大学法学院前院长 José María Pérez Collados 教授协同建设，双方教员合作完成教学任务。赫罗纳方教学团队由西班牙和拉美国家的教员组成，主要负责西语国家国情（政治、经济、法律等）相关课程，我校教师负责中西翻译、中西文化对比等相关课程。赫罗纳大学为参与项目的我方青年教师设立博士奖学金，培养拉美研究领域的教员。

2. 西班牙语国家概况课程建设

西班牙语国家概况课程通过对西班牙和拉丁美洲政治、经济、文化以及国际关系现状的介绍和分析，要求学生通过对西班牙语国家历史、社会、政治以及经济现状的学习，初步了解西班牙语国家的政治、经贸和社会状况，从而理解中西、中拉关系在中国经济发展中的重要性。2020 年，中心已完成"西班牙语国家概况"线上课程录制工作，2022 年西班牙语国家概况课程获批辽宁省一流本科课程（线上线下混合）。

3. 拉丁美洲历史、拉丁美洲现状课程建设

在中心成立伊始，大连外国语大学欧洲语言学院便成立拉美安第斯研究小组，其成员为西班牙语专业在校本科生和研究生，每学期面向研究小组同学开设拉丁美洲历史、拉丁美洲现状等课程；同时，中心定期邀请国内外拉美问题专家为研究小组同学作专题讲座，帮助他们深入解读拉美安第斯地区各国情况。在西班牙语专业教师指导下，每名安第斯小组成员提交一篇规范的专题研究报告作为结业成果。

4. 西班牙语国家文化课程建设

西班牙语国家文化课程是通过对西班牙、拉丁美洲的政治、经济、历史、艺术等领域的介绍，扩大学生的知识面，加深学生对西语世界文化的认识，帮助学生树立正确的"三观"，提高学生的跨文化交际能力；培养学生的中国情怀和国际视野，提升文化素养。该课程已于 2021 年完成线上课程的录制工作。

六、对外交流情况

中心参与了大连外国语大学欧洲语言学院和西班牙语阿尔卡拉大学（Universidad de Alcalá）经济管理专业联合开办的"西班牙语（中外合作办学）项目"，该项目是我国教育部于 2020 年下半年正式批准的中外合作办学项目。该项目旨在培养热爱祖国、具有良好的人文综合素质、适应改革开放和服务经济社会发展需求的国际型、复合型、应用型"西班牙语+国际商务"方向专业人才。

中心还参与了大连外国语大学欧洲语言学院与西班牙赫罗纳大学（Universitat de Girona）的合作，共同开发"拉丁美洲研究与翻译"特色系列课程（10—12 门）。该特色课程面向国内西班牙语专业大四学生开设，培养中国学生从事法律、政治与经济等领域翻译的语言能力；完善西班牙语专业学生在西班牙及拉丁美洲社会文化方面的知识结构。学生在完成课程学习、并通过大连外国语大学毕业资格审查之后，可继续在赫罗纳大学教学团队的指导下，进行 3 个月的

科研实践；如能完成答辩，即可获得赫罗纳大学的"拉丁美洲法律、政治与经济文化：文化解读与翻译"校级硕士学位。获得校级硕士学位的学生可以继续攻读赫罗纳大学推荐的欧盟官方硕士项目。

2022年，中心向葡萄牙阿威罗孔子学院派出中方院长1名；为哥伦比亚麦德林孔子学院选拔中方院长1名；派遣1名教师赴波兰攻读硕士学位；通过国家留学基金委项目派出访问学者/高等教育研究人员3名（赴西班牙2名，赴葡萄牙1名）。同时，中心努力推进国际校际合作项目，顺利派出赴西、赴葡、赴意、赴捷、赴波和赴哥伦比亚留学生共计85名，其中国家留学基金委奖学金学生24名。

此外，中心鼓励教师积极参与区域国别相关学术研讨会。2022年12月14日，拉美安第斯国家研究中心负责人黎妮副教授受邀参加由中国社会科学院欧洲研究所举办的"中西建交五十年：当前西班牙政治经济外交形势及中西合作"研讨会，并在会上作了题为"国际化背景下国内高校西班牙语人才培养模式改革的几点思考"的交流报告。

七、承担课题情况

2022年，新增设西班牙语、意大利语2个国家级一流本科专业建设点，获批省级一流本科课程7门。中心成员先后获批课程思政示范课程3门；王瞳老师获得全国高校西班牙语教师教学技能大赛一等奖；谭博老师的"西班牙语+区域国别"复合型人才培养模式研究与实践获得辽宁省教学成果奖二等奖。同时，研究中心教师获批各类校级科研项目、教学改革研究项目及高校研究课题多项。

广东外语外贸大学拉丁美洲研究中心

一、历史沿革

广东外语外贸大学拉丁美洲研究中心（以下简称"中心"）于2017年经教育部备案为国别与区域研究中心。中心前身是成立于2011年的中智研究中心。该中心最初由广东外语外贸大学与智利圣托马斯大学（中国孔子学院拉美总部所在地）联合成立，每年定期举办中拉经济管理高层论坛。自成立起，中心鼓励广外商学院与智利圣托马斯大学商学院每年相互派遣老师到对方学校讲授课程，同时开展学生互换等国际交流活动。

中心的主要成果体现：一是出版年度《拉丁美洲蓝皮书》；二是举办年度中拉学术论坛；三是开展中拉学者合作项目研究；四是实施学生互换和教授互访教学计划；五是提供中拉企业家交流平台；六是撰写并提交有关咨政报告、中拉经贸案例报告以及国别动态信息资源报告等。中心主要服务对象为政府决策机构、中拉企业家、高校学者与学生等。

中心的建设定位和目标是发挥广东外语外贸大学管理学科、葡萄牙语与西班牙语师资队伍和研究人员的优势，构建跨院合作的国别与区域研究中心，发挥广外与拉美高校合作伙伴，如智利圣托马斯大学商学院中智研究中心和墨西哥国立自治大学中国研究中心等国际合作平台优势，努力打造一个高端、国际化的拉美智库平台，通过提交政策咨询报告和承接相关研究项目，为广东省外向型经济发展、粤港澳大湾区建设以及国家"一带一路"倡议实施作出贡献，同时努力建设成一个特色鲜明的国别与区域研究重要基地。

二、研究方向

中心组织开展的基础性研究方向包括：中拉企业管理文化研究、中拉经济合作与挑战研究、拉丁美洲国别社会文化与价值观研究、拉丁美洲国别法律与政策研究、中国企业拉丁美洲投资案例研究、拉美国别政情商情研究等。拟解决的关键问题是响应国家"一带一路"倡议，集中开展拉丁美洲相关区域与国别投资环境问题研究，产出一批创新性实用研究成果。

三、人员情况

中心聚集了广东外语外贸大学管理学科、西方语言文化学院葡萄牙语系与西班牙语系及拉美高校的师资队伍和研究人员，共有16名兼职教师和研究员。其中博士比例94%，教授比例74%。

四、科研成果

1. 出版《拉丁美洲蓝皮书》系列丛书

从2016年起，中心每年精心组织编辑出版《拉丁美洲蓝皮书》，目前已出版5本年度系列蓝皮书。蓝皮书的编写思路是，紧紧围绕新时代中国"一带一路"倡议背景下的拉丁美洲经商环境变化，积极发挥广东外语外贸大学"外语+外贸"的交叉学科优势，依托教育部国别与区域研究备案中心"拉丁美洲研究中心"的专家资源，联合墨西哥、巴西、阿根廷、智利等拉美国家合作院校的知名专家学者，开展中外协同、联合研究，精心打磨，特色呈现。蓝皮书重点关注拉美重大热点问题、中拉命运共同体的构建以及整体框架下的中拉交流与合作趋势，聚焦中拉经商投资新环境和企业经营真实案例，产出一系列针对性强、时效性强、操作性强的研究成果，进一步助推中拉之间的紧密合作关系，实现中拉合作的光明未来。《拉丁美洲蓝皮书》系列丛书的出版，切合时代发展需求，丰富拓展了我国拉丁美洲研究领域，具有十分重要的学术价值和现实意义。

2. 建设拉美大数据在线平台

通过建设数字化平台来管理、拓展、交互中拉相关的大规模数据信息和纳入更多中方参与主体，从而促进数字化赋能中方主动深入了解拉美的目标。该平台构建了整个中拉大数据闭环，为中方各界了解拉美提供了交互式数字化平台，对推动中拉合作与发展具有非常重要的意义。

3. 深化中拉学术研究

2016年至今，中心成员共发表50余篇高水平论文。中心教师和研究员组织学生编译团队，关注拉美国情，追踪时事热点，在公众号平台上定期发布区域动态和拉美热点透视文章，并就热门议题进行分析，发表深度观察文章。

4. 积极提交咨政报告、搭建交流平台

在每期的《拉丁美洲蓝皮书》发布会上，团队邀请中拉企业家参加发布会，并在发布会后举办"拉美发展与中拉合作"座谈会，为中拉企业家、拉美驻广州领馆代表、拉美团队研究人员搭建了交流平台。

中心定期向广东省相关部门提交中心成果动态和工作计划及总结。中心主任朱文忠教授主笔撰写的多篇报告被有关政府部门采纳。

五、对外交流情况

中心从2011年起与智利圣托马斯大学建立了共同举办年度中国—智利/拉美研讨会机制，由智利圣托马斯大学经济与管理学院和中心轮流主办。拉美地区合作高校、拉美驻穗使领馆人员、广东外语外贸大学商学院、西语学院等国内外学者参加了论坛，围绕"'一带一路'与中拉合作发展"的主题，共同探讨"一带一路"倡议下中拉合作发展的热点话题。

2017年至今，中心依托的西方语言文化学院等培养单位已派出60余名学生到拉美国家和地区的孔子学院做汉语志愿者。

在中心与智利圣托马斯大学每年轮流举办中拉论坛期间，智利圣托马斯大学先后派了4名教师为广东外语外贸大学商学院MBA学生开展专题系列讲座，并与学生进行了富有成效的交流与沟通，让学生对当前拉美的经济发展现状有了较全面的认识和了解，为MBA学生今后的创业和投资方向提供了很好的思路。中心先后派了5名教授到智利圣托马斯大学开设"中国商务发展与展望"、"China's Foreign Trade: Opportunities and Challenges"、"Sino-Chile Trade and Investment"和"China's FDI and Its Implications to Chile"等系列专题讲座，受到该校师生的一致好评。

随着中拉研究团队的影响力不断扩大，拉美地区的考察团也加强了与中心的联络。2019年，牙买加及特立尼达和多巴哥干部考察团来访，就广东经济社会发展情况以及对拉美地区国家合作情况等议题进行座谈。考察团组对年度蓝皮书表达了极大兴趣与高度赞赏。2022年7月20日，拉美地区统促会联合参访团来访我校。中心主任朱文忠就"新时期中国—拉丁美洲合作发展及对华影响"作主题发言，着重从拉丁美洲研究平台与特色、中拉合作发展政策导向与成果、中拉关系走向对华侨华人的影响、推进中拉关系发展的建议等方面进行分析。中心副主任李永宁就"拉丁美洲蓝皮书及相关研究"作主题发言，对拉丁美洲系列蓝皮书的编写思路和研究成果进行了概述。座谈会上，参访团成员与我校出席人员就中拉关系发展与走向、商贸往来合作等方面进行了深入交流。

六、承担课题情况

中心成员成功申报 2 项国家社科基金项目、完成教育部 3 项高级别项目。中心副主任陈宁教授的项目"博尔赫斯作品中的西方话语研究"、中心主任朱文忠教授的项目"中资企业海外社会责任行为动因与影响机制研究"分别于 2018 年和 2019 年获批国家社会科学基金项目立项。

朱文忠教授和陈宁教授于 2017 年 7 月分别成功立项教育部区域与国别研究项目"整体合作框架下的中拉教育交流与合作研究"和"墨西哥政治文化研究"，并已于 2018 年 6 月成功结项。朱文忠教授申报的"2020 年疫情背景下中国与巴西经贸合作研究"于 2020 年获教育部高校国别和区域研究年度课题立项，于 2022 年顺利结项。

中山大学拉丁美洲研究中心

一、历史沿革

中山大学拉丁美洲研究中心（以下简称"中心"）成立于2017年，是教育部国别与区域研究备案中心。中心坐落于珠海校区，与港澳毗连。中心自成立以来，充分发挥地域优势，积极参与推动粤港澳大湾区与拉丁美洲政治、经济、文化合作事宜，为地方经济发展和政策制定服务，服务于"一带一路"大背景下的国家战略需求和社会需求。

中心已初具规模，有专兼职研究人员30余人，分别来自中国、西班牙、墨西哥、阿根廷等国。凭借人员国际化的特点，中心科研成果大多发表于拉美研究领域重要期刊，具有广泛的国际影响。

二、研究方向

中心的学术研究高度契合国家战略发展的需要。随着"一带一路"倡议的推进，以及《粤港澳大湾区发展规划纲要》的正式发布，中心对拉美各国进行了多方面、多视角的深入研究，以便满足国家和地区社会经济发展需要。

具体而言，中心致力于整合语言、文化、历史、宗教、国际政治、国际关系等领域的学术资源和研究力量，为拉美学界及地方政府提供关于拉美地区的基础性认识，关注拉美对中国崛起的回应、认知和接受，探讨"一带一路"背景下中拉移民的跨文化生存困境，强调人文交往与相互认知。

三、人员情况

中心自成立以来便十分重视人才队伍配备和建设，在大力引进国内人才的同时，也十分重视从西班牙及拉美国家引进拉美研究英才。截至2022年12月，中心引入来自西班牙、墨西哥和阿根廷等国家知名大学的多名科研人员。目前，中心有3位全职教授、4位副教授、4位研究员及副研究员和3位博士后研究员。其中，博士学位教师占比90%，外籍正式编制研究员教师占比28%。此外，中心还聘请了多位在国内外拉美学界具有较高知名度的专家担任学术顾问，为中心发展建言献策。

四、学术活动

中心常年不间断开展拉美研究系列讲座，主讲者皆为国内外知名的拉丁美洲研究学者。讲座不仅面向校内学生和老师，还吸引了不少对拉美有兴趣的校外人士的参与。

2022年度拉美中心开展的学术活动如下：2022年1月26日，廖悦老师为学校师生开展讲座"疫情前面的西班牙：应对与危机"；2022年4月15日，张芯瑜副研究员为学校师生开展讲座"中国对拉美国家的政党外交"；2022年4月27日，张芯瑜副研究员为墨西哥尤卡坦自治大学孔子学院开展线上讲座"Introducción a Sistemas Políticos de China Contemporánea"；2022年5月11日到6月22日，中心参与举办拉美孔子学院系列讲座"中国七大城市之旅"，Daniel Morales

Ruvalcaba 副教授负责介绍"中国七大城市之旅"的"广州站";2022 年 11 月 16 日,张芯瑜副研究员为云南省凤庆县鲁史中学和红塘村大摆田完小开展"云支教"讲座"多彩的拉丁美洲"。

五、科研成果

中心完成的各类研究成果具有学术性、时效性和前瞻性,符合国家和地方发展的战略发展。2022 年,中心成功申请省部级项目 1 项,发表论文 28 余篇,所发期刊包含 CSSCI、SSCI、LAT-INDEX、SCOPUS 等国内外重要核心期刊;发表书籍章节文章 10 余篇。此外,张芯瑜副研究员主持教育部高校区域和国别研究 2022 年课题 1 项。

六、教学成果

为贯彻落实中央两办《关于做好新时期教育对外开放工作的若干意见》关于加快培养国别和区域研究人才的精神,挖掘和培养契合中国"一带一路"建设和人类命运共同体建设的高端人才,中山大学国际翻译学院和中山大学"一带一路"研究院于 2019 年倡议发起成立高校国别和区域研究人才培养院系联盟,涉及外国语言文学、世界史、国际关系、管理学、民族学等多个与国别和区域研究相关的学科。目前联盟凝聚了国内 71 所高校的 120 余家院系,引领国内国别区域人才培养的方向,为"一带一路"相关的互联互通人才培养提供重要助力,中心积极参与了该联盟的各项活动。

中心在中山大学国际翻译学院本科阶段人才培养中加大了国别区域课程的设置,形成了具有学院特色的国别区域人才体系。中心成员为中山大学国际翻译学院本科生和研究生增开了多门有关拉丁美洲研究的必修及选修课程,包括拉美概况、中拉关系简介、国际关系问题研读、全球化与国际关系和国别区域研究专题讲座。为了促进学生在理论知识学习的基础上强化科研意识、创新精神和实践能力,中山大学开展了 2022 年大学生创新创业训练计划项目的申报工作。多名中心成员作为导师,指导学生撰写了拉美国别与区域研究方向的项目申请书,并获得了多项校级立项和国家级立项。近年来高校思想政治教育工作得到越来越多的重视。在学校课程思政建设实施方案和工作计划的指导下,中心成员把思政元素有机融入拉美国别与区域研究课程教学大纲的每个单元,并结合拉美地区时事热点开展灵活的课程思政教育。

自 2017 年以来,中心和中山大学国际翻译学院西班牙语系共派出 103 名交换生,与墨西哥伊比利亚美洲大学、墨西哥尤卡坦自治大学、智利圣托马斯大学等进行交换。同时,两机构和西班牙的马德里自治大学、圣地亚哥大学、莱昂大学、葡萄牙米尼奥大学等多所大学建立了不同形式的合作关系,积极为学生开拓海外学习的机会。因受新冠疫情的影响,目前学生国际交换项目处于暂停状态。

七、对外交流情况

中心自成立以来,每年承办或组织一次国际学术研讨会,现已举行 3 次,得到全球范围内拉美研究领域的顶尖学者的积极参与。中心与中国社会科学院、广东省外事办共同举办"东亚地区拉美研究伙伴对话"国际学术会议(2017 年),中心单独举办"中拉深入合作的新途径和新互动"国际学术会议(2018 年)和"中国创新与发展,拉丁美洲新机遇"国际学术会议(2019 年)。

中心借助中山大学和墨西哥尤卡坦自治大学共建的孔子学院,加强与墨西哥教育和学术机构的联系。中心还邀请来自牙买加、西班牙等国的作家,为中山大学学子讲述拉美故事。另外,中心外籍研究员 Daniel Morales Ruvalcaba 多次接受新华社、中央电视台等媒体采访,就拉美议题和中拉关系发表评论。

暨南大学拉丁美洲研究中心

一、历史沿革

暨南大学对拉丁美洲及加勒比地区的研究由来已久，早在民国时期，学校收藏的海外侨务报刊中就有明清时期华人经东南亚移民到美洲国家的历史记载。广东是中国对拉贸易第一大省、拉美华侨华人主要祖籍地和来源地。暨南大学扎根南粤大地，做好拉美研究，责无旁贷。

作为华侨最高学府，暨南大学长期跟踪并研究海外华侨华人问题。黄卓才教授、高伟浓教授在拉美华侨华人研究领域撰写了多部著作，填补了国内学界相关薄弱环节。学校长期以来培养了大量的拉美国家留学生和华侨华人子女，积累了丰富的对拉工作经验。

2017年6月，暨南大学拉丁美洲研究中心（以下简称"中心"）获批教育部高校国别和区域研究备案中心。当年11月，中心启动工作。

中心成立以来，迅速建章立制。中心每年定期从学校及学院多个渠道获得专项经费，并成功争取到了稳定的社会捐赠经费。中心现有专职研究人员6名，校内兼职研究人员5名，校外及海外兼职研究人员25名。中心研究人员团队涵盖了政治学、历史学、汉语言文学、外国语言文学、新闻与传播学等多个学科。中心有3间科研办公用房，和其他三个中心共用1间行政及图书资料办公用房。中心依托学校图书馆，能查询15个中外文数据库。

二、研究方向

中心成立以来，依托于暨南大学国际关系学院/华侨华人研究院的学科建制，以拉丁美洲华侨华人研究、当代拉美现实问题、中拉关系研究为重点方向。中心致力于建设成我国南方地区开展拉美研究、资政服务、对拉工作的重要智库。

三、人员情况

中心主任为张振江教授，成员有高伟浓教授、黄卓才教授、贺喜副研究员、许丰副教授、吴青军博士等，校内兼职人员有马立明副教授、许文芳博士、闫立博士、李婉博士、董踩博士等。

暨南大学国际关系学院/华侨华人研究院拥有政治学一级学科博士点，并建立了从本科到博士后成建制的完整梯队。2019软科中国最好学科排名中，排全国第11位。2016年，暨南大学和广东省珠海市横琴新区达成协议，横琴新区每年有专款资助暨南大学，用于学校开展拉美研究和对拉工作。2018年，暨南大学成立了拉美校友会；2019年，暨南大学和阿根廷科尔多瓦大学合作建立孔子学院。暨南大学有开展对拉工作和拉美研究的多个抓手。

四、科研成果

中心成员出版了《拉丁美洲华侨华人移民史、社团与文化活动远眺（上、下册）》《在海之隅：委内瑞拉与荷属加勒比地区的华侨（全二册）》等学术专著，并编辑出版了《"一带一路"相关地区与国家侨情观察》（2019年、2020年、2021年、2022年）、《海外侨情观察

（2015—2016）》等学术编著。黄卓才教授的《鸿雁飞越加勒比——古巴华侨家书纪事》，2022年年初由西班牙萨拉戈萨大学出版社出版西班牙语译本，译者张天慈。拉美中心还和智利学者们联合编纂了《天涯若比邻：智利华侨华人研究论文集》，即将于2023年年底出版。

学院编辑出版的学术集刊《海外华人研究》上开辟了拉美华侨华人研究专栏。中心成员在《世界民族》《国际政治研究》《人民论坛》《华侨华人历史研究》《中国社会科学报》《南京大学学报》《深圳大学学报》《近现代国际关系史研究》等权威和核心期刊上发表论文十余篇。

资政服务方面，张振江教授长期担任中央统战部、国务院侨办、中国侨联、广东省及广州市政协、统战及侨务部门的联系专家，多篇政策咨询报告获得国家领导人肯定性批示。成立以来，中心共向中央统战部、教育部、中国侨联、广东省侨办、广东省侨联及有关部门提供了几十篇政策咨询报告，十余篇获得国家领导人、省部级领导、省级地方党委政府的肯定性批示和采纳，为海外统战、侨情调研、中拉关系工作作出了贡献。

中心成员经常就拉美问题接受新华社、中国国际电视台、中国社会科学报、中国新闻社、环球时报、东方早报、南方日报、澎湃新闻、广州电视台等媒体采访，并积极在智利《金融日报》等外媒上发声，讲好中国对拉政策、促进中拉友谊。2022年1月11日，吴青军在智利《金融日报》发表文章《区域全面经济伙伴关系协定及全球化：中国依然在取胜》，介绍了2022年元旦开始实施的《区域全面经济伙伴关系协定》及相关情况。6月28日，吴青军在智利《金融日报》发表文章《动态清零，并不是闭关锁国》，阐明了中国政府采取此措施的原因，并强调中国不会走闭关锁国之路，会继续对外开放，驳斥了一些网络对华虚假信息。11月22日，吴青军在智利《金融日报》发表署名文章，介绍了中方在G20峰会中传递的信号。

五、教学成果

中心有2名博士研究生导师和多名硕士研究生导师，依托暨南大学国际关系学院，培养了多名学生。中心成员还开设了《当代拉丁美洲》、《拉丁美洲研究》、《拉丁美洲历史与文化》等多门专业课程。中心还和巴西圣保罗大学签署了学生互换协议，和巴拿马大学、阿根廷罗萨里奥国立大学达成了人才培养的合作意向。

六、学术活动

2022年6月16日，暨南大学校友、哥斯达黎加著名侨领黄耀佳先生专程来我院交流。中心牵头组织了"哥斯达黎加侨情及中哥关系"学术座谈会。

2022年6月27日，应广东外语外贸大学西方语言文化学院、西班牙语国家研究中心邀请，贺喜副教授作了题为"从契约华工到友谊使者——华人移居拉丁美洲和加勒比的历史与现实"的学术讲座。

2022年10月14日，应欧美同学会西葡拉美分会邀请，贺喜副教授在腾讯会议室开讲，作了题为"天涯若比邻：拉美华人移民史研究新探"的讲座。

2022年11月6日，应中国人民大学国际关系学院《中国海外安全风险蓝皮书（2023）》编写组的邀请，贺喜副教授作了题为"中国海外安全风险（拉美片）"的授课。

2022年11月24日，应兰州大学中亚研究所、兰州大学政治与国际关系学院邀请，贺喜副教授作了题为"中国在拉丁美洲和加勒比地区的海外利益保护问题"的学术讲座。

七、对外交流情况

中心常年和阿根廷、巴拿马、巴西、秘鲁、多米尼加、厄瓜多尔、古巴、墨西哥、智利等拉美国家学者、政府官员、驻华外交官、侨领保持着密切联系。

2022年2月6日，闫立博士为阿根廷费尔南德斯总统赴华为北京研究所参观提供口译服务，费尔南德斯总统与任正非进行了远程会谈，双方探讨了华为和阿根廷本地企业在阿根廷数字转型中的合作前景。

2022年2月28日，吴青军接受智利最重要的主流媒体《三点钟报》专访，就中国在智利投资的发展轨迹及前瞻、智利宪法改革及新政府上台会对中国投资产生如何影响、美国认为中国在智利投资是腐蚀当地民主、中智关系发展给智利企业家带来的机遇等问题，进行了全面分析和评论，驳斥了一些诋毁污蔑中国的不实言论。

2022年3月15—25日，闫立博士为教育部语言合作中心主办的"踏上'汉语桥'开启中国商贸文化体验之旅"课程提供线上交同传服务，学员包括多米尼加共和国政府工作人员、高校师生及企业管理人员，课程内容包括基础汉语、中国对外贸易现状、中国重要商贸城市、中国重要商贸空港和海港、中国名企、中国与多米尼加商贸关系等。

2022年3月，吴青军接受智利Pauta电台视频采访，着重谈到中智经济关系走向、中国在智利投资、两国政治关系、智利在中国的发展机遇等问题。

2022年4月12日，应智利波塔莱斯大学经管学院邀请，吴青军为该院师生作了"拉美眼中的中国"主题讲座，详细讲述了中智政治、经济、文化和教育方面的交流与合作，并由智利延伸到整个拉美国家。

2022年5月18—21日，闫立博士为商务部主办的委内瑞拉电力管理研修班系列课程提供线上交传口译服务。在系列课程中，中方人员为委内瑞拉能源部学员分享了中国国情概况、中国电力能源管理、电力电网建设等方面的内容。

2022年5月25—31日，闫立博士为智利瓦尔帕莱索港务部门与中车长江公司商务谈判提供线上交传口译服务。

2022年11月23—24日，吴青军应邀访问阿根廷国立科尔多瓦大学并给当地的企业家、市长及该大学相关学院师生作了数场讲座。

2022年11月下旬，闫立博士为商务部主办、贵州科学院承办的古巴数字电视网络建设及运营管理研修班提供线上交传服务，课程向古巴广播电视部门学员介绍了中国广播电视发展历史、技术、标准等方面的知识。

八、承担课题情况

中心先后获批国家社科基金重大项目1项、中共中央统战部调研项目1项、国家发改委项目1项、教育部人文社会科学重点研究基地重大项目1项、教育部国际司特别委托项目1项、教育部国际司国别和区域研究专项项目4项、国家社科基金青年项目1项、中国侨联年度课题1项、广东省委宣传部委托课题1项。

序号	课题名	主持人	课题类型	课题编号
1	海外华人与人类命运共同体研究	张振江	2021年度国家社科基金重大项目	21&ZD022
2	中国在拉丁美洲及加勒比地区海外利益保护机制研究	贺喜	2021年教育部高校国别和区域研究课题规划课题	2021-G43

续表

序号	课题名	主持人	课题类型	课题编号
3	智利华侨华人史研究	贺喜	2022—2024年度中国侨联课题	22BZQK248
4	1992—2002年：侨务工作为进一步加快改革开放和经济建设服务	贺喜	2022年度国家社科基金特别委托项目子课题	—
5	珠海城市形象在拉丁美洲媒体中的传播现状与对策	闫立	2021年度珠海市哲学社会科学规划课题	2021YBC77

常州大学拉丁美洲研究中心

一、历史沿革

常州大学拉丁美洲研究中心（以下简称"中心"）在 2017 年 11 月成立，得到中国社会科学院拉丁美洲研究所和江苏省人民政府外事办公室的共同支持，是江苏省首家政府与高校共建的拉美研究智库。

二、研究方向

中心以"拉美思想文化"和"中拉合作关系"为主攻方向，致力于打造集学术研究、人才培养、政策咨询和人文交流于一体，具有探索和创新精神的新型地方高校智库。

三、人员情况

中心现有专职和兼职研究人员 27 人，其中包括阿根廷籍研究人员 2 人，西班牙语专业研究人员 12 人，英语专业研究人员 3 人，日语专业研究人员 6 人，俄语研究人员 1 人，外校研究人员 5 人。

四、学术活动

中心致力于进行拉美政治、经济、文学、语言与文化等各方面的研究，参与或举办各类学术活动。2022 年度中心成员以线上或线下形式参加智利大学组织的第三届中智关系研讨会、墨西哥国立自治大学组织的"中墨建交 50 周年"学术研讨会、Asamblea Anual Ordinaria 2022 del Consorcio Mexicano de Centros de Estudios del Foro de Cooperación Económica Asia－Pacífico（APEC）、第五届中拉文明对话论坛、第二届"人类命运共同体国际智库论坛"等国际国内各类学术会议十余场，并在部分会议上主持或发言。中心还邀请阿根廷布宜诺斯艾利斯大学、墨西哥韦拉克鲁斯大学、复旦大学、西安外国语大学等国内外高校和科研院所的专家学者为常州大学师生作了多场学术讲座。

五、科研成果

中心成立以来，致力于中拉关系方面专著撰写和拉丁美洲书籍的中文翻译工作，前期已出版译著 8 部。2022 年度，中心成员尚有待出版译著 2 部，与墨西哥韦拉克鲁斯大学联合编撰书籍 1 部，正在翻译书籍 1 部。

2022 年，中心成员在国内外学术期刊和论文集上发表学术论文 4 篇，省部级领导采纳研究报告 1 篇。其中阿根廷籍教师 Joaquín Estrader 在《今日中国》（西语版）上发表题为《中国农村振兴》的文章，系统介绍了我国农村发展的历史进程，展示了我国乡村振兴的实际措施和卓越成效。

六、教学成果

中心坚持教学与科研相结合，开设《西班牙及拉美国家概况》《西班牙语国家历史与政治》

《旅游西班牙语》等多门课程，为学生举行"星空讲堂"系列讲座，并于每学期请中心外籍专家 Esteban Zottele 和 Joaquín Estrader 定期举办西班牙语角系列活动和学术讲座，培养学生国际视野和跨文化交际能力。在我中心教师的指导下，2022 年完成常州大学大学生创新创业基金暨"挑战杯卓越"计划项目"构建中外文化交流新方式"。

七、对外交流情况

1. 厄瓜多尔讲堂成立

2022 年 1 月 11 日，厄瓜多尔驻华大使馆和常州大学合作设立的"厄瓜多尔讲堂"举行了线上揭牌仪式。厄瓜多尔驻华大使卡洛斯·拉雷亚、驻华公使克里斯蒂安等使领馆人员，常州大学党委副书记、副校长戴国洪出席活动，国际交流处、外国语学院、跨文化研究院负责人参加揭牌仪式。揭牌仪式后，"厄瓜多尔讲堂"开展首期活动，邀请了厄瓜多尔著名考古学家、人类学家弗兰西斯科·瓦尔代斯教授为常州大学师生作专题讲座。

2. 第十三期墨西哥"中国文化与经贸"培训

由墨西哥维拉克鲁斯大学中国—维拉克鲁斯研究中心主办、常州大学外国语学院、拉丁美洲研究中心承办的第十三期墨西哥"中国文化与经贸"培训于 2022 年 11 月 7 日至 12 月 6 日通过网络形式进行，墨西哥维拉克鲁斯大学师生和维拉克鲁斯州部分企业员工参加了培训。

此次培训中，常州大学西语系教师、拉美研究中心成员为学员们介绍了中国思想学派、中国文化、中国经济体制、"一带一路"倡议下中国与墨西哥共同投资机会、中墨建交 50 年以来的外交活动、中墨商务合作的机遇和未来以及中国电子商务：淘宝上的墨西哥产品分析等多方面内容，并与学员们进行了广泛的交流和讨论。

墨西哥"中国文化与经贸"培训始于 2009 年，从 2018 年开始由常州大学承办，第十一期和第十二期均取得了良好的效果，但受新冠疫情影响，2020 年和 2021 年均停办。2022 年正值中墨建交 50 周年，双方决定以线上方式恢复培训。通过培训，加强了维拉克鲁斯大学和常州大学的学术交流与合作，加深了墨西哥学员对中国文化、经贸等各方面的了解，也促进了双边经贸和文化的交往，为中墨建交 50 周年献上一份贺礼。

此外，中心以线上或线下的方式与阿根廷驻华大使馆、阿根廷驻沪总领事馆、墨西哥驻华大使馆、墨西哥驻沪总领事馆、秘鲁驻沪总领事馆、阿根廷布宜诺斯艾利斯大学中国—阿根廷研究中心、墨西哥维拉克鲁斯大学中国—维拉克鲁斯研究中心进行了沟通与交流。

八、承担课题情况

中心成立以来，共有省部级课题 3 项，均已结项。目前有市厅级在研课题 2 项，结项课题 3 项。中心将持续推进成员的课题申报工作，力争获批高级别项目。

清华大学拉美中心

一、历史沿革

清华大学拉美中心于 2018 年 12 月 6 日在智利首都圣地亚哥成立，是清华大学全球战略的重要举措，标志着全球战略海外布局基本确立。清华大学拉美中心（以下简称"中心"）是清华大学在拉美地区的联络和交流基地，服务于清华大学人才培养的中心任务，致力于打造中拉政府部门、学界、智库及企业界之间的一体化、高质量交流平台，发展清华大学与拉美国家的学术研究、人文交流和科技创新合作。

中心成立的基础是清华大学和智利天主教大学从 2006 年开始合作的"中智文化及管理浸润交换项目"，以及 2010 年 10 月依托经管学院成立的中国—拉丁美洲管理研究中心。因此，在中心成立之前，已经积累了多年与拉美合作交流的丰富经验，在拉美以及在国内相关机构均建立了良好的社会网络。

中心在清华大学内部以及智利均设立了办公室和团队，与拉美开展多领域、宽范围的合作。在校内，与清华经管学院、建筑学院、医学院、公管学院、清华在线教育办公室、全球胜任力发展中心、清华技术转移院等院系和机构积极合作，中心国内、智利团队的同事充分配合；在校外，与中国商务部、外交部、科技部等政府部门，智利、乌拉圭、秘鲁、墨西哥、巴西、阿根廷、哥伦比亚、圭亚那、巴巴多斯等拉美使领馆积极沟通；与智利、秘鲁、乌拉圭、墨西哥、巴西等拉美伙伴高校密切合作，2022 年在促进中国与智利及拉美间的友好关系、带动清华各院系、机构向拉美拓展以及清华学生的全球胜任力培养方面付出了真诚的努力，获得了较为明显的效果，为未来在智利及拉美区域全面推动清华全球战略 2.0 打下了良好的基础，有效推动了清华大学与拉美高校及各国政、商、学界的沟通与交流，拓展了清华大学与拉美各国在多领域、多学科方面的务实合作。

二、研究方向

中心的研究工作主要包含以下方面："一带一路"倡议及其项目落地机制研究；国际舆论对中国企业海外投资的反应；智利及拉美典型国家的投资环境；中国企业对拉美投资的能力与策略；开放与发展及外国直接投资的溢出效应；等等。

三、人员情况

中心理事会新理事成员更换于 2022 年 5 月 19 日完成。新理事会由 5 名成员组成，中心在智利圣地亚哥设有清华大学拉美中心顾问委员会，委员会由 9 名成员组成。

中心北京团队 5 人，智利团队 2 人，共同协助主任开展各项工作。中心的研究团队主要由中心主任陈涛涛教授及其博士研究生团队组成；中心在开展运作的过程中，协调清华大学校内与拉美研究相关的院系及其教授，共同展开拉美相关课题的研究。

四、学术活动

2022年3月23日，在中国驻巴西大使馆的大力支持下，中心联合巴西商业领袖组织中国区（LIDE China）举办了"中国经济发展前景"线上交流会。会议就中国经济发展前景和"十四五"规划、中国电子商务现状及趋势、新约束下的中国宏观及行业趋势等主题进行分享和交流。

2022年4月13日，世界慕课与在线教育联盟和中心共同主办了"中国—阿根廷教育数字化全球对话"，对话主题为"在数字时代下重思高等教育"。阿根廷国立科尔多瓦大学、布宜诺斯艾利斯大学、国立罗萨里奥大学等3所大学参加了对话。中心主任陈涛涛教授在会议中介绍了拉美中心的成立和中心举办的重要拉美活动。

2022年4月29日，在清华大学国际处的支持和指导下，由中心、世界慕课与在线教育联盟、清华大学产业创新与金融研究院联合主办，学堂在线承办"清华大学与拉美及加勒比驻华大使云对话：数字中国及中拉在线教育合作"活动举行。来自拉美和加勒比地区21个国家驻华使馆和代表机构的使节及代表30余人出席。参会者纷纷表示，发展数字经济，推动数字化转型，对拉美及加勒比国家及地区非常重要。他们分别介绍了拉美及加勒比国家及地区在推动数字化转型方面做出的努力和面临的挑战，同时提出了应对的建议。他们认为，数字化发展推动了在线教育的变革，不仅为更多人提供了教育机会，也促使教育理念和模式的改变。清华大学在线教育领域的发展走在了世界的前列，期待未来和清华大学开展更多深入的合作。此次活动通过在学堂在线网络平台同步直播，当日近7万人次观看了直播。

2022年6月22日，中心通过在线方式举办了以"透析拉美"和"理解中国"课程为主题的圆桌讨论会。来自智利、秘鲁、乌拉圭、阿根廷、委内瑞拉等12位拉美国家的教授学者参与了会议讨论。

2022年11月9日，墨西哥国立自治大学教授Enrique Dussel Peters应中心邀请来到清华大学，与中心主任陈涛涛教授及其博士研究生团队在经管学院李华楼举办座谈会。双方就中国企业在拉美和加勒比地区投资数据库的应用以及墨西哥开放进程等话题开展了学术交流。

2022年12月9日，清华大学人工智能国际治理研究院、清华大学拉美中心及清华大学东南亚中心联合承办"人工智能助力发展中国家"专题论坛。中心主任陈涛涛教授，智利国家人工智能中心主任、智利天主教大学教授Álvaro Soto，智利大学人工智能、社会和信息传媒中心主任Lionel Brossi教授及联合主任Ana María Castillo教授受邀作为主旨嘉宾参会并作重要发言。通过此次会议，中智两国专家围绕AI领域重要议题展开了积极交流探讨。未来，拉美中心将继续发挥桥梁作用，为双方在该领域的务实合作创造契机。

五、对外交流情况

2022年5月24—25日，中心主任陈涛涛教授受邀出席由中国社会科学院学部主席团联合拉丁美洲社会科学院共同举办的中国社会科学论坛——"中拉发展合作与互鉴"国际研讨会暨第二届中拉关系研究学者论坛，在论坛第四单元作主旨演讲。

2022年6月15日，中心与墨西哥蒙特雷科技大学通过视频连线方式进行了在线交流，分别就在线教育、学生交流与交换、全球胜任力培养、技术转移等领域开展了讨论。这次会议，开启了清华大学和墨西哥蒙特雷大学在在线教育、技术转移、学生交流等方面的合作。

2022年9月12日，中心邀请经管学院白重恩院长参加由中国驻智利大使馆、智利21基金会、对外政策常设论坛、智利大学国际关系研究所联合主办的"全球发展倡议：中智合作新前景"研讨会。

2022年11月23日，在中心的组织协调下，清华大学公共安全研究院副教授陈建国参加了由中国驻智利使馆以及亚历杭德罗·利普舒茨科学研究所联合主办的"全球安全：中国的方案"专题研讨会。

2022年11月22日，中心主任陈涛涛参与清华大学于秋季学期开设的"全球发展倡议的中国视角"（China's Perspective on Global Development Initiative）课程，主讲了该课程的第六讲"中国企业海外投资——挑战与能力建设"。通过清华的微博、视频号、快手、抖音、B站和学堂在线等国内平台，以及清华的Facebook和Twitter，超过104万人次观看学习了此讲课程。

2022年12月15日，中心主任陈涛涛教授受邀出席第十五届中国—拉美企业家高峰会暨中拉智库合作论坛，并在会议第一单元担任发言嘉宾。

此外，中心积极将清华大学发起的全球融合式课堂项目（Global Hybrid Classroom）推广给拉美地区的重要合作大学。该项目利用在线的方式，为清华学生与世界高水平大学的学生"同上一堂课"提供机会，同学们通过实时在线的方式学习对方学校的课程，进而达到全球高水平高校共享优质教学资源的目标。2022年，中心积极拓展清华大学同巴巴多斯西印度大学，墨西哥蒙特雷科技大学，巴西里约热内卢联邦大学，海地大学，厄瓜多尔国家高等教育、科学、技术创新秘书处和加勒比等国家重点高校在在线教育领域的合作，争取让更多来自拉美和加勒比国家的学生加入清华的在线课程。

中心联合清华技术转移院、科威公司在拉美推动技术转移机制的建设，建立并落实清华—拉美高校技术转移合作的工作机制，与智利、墨西哥、秘鲁重点高校的技术转移机构建立合作伙伴关系，与智利天主教大学—清华大学"技术转让和创新方面的良好做法"系列研讨会成功举办，与拉美高校达成2023年开展"清华—拉美"技术转移路演活动的意向并形成方案。中心将持续推动扩容清华—拉美高校技术转移合作"朋友圈"。

中心积极组织并支持清华大学建筑学院与智利天主教大学建筑学院的联合研究。2022年，中心组织清华大学建筑学院与智利天主教大学建筑学院举行了三次沟通会议，积极推动并协助双方院系开展联合研究。12月5日，中国—智利大都市可持续发展对话在线上举行。此次活动由清华大学建筑学院在清华大学拉美中心和智利可持续城市发展中心的合作支持下举办。

积极支持清华大学第三届国际工程教育论坛。2022年12月9日，在中心的积极邀请和高效协调下，智利大学数理学院院长Francisco Martínez以线上方式参加了由清华大学东南亚中心与联合国教科文组织继续工程教育教席共同承担的"发展中国家可持续创新"分论坛并作重要发言，分享了智利大学在工程人才培养方面的宝贵经验。

中心积极支持语言中心西班牙语课程在校内推广，积极邀请墨西哥国立自治大学杜塞尔教授与来自语言中心和其他院系的同学们在线分享题为"中国在拉丁美洲加勒比地区（LAC）的直接投资"的讲座。

此外，中心积极向智利及拉美合作高校推荐2022年清华大学全球暑校项目，最终在中心的大力宣传下，来自阿根廷、巴西、智利、哥伦比亚、厄瓜多尔、墨西哥和秘鲁等国高校的46名学生被成功录取，参与了2022GSS全球暑校夏令营项目并积极向拉美合作院校推广清华Global项目。同时，中心积极向拉美高校推广清华国际硕博及经管学院管理硕士招生项目。2022年9

月，中心应清华大学研究生招生办的邀请，参与了"HSK 留学中国线上宣讲会——巴西场"活动，向 300 多位拉美国家的同学介绍了中心举办过的重要拉美活动，并将清华 2023 年国际硕博招生项目的相关信息分享给拉美合作高校伙伴。

六、承担课题情况

在中心主任陈涛涛教授的带领下，中心研究团队完成了《中国企业投资拉美与"一带一路"倡议》的研究专著。该专著是中心研究团队对中国企业投资拉美以及"一带一路"延展到拉美的相关舆论梳理和回应的科研项目研究成果。该书结合经典国际投资理论，建立了企业国际投资的一体化分析框架；并结合实践，分析了中国企业投资拉美的三大典型案例，展示了中国企业的对外投资能力，说明了其如何在东道国发展并与本土企业互利共赢；并结合案例，对"一带一路"倡议在经济及国际投资领域遇到的舆论挑战进行了分析和回应，对"一带一路"项目的落地机制进行了探索。专著中文版已于 2021 年 6 月正式出版发行，西班牙文版将在 2023 年出版发行。

2022 年，在国内、国际新的发展形势下，拉美研究中心针对"双循环"发展新格局、中拉投资与技术转让机制的建设等重要课题开展了积极的研究工作。

序号	课题名	主持人	课题类型
1	中拉合作发展对策研究	陈涛涛	2022 政府专题智库研究课题
2	双循环背景下中拉经贸依赖关系与发展策略探究	陈涛涛	2021—2024 清华经管学院委托课题
3	研究型大学国际技术转移的机制研究——以清华大学与拉美国家合作为例	陈涛涛	2021—2024 清华大学委托课题
4	中国企业投资拉美——企业社会责任与共赢发展	陈涛涛	2022—2023 拉美中心研究课题

中国社会科学院世界历史研究所拉丁美洲史研究室

一、历史沿革

中国社会科学院世界历史研究所拉丁美洲史研究室在2019年成立。其前身是1965年设立的亚非拉美史研究组。1978年，研究组更名为亚非拉美史研究室。1979年，该研究室划分成亚非史研究室和拉美史研究室。1983年，两个研究室重新合并为亚非拉美史研究室。

二、研究方向

拉丁美洲史研究室主要以拉美地区近现代史为研究中心，兼顾古代史及当代史的研究，依托通史、国别史、区域史研究，并结合现实问题开展专题史研究。

三、人员情况

目前，拉丁美洲史研究室共有科研人员3名，在站博士后1名。

四、学术活动

2022年11月5—6日，由中国拉丁美洲史研究会和南开大学世界近现代史研究中心联合主办、南开大学拉丁美洲研究中心承办的中国拉丁美洲史研究会第十届会员代表大会暨"拉丁美洲历史上的不平等与社会变革"学术研讨会召开，拉丁美洲史研究室成员以线上形式参加此次会议。会议共分两个部分进行。在学术研讨会部分，以大会主旨报告、分组论坛讨论、总结发言等多种形式展开。

五、科研成果

杜娟：《19世纪末巴西的南欧移民及其特征》，《四川大学学报（哲学社会科学版）》，2022年第1期。

杜娟：《开辟拓殖地与日本在巴西的早期移民活动》，《西南科技大学学报（哲学社会科学版）》2022年第1期。

王慧芝：《中美科技博弈背景下的拉美5G建设：挑战与前景》（第一作者），《拉丁美洲研究》2022年第2期。

李超：《波菲里奥时代墨西哥的天主教会与国家：隐秘的冲突》，《拉丁美洲研究》2022年第3期。

王慧芝：《中国—拉共体论坛：进展、挑战及优化路径》，《太平洋学报》2022年第6期。

王文仙：《拉美国家现代化道路中的农村人口迁移问题——以墨西哥为例》，《史学理论研究》2022年第6期。

杜娟：《〈雷斯法案〉与20世纪20年代初巴西的排日活动》，载崔忠洲主编《中国与拉美》第二辑，朝华出版社2022年版。

六、承担课题情况

序号	课题名	主持人	课题类型	课题编号
1	巴西的日本移民史研究	杜娟	国家社科基金项目	19BSS033
2	人口迁移流动与拉美国家经济社会发展研究	王文仙	创新工程项目	—
3	二十世纪中叶美阿石油合作	王慧芝	所级课题	—
4	墨西哥政教关系研究（1821—1940）	李超	国家社科基金青年项目	22CSS009

外交学院西语国家研究中心

一、历史沿革

外交学院西语国家研究中心（以下简称"中心"）成立于2019年4月，旨在推动针对西班牙及拉美各国国情文化研究，推动中西与中拉外交、经贸、人文、学术等交流活动，为西语语言文学、外交国关等专业学生、学者提供学习交流平台，并促进中国和西语国家双边关系的发展。

此外，中心还服务于外交学院西班牙语语言专业及外交国际关系专业学生，为学生的学习交流提供更多资源，组织带领学生举办会议、研讨会等形式的交流活动，给学生提供实习机会。例如，中心成立了微信公众号"中西拉文化之桥CSSCS"，在中心主任的带领下，学生自发撰写学习心得分享原创推文，筛选适合中西拉人文文化交流及中西拉关系的文章内容。

二、研究方向

中心的研究领域涉及拉美文学、西语国家文化、西语国家国别区域研究、中西与中拉关系、拉美社会与政治、拉美国情研究、西班牙语教学法、中西翻译研究、跨文化交际等。

三、人员情况

中心现有7名研究人员。其中，5名研究人员先后进入外交学院一流学科高层次人才梯队，分别从事文化与公共外交、习近平外交思想研究和区域国别研究，他们的研究领域涉及中拉文化外交和拉美国家社会文化。研究人员具体情况如下。

孟夏韵：外交学院西语国家研究中心主任，北京外国语大学拉美文学专业博士，外交学院一流学科高层次人才梯队"文化与公共外交"课题组成员，主要研究方向为西语国家国情及社会文化、拉美文学。

张红颖：外交学院西语国家研究中心副主任，中国社科院拉丁美洲研究所博士，外交学院一流学科高层次人才梯队"习近平外交思想研究"课题组成员，主要研究方向为西语国家社会文化、西班牙语教学法。

王晨颖：西班牙萨拉曼卡大学翻译理论与实践专业博士，外交学院一流学科高层次人才梯队"文化与公共外交"课题组成员，主要研究方向为中国文学文化外译、海外汉学。

刘诗扬：巴塞罗那自治大学翻译与跨文化研究专业博士，外交学院一流学科高层次人才梯队"区域国别研究"课题组成员，主要研究方向为外语教学、翻译研究、跨文化研究。

苑雨舒：西班牙康普顿斯大学拉美文学专业博士，外交学院一流学科高层次人才梯队"区域国别研究"课题组成员，主要研究方向为拉美文学、拉美文化。

叶譞：北京语言大学西班牙语语言文学专业研究生，主要研究方向为拉美文学文化、国情研究、西班牙语教学法。

吴艺扬：西班牙塞维利亚大学西班牙语美洲文学博士，主要研究方向为智利与阿根廷研究、文学符号学精神分析交叉研究。

四、学术活动

2022年12月16日，中心联合委内瑞拉中国问题研究中心组织外交学院外语系西语学生诗歌朗诵会，助推中拉人文合作与交流。

2022年9月28日，中心邀请北京多所高校骨干教师进行西班牙语本科阶段课程建设小型研讨会。

2022年6月8日，中心邀请常福良教授为西语师生作题为"西班牙语专业人才培养的新阶段、新理念、新方法"的讲座。

2022年12月17日，中心主任为"汉语桥"拉美学生讲授"中拉人物经验谈"课程。

五、科研成果

孟夏韵：朝华出版社国家出版基金项目《当代中国与拉美系列：穿越中国的10134公里》西语版书籍 *10134 kilómetros a través de China* 编校审定工作。

孟夏韵：《构建新型中拉人文网络交流机制存在的问题与对策建议》，《外交学院研究报告》，2022年第38期。

孟夏韵：《拉美作家的数字文学尝试》，《光明日报》，2022年3月10日"国际教科文周刊·国际文化"（被收入"学习强国"学习平台）。

孟夏韵：《孟夏韵读〈流亡者的梦〉｜人生百态的短暂叙述》，《澎湃新闻·上海书评》，2022年3月14日。

Meng Xiayun: La Implicación Ideológica y las Características Estéticas de las Novelas Ecológicas Costarricenses Contemporáneas（Implementing a New Paradigm in the Post-covid 19 World：Earth Jurisprudence and Latin America's Rights of Nature, 2022 ILAS-HUFS HK International Conference），韩国外国语大学拉美研究学院第二届国际研讨会论文集，2022年7月。

孟夏韵：《帕切科：与历史搏斗的作家》，《澎湃新闻·上海书评》2022年7月29日。

孟夏韵：《拉美现当代建筑艺术：透过当下的设计审视过去和未来》，《光明日报》2022年8月11日"国际教科文周刊·国际文化"。

Meng Xiayun："Parodia en el Apocalipsis Mitológico：Entrelazo de la Fantasía y la Realidad. Análisis de Dos Novelas de Homero Aridjis", *Mundos del Hispanismo：Una Cartografía Para el Siglo XXI*, Iberoamericana Verbuert, 2022.

孟夏韵：《拉美与中国生态政治中的理念共识与实践启示》，《第十二届中国拉美研究青年论坛暨第六届拉美研究与中拉合作协同创新论坛论文集》，2022年。

孟夏韵：《数字文学：小径分岔的花园》，《中国社会科学报》，2022年12月15日。

孟夏韵：《拉美艺术的神奇与魔幻》，《澎湃新闻·上海书评》，2022年12月23日。

张红颖：《"发现"美洲：两个文明碰撞的社会文化意义》，《文化创新比较研究》2022年第4期。

刘诗扬：*Análisis de Errores en el Aprendizaje de Chino de Alumnos Españoles*（《西班牙学生学习汉语的偏误分析》），世界知识出版社2022年版。

Liu Shiyang："Application of Translation Technology in University Teaching of Chinese-Spanish translation," In 6th Virtual International Conference on Education, Innovation and ICT, EDUNOVATIC 2021 Conference Proceedings, 2022, pp.688-692.

刘诗扬：《西班牙语口译课程思政教学探究》，《西部素质教育》2022 年第 3 期。

Liu Shiyang, Ye Mingtian: "China's Foreign Assistance to Latin America and the Caribbean (1960-2022) and Its Practical Importance," *Política Internacional*, 2022 (2), pp.65-73.

Liu Shiyang: "Research on the Formation of Translators' Competence in Universities from the Perspective of Knowledge Management," in Mafalda Carmo (Eds.), *Education and New Developments 2022*, Science Press, 2022.

Liu Shiyang: El Uso de TIC en la Enseñanza de Traducción de las Palabras con Características Chinas al Español (The Use of ICT in Translation Teaching of Words with Chinese Characteristics to Spanish), in Konstantina Konstantinidi (Cord.), *Metodologías de Enseñanza-aprendizaje para Entornos Virtuales*, Adaya Press, 2022.

Liu Shiyang: "The Application of Corpora in Teaching Spanish-Chinese Interpreting in Universities," in Ireland Internacional Conference on Education Virtual Conference 2022 Proceedings, 2022.

刘诗扬：《融入翻译技术：高校西班牙语口译教学新探》，《外交评论》（增刊），2022 年。

苑雨舒：《近 150 年来秘鲁文学中的中国形象》，《华侨华人历史研究》2022 年第 3 期。

叶譞：《西班牙文学：融合造就绚丽多彩》，《世界知识画报》2023 年第 3 期。

叶譞：《孔子的智慧》（La Sabiduría de Confucio）审稿专家，外研社，2022 年。

叶譞：Las Inversiones de las Empresas Chinas en América Latina y la Iniciativa de la Franja y la Ruta（中国企业投资在拉美及"一带一路"），审稿专家，2023 年。

吴艺扬："Vanguardia y Refundación Nacional en Adán Buenosayres", *Colindancias*, Núm.12, 2022, pp.259-264.

六、科研教学成果及奖项

孟夏韵：2022 年课程"拉美文学史"荣获第二届北京高校教师教学创新大赛优秀奖；2022 年承担外交学院西班牙语专业"拉美文学史"课程主讲，该课程获评第二批"外交学院特色课程"；2022 年获外研社多语种"教学之星"大奖赛二等奖。

张红颖：2022 年 12 月获外交学院 2022 年第十一届优秀教学成果奖优秀奖。

王晨颖：荣获外交学院第十五届科研成果奖译著工具书类一等奖。

苑雨舒：2022 年承担外交学院"西语国家文学作品选读"课程主讲，该课程获评第二批"外交学院特色课程"；2022 年获外研社多语种"教学之星"大奖赛优秀奖。

刘诗扬：教学成果"面向外交翻译人才特色培养的西班牙语智慧口译教学"获外交学院 2022 年第十一届优秀教学成果奖二等奖。

七、对外交流情况

孟夏韵：2022 年 2 月 14—16 日，参加韩国外国语大学拉美研究院举办的"新冠肺炎后疫情世界实施新范式：地球法规与拉丁美洲的自然权利"线上国际会议，并作题为"当代哥斯达黎加生态小说的思想意蕴与审美特征"的主旨发言；2022 年 4 月 8 日，中央电视台 CGTN 西语频道《对话》（Diálogo）节目特邀嘉宾，对谈"35 岁不焦虑：消除就业歧视，公平就业环境"；

2022年4月11日,受委内瑞拉中国研究中心采访,对谈"中拉友好关系发展新机遇及中拉人文交流",采访视频及文字内容在委内瑞拉中国研究中心官网及公众号同步发布;2022年10月29日,参加中国拉丁美洲学会、中国拉丁美洲史研究会和浙江外国语学院举办的"第十二届中国拉美研究青年论坛暨第六届拉美研究与中拉合作协同创新论坛",并作题为"拉美与中国生态政治中的理念共识与实践启示"的主旨发言;2022年11月5日,主持欧美同学会西葡拉美会讲座"巴西孔子学院的可持续发展——以里约葡中双语高中为例";2022年12月17日,受北京语言大学汉语国际教育管理处邀请,为"汉语桥"拉美学生讲授"中拉人物经验谈"课程。

王晨颖:2022年完成与马德里自治大学、萨拉曼卡大学合作交流的签约工作。

刘诗扬:2022年4月26—28日,参加"爱尔兰国际教育会议",在会上宣读题为"The Application of Corpora in Teaching Spanish-Chinese Interpreting in Universities"的报告;2022年6月18—20日,参加会议Education and New Developments(END 2022),并作题为"Research on the Formation of Translators' Competence in Universities from the Perspective of Knowledge Management"的发言;2022年11月19—20日,参加"第十四届全国口译大会暨学术研讨会",作题为"西班牙语口译教学中学生偏误语料库的建立与应用"的发言。

苑雨舒:2022年6月参加第二届拉美研究中青年学者工作坊(线上)。

叶譞:参加教育部教育考试院西班牙语专业学科工作会议;作为访谈主嘉宾参加《中国洪都拉斯青年谈》、*Mirada Económica*等央视西语频道节目。

吴艺扬:2022年9月参加德国科隆大学暑期学校,与阿根廷作家Ecuardo Berti对谈:*Tacos Altos*(《高跟鞋》)中的中国印象。

八、承担课题情况

序号	课题名	主持人	课题类型	课题编号
1	后人类时代拉美数字文学创作:以博略萨《完美小说》文学书写为例	孟夏韵	中央高校基本科研业务费专项资金青年教师科研启动基金项目(一般项目)	3162021ZYQB05
2	生态翻译学视角下外事外交翻译研究(汉—西)	张红颖	中央高校基本科研业务费专项资金青年教师科研启动基金项目	3162019ZYKC06
3	以提升学生语言及跨文化交际能力为目标的"双精读"西语教学模式研究	王晨颖	外交学院教学管理及改革项目	JG-2022-12
4	从中国特色词语西班牙语翻译看融通中外的政治话语体系构建	刘诗扬	外交学院智库研究项目	3162021ZK02
5	从文化软实力角度看秘鲁文学(1872—2017)中的中国形象	苑雨舒	中央高校基本科研业务费专项资金创新项目(一般项目)	3162022ZYQB03

续表

序号	课题名	主持人	课题类型	课题编号
6	"互联网+"时代复语实验班西班牙语教学多媒体智慧课堂模式设计与应用研究	苑雨舒	外交学院教学管理及改革项目青年项目	JG2022-17

中国国际问题研究院拉美和加勒比研究所

一、历史沿革

中国国际问题研究院拉美和加勒比研究所（以下简称"研究所"）成立于2019年5月8日，系中国国际问题研究院（以下简称"国研院"）下设研究所之一。研究所的成立顺应了新时代中拉关系发展的客观要求，旨在加强对拉美和加勒比地区的研究，更好服务于中拉合作。

国研院前身为创设于1956年的"中国科学院国际关系研究所"。1958年更名为"国际关系研究所"。1986年更名为"中国国际问题研究所"。1998年，国务院"中国国际问题研究中心"并入中国国际问题研究所。2014年6月，中央机构编制委员会办公室批准"中国国际问题研究所"更名为"中国国际问题研究院"。

研究所依托国研院的建设和发展，发挥外交部直属专业研究机构和国家高端智库建设试点单位的优势，大力开展学术研究及交流活动，根据国别和区域研究的综合性特点，将拉美研究同我对外工作相结合，围绕外交主题主线积极举办各项配套活动。研究所成立以来取得了丰厚的科研和交流成果，多次承担国家社科基金项目和外交部课题，对外发表学术论文、时事评论文章等共数十篇；主办了第五届中国—拉美和加勒比智库论坛等重要学术会议，与中国驻拉美使领馆及拉美国家驻华使领馆保持密切沟通，同时，同巴西国际关系研究中心、阿根廷国际关系理事会、拉美社科院等拉美知名研究机构开展了学术交流及合作，未来将继续全面加强各项建设，不断提升综合实力。

二、研究方向

研究所以国别为主要研究方向，对当前拉美政治、经济、社会文化、区域组织、地区热点问题及中拉关系、美拉关系、中美拉关系等领域进行研究，亦对国际事务中涉拉的重要现实和热点问题做出及时分析，并就增强中国与拉美国家的友好合作建言献策，开展二轨对话与公共外交，促进中拉人文交流与民心相通，为进一步深化中国和拉美与加勒比国家间的政策沟通、人心相通、互利合作作出了丰富贡献。

三、人员情况

目前研究所共有研究人员5名，其中多人具有西班牙语或葡萄牙语专业背景。现任所长为宋均营。

四、科研成果

宋均营博士在《习近平外交思想研究论文集》（世界知识出版社2022年版）和《高质量共建"一带一路"——第五届中拉智库论坛文集》（世界知识出版社2022年版）上发表了《推动发展中拉全面合作伙伴关系》和《抓住机遇，共谋发展，构建新时代中拉发展伙伴关系》。在前一篇文章中，作者通过跟进、整理习近平总书记关于外交工作的一系列重要论述，对习近平外交思想核心理念和精髓要义进行了研究阐释。在后一篇文章中，作者认为，在百年未有之大变局和世纪疫情叠加影响下，世界加速进入动荡变革期，和平赤字、发展赤字、安全赤字、治理赤字凸显。中国和拉美国家都是发展中国家，肩负着新的发展任务，双方应系统总结各自发展的成功经验，开展发展互鉴，在"一带一路"框架下加强战略对接。同时，对标联合国2030年可持续发展议程和中国提出的"全球发展倡议"，在优先重点领域开展合作，构建以"更高质量、更可持续、更具包容、更加公平、更有韧性"的发展为特征的新时代中拉发展伙伴关系。

步少华博士在《拉丁美洲研究》2022年第1期发表论文《加勒比地区蓝色经济发展的必然性、进展与挑战——以格林纳达为例》。文章指出，近年来，蓝色经济议程在加勒比地区呈现出多主体、多议程齐头并进、交织发展的态势，并取得了一系列倡议性或机制性成果。与此同时，加勒比国家又面临着多重挑战，如气候变化加剧破坏海洋生态、小岛国特殊属性限制发展潜力、国家海洋治理能力不足，等等。在加勒比地区，格林纳达是唯一将发展蓝色经济上升为国家战略的国家，经过多年发展，已成为该地区蓝色经济发展的标杆。在后疫情时代，蓝色经济必将成为加勒比各国实现绿色复苏的必由之路，并在地区治理体系中占据日益重要的位置。

付丽媛助理研究员在《拉丁美洲研究》2022年第2期合作发表文章《中美科技博弈背景下的拉美5G建设：挑战与前景》。作者认为，随着中美5G之争长期化、激烈化态势日趋明显，拉美5G问题也随之政治化。多数拉美国家对美国诱压采取以时间换空间的拖延策略；部分拉美国家顶住美国压力，坚持从本国利益出发，继续推进与华为的市场化务实合作；少数国家在部分相关事务上屈服于美国。总的来说，拖延策略虽是两难困境下的无奈之举，但其负面影响明显，他国立场将成为未来拉美5G关键问题抉择的重要参考。不过，拉美国家不具备在5G议题上完全倒向美国的现实可能性，中拉5G合作虽然短期受挫，但仍有充足的合作空间，合作前景可期。

研究所学者在国内外多个平台上发表大量中外文（包括英文和西班牙文）时事评论文章并接受采访，包括光明网、人民网、新华社、中国国际电视台（CGTN）西语频道、《环球时报》、澎湃新闻、《解放军报》、《工人日报》、《北京日报》、《大众日报》、《世界知识》、《环球》等知名媒体和杂志，产生了一定社会影响力。

五、学术活动和对外交流情况

2022年3月16日，中国国际问题研究院院长徐步会见智利驻华大使路易斯·施密特（Luis Schmidt），双方就中智友好关系发展交换意见。徐院长表示，愿同施密特大使一道，持续推进中智全面战略伙伴关系不断取得新进展。

2022年6月21日，习近平外交思想研究中心同中国驻特立尼达和多巴哥大使馆联合举办"习近平外交思想和中特'一带一路'合作"研讨会。习近平外交思想研究中心专职副秘书长、中国国际问题研究院副院长于江主持会议，中国驻特立尼达和多巴哥大使方蒗致辞，研究所宋均营所长、步少华副所长作主题发言，特多财政部前部长、制造商协会CEO、媒体协会前主席、西印度大学学者等各界知名人士参加研讨。两国专家就当前国际形势和习近平外交思想、中拉关系、中特"一带一路"合作等议题开展深入交流。

2022年7月30—31日，章婕妤助理研究员参加第二届拉美研究中青年学者工作坊，分享论文《中国与拉美主要国家新能源汽车合作前景探析——以墨西哥和智利为例》，以对拉美新能源汽车发展的特点以及中拉在此领域合作的特征的梳理为基础，讨论了中拉新能源汽车合作的机遇和挑战，并从多个视角提出了政策建议。

2022年11月2日，宋均营所长参加由国立科尔多瓦大学、国立科尔多瓦大学孔子学院、拉普拉塔国立大学、圣保罗州立大学、安德烈斯贝洛大学、智利圣地亚哥大学、中国社会科学院拉丁美洲研究所联合主办的第十一届中拉高层学术对话论坛，围绕论坛主题"中拉关系现状与展望：政治经济研究与历史文化学习"与来自阿根廷、古巴、墨西哥、智利、秘鲁、委内瑞拉等国的30余位专家学者交流研讨，并作题为"推动构建中拉发展伙伴关系"的发言。

2022年11月10日，研究所举办"巴西大选及拉美左翼执政的影响"研讨会。出席此次研讨会的专家有：外交部拉美司司长蔡伟；中国国际问题研究基金会拉美研究中心主任，前驻玻利维亚、巴哈马、哥伦比亚大使吴长胜；中国国际问题研究基金会前副理事长，前驻委内瑞拉、乌拉圭大使王珍；中国拉丁美洲和加勒比友好协会副会长，前驻玻利维亚、阿根廷、委内瑞拉、古巴大使张拓；前中国政府拉美事务特别代表，前驻厄瓜多尔、智利、古巴大使刘玉琴；中国国际问题研究基金会研究员，前驻哥伦比亚、哥斯达黎加大使汪晓源；社科院荣誉学部委员、察哈尔学会拉美研究中心主任徐世澄；中国社会科学院拉丁美洲研究所副所长袁东振；中国现代国际关系研究院G20研究中心主任吴洪英；中国社会科学院巴西研究中心执行主任周志伟；中国人民大学国际关系学院拉美研究中心主任崔守军；北京大学国际关系学院比较政治学系副教授、世界社会主义研究所副教授郭洁；中国国际问题研究院拉美和加勒比研究所所长宋均营等。与会专家表示，2022年巴西大选卢拉获胜，壮大了拉美左翼力量，进一步巩固了地区政治"左转"趋势。中拉应继续以元首外交为引领，巩固经贸合作基本盘，打造双边经贸合作新增长点，加强地区及次区域层面合作，推动高质量共建"一带一路"，共同落实"全球发展倡议"和"全球安全倡议"，践行真正的多边主义。

江苏师范大学中拉人文交流研究基地

一、历史沿革

江苏师范大学中拉人文交流研究基地（以下简称"基地"）成立于2019年9月，是集咨政、研究、交流、传播于一体，理论与实践相结合，专注于"中国与拉美和加勒比地区人文交流研究"的新型专业智库，为中拉高级别人文交流机制构筑有形的智慧平台。基地由4家单位共同建设，分别为：江苏省人民政府外事办公室、中国教育部中外人文交流中心、中国社会科学院拉丁美洲研究所和江苏师范大学。基地秘书处设在江苏师范大学。

二、研究方向

基地集咨政、研究、交流、传播于一体，以拉美区域和国别为基础，追求理论和实践相结合，旨在践行《中拉文明对话论坛北京宣言》的倡议精神，努力加强中拉地方友好交往，推动多领域互利合作，发挥中拉人文交流研究基地（江苏）平台作用，开展形式多样的交流互鉴活动，努力推动中拉文明对话论坛机制性建设。以"人"为中心，拿"人"做文章，让拉美"人"讲中国故事，中国"人"讲拉美故事；构建多元化、广覆盖的中拉人文交流网络，让研究者参与实践并反馈给政策，从而最大限度地服务于中拉人文交流工作的顶层设计，努力成为"中拉人文交流研究"的新型专业智库。

三、人员情况

基地主任为江苏师范大学校长周汝光教授，执行主任为江苏师范大学外国语学院院长于涛教授。下设秘书处，负责研究审定发展规划、研究计划、人才培养、成果发布等重大事项，协调各共建单位对基地建设的支持等。2022年增设二级学科"国别与区域研究方向"硕士点，招收拉丁美洲研究方向硕士研究生。特聘教授8名，兼职研究人员12名，专职秘书1名。

2022年12月，基地完成新老交替，任命于涛教授为基地副主任、执行主任。于涛系江苏师范大学教授、硕士生导师，北京外国语大学外国语言学及应用语言学博士。2015年7月至2016年7月在英国剑桥大学访学。近年来主持和参与国家社会科学基金项目、教育部人文社会科学项目、江苏省教育科学规划项目等省部级项目6项，出版专著1部，在《外语教学与研究》《外语教学》等刊物发表论文20余篇。曾获博士研究生国家奖学金，获评北京外国语大学优秀博士学位论文。2次学校岗位聘期考核优秀，3次获得学校年度优秀工作者。担任江苏省教师教育专业指导委员会副秘书长、中国语料库语言学研究会会员等。

四、科研成果

2022年9月1日，基地组织出版专著《新时代对外话语体系构建——江苏实践篇》。全书由6大部分组成，总字数约15万字。该书以习近平新时代中国特色社会主义思想为指导，立足于江苏省对外交流的长期实践，结合对外话语平台建设实际，全面探讨了新时代对外话语体系的构建问题，深入分析了多元话语主体等话语建构中的核心要素，并通过学术话语建设，向国际社会诠释了中国经验、中国智慧、中国力量，为推动我国国际传播能力建设提供了新的研究视角。书中针对如何进一步提升国家软实力，如何增强人类命运共同体国际认可度，如何完善全球治理模式等问题提出了建设性方案。该书最大的特点在于理论与实践相结合，内容综合江苏国际经贸合作、人文交流平台建设实际，讲好国际合作园区故事、国际产能合作故事，打造大运河文化、水韵江苏等国际话语品牌，以话语为载体向国际社会真实呈现强富美高的新江苏形象。该书的发布旨在进一步推动中拉话语体系建设，为中拉文明互鉴搭建起一座人文交流的话语桥梁。

2022年9月，由基地蓝博研究员、西班牙加利西亚国际资料分析院院长丹尼尔·帕劳教授、马洛拉·帕丁研究员共同主编的《疫情时期的奥林匹克——拓宽中外人文交流互鉴新途径》出版。该书在百年未有之大变局的时代背景下，积极构建体育话语，讲好冬奥故事，以冰雪运动的速度与激情弘扬奥林匹克价值，向国际社会传递建设美美与共地球家园的心声与力量。该书由西班牙加利西亚国际资料出版社编辑出版，共收录原创论文22篇。其中，中国学者撰写14篇，国外学者撰写8篇。作者主要来自江苏师范大学外国语学院、中拉人文交流研究基地、江苏师范大学独联体国家研究中心、西班牙加利西亚国际资料分析院、委内瑞拉中国研究中心、庞培法布拉大学、墨西哥学院等国内外知名学府及智库，以近十个国家学者的观察视角，谋求疫情时期的国际学术合作，积极践行人类命运共同体理念，共同探索中外人文交流互鉴新途径。

此外，基地研究员在 *CEID*、《科研成果与传播》等各类期刊报纸上发表论文十余篇。

五、学术活动

2022年9月1日，第五届中拉文明对话论坛在江苏南京顺利举办。此次论坛由江苏省人民政府外事办公室、中国社科院拉丁美洲研究所、当代中国与世界研究院、朝华出版社共同主办，江苏省广电总台与江苏师范大学中拉人文交流研究基地共同承办。江苏省副省长方伟、中国外文局副局长于涛、牙买加驻华大使丘伟基、圭亚那驻华大使周雅欣出席开幕式并致辞，中国外交部副部长谢锋、圭亚那卫生部前部长拉姆萨米视频致辞。中国外交部拉美司司长蔡伟、当代中国与世界研究院院长于运全、江苏师范大学校长、基地主任周汝光作主旨发言，阿根廷总统顾问格里姆森、拉美人权委员会秘书长帕拉作视频主旨发言。江苏省政府副秘书长黄澜出席开幕式。省外办主任孙轶主持开幕式。来自中拉政、产、学、研各界代表200余人通过线上线下方式参加论坛。

江苏师范大学校长、基地主任周汝光出席论坛开幕式并作主旨演讲。周汝光校长从"构建专业平台提升理论牵引力""培养急需人才筑牢发展支撑力""创新交流模式增强品牌吸引力"三个方面向与会嘉宾介绍了江苏师范大学在推动中拉人文交流方面的理念、举措与工作开展情况。周汝光强调，中拉文明对话论坛至今已举办五届，业已成为推动中拉人文交流、深化文明互学互鉴的高端平台。作为江苏省人民政府和教育部共建高校、江苏高水平大学建设高校，江苏师范大学非常荣幸承办了其中两届，并在丰富和创新中拉高级别人文交流机制、培养高质量中拉人文研究专业人才和推动打造学校"中拉人文交流"特色化与品牌化等多方面做出了创新尝试，取得了优异成绩。周汝光指出，一直以来，江苏师范大学始终把推进国际交流合作、文化传承创新作为重要的职责使命，充分发挥高校优势，持续创新交流模式，致力于为服务江苏省高水平对外开放格局和高质量发展大局贡献智慧和力量。目前该论坛已成为中国和拉丁美洲地区之间最具影响力的公共对话平台之一。2019年在江苏师范大学召开的第三届中拉文明对话论坛开幕式上成立了"中拉人文交流研究基地"。

六、对外交流情况

2022年1月13日，基地与西班牙加利西亚国际资料分析院签署科研合作谅解备忘录。根据备忘录规定，双方将在共同关心的领域开展联合研究，进行科研人员互访、联合举办学术会议、联合出版学术著作，并进行学术信息的交流。

中共中央党校（国家行政学院）
国际战略研究院非洲与拉美研究所

一、历史沿革

中共中央党校（国家行政学院）国际战略研究院非洲与拉美研究所（以下简称"非拉所"）成立于2020年11月，是兼具教学、科研、智库等功能的综合性学术机构。非拉所主要开展非洲与拉美地区的政治、经济、外交、社会、文化等领域的研究，重点关注非洲与拉美地区具有重大影响力的国家，如巴西、墨西哥、阿根廷等。非拉所定期编写非洲与拉美地区大事记，主要包括拉美（非洲）政治与外交、中拉（中非）关系、美拉（美非）关系等内容。

二、人员情况

陈积敏，现任非拉所所长，教授，自2022年11月起任代理所长，2023年2月任所长；穆占劳，曾任非拉所副所长，副教授，2021年11月至2022年10月任副所长，2022年11月转任代理教学秘书；卓振伟，助理研究员，2020年11月入职；思特格奇，助理研究员，2020年11月入职；江琪，助理研究员，2023年7月入职。其中，陈积敏、思特格奇从事拉美问题研究，陈积敏的主要研究方向为美拉关系和移民问题等，思特格奇主要研究方向为拉美地区政治思潮和拉美国际关系理论等；卓振伟、江琪主要从事非洲研究。

三、学术活动

截至2022年，非拉所举办和参与了下列与拉美相关的学术活动。

2021年7月，思特格奇参加中国拉丁美洲学会2021年会员大会暨"疫情冲击背景下拉美国家发展的新挑战及中拉关系新趋势"研讨会，发言题目为"拉美政治、外交思想中对美'追随'元素与其历史影响"。

2022年6月，思特格奇参加第十五届政治学与国际关系学术共同体年会"比较地区研究与地区战略行为"学术研讨会，发言题目为"21世纪民粹主义执政者对大国的安全对抗倾向比较研究"。

2022年9月，非拉所在中共中央党校（国家行政学院）主办"拉美问题学术交流会"，邀请中国社会科学院拉丁美洲研究所袁东振、贺双荣两位研究员莅临分享拉美研究心得。

2022年10月，思特格奇参加第十二届中国拉美研究青年论坛暨第六届拉美研究与中拉合作协同创新论坛，发言题目为"拉丁美洲民族主义：民族国家认同建构与对外政策"。

2022年12月，思特格奇参加第十届中国国际问题研究青年学者50人论坛暨中央党校（国家行政学院）第十二期青年学者论坛"国际安全环境的变化与中国外交"，并作主题发言。

2022年12月，非拉所主办"大使讲座"，邀请中国驻拉美、非洲的大使分享他们的驻外经历，交流中拉、中非关系发展的重大问题。

四、研究成果

截至 2022 年，非拉所的拉美相关研究成果如下。

陈积敏：《从国家独立到西半球霸权：美国崛起过程中的拉美政策——兼论对中国崛起的启示》，《和平与发展》2012 年第 4 期。

陈积敏：《非法移民与美国国家战略》，九州出版社 2013 年版。

陈积敏：《相向而行的美古关系》，《学习时报》2015 年 4 月 20 日。

陈积敏：《美国非法移民国际合作治理研究》，《江南社会学院学报》2017 年第 1 期。

陈积敏：《美国非法移民的现状与特点》，《国际研究参考》2017 年第 3 期。

陈积敏：《美国崛起的经验与启示》，《中国投资》2018 年第 17 期。

陈积敏：《美国移民政治学及其困境》，《中国投资》2018 年第 23 期。

陈积敏：《国际非法移民治理比较研究》，中国社会科学出版社 2019 年版。

陈积敏：《特朗普政府移民政策新动向及其前景》，《中国出入境观察》2019 年第 11 期。

思特格奇：《"纵使我有一千次生命我也愿意全部献给我的祖国"》，《学习时报》2021 年 4 月 30 日。

思特格奇：《"如果我们看一看美洲地图，正视那伟大的万千气象"》，《学习时报》2022 年 1 月 21 日。

李德鹏、思特格奇：《拉美区域主义的特点及影响因素》，《拉丁美洲研究》2022 年第 4 期。

思特格奇：《"世界掌握在那些有勇气凭借自己的才能去实现自己梦想的人手中"——巴西作家保罗·科埃略名言》，《学习时报》2022 年 5 月 6 日。

思特格奇：《反全球化浪潮中的民粹主义思潮》，载左凤荣等《世界百年大变局》，湖南人民出版社 2022 年版。